LA MÉDECINE GRECQUE ANTIQUE

CAHIERS DE LA VILLA « KÉRYLOS », N° 15
BEAULIEU-SUR-MER (ALPES-MARITIMES)

COLLOQUE
LA MÉDECINE GRECQUE ANTIQUE

ACTES

Jacques JOUANNA et Jean LECLANT éd.

PARIS
DIFFUSION DE BOCCARD
11, rue de Médicis
2004

ISSN : 1275-6229
ISBN : 2-87754-155-X

LA MÉDECINE GRECQUE ANTIQUE

Actes du 14e colloque
de la Villa Kérylos
à
Beaulieu-sur-Mer
les 10 & 11 octobre 2003

Sous le haut patronage de

Monsieur Luc FERRY
Ministre de la Jeunesse, de l'Éducation nationale et de la Recherche

Monsieur Jean-Jacques AILLAGON
Ministre de la Culture et de la Communication

Monsieur Pierre MESSMER
Chancelier de l'Institut de France

Sous la présidence de

Monsieur Jean LECLANT
Conservateur de la Villa Kérylos
Secrétaire perpétuel de l'Académie des Inscriptions et Belles-Lettres

et la direction de

Monsieur Jacques JOUANNA
Membre de l'Académie des Inscriptions et Belles-Lettres

ALLOCUTION D'OUVERTURE

Mesdames, Messieurs, chers amis,

C'est pour moi un agréable honneur que d'ouvrir le XIVe colloque de la Villa Kérylos organisé par mon confrère le professeur Jacques Jouanna et consacré cette année à la « médecine grecque antique ». Ma joie est d'autant plus grande que la Villa reçoit également aujourd'hui la visite de la Commission des beaux-arts de l'Institut de France présidée par mon confrère et ami Arnaud d'Hauterives. Bienvenue, mes chers confrères. Bienvenue à toutes et tous, conférenciers et auditeurs qui avez bien voulu répondre « présents » à notre invitation.

La Villa Kérylos, ce rêve de pierre, devient ainsi pour vous réalité. Cette reconstitution si originale d'une demeure antique fut, vous le savez bien, conçue et réalisée entre 1902 et 1908 par l'incomparable érudit que fut Théodore Reinach et son ami l'architecte Emmanuel Pontremoli : éminente conjonction de l'érudition classique et de l'architecture, coopération exemplaire de ce qu'il y a de meilleur et de plus créateur dans l'esprit, les connaissances, les techniques et les réalisations de nos deux Académies : Beaux-Arts, Inscriptions et Belles-Lettres.

Les deux amis, Théodore Reinach et Emmanuel Pontremoli, firent tout pour que cet édifice soit l'une des œuvres les plus prestigieuses de la Belle Époque ; avec faste et un goût suprême, ils utilisèrent les matériaux les plus rares : marbres veinés aux tons variés, stucs à l'antique ; la décoration est somptueuse : mosaïques et fresques inspirées de documents antiques, mobilier raffiné en bois exotiques précieux, incrustés de marqueterie d'ivoire, tentures originales : les meilleurs artisans du Faubourg Saint-Antoine travaillèrent ici avec ardeur durant des années. La réalisation de ce chef d'œuvre – on parle de huit millions de francs-or – fut rendue possible grâce à la fortune de l'épouse de Théodore Reinach, Fanny Kann, légataire universelle de ses oncles Ephrussi, grands amateurs d'art, d'une famille de financiers originaires d'Odessa.

La position de la Villa Kérylos – cette parcelle d'Hellade ourlant notre rivage – est elle-même admirable. Sur la pointe des Fourmis, entre le bleu du ciel et l'azur des flots, se profilent les proportions harmonieuses du bâtiment dont le modèle le plus proche se veut être celui des demeures de l'île de Délos ; en arrière-fonds se dresse le mur vertical des grandes falaises d'Èze, qui rappellent les roches phaïdriades de Delphes ; comme en Grèce même, la nature participe ici à l'œuvre de l'homme – leçon d'un humanisme parfaitement accordé à l'ordre équilibré du cosmos.

Est-il besoin, de vous présenter, mes chers confrères et vous tous ici chers collègues et auditeurs, Théodore Reinach. Né à Saint-Germain-en-Laye en 1860, fils d'un banquier de Frankfurt installé en France sous la monarchie de Juillet, il était le plus jeune de trois frères surdoués, qui ont mérité le surnom de « frères Je Sais Tout ». J : Joseph, l'aîné, fut député et collaborateur de Gambetta ; S : Salomon, immense érudit, normalien, membre de l'École française d'Athènes, directeur du musée des Antiquités nationales ; T enfin : Théodore, dix-neuf fois cité au concours général, il obtint vite un double doctorat (une thèse de droit sur l'« État de siège », une autre ès lettres sur « Mithridate Eupator »). Savant à la curiosité multiforme, il fut tout à la fois archéologue, épigraphiste, philosophe, numismate et musicologue – un maître en chacun de ces domaines si différents – ; il commenta la « Constitution d'Athènes », traité d'Aristote, s'intéressa aux sarcophages lyciens, participa aux fouilles de Delphes, déchiffra le système de notation musicale grecque, en retranscrivant les hymnes à Apollon harmonisés à sa demande par Gabriel Fauré ; reçu à l'Académie des Inscriptions et Belles-Lettres en 1902, il sera député de la Savoie de 1906 à 1914, professeur à la Sorbonne, puis au Collège de France, directeur de la *Gazette des Beaux-Arts*.

Quant à l'architecte Emmanuel Pontremoli, c'était le petit-fils d'un rabbin originaire du Nord-Piémont ; après un passage à l'École des Arts décoratifs de Nice, sa ville natale, il avait remporté le grand prix de Rome et travaillé sur les chantiers de fouilles archéologiques en Asie Mineure (à Pergame et à Didymes). Auteur de nombreuses constructions officielles et de grands hôtels particuliers à Paris, Pontremoli entra en 1922 à l'Académie des Beaux-Arts et dirigea l'École des Beaux-Arts de 1934 à 1938.

Théodore Reinach a été très présent dans sa Villa Kérylos, qu'il avait dénommée ainsi d'après une glose très rare désignant une sorte d'hirondelle des mers. Il y menait une vie tout à la fois érudite et mondaine. Les hôtes illustres s'y sont succédé : altesses et ministres, artistes, savants, musiciens célèbres, tel Fauré qui joua sur le piano Pleyel (« Pleyel époiésé » lit-on en caractères grecs sur l'instrument conservé dans une pièce voisine).

Dans l'évocation combien émouvante qu'on pourrait faire de cette réalisation de très haute culture, d'un humanisme d'exceptionnelle qualité, je voudrais m'arrêter quelques instants sur des objets d'art qui témoignent des qualités de Théodore Reinach comme collectionneur – aspect peu connu de ce savant omnidoué, qui a donné lieu naguère (en 1998) devant notre Académie à une communication brillante de notre confrère américain Dietrich von Bothmer (*CRAI*, 1998, p. 527-553). Je les signale d'autant plus volontiers qu'ils ont regagné la Villa Kérylos il y a quelques semaines seulement : ce sont la coupe Tyszkiewicz et le lécythe attique du « peintre de Pan ».

La coupe Tyszkiewicz est universellement connue, mais on a ignoré longtemps son lieu de conservation depuis son achat par Théodore Reinach : c'était la Villa Kérylos elle-même. Prêtée par nous pour la célèbre exposition « Gli Etruschi » au Palazzo Grassi de Venise en 2002, elle a été l'objet, aux frais de celui-ci, d'une restauration magistrale menée par G. P. Nadalini. Ce bronze magnifique est richement décoré de gravures sur sa surface intérieure : un médaillon central composé d'une rosace bordée de languettes d'où émergent six protomés de griffons et, vers l'extérieur, une frise d'animaux et de monstres passant. Au cœur de la polémique qui s'attache à l'époque dite « orientalisante », le décor exécuté vers le milieu du VIIᵉ siècle av. J.-C. a pu être attribué tantôt à Corinthe, tantôt à la Grèce de l'Est, à moins que ce ne soit, comme le pense Alain Pasquier, le savant conservateur général du musée du Louvre, dans un atelier étrusque ouvert à des influences multiples.

Quant au lécythe attique à figures rouges sur fond noir, il est orné d'une ample figure de Victoire, une *Niké* tenant une *oinochoé* dans sa main droite, œuvre tout à la fois puissante et gracieuse ; le restaurateur G. P. Nadalini a bien voulu en démonter patiemment tous les morceaux pour le reprendre entièrement et le reconstituer selon les méthodes les plus modernes, grâce à un long travail entièrement bénévole ; je tiens à lui témoigner ici notre profonde reconnaissance. Ce lécythe est attribuable au « peintre de Pan », un très bon artiste de la génération immédiatement postérieure aux guerres médiques, chef de file du groupe dit des « maniéristes ». La restauration et l'étude de ces deux chefs-d'œuvre, voici pour nous un gain notable de la présente année 2003, dont je me devais de vous faire part.

C'est dans sa Villa, dans le cadre que nous venons rapidement d'évoquer qu'en 1928 Théodore Reinach, qui se plaisait à travailler sur son pupitre, dans sa bibliothèque, face à la mer, décéda brusquement. Pour préserver l'œuvre majeure de sa vie, son testament léguait la Villa à l'Institut de France en nue propriété ; celle-ci est devenue pleine propriété par une convention signée en 1967 avec le dernier survivant de ses quatre fils.

En elle-même message de culture et de science, la Villa n'a cessé de fournir à l'hellénisme et aux études classiques le meilleur appui. Dans les récentes années, la Villa s'est enrichie de l'aménagement en sous-sol d'une galerie en bord de mer ; grâce au concours d'« évergètes », onze moulages d'œuvres antiques fameuses ont été répartis entre les baies ouvrant directement sur les flots dont les reflets l'éclairent ; les originaux appartiennent à de grands musées ; citons seulement l'Apollon du Belvédère, la Vénus de Milo, la Vénus genitrix, le Discobole. Quant au jardin, il présente désormais un choix harmonieux de végétation méditerranéenne : oliviers, grenadiers, caroubiers, acanthes et myrtes, lauriers-roses, cyclamens et iris, pins et cyprès auxquels s'ajoutent le palmier et le papyrus ; des notices rédigées par Mme le professeur Suzanne Amigues résument pour le visiteur les notions utiles de botanique, les usages pratiques (médicinaux et autres) et (ceci s'imposait pour une institution érudite telle que la nôtre) la signification pour la mythologie classique de chacune des espèces présentées.

Ainsi l'Institut de France, fier d'assurer la promotion des valeurs classiques, s'est-il acquitté de son mieux d'une charge tout à la fois prestigieuse, mais aussi très lourde. Faut-il mentionner le coûteux et nécessaire travail en quatre phases de restauration de la totalité des façades de la Villa grecque, tout en stuc, la reprise des menuiseries extérieures. Cette magnifique fondation nécessite, on s'en doute, des travaux constants. Soumise de plein fouet au climat marin, elle en subit et les charmes et les servitudes : les façades avec leurs huisseries, les toitures avec leurs terrasses appellent des réfections constantes. Aussi avons-nous été – et sommes-nous – toujours très heureux de rencontrer l'aide de mécènes attentifs.

Le palmarès de nos « évergètes » mériterait d'être présenté ici ; discrètement – trop discrètement sans doute (vous les découvrirez vous-mêmes au cours de visites attentives) – , des plaques commémoratives rappellent leurs noms et leurs interventions bénéfiques ; je citerai ce matin un nom, celui d'un ami tout récemment décédé – à la fin de juin dernier : Ralf Winckelmann, amoureux de Kérylos généreux et dévoué. Ne s'est jamais démenti l'appui substantiel du conseil général des Alpes-Maritimes, sous l'impulsion de son président M. Charles Ginesy et de son vice-président le Dr Frère. Cette année, nous adresserons un message de gratitude tout particulier aux fondations de l'Institut de France Louis D. d'une part et Le Foulon-Delalande d'autre part, qui ont répondu à l'appel du chancelier Pierre Messmer.

Nous ne manquerons pas également de remercier de leur cordiale considération les hautes autorités de Nice et de Monaco, celles de Grèce également (je pense à Mme Marinakis, consul général à Marseille, et M. Michaïlos, consul général à Nice). Je tiens aussi à saluer le nouveau bureau de l'Association des Amis de Kérylos, en adressant mon souvenir très fidèle à sa précédente présidente, Mme le professeur Marie-Rose Guelfucci, qui a quitté Nice pour Besançon, à notre regret. Puisque j'en suis aux remerciements et compliments, je rappellerai simplement ce que l'embellissement, la restauration de la Villa, comme la présente manifestation, doivent au dévouement des services centraux de l'Institut, en particulier à M. Éric Peuchot, directeur des services administratifs, et à Mme Camille Bouvier, en coopération avec le délégué local de Culture-Espaces, M. Pacôme de Gallifet. En effet, l'Institut, en fonction des incidences financières, depuis le 1er mars 2001, a doté la Villa d'un nouveau statut, une délégation de service ayant été attribuée à la Société Culture-Espaces, qui gérait déjà la Villa Île de France (ou Ephrussi-Rothschild), en face d'ici à Saint-Jean-Cap-Ferrat – propriété, elle, de l'Académie des Beaux-Arts. Il faut encore mentionner, M. Pierre-Antoine Gatier, notre architecte en chef des monuments historiques.

Parmi les activités culturelles qui font le renom de la Villa Kérylos se distingue la série de ses colloques internationaux, centrés sur deux thèmes majeurs : l'hellénisme d'une part et d'autre part la Méditerranée, cette mer éblouissante, mère des civilisations. Nous visons à réunir d'éminents spécialistes pour faire profiter de leurs expériences un large public cultivé. L'intérêt des personnalités qui répondent à nos invitations est d'autant plus grand que les colloques sont très régulièrement – et rapidement – publiés. La série en a été inaugurée en septembre 1990 par mon prédécesseur Bernard Chenot, secrétaire perpétuel de l'Académie des Sciences morales et politiques, sur le thème « Platonisme et néo-platonisme », aussitôt publiée et diffusée avec un grand succès ; le volume des Actes est aujourd'hui épuisé. Les Colloques les plus récents ont porté : le 8e (1997) sur « la tragédie antique », le 10e (1999) sur « la comédie » ; puis ce furent en 2000 « histoire et historiographie dans l'Antiquité », en 2001 « tradition classique et modernité », en 2002 « la poésie grecque antique ».

Cette année, c'est mon confrère l'helléniste Jacques Jouanna qui a bien voulu se charger d'organiser notre réunion consacrée à « la médecine grecque antique ». Les collègues les plus compétents ont répondu à son invitation. Nous pourrons ainsi nous orienter parmi les diverses écoles locales, mesurer la place tenue parmi les techniques et les théories médicales au sein de la culture grecque antique, déceler, je pense, des évolutions.

Jusqu'à présent les circonstances nous ont amenés à privilégier l'hellénisme parmi toutes les composantes de la culture méditerranéenne – et ceci se situe certes parfaitement dans le sillage des travaux et des actions de Théodore Reinach. Mais nous n'avons pas été insensibles à d'autres orientations. Ainsi le 2e colloque, en automne 1991, a-t-il porté sur le bassin occidental de la Méditerranée, tandis que le 5e, en octobre 1994, se situait « entre Égypte et Rome » ; au cours du Colloque n° 7, en 1996, des regards étaient jetés sur divers aspects de l'ensemble méditerranéen ; le 9e colloque, en 1998, offrait une ample synthèse sur « Alexandrie, une mégapole cosmopolite ». Seules les difficultés d'organisation nous ont jusqu'ici empêchés de pousser davantage l'exploration de perspectives largement méditerranéennes, en particulier d'aborder le domaine si riche des relations Sud-Nord : frontière ou pont ?

Nous souhaiterions aussi que soit plus grande à la Villa Kérylos la coopération entre l'ensemble des Compagnies qui composent l'Institut de France : Académie française, Académie des Inscriptions et Belles-Lettres, Académie des Sciences, Académie des Beaux-Arts, Académie des Sciences morales et politiques. Ainsi en 1995 (6e colloque) l'Académie des Beaux-Arts avait-elle travaillé avec notre Académie des Inscriptions et Belles-Lettres pour exprimer sa position face à la Grèce antique ; les communications demeurent bien présentes à notre esprit de Bernard Zehrfuss, de Claude Abeille, Pierre Carron, Antoine Poncet et Jean-Louis Florentz. La présence ici, aujourd'hui, de la Commission des beaux-arts de l'Institut devrait nous donner l'occasion de nous interroger sur une nouvelle session « interacadémique » que personnellement je souhaite d'ardente façon.

Il ne me reste plus qu'à espérer un grand succès pour ce XIVe Colloque qui va nous présenter une documentation exceptionnellement riche, demeurée encore mal connue, et susciter, j'en suis sûr, d'importants débats, non seulement lors des séances, mais

aussi au cours de discussions amicales, dans ce cadre merveilleux,
que nous devons à l'illustre Théodore Reinach, de notre très chère
Villa Kérylos.

Jean LECLANT
Secrétaire perpétuel
de l'Académie des Inscriptions et Belles-Lettres
Conservateur de la Villa Kérylos

INTRODUCTION

C'est un grand honneur et un grand plaisir pour moi de présenter ce XIVᵉ colloque consacré à la médecine grecque antique. Je voudrais, tout d'abord, remercier très vivement notre Secrétaire perpétuel, Jean Leclant, d'avoir bien voulu me faire confiance, une fois encore, pour l'organisation d'un colloque de la villa Kérylos. Le présent colloque constitue, en effet, un quatrième volet dans la série des colloques sur les genres littéraires dans la Grèce antique que j'ai organisés. Après trois colloques sur les grands genres littéraires, le premier sur la tragédie en 1997, le second sur la comédie en 1999 et le troisième sur la poésie grecque archaïque et ses prolongements en 2002, dont les Actes viennent de paraître grâce à la diligence du Secrétaire général de notre Académie, M. Hervé Danesi, voici un colloque sur une littérature grecque plus technique, mais qui est d'une richesse exceptionnelle.

Les médecins, dit Xénophon, ont beaucoup écrit. Bien que cette littérature médicale ait été, comme les autres genres littéraires, victimes d'un grand naufrage dont il ne reste que des épaves pour certaines périodes, notamment pour la période hellénistique, qui fut pourtant très brillante, deux grands monuments demeurent : Hippocrate et Galien.

La soixantaine de traités attribués par la tradition à Hippocrate de Cos, médecin de la période classique (seconde moitié du Vᵉ s. / début du IVᵉ s. av. n. è.), constitue le premier monument de la médecine occidentale. L'ensemble a été longtemps lu comme si c'était l'œuvre d'un seul homme. Certes, il y une parenté d'esprit entre tous ces traités : c'est une médecine rationnelle qui s'oppose par exemple à la médecine magico-religieuse égyptienne, il est vrai beaucoup plus ancienne ; j'aurai l'occasion de revenir dans ma communication sur la comparaison de ces deux médecines. C'est aussi une médecine où le sens de l'observation est tout à fait remarquable. Pourtant, trop de divergences dans le fond ou dans la forme séparent certains de ces traités hippocratiques pour qu'on puisse les attribuer à un même auteur, à une même date, voire à une seule école médicale. Pour désigner l'ensemble de ces traités hippocratiques, on a donc pris l'habitude de parler de la *Collection hippocratique*, à la suite d'Émile Littré dont la célèbre édition d'Hippocrate en dix volumes au XIXᵉ siècle n'est pas encore totalement remplacée, ou plus récemment de *Corpus hippocratique*. L'on peut, certes, continuer aussi à parler d'Hippocrate, à condition de l'entendre dans un sens large. Il est normal que plusieurs communications soient consacrées à ces brillants débuts de la littérature médicale grecque conservée. C'est en particulier le cas de deux communications que nous entendrons aujourd'hui en fin de matinée et en début d'après-midi : d'abord, celle de notre collègue belge Simon Byl, professeur émérite à l'Université de Bruxelles, coéditeur du traité hippocratique du *Régime* dans le *Corpus medicorum graecorum*, intitulée « Le délire, symptôme cnidien ou coaque ? ». Ce titre, énigmatique pour des profanes, mérite quelques explications. Hippocrate appartenait à la branche de la famille des Asclépiades – c'est-à-dire des descendants d'Asclépios –, qui résidait à Cos. On entend par traités coaques (« coaque » est l'adjectif correspondant au nom propre Cos) les traités susceptibles de provenir d'Hippocrate de Cos ou de son école, appelée école de Cos, du nom de la patrie d'origine du maître. Mais il existait une seconde branche de la famille des Asclépiades qui était installée, elle, à Cnide, cité située sur le continent en face de Cos. Cette communauté de médecins avait écrit un ouvrage fondamental intitulé les *Sentences cnidiennes*, dont certains traités recueillis dans la *Collection hippocratique* sont susceptibles de dériver. On parle alors de traités cnidiens, l'adjectif « cnidien » dérivant de Cnide, comme l'adjectif « coaque » dérive de Cos. C'est donc à la lumière de cette distinction entre traités cnidiens et traités coaques que se comprend parfaitement le titre de la communication de Simon Byl. La seconde communication consacrée essentiellement à Hippocrate est celle de Paul Demont, professeur à l'Université de Paris-Sorbonne, qui est chargé de l'édition du traité hippocratique des *Humeurs* dans la *Collection des Universités de France*. Il nous parlera des humeurs dans ce traité et ailleurs, en insistant sur un aspect négligé, celui de leur saveur. On rappellera, à ce propos, que l'une des caractéristiques de la médecine hippocratique est l'importance qu'elle a accordée aux humeurs dans la physiologie et dans la pathologie. C'est dans un traité hippocratique, le traité de la *Nature de l'homme*, qu'est formulée pour la première fois la théorie des quatre humeurs, sang, phlegme, bile jaune et bile noire, qui apparaîtra, après les commentaires de Galien, comme l'héritage majeur d'Hippocrate. Mais d'autres communications, tout en embrassant un sujet plus large que la médecine hippocratique, y prendront leur point de départ. La célèbre maxime « Avoir dans les maladies deux choses en vue : être utile ou ne pas nuire », qui se lit dans le traité hippocratique des *Épidémies I*, est à l'origine de la communication de Françoise Skoda. Professeur à l'Université de Paris-Sorbonne, spécialiste reconnue de la formation du vocabulaire technique médical, F. Skoda traitera des « notions d'utilité et de nocivité dans la médecine grecque ». Cette maxime « être utile ou ne pas nuire » est, avec le fameux *Serment* d'Hippocrate, à la base de la déontologie médicale. C'est donc déjà à partir d'Hippocrate que se posent les rapports entre morale et médecine qu'abordera Armelle Debru, professeur à l'Université de Paris V occupant une chaire d'histoire de la médecine, dans une communication primitivement intitulée « Devenir meilleur : morale et médecine en Grèce ancienne », mais définitivement restreinte à deux auteurs de la période romaine, un médecin et un philosophe : Galien et Marc Aurèle. Avec le *Serment*, les *Aphorismes* sont certainement l'œuvre hippocratique la plus connue du public. Ce sont ces *Aphorismes* qui serviront de base à la communication de Caroline Magdelaine, maître de conférences à l'Université de Strasbourg. Elle, qui connaît parfaitement les *Aphorismes* pour avoir présenté en thèse la première édition critique de ce traité fondamental dont on attend avec impatience la publication, traitera de « La littérature médicale aphoristique : paradoxes et limites d'un genre ».

Hippocrate fut célèbre et apprécié dès son vivant, comme en témoigne son jeune contemporain, le philosophe Platon, qui cite par deux fois Hippocrate avec éloge dans le *Protagoras* et dans le *Phèdre*. Sur Platon, on entendra une communication de M. Antoine Thivel, professeur émérite à l'Université de Nice, qui a consacré toute son œuvre à la médecine grecque. Il présentera une synthèse intitulée « Platon et la médecine ».

Le second monument de la littérature médicale après Hippocrate est Galien de Pergame. On ferait mieux de parler de continent. Car, par l'ampleur des écrits conservés, Galien qui vivait cinq siècles après Hippocrate, au IIe siècle de notre ère, représente une masse bien supérieure à celle des écrits hippocratiques. Aux dix tomes de l'édition d'Hippocrate par Émile Littré on opposera la vingtaine de tomes que représente l'édition de Galien par Kühn datant aussi du XIXe siècle. Le contraste entre les deux corpus est d'autant plus significatif que les écrits hippocratiques ne sont pas l'œuvre d'un seul homme, comme nous l'avons vu, alors que la très grande majorité des écrits conservés dans le corpus galénique sont l'œuvre du seul Galien. Une autre grande différence tient au déplacement des centre politiques : alors qu'Hippocrate quitta son île natale où il avait été formé pour exercer son art dans la Grèce continentale, notamment en Thessalie, Galien, lui, quitta sa Pergame natale pour exercer la médecine à Rome, devenue la capitale du monde antique, lors de deux séjours successifs. Le médecin de Pergame sera représenté dans ce colloque par deux communications : Véronique Boudon-Millot, directrice de l'U.M.R. « Médecine grecque » (C.N.R.S./ Paris-Sorbonne), qui a brillamment inauguré l'édition de Galien dans la *Collection des Universités de France* par la publication du *Protreptique* et de l'*Ars medica*, traitera des avantages comparés de l'oral et de l'écrit selon ce médecin qui a tant parlé et tant écrit ; quant à Alessia Guardasole, issue de l'école de Naples, mais chercheur à Paris au C.N.R.S. dans cette même U.M.R. « Médecine grecque », elle étudiera la tradition de Galien chez un médecin du VIᵉ siècle de notre ère, Alexandre de Tralles.

Après Hippocrate et Galien, j'en viens aux autres médecins grecs, d'abord à ceux qui se situent entre ces deux vastes corpus. Galien, tout en admirant le grand ancien, Hippocrate, dont il fait une lecture interprétative, incorpore les avancées scientifiques de la médecine d'Alexandrie, par exemple sur le pouls ou sur l'anatomie. Dans l'histoire de la médecine, comme dans l'histoire politique et sociale, les conquêtes d'Alexandre ont eu une influence décisive. Les centres intellectuels se sont déplacés à partir de la fin du IVᵉ siècle av. notre ère : de la Grèce continentale ou de la Grèce des îles on passe surtout à Alexandrie, et dans une certaine mesure aussi à Pergame. La bibliothèque d'Alexandrie, sous les souverains lagides, fut pour la littérature médicale, comme pour le reste de la littérature grecque, le principal lieu de rassemblement et d'étude. Malheureusement les œuvres des grands médecins de l'époque hellénistique, tels qu'Hérophile et Érasistrate, ont disparu, mis à part des fragments et des témoignages consciencieusement rassemblés par les érudits modernes. Parmi les rares œuvres qui ont subsisté de cette époque, on compte deux longs poèmes de Nicandre de Colophon qui donnent une excellente idée du développement de la pharmacologie contre les poisons utilisés notamment dans les cours royales, mais aussi contre les venins qui menacent, dans la campagne, laboureurs, gardiens de troupeaux ou bûcherons. Jean-Marie Jacques, professeur émérite à l'Université de Bordeaux, vient de publier en 2002 dans la *Collection des Universités de France* une très savante édition de l'un de ces deux poèmes. C'est le poème intitulé les *Thériaques*, c'est-à-dire ayant pour sujet les remèdes contre les morsures des bêtes venimeuses. Il nous fera bénéficier de sa science sur ces deux poèmes que l'on qualifie de « iologiques ». Ce terme technique, issu de l'érudition allemande, désigne ce qui est relatif à la science des venins et des poisons.

La médecine grecque, à partir de la période hellénistique et à la période romaine, changea non seulement de centre géographique, mais aussi d'organisation. Les médecins se divisèrent en ce que l'on appelle traditionnellement des sectes. Ces sectes médicales sont tout à fait différentes de ce que pouvaient être les écoles médicales de la Grèce classique. Les écoles médicales de la Grèce classique étaient liées, comme nous l'avons vu, à une cité, voire à une famille de cette cité. C'est le cas des écoles médicales de Cos et de Cnide, auxquelles il faudrait ajouter les centres, déjà cités par Hérodote, de Crotone en Italie du Sud et de Cyrène en Afrique. Les sectes médicales, elles, ne se différencient plus par le lieu d'origine et de formation des médecins, mais par la méthode à laquelle ils se rattachent. Cette modification prend son sens, d'une part dans les transformations politiques avec la disparition de l'importance des cités et la naissance des grands royaumes après la mort d'Alexandre, et d'autre part dans les progrès de la philosophie de la connaissance. Deux grandes sectes médicales s'opposent, les empiriques qui privilégient l'expérience et les dogmatiques qui privilégient la raison ; mais il est une troisième secte, les méthodiques qui privilégient, eux, non pas un moyen de connaissance, tel que l'expérience ou la raison, mais une loi de la pathologie fondée sur les notions de relâchement ou de resserrement. Bien que cette secte soit peu appréciée de Galien qui reproche à ses adeptes de simplifier l'enseignement médical, elle a compté parmi ses membres l'un des médecins les plus importants de la période antérieure à Galien, Soranos d'Éphèse, lequel exerça déjà la médecine à Rome sous Trajan et Hadrien (Ier s. ap. J.-C.), précédant Galien qui l'exerça sous Marc Aurèle, Commode et Septime Sévère. Danielle Gourevitch, directeur d'études à l'École pratique des Hautes Études, après avoir consacré tant d'effort et de temps à la publication du traité gynécologique de Soranos en quatre volumes dans la *Collection des Universités de France*, en collaboration avec Paul Burguière et Yves Malinas, veut lui dire adieu à l'occasion de ce colloque et rendre hommage à ses deux collaborateurs qui nous ont quittés.

La richesse des œuvres médicales, quand elles sont conservées, montre que l'appartenance d'un médecin à une secte ne suffit pas pour le définir. Cela est vrai non seulement pour Soranos, mais aussi

pour son contemporain Arétée de Cappadoce. On rattache en effet
Arétée de Cappadoce à une quatrième secte, la secte dite pneumatique, créée à l'époque romaine dans le sillage de la philosophie
stoïcienne, notamment parce qu'il considère que le cœur, comme le
pensaient les Stoïciens, est l'organe central. Mais l'œuvre que l'on a
conservée de lui sur la sémiologie et la thérapeutique des maladies
aiguës et des maladies chroniques révèle tout autant un admirateur
d'Hippocrate, dans la mesure où il a choisi d'écrire en ionien
comme lui et offre des descriptions de maladies dont la qualité de
l'observation rivalise avec celle que l'on trouvait chez Hippocrate.
Nous entendrons deux communications sur ce médecin, dont il
serait souhaitable que l'on ait une édition française comparable à
celle de Soranos. L'une, celle d'Amneris Roselli, professeur à l'Université orientale de Naples, connue par ses travaux sur Hippocrate
et notamment par sa belle édition des *Épidémies VI*, s'attachera
chez ce continuateur d'Hippocrate à la médecine vue du côté des
malades, et j'imagine à tout ce qui fait la dimension humaine du
drame du malade à travers des descriptions en apparence objectives. L'autre communication, intitulée la « Rhétorique d'Arétée »,
due à Jackie Pigeaud, professeur émérite à l'Université de Nantes,
dont la réflexion sur la médecine gréco-romaine est originale, montrera, à partir d'exemples précis, qu'Arétée est à la fois un grand
écrivain et un grand médecin atteignant parfois au sublime tel que
le définissait Longin.

Le fait qu'il y ait un nombre significatif de communications sur
des médecins grecs autres qu'Hippocrate et Galien atteste la
volonté des organisateurs de montrer la diversité de cette littérature
technique médicale grecque. Le nombre limité des communications
ne permet évidemment pas de donner une idée complète de tous les
ouvrages de médecine qui ont été sauvés du naufrage entre Hippocrate et Galien, ou après le médecin de Pergame. Il faudrait ajouter
aux œuvres de Soranos ou d'Arétée, celles de Rufus d'Éphèse et de
Dioscoride, sans parler des grands médecins encyclopédistes qui
sont postérieurs à Galien, tels Oribase, Aétios et Paul d'Égine. La
médecine postérieure à Galien est toutefois représentée par la communication déjà mentionnée d'Alessia Guardasole, qui partira
d'Alexandre de Tralles (VIᵉ s. ap. n. è.) pour y retrouver la tradition
de Galien. Je me permets de citer deux fois cette communication,
parce qu'elle a été accidentellement omise dans la dernière étape de
l'impression du programme. Il y a là une maigre compensation
d'une fâcheuse omission que les organisateurs du colloque
regrettent.

Une série de trois communications aborde enfin la façon dont ces œuvres médicales ont échappé au naufrage et nous ont été transmises. Marie-Hélène Marganne, de l'Université de Liège, directrice du CEDOPAL (c'est-à-dire, en clair, du Centre de Documentation de Papyrologie littéraire), spécialiste de la médecine grecque d'Égypte, nous montera comment la découverte de papyrus grecs dans les sables d'Égypte, même si elle n'est pas comparable par son ampleur à la découverte des papyrus médicaux égyptiens, a permis de compléter la tradition manuscrite, soit par des textes déjà connus, soit, le plus souvent, par des bribes de textes non connus. Mais c'est bien évidemment par les manuscrits médiévaux grecs que la grande majorité des œuvres médicales ont été conservées. Brigitte Mondrain, directeur d'études à l'École pratique des Hautes Études, spécialiste des manuscrits grecs, éditeur de deux traités hippocratiques dont on attend la publication, nous parlera des manuscrits de médecine grecque, c'est-à-dire de ce qui constitue dans les éditions des médecins grecs la tradition directe. Mais d'autres témoignages, qui appartiennent à ce que l'on appelle la tradition indirecte, ne sont pas moins importants, qu'il s'agisse de traductions latines ou de traductions arabes. Les savants arabes ont contribué de façon décisive à la survie de tous les textes techniques grecs, et même certains traités de médecine grecque ne sont connus que par des traductions arabes. La plus belle découverte récente d'un traité de médecine grecque dans la tradition arabe est l'ensemble du commentaire de Galien au traité hippocratique d'*Airs, eaux, lieux* retrouvé dans un manuscrit arabe du Caire. Malheureusement, la traduction de ce texte en langue moderne se fait toujours attendre. Mme Danielle Jacquart, directeur d'études à l'École pratique des Hautes Études, spécialiste incontestée dans le domaine de la médecine arabe, traitera de « Médecine grecque et médecine arabe : le médecin doit-il être philosophe ? ».

Voilà donc brièvement présenté le bouquet des seize communications que nous avons cueillies et réunies pour vous. Je voudrais terminer cette brève présentation en vous remerciant, vous les auditeurs, de votre présence et de l'intérêt que vous voudrez bien prendre à cet aspect de l'hellénisme qui est resté trop longtemps en marge de l'enseignement universitaire. Les choses ont bien changé depuis quelques décennies ; et l'on peut dire que la médecine grecque est, dans la recherche française et européenne, l'un des secteurs les plus vivants de l'hellénisme. Si les médecins grecs ont beaucoup écrit, comme je le rappelais au début en citant Xénophon, on peut dire aussi que l'on écrit actuellement beaucoup sur les médecins grecs, et d'excellentes choses.

Les auteurs de communication réunis pour ce XIVᵉ colloque constitue un « casting » tout à fait exceptionnel par le nombre des contributions importantes ou des éditions qu'ils ont consacrées à la médecine grecque ou à ses prolongements. Je voudrais les remercier très chaleureusement, tous, d'avoir répondu si spontanément à l'invitation de l'Académie, et je ne doute pas, étant donné la qualité de participants aussi prestigieux, de la pleine réussite d'un colloque consacré à un art dont l'apprentissage est long, mais dont la finalité est de rendre la vie moins courte.

Jacques JOUANNA

MÉDECINE ÉGYPTIENNE ET MÉDECINE GRECQUE

Champollion n'eut pas la chance de pouvoir déchiffrer un papyrus médical. A son époque, la médecine égyptienne était connue de façon indirecte, notamment par ce que les Grecs en avaient pu dire, et tout particulièrement Hérodote. Tout changea à partir de la seconde moitié du XIXᵉ siècle avec la découverte et la publication de papyrus médicaux égyptiens : le premier fut le papyrus de Berlin publié par Heinrich Brugsch en 1863 ; à peine dix ans plus tard, en 1875, le plus important des livres médicaux de l'Égypte ancienne, le papyrus Ebers, du nom de son possesseur et de son éditeur, révéla la pathologie générale ; un aspect particulier de la médecine égyptienne, la gynécologie, fut dévoilé ensuite par le papyrus de Kahun publié par F. L. Griffith en 1898. Le tout début du XXᵉ siècle continua à enrichir la collection, notamment avec le papyrus Hearst publié en 1905 par G. A. Reisner, si bien que l'on commença à tenter une synthèse sur cette médecine, ce que fit W. Wreszinski dans ses trois volumes parus à Leipzig de 1909 à 1913 intitulés *Die Medizin der alten Aegypter*. Sa synthèse avait aussi le mérite d'apporter un document nouveau, le papyrus de Londres (Brit. Mus. 10059). Mais les publications de papyrus médicaux continuèrent, rendant de ce fait partiellement caduque cette première synthèse. La publication la plus importante fut celle du papyrus Smith par Breasted en 1930. L'importance de cette publication vient de ce que l'on découvrait un nouvel aspect de la médecine égyptienne, la chirurgie, qui tranchait par son aspect rationnel avec la médecine magico-religieuse que l'on connaissait jusqu'alors. La première moitié du XXᵉ siècle se clôt par la publication du papyrus Carlsberg n° 8 par le savant danois E. Iversen en 1939 et du papyrus Chester Beatty n° 6 par le savant belge F. Jonckheere en 1947. La seconde moitié de ce siècle fut le moment d'une seconde vague de synthèses. En langue française, l'essai sur la médecine égyptienne de l'époque pharaonique de Gustave Lefebvre, paru en 1953, demeura sans égal pendant près d'un demi-siècle. Mais l'ouvrage qui reste fondamental pour la connaissance de la médecine égyptienne est le

Grundriss der Medizin der Alten Ägypter, paru en huit volumes sous la direction de H. Grapow, de 1954 à 1963, avec des compléments en 1973. Certes, certains papyrus sont encore venus enrichir, depuis lors, notre connaissance de la médecine égyptienne. C'est le cas d'un papyrus de Brooklyn, consacré aux morsures de serpents, qui a été publié par Serge Sauneron en 1989. On mentionnera, pour finir, la très utile synthèse récente en langue française de Thierry Bardinet, *Les papyrus médicaux de l'Égypte pharaonique*, parue à Paris en 1995, qui a le grand mérite non seulement de présenter les grands aspects de la physiologie, de la pathologie et de la thérapeutique égyptiennes – sans masquer les nombreuses difficultés d'interprétation auxquels les égyptologues sont confrontés –, mais aussi de fournir une traduction française des papyrus médicaux, ce qui est un outil fort précieux pour ceux qui ne sont pas égyptologues [1].

Au fur et à mesure que ces textes médicaux de l'Égypte pharaonique étaient publiés, on se posa la question de la relation qu'il pouvait y avoir entre cette médecine égyptienne – dont les plus prestigieux représentants datent des années 1550 av. J.-C. – et la première production médicale grecque qui apparaît plus de dix siècles après, à savoir Hippocrate [2]. L'écart considérable de la chronologie n'est pas en soi un obstacle majeur à la comparaison, puisque la médecine égyptienne dans les papyrus conservés s'étale sur une longue période allant des années 1800 jusqu'à une époque postérieure à Hippocrate, l'époque ptolémaïque, sans que l'on perçoive une évolution majeure. Cet essai de comparaison paraît d'autant plus justifié que la médecine hippocratique, dans sa pharmacopée, fait expressément mention de produits venus d'Égypte. Il y est question, par exemple, du nitre d'Égypte, de l'alun d'Égypte, de l'huile d'Égypte [3], tout cela témoignant au moins

---

1. On trouvera dans sa bibliographie les références complètes à toutes les publications de papyrus médicaux égyptiens que j'ai mentionnées dans le bref historique sur leur découverte. Plus généralement on se reportera à cette bibliographie pour les nombreux travaux qui ont été consacrés à la médecine égyptienne ou à la comparaison entre médecine égyptienne et médecine grecque. On ajoutera, entre autres, G. Majno, *The Healing Hand. Man and Wound in the Ancient World*, Cambridge, Mass., 1975, p. 69-140 (avec la bibliographie, p. 434-441), et L. Green, « Beyond the Humors : Some Thoughts on Comparison between Pharaonic and Greco-Roman Medicine », dans *Egyptology at the Dawn of the Twenty-first Century* (Proceedings of the Eighth International Congress of Egyptologists, Le Caire, 2000, vol. 2, p. 269-275). On complétera avec la bibliographie en ligne du CEDOPAL (Université de Liège).

2. Voir déjà à la fin du XIXᵉ siècle H. L. E. Lüring, *Die über die medicinischen Kenntnisse der alten Ägypter berichtenden Papyri verglichen mit den medicinischen Schriften griechischer und römischer Autoren*, Inaug. -Diss. v. Strassburg, Leipzig, 1888.

3. Pour les références, voir l'*Index hippocratique* de Hambourg, 1986, *s.v.* Αἰγύπτιος.

d'échanges commerciaux, sinon d'une influence d'une médecine sur l'autre. Vont dans le même sens les études qui ont été faites sur la présence de l'Égypte dans la pharmacopée d'auteurs grecs ou latins plus récents, tels que Dioscoride, Celse ou Pline l'Ancien [4].

Une telle comparaison a pu être encouragée aussi par des rapprochements plus ou moins précis que l'on a pu faire au fur et à mesure des découvertes. Les listes de remèdes que l'on trouve dans les traités gynécologiques de la *Collection hippocratique* rappellent celles des papyrus égyptiens, par la technique d'exposition et aussi dans une certaine mesure par leur contenu. Les formules de transition dans les listes sont les mêmes (« autre remède », « autre moyen ») [5]. Le rapprochement le plus précis que l'on ait pu faire est l'œuvre de E. Iversen, l'éditeur du papyrus Carlsberg, en 1939. Il a rapproché un test concernant les femmes dans le papyrus égyptien et dans un traité hippocratique. On lit dans le papyrus de Carlsberg (et aussi dans Kahun 28), au cours d'une série de tests pour savoir si la femme accouchera de façon normale ou pas, la méthode suivante :

> « Autre méthode. Tu devras laisser la nuit une gousse d'ail humectée (de…) dans l'intérieur de son corps (c'est-à-dire dans son vagin). Si tu trouves l'odeur dans sa bouche, elle accouchera (de façon normale). Mais si tu ne la trouves pas, elle n'accouchera pas de façon normale, et cela pour toujours. »

Or dans le traité hippocratique des *Femmes stériles*, c. 214, on lit le test suivant, parmi une série de moyens exploratoires pour savoir si une femme concevra ou non :

> « Autre (moyen) : prendre une gousse d'ail que vous aurez nettoyée et pelée, appliquer en pessaire à la matrice, et voir si le lendemain l'odeur s'exhale par la bouche ; si elle s'exhale, la femme concevra ; sinon, elle ne concevra pas. »

---

4. On citera notamment les travaux de M. H. Marganne sur Dioscoride (« Les références à l'Égypte dans la *Matière médicale* de Dioscoride », dans *Serta Leodiensia Secunda*. Mélanges publiés par les Classiques de Liège à l'occasion du 175e anniversaire de l'Université, Liège, CIPL, 1992, p. 309-322) ; Celse (« Thérapies et médecins d'origine "égyptienne" dans le *De medicina* de Celse », dans C. Deroux éd., *Maladie et maladies dans les textes latins antiques et médiévaux*. Actes du Ve Colloque intern. [Bruxelles, 4-6 sept. 1995], Bruxelles, 1998, p. 137-150) et Pline l'Ancien (« L'Égypte médicale de Pline l'Ancien », dans G. Sabbah, *Le latin médical. La constitution d'un langage scientifique. Réalités et langage de la médecine dans le monde romain*, Saint-Étienne, 1991, p. 155-171).

5. Le rapprochement a déjà été fait par L. Bourgey, *Observation et expérience chez les médecins de la* Collection hippocratique, Paris, 1953, p. 176, n. 1.

De ce rapprochement, Iversen tire la conclusion suivante :
« Ainsi, nous avons ici l'un des très rares exemples tangibles d'une
influence directe de la médecine égyptienne sur la littérature
médicale grecque, à une époque aussi ancienne qu'Hippocrate. »[6]
Le test est évidemment très proche : une gousse d'ail est mise dans
le vagin de la femme, le soir, avant qu'elle aille se coucher, et le
médecin contrôle le lendemain matin pour savoir si l'odeur de l'ail
s'exhale dans la bouche. Dans les deux cas, le test suppose la
croyance que le corps de la femme a, d'une manière ou d'une autre,
une communication entre le vagin et la bouche. Les deux tests sont
même assez proches dans la forme. Ils se situent dans une série et
commencent tous les deux par le mot « Autre méthode » ou « Autre
moyen ». De plus, le pronostic est formulé dans deux subordonnées
hypothétiques opposées. Toutefois, le but du test n'est pas exactement le même dans les papyrus égyptiens et le traité hippocratique : l'un est un test pour pronostiquer le bon ou le mauvais
déroulement de la grossesse, l'autre pous savoir si la femme est
stérile ou non. Il est donc difficile de parler d'influence directe[7].

De tels rapprochements ponctuels ont engagé à aller plus loin
dans la comparaison des théories. Une dizaine d'années après
Iversen, Robert O. Steuer, d'abord dans un essai qu'il publia seul en
1948[8], puis dans un ouvrage écrit en collaboration avec J. B. de
C. M. Saunders en 1959, estimait que la théorie égyptienne des
oukhedou est à l'origine des théories pathologiques de la médecine
cnidienne. Le premier essai mettait l'accent sur la théorie égyptienne en voyant dans les *oukhedou* un agent pathogène qui adhère
aux excréments, monte de l'intestin dans le corps, pénètre dans le
sang, cause sa coagulation et éventuellement sa corruption en pus ;
le second ouvrage était plus centré sur l'influence de la médecine
égyptienne sur une partie de la médecine grecque comme l'indique
le titre : *Ancient Egyptian and Cnidian Medicine : the Relationship
of Their Aetiological Concepts of Disease*[9]. Les auteurs voyaient une

---

6. E. Iversen, « Papyrus Carlsberg n° VIII, with Some Remarks on the Egyptian
Origin of Some Popular Birth Prognoses », *Det Kongelige Danske Selskab. Videnska-
bernes. Histoisk-filologiske Meddelelser* 26/5, 1939, p. 21-22.

7. Comparer les réserves de Th. Bardinet, *Les papyrus médicaux de l'Égypte pharaonique*, Paris, 1995, p. 228 sq.

8. R. O. Steuer, *Oukhedou, Aetiological Principle of Pyaemia in Ancient Egyptian
Medicine*, dans *Suppl. to the Bulletin of the History of Medicine*, n° 10, Baltimore, 1948.

9. R. O. Steuer, J. B. de C. M. Saunders, *Ancient Egyptian and Cnidian Medicine : the
Relationship of Their Aetiological Concepts of Disease*, Berkeley-Los Angeles, University
of California Press, 1959.

influence de la théorie pathologique des Égyptiens sur la théorie des « résidus » attribuée à Euryphon de Cnide dans une doxographie bien connu des hellénistes, l'Anonyme de Londres [10]. Cette étude eut un retentissement, même chez certains hellénistes qui y virent « une contribution importante à l'histoire de l'École de Cnide » [11]. Depuis lors, un article de P. Ghalioungui paru en 1968 et intitulé « The Relation of Pharaonic to Greek and Later Medicine » [12] offre une bonne synthèse de ce que l'on a pu dire concernant l'influence de la médecine égyptienne sur la médecine grecque.

Toutefois, actuellement, on fait preuve de plus d'esprit critique. Notamment, la thèse de Steuer et de Saunders sur les *oukhedou* est battue en brèche aussi bien du côté des égyptologues que des hellénistes. Thierry Bardinet dans son récent ouvrage sur *Les papyrus médicaux de l'Égypte pharaonique* ne croit pas que la « théorie des *oukhedou* » proposée par Steuer soit une lecture acceptable des textes égyptiens concernés, et il poursuit en disant : « Si ce n'est pas le cas, le bien-fondé des rapprochements proposés reste toujours à démontrer. » [13] Du côté de la médecine grecque aussi, des réserves avaient été émises [14] : les rapprochements proposés par Steuer/Saunders attribuent à Euryphon de Cnide, sous la foi de la doxographie de l'*Anonyme de Londres*, une théorie des résidus (en grec *perittomata*). Mais cette théorie, au moins sous cette formulation, n'a guère de chance d'être ancienne. En effet, elle n'est pas expressément attestée dans la *Collection hippocratique*. La raison en est simple : le concept de *perittoma* est un concept aristotélicien. De plus, à force de vouloir mettre en exergue des rapprochements, il ne faudrait pas oublier l'essentiel. C'est que la médecine rationnelle de la *Collection hippocratique* tranche avec la médecine magico-religieuse des Égyptiens. On sait que les incantations accompagnent régulièrement les remèdes dans la médecine égyptienne pour les

10. Voir le compte rendu de Jean Leclant dans *Bibliotheca Orientalis* 18, 1961, p. 144 sq.

11. A. Thivel, « La doctrine des ΠΕΡΙΣΣΩΜΑΤΑ et ses parallèles hippocratiques », *Revue de Philologie* 39, 1965, p. 269.

12. P. Ghalioungui, « The Relation of Pharaonic to Greek and Later Medicine », *Bulletin of the Cleveland Medical Library* 15, 1968, p. 96-107.

13. Th. Bardinet, *op. cit.* (n. 7), p. 129.

14. Voir J. Jouanna, *Hippocrate. Pour une archéologie de l'École de Cnide*, Paris, 1974, p. 509, n. 2.

rendre efficaces [15]. Or il est bien connu que de telles incantations ne
sont jamais employées dans la médecine hippocratique, et même
l'un des traités hippocratiques, celui de la *Maladie sacrée*, en
condamne expressément l'emploi. Cela ne veut pas dire qu'il ne soit
pas légitime de poursuivre la comparaison entre ces deux médecines. J'ai moi-même signalé dans une assez longue note de ma
thèse sur l'*Archéologie de l'École de Cnide* parue en 1974, les analogies que l'on peut trouver dans le schéma d'exposition des
maladies entre la médecine égyptienne et les traités nosologiques
hippocratiques dérivés des *Sentences cnidiennes* [16]. On pourrait
aussi comparer le problème de l'interdiction de soigner dans la
médecine égyptienne et dans la médecine grecque. Mais pour l'interprétation de telles ressemblances, il convient de faire preuve de
prudence, de ne pas conclure trop rapidement à des influences à
partir de ressemblances et de distinguer les diverses périodes de la
médecine grecque [17]. De toute manière, les conclusions restent de
l'ordre de l'hypothèse.

*
* *

Pour échapper à cet aspect hypothétique, il est possible de
prendre le problème des rapports de la médecine égyptienne et de
la médecine grecque par un autre biais que j'emprunterai maintenant, celui de l'image de la médecine égyptienne dans la pensée
grecque. Au lieu d'émettre des hypothèses sur la réalité de choses
qui nous échappent, on observera à partir des textes grecs ce que les
Grecs disaient et pensaient de la médecine égyptienne. De façon
générale, on a parlé de mirage égyptien en Grèce. C'est le titre
d'une thèse d'État française de Christian Froidefond, datant
de 1970 [18]. L'expression « mirage » a sans doute l'inconvénient de

---

15. Pour le double aspect magique et rationnel de la médecine égyptienne, voir
récemment K. S. Kolta, D. Schwarzmann-Schafhauser, *Die Heilkunde im Alten Ägypten.
Magie und Ratio in der Krankheitvorstellung und therapeutischen Praxis* (Sudhoffs
Archiv. Beihefte, 42), Stuttgart, 2000.

16. J. Jouanna, *op. cit.* (n. 14) p. 508, n. 1.

17. Pour la comparaison de la médecine grecque hellénistique et de la médecine
égyptienne, voir H. von Staden, *Herophilus. The Art of Medicine in Early Alexandria*,
Cambridge, 1989, p. 1-31 (« Alexandrian and Egyptian medecine »). On y trouvera une
comparaison très complète et très pondérée dans les différents aspects de la médecine.

18. Ch. Froidefond, *Le mirage égyptien dans la littérature grecque d'Homère à
Aristote*, Université de Paris, 1970, 403 p.

présupposer que l'image qui apparaît dans les esprits est systématiquement embellie et irréelle. Mieux vaut parler d'image que de
mirage. Mon propos essentiel sera donc d'essayer de voir ce qu'est,
dans le domaine de la médecine, cette image de l'Égypte aux yeux
des écrivains grecs, et tout particulièrement des médecins. Je choi-
sirai les textes les plus importants. Je commencerai par les textes
qui, depuis Homère (VIII⁰ s. av. J.-C.), jusqu'à Diodore de Sicile (I⁰ʳ s.
av. J.-C.), donnent une image franchement positive de la médecine
égyptienne, avant de montrer que lorsque cette médecine égyptienne est comparée à la médecine grecque, un renversement de
perspective s'est produit, et cela, à partir du développement de la
médecine rationnelle grecque de l'époque classique. La conséquence en est que la médecine égyptienne dont Homère vantait la
supériorité occupe rarement une place dans la reconstruction que
les Grecs ont pu faire de l'histoire de la médecine depuis Hippocrate (V⁰ s. av. J.-C.) jusqu'à Galien (II⁰ s. ap. J.-C.).

Tout commence toujours avec Homère. C'est dans l'*Odyssée*
que l'on rencontre le premier texte sur l'image de l'Égypte dans le
domaine de la médecine. On peut parler de texte fondateur, car il
servira de référence, même aux médecins, comme on aura l'occasion
de le voir dans la dernière partie de l'exposé. Dans l'*Odyssée* au
chant IV, lorsque Télémaque, le fils d'Ulysse, accompagné de Pisis-
trate, le fils de Nestor, vient rendre visite à Ménélas et à Hélène, en
quête de nouvelles sur son père qui n'est pas encore revenu dans sa
patrie après la guerre de Troie, Homère rappelle les cadeaux que
Ménélas et Hélène ont rapportés de la Thèbes d'Égypte, la ville où
les maisons regorgent de richesses (IV, v. 125 sq.). L'évocation de
l'absent entraîne des pleurs. C'est alors qu'Hélène met dans le vin
du cratère une drogue (φάρμακον) dont la propriété est de calmer la
douleur ou la colère et de faire oublier tous les maux. Or cette
drogue venait aussi d'Égypte. Voici, en effet, ce que dit Homère (IV,
v. 227-232) :

> « Telles étaient les drogues ingénieuses que possédait la fille de Zeus,
> drogues bienfaisantes que lui avait données Polydamna, l'épouse de Thon
> l'Égyptienne, là où la terre fertile produit de très nombreuses
> drogues, beaucoup étant bienfaisantes quand elles sont mélangées,
> beaucoup étant malfaisantes, et où chaque médecin est le plus savant
> des hommes ; oui, car ils sont de la race de Péan. »

Ce passage prend une portée générale par le jugement qui est
émis sur la terre d'Égypte et sur les médecins égyptiens. La nature
et l'art vont de pair. La terre fertile fournit de nombreuses plantes,
d'où l'on tire des remèdes composés à partir des simples mélangés

(μεμιγμένα), ou au contraire des poisons. Cette affirmation correspond, sans doute à une réalité. Quand Théophraste, dans son *Histoire des plantes*, au livre IX, c. 15, parle des régions productrices de remèdes, en dehors de la Grèce, il cite l'Étrurie et le Latium où l'on dit que se trouvait Circè, mais surtout l'Égypte. Et Théophraste ne manque pas de se référer à l'autorité d'Homère et même de citer les vers qui nous occupent. Cette affirmation sur la richesse des plantes médicinales de l'Égypte serait vérifiée aussi par la mention dans la littérature médicale gréco-romaine de produits issus d'Égypte et servant à faire des médicaments. Pour revenir au texte d'Homère, le médecin égyptien est qualifié de « savant supérieur à tous les hommes », ce qui implique nettement la supériorité de la médecine égyptienne sur toutes les autres médecines, et particulièrement la médecine grecque. Cette supériorité est immédiatement justifiée dans le passage homérique par la généalogie des médecins égyptiens. Ils sont de la race de Péan. Or on sait que Péan est chez Homère le médecin des dieux. La supériorité de leur savoir vient donc de son origine divine. Une telle supériorité doit être toutefois réinsérée dans l'éloge des médecins que l'on trouve déjà dans l'*Iliade*. Le médecin, en lui-même, est valorisé. On a à l'esprit la célèbre définition du médecin donnée au chant XI de l'*Iliade* (v. 514 sq.) :

« Car un médecin vaut beaucoup d'autres hommes
pour extraire les flèches par incision et verser sur (la blessure) des remèdes apaisants. »

Cette définition du médecin est mise dans la bouche d'Idoménée, au moment où il invite Nestor à emporter au plus vite sur son char, pour l'écarter de la mêlée, le médecin Machaon qu'Alexandre-Paris vient de blesser d'une flèche à l'épaule. Mais ce médecin grec, à la différence des médecins égyptiens, n'est pas de la race de Péan. Il est certes d'une famille médicale connue. Il est le fils d'Asclépios, comme il est rappelé dans ce même passage. Mais Asclépios n'était pas encore, à l'époque d'Homère, un dieu : il était simplement un médecin irréprochable qui avait reçu son savoir médical du centaure Chiron (cf. IV, 219). L'origine du savoir des médecins égyptiens dans l'*Odyssée* paraît donc plus prestigieuse que celle des deux médecins grecs de l'*Iliade* les plus connus, les Asclépiades Machaon et Podalire.

Ce jugement sur l'excellence des médecins égyptiens restera présent dans toutes les mémoires ; c'est ce passage d'Homère qui vient tout naturellement à l'esprit des auteurs grecs, quels qu'ils soient, quand ils en viennent à parler de la médecine égyptienne. Par exemple, Diogène Laërce (IIIe s. ap. J.-C.), dans sa biographie de Platon[19], signale la tradition selon laquelle Platon serait allé en Égypte avec Euripide, lequel serait tombé malade et aurait été guéri par les prêtres égyptiens qui l'auraient soigné par l'eau de mer. Et pour confirmer cela, le biographe cite les vers de l'*Odyssée* sur la supériorité des médecins égyptiens.

Ce prestige des médecins égyptiens, bien attesté à l'époque d'Homère, est encore manifeste à l'époque classique chez Hérodote. Dans sa présentation de l'Égypte, il déclare : « Tout est plein de médecins. »[20] Cependant Hérodote révèle, dans le même passage, une particularité de la médecine égyptienne par rapport à Homère. C'est la spécialisation des médecins. Voici ce qu'Hérodote en dit :

> « La médecine est répartie en Égypte de cette façon : c'est d'une seule maladie que chaque médecin est spécialiste, et non pas de plusieurs... Les uns sont les médecins des yeux, d'autres de la tête, d'autres des dents, d'autres de la région du ventre, et d'autres des maladies cachées. »

Cette organisation de la médecine en spécialités devait paraître d'autant plus remarquable à un grec que les médecins grecs étaient eux, dans la pratique comme dans la théorie, des généralistes. D'autres passages d'Hérodote confirment le prestige de la médecine égyptienne. Les médecins égyptiens étaient recherchés dans le reste du monde. En particulier, les souverains orientaux s'entouraient de médecins venus d'Égypte. Cyrus avait demandé pour soigner ses yeux le meilleur spécialiste qu'il y eût en Égypte, et celui qui fut choisi par le pharaon Amasis se vit ainsi arraché à sa femme et à ses enfants pour se rendre en Perse. Le ressentiment de ce médecin contre le pharaon aurait été à l'origine de l'expédition de Cambyse, fils de Cyrus, contre l'Égypte[21]. Ce furent aussi des médecins égyptiens qui commencèrent à soigner Darius, quand il se blessa à la cheville en sautant à bas de son cheval au cours d'une chasse[22].

---

19. Diogène Laërce, *Vie des philosophes* III, 7.
20. Hérodote, II, 84.
21. Id., III, 1.
22. Id., III, 129.

Au IVe siècle, le prestige de la médecine égyptienne réapparaît dans l'éloge de *Busiris* par Isocrate. Sans entrer dans les discussions sur les intentions polémiques d'Isocrate contre un devancier, Polycrate, qui avait déjà composé un éloge de ce roi d'Égypte, on rappellera qu'Isocrate fait à cette occasion un éloge général de l'Égypte portant non seulement sur le pays, mais aussi sur la société égyptienne divisée en corps spécialisés, sur sa constitution et ses lois, sur la piété et même sur la philosophie. Au cours de cet éloge, il mentionne aussi la médecine qui est, selon Isocrate, une découverte des prêtres égyptiens, comme l'est la philosophie. Voici ce qu'Isocrate en dit :

> « Busiris donna aux prêtres, d'une part l'aisance par les revenus tirés des sanctuaires, d'autre part la sagesse par les purifications imposées par les lois et enfin le loisir par l'exemption des risques guerriers et des autres travaux. Grâce à de telles conditions de vie, ces prêtres découvrirent, en ce qui concerne les corps, le secours de la médecine, employant non pas des remèdes très risqués, mais des remèdes tels qu'ils apportent une sécurité analogue à celle de la nourriture prise chaque jour et une utilité telle que les gens de là-bas sont de l'aveu unanime ceux qui ont la santé la meilleure et la vie la plus longue ; et en ce qui concerne les âmes, ils ont montré la pratique de la philosophie qui peut instituer les lois et rechercher la nature des choses. » [23]

Médecine et philosophie en Égypte sont donc des découvertes parallèles. Si l'on compare cet éloge de la médecine égyptienne à ceux que l'on a trouvés chez Homère et chez Hérodote, on a des données nouvelles : la médecine y apparaît, d'une part comme une médecine des temples, d'autre part comme une médecine à la fois douce et efficace, et l'on voit apparaître le thème de la bonne santé des Égyptiens, qui seraient « les plus sains des hommes ». Déjà chez Hérodote, les Égyptiens étaient dits les plus sains des hommes, mais après les Libyens [24]. Selon Isocrate, la bonne santé des Égyptiens est le résultat de l'excellence de leur médecine. Chez Hérodote, la réponse était plus nuancée. C'est d'abord le climat du pays qui, par l'absence de grands changements entre les saisons, explique la santé des habitants, car ce sont les grands changements qui causent les maladies. Une telle explication est analogue aux principes d'explication que l'on trouve chez Hippocrate dans le traité des *Airs, eaux, lieux*, mais une comparaison détaillée sur les Égyptiens est malheu-

---

23. Isocrate, *Busiris* 21-2.
24. Hérodote, II, 77.

reusement impossible à cause d'une grande lacune dans ce traité hippocratique où le développement sur les Égyptiens a presque totalement disparu [25]. Cependant, en plus d'un bon climat, Hérodote mentionne le bon régime de vie que les Égyptiens suivent pour prévenir les maladies :

> « Ils se purgent avec de la *syrmaiè* trois jours de suite chaque mois, recherchant la santé par des vomissements et des lavements, pensant que toutes les maladies chez les hommes viennent des aliments qui les nourrissent. » [26]

Ce développement sur le régime de vie des Égyptiens réapparaît chez un autre historien plus tardif, Diodore de Sicile (Ier s. av. J.-C.) :

> « Pour prévenir les maladies, ils soignent leurs corps au moyen de lavements, de jeûnes et de vomissements, parfois chaque jour, parfois en laissant passer trois ou quatre jours. Ils disent en effet que lorsque toute la nourriture a été distribuée (dans le corps) l'excédent est un résidu, à partir duquel naissent les maladies, si bien que le traitement susdit, supprimant les causes de la maladie, est la meilleure façon de procurer la santé. » [27]

Les deux témoignages sont comparables, malgré des variantes de détail [28]. Diodore connaissait évidemment Hérodote. Néanmoins, il a utilisé d'autres sources, parmi lesquelles l'histoire de l'Égypte d'Hécatée d'Abdère (IVe/IIIe s.), et l'on sait aussi que Diodore s'est rendu lui-même en Égypte. Cela explique qu'il donne des indications nouvelles sur le statut des médecins égyptiens et sur une loi écrite relative au traitement :

> « Lors des expéditions militaires et des voyages dans le pays, les Égyptiens sont tous soignés sans donner eux-mêmes aucun honoraire ; car les médecins touchent leur salaire sur les fonds publics ; et ils mènent le traitement selon une loi écrite, qui a été rédigée d'après de nombreux médecins célèbres. Et si, tout en suivant les règles lues dans le livre sacré les médecins sont incapables de sauver le malade, ils s'en tirent en étant exempts de tout blâme ; si, en revanche, ils agissent un tant soit peu

---

25. Hippocrate, *Airs, eaux, lieux,* c. 12, éd. Jouanna 222, 3 (avec la n. 2 de la p. 222 = p. 299 sq.).

26. Hérodote, II, 77.

27. Diodore de Sicile, I, 82, 1-2.

28. La périodicité n'est pas la même (les prescriptions sont plus fréquentes chez Diodore que chez Hérodote : trois jours de suite par mois chez Hérodote ; tous les jours selon Diodore, soit de façon continue, soit après des intervalles de trois ou quatre jours). Par ailleurs, le régime comprend aussi des jeûnes selon Diodore, alors qu'il n'en est pas question chez Hérodote.

contrairement aux instructions écrites, ils encourent la peine capitale, le législateur estimant que peu de médecins seraient plus avisés qu'un traitement suivi depuis si longtemps et prescrit par les meilleurs praticiens. » [29]

Diodore observe une certaine objectivité dans la présentation de la médecine égyptienne. Il décrit l'organisation de cette médecine, plus qu'il ne la juge. On observe toutefois une approbation implicite pour cette médecine étatique et traditionnelle. La rétribution des médecins sur les fonds publics s'effectue dans l'intérêt du malade, puisqu'il est soigné gratuitement quand il est loin de chez lui. Quant à la nécessité de respecter l'écrit pour appliquer le traitement, elle est justifiée par la sagesse du législateur qui met en balance le résultat d'une longue tradition établie par les meilleurs médecins et la compétence individuelle aléatoire de chaque médecin pris en particulier.

Cette obligation pour les médecins égyptiens de se conformer à la règle avait déjà été mentionnée par Aristote (IVe s. av. J.-C.) dans sa *Politique* :

> « En Égypte, ce n'est qu'après quatre jours de traitement qu'il est permis aux médecins de modifier ce qui est écrit ; et s'ils le font plus tôt, c'est à leurs propres risques. » [30]

Les deux témoignages font référence à l'obligation pour le médecin égyptien de suivre dans son traitement une règle qui lui est imposée et ne laisse pas la place à l'initiative individuelle au départ. Toutefois, ils ne sont pas compatibles dans le détail. Aristote parle d'un délai de quatre jours pour avoir l'autorisation d'innover dans le traitement sans risque de poursuites judiciaires, alors qu'il n'en est pas question chez Diodore. Mais la grande différence n'est pas là : elle est dans le jugement porté sur cette pratique. On a vu que chez Diodore le jugement sur cette organisation de la médecine égyptienne était favorable. C'est une façon de limiter le risque d'erreurs individuelles. En revanche, chez Aristote, cette organisation de la médecine égyptienne est prise comme un exemple concret dans un contexte négatif. Il illustre la proposition générale selon laquelle il ne convient pas d'exercer un art en s'en tenant à des régles écrites, car les prescriptions générales ne peuvent pas prendre en compte les circonstances particulières. Il est vrai que cette critique mérite d'être relativisée. Car cette argumentation est

---

29. Diodore de Sicile, I, 82, 3.
30. Aristote, *Politique* III, 15, 1286 a 12-14.

employée par les partisans de la monarchie ; or ce régime n'est pas l'idéal selon Aristote.

*
* *

Mis à part le passage de la *Politique* d'Aristote, tous ces textes que nous avons vus depuis Homère jusqu'à Diodore donnent une image positive de la médecine égyptienne. Néanmoins quand il s'agit de comparer la médecine égyptienne à la médecine grecque on assiste à un renversement d'Homère à l'époque classique, par suite du développement de la médecine grecque. Chez Homère, la supériorité de la médecine égyptienne est incontestée. Encore au VIe siècle, la médecine égyptienne exportait ses spécialistes dans les royautés orientales, comme l'indique clairement Hérodote. Quand Darius « se tourna le pied » en descendant de cheval [31], il fit d'abord appel aux médecins égyptiens qu'il avait à sa cour. Citons Hérodote :

> « Son habitude, dès auparavant, était d'avoir autour de lui les Égyptiens qui passaient pour être les premiers dans l'art de la médecine ; il eut recours à eux. » [32]

On ne peut pas dire plus clairement que la médecine égyptienne passait encore à la fin du VIe siècle pour être supérieure à la médecine grecque. Or, on sait ce qu'il advint. Les médecins égyptiens, nous dit Hérodote, « en lui tordant et en lui forçant le pied, firent empirer le mal ». Durant sept jours, la souffrance empêcha Darius de dormir. Il fit alors appel à un Grec originaire de Crotone, Démocédès, ancien médecin de Polycrate, alors qu'il se trouvait parmi ses prisonniers. C'est à ce moment-là que se produit le renversement. Voici ce qu'en dit Hérodote :

> « Après cela, comme Darius s'en était remis à Démocédès, en utilisant des traitements grecs et en appliquant des moyens doux après les moyens énergiques, Démocédès fit que Darius retrouva le sommeil et en peu de temps il lui rendit la santé, alors que Darius n'avait plus d'espoir d'avoir un pied valide. » [33]

---

31. Sur la nature de la luxation et sur la comparaison de cette luxation avec les traités chirurgicaux de la *Collection hippocratique*, voir M. D. Grmek, « Ancienneté de la chirurgie hippocratique », dans F. Lasserre, Ph. Mudry, *Formes de pensée dans la* Collection hippocratique, Genève, 1983, p. 285-295.

32. Hérodote, III, 129.

33. Id., III, 130, 3.

La médecine grecque se caractérise par la douceur, opposée à la violence de la médecine égyptienne. Et cette douceur fut plus efficace que la violence. Les médecins égyptiens s'étaient révélés inférieurs à un médecin grec. Et pour cela, Darius voulut les empaler. Mais le médecin grec demanda leur grâce et l'obtint. Même dans les relations humaines, le médecin grec manifesta sa douceur. Ce moment semble symbolique du renversement de l'image de la médecine égyptienne comparée à la médecine grecque.

Toujours est-il qu'avec le développement de la médecine hippocratique, dans la deuxième moitié du Vᵉ siècle, l'image de la médecine égyptienne disparaît aux yeux des praticiens grecs. Le témoignage le plus significatif est celui du traité hippocratique de l'*Ancienne médecine*[34]. Ce traité de médecine rationnelle retrace, pour la première fois, une histoire de l'art médical. La médecine est une invention humaine : elle est l'œuvre des hommes qui ont découvert, les premiers, le régime adapté à l'état des malades ; et cette invention est si précieuse qu'ils l'ont attribuée à un dieu, ce qui était la croyance usuelle à l'époque où écrivait l'auteur. Quel est ce dieu ? Le texte ne le précise pas. Il ne peut s'agir que d'Apollon qui avait annexé dans son culte le nom de Péan, le médecin des dieux, ou d'Asclépios devenu, de prince de Trikka qu'il était chez Homère, un demi-dieu, puis le dieu de la médecine. Le texte de l'*Ancienne médecine* ne précise pas non plus quels sont ces premiers hommes qui ont découvert la médecine. Mais il est un passage significatif du traité où il est question de ceux qui, à son époque, n'usent pas de la médecine, et il explicite cette catégorie par « les Barbares et un petit nombre de Grecs »[35]. La médecine égyptienne n'est plus, comme chez Hérodote, vaincue par la médecine grecque. Elle n'existe plus. L'antithèse Grecs-Barbares élimine la médecine égyptienne, puisque l'Égypte se trouve englobée dans l'ensemble des Barbares et puisque cet ensemble n'use pas de la médecine. L'hellénocentrisme de la médecine grecque classique est donc tout à fait étonnant.

Et même chez Platon, qui présente dans sa *République* la deuxième histoire de la médecine que l'on ait conservée chez les auteurs grecs, la médecine égyptienne ne joue aucun rôle[36]. La

---

34. Voir J. Jouanna, *Hippocrate*, II, 1. *L'ancienne médecine*, Paris, Les Belles Lettres, 1990.
35. Hippocrate, *Ancienne médecine*, c. 5, éd. Jouanna 124, 5 sq.
36. Platon, *République* III, 405d-406a.

première étape de la médecine selon Platon, celle qui est idéale à ses yeux, car la diététique moderne lui paraît le résultat d'une dégradation morale et politique, est celle du temps d'Asclépios. Et pour recréer cette première étape, Platon s'appuie sur des exemples de l'*Iliade* où les fils d'Asclépios, Machaon et Podalire, sont les médecins les plus célèbres de l'expédition ; il n'y a aucune référence, en tout cas, au passage de l'*Odyssée* sur la médecine égyptienne. Ce silence est comparable à celui de l'auteur de l'*Ancienne médecine* sur les Égyptiens.

Et même quand Isocrate dans son *Busiris* fait l'éloge de la médecine égyptienne [37], il se garde bien de le faire aux dépens de la médecine grecque. A cet égard, il y a une différence dans le rôle qu'il accorde à l'Égypte dans la formation de la civilisation grecque. Quand il parle, comme on l'a vu, des prêtres égyptiens qui ont découvert d'une part la médecine pour le corps, et d'autre part la sagesse pour l'âme, il rappelle que Pythagore de Samos « fut le premier à rapporter en Grèce la philosophie en général, et en particulier se passionna plus manifestement que tout autre pour les sacrifices et les cérémonies dans les sanctuaires ». La philosophie grecque serait à l'école de l'Égypte. En revanche, Isocrate ne dit rien de semblable à propos de la médecine grecque. Les médecins grecs de l'époque classique ne se considéraient pas à l'école de l'Égypte, et même les non-spécialistes, admirateurs de l'Égypte, n'ont rien prétendu de tel.

Même quand, après les conquêtes d'Alexandre, les centres médicaux grecs traditionnels perdirent leur prééminence par rapport à Alexandrie, et que l'un des plus grands centres de la médecine grecque se développa sur le sol d'Égypte, la place de la médecine égyptienne dans la médecine grecque rationnelle n'en fut pas sensiblement modifiée. Il y a, à cet égard, dans le corpus galénique, un traité fort intéressant intitulé *Introduction ou médecin* [38]. Il n'est certes pas de Galien, mais d'un médecin grec qui devait vivre en Égypte, car il fait des références très précises aux médecins égyptiens ou aux pratiques médicales égyptiennes. En particulier, il fait allusion à la pratique de l'excision en Égypte. De fait, lorsqu'il traite des parties du corps, il en vient aux parties génitales de l'homme et de la femme ; et à propos du clitoris, il déclare : « le petit morceau de chair qui fait saillie au milieu des lèvres dans la fente s'appelle

---

37. Voir *supra*, p. 10.
38. Pseudo-Galien, *Introductio sive medicus*, éd. Kühn XIV, 674-797.

nymphè (= clitoris) ; parce qu'il se penche trop en avant, on juge bon
chez les Égyptiens de l'exciser chez les jeunes filles. »[39] Il n'est pas
étonnant que ce médecin réintègre dès lors l'Égypte dans l'histoire
de la médecine qui constitue le premier chapitre de son traité. Le
chapitre mériterait d'être lu en entier. J'en citerai simplement les
extraits les plus significatifs pour notre propos :

> « Les Grecs attribuent l'invention des arts à des enfants de dieux, ou
> à des êtres proches d'eux, auxquels les dieux ont, les premiers, fait part de
> tout art, quel qu'il soit. Ainsi donc en particulier pour la médecine qu'As-
> clépios, dit-on, apprit d'abord de son père Apollon, puis transmit aux
> hommes. C'est pourquoi il passe pour être l'inventeur de la médecine.
> Avant Asclépios il n'existait pas encore d'art médical parmi les hommes,
> mais les Anciens possédaient une expérience des remèdes et des plantes,
> tels ceux que, chez les Grecs, connaissaient le centaure Chiron et les héros
> qui reçurent son enseignement... Mais chez les Égyptiens aussi, on utilisait
> les plantes et les autres remèdes, comme l'atteste Homère, lorsqu'il dit :
>
> > "l'Égyptienne, là où la terre féconde produit de très nombreuses drogues,
> > souvent bénéfiques, une fois mélangées, souvent maléfiques."
>
> En outre, c'est du fait de la dissection des morts, à l'occasion des
> embaumements, que maints traitements utilisés en chirurgie passent pour
> avoir été inventés chez les premiers médecins ; d'autres, dit-on, ont été
> imaginés par hasard, comme la paracentèse des yeux des malades souf-
> frant de la cataracte, due à la rencontre d'une chèvre qui, atteinte de cata-
> racte, recouvra la vue après qu'une feuille de jonc pointue se fut plantée
> dans son œil. Le lavement, dit-on aussi, a été inventé en regardant l'ibis
> qui remplit la peau de son cou, comme un réservoir de clystère, d'eau du
> Nil ou d'eau de mer, et se l'injecte par derrière avec son bec... Mais cette
> pratique-là n'était pas rationnelle et ne relevait pas encore de l'art ; la
> médecine sous sa forme achevée et entièrement pourvue des parties qui
> lui sont propres, celle qui est réellement divine, Asclépios seul l'inventa,
> et celle qui a cours parmi les hommes, les Asclépiades, instruits par celui-
> ci, la transmirent à leurs descendants ; en particulier Hippocrate, qui l'em-
> porta sur tous et qui le premier mit au jour la médecine sous la forme
> achevée qu'elle revêt chez les Grecs. »[40]

Cette reconstruction de l'histoire de la médecine qui vient
après celle de Platon ne s'en écarte pas beaucoup, au moins sur l'invention originelle. La découverte de la médecine est attribuée dans
les deux cas à Asclépios qui a transmis son savoir à ses deux fils, les

---

39. Id., *ibid.* 706, 12-15. Voir aussi Philouménos (IIe s. ap. J.-C.) *apud* Aetios *Iatricorum liber* VI, éd. Zervos 115, 1-27, où est exposée en détail la façon dont le clitoris était
excisé par les Égyptiens chez les jeunes filles avant le mariage.

40. Id., *ibid.* 674-676. Sur ce passage, voir A. E. Hanson, « Papyri of medical
content », *Yale Classical Studies* 28, 1985, p. 25-47 (particulièrement p. 25-30).

Asclépiades, Machaon et Podalire. Comme chez Platon, c'est la médecine de l'*Iliade* qui sert de modèle de base pour la reconstruction historique. Mais l'une des innovations par rapport à Platon est la réinsertion de la médecine égyptienne. Et pour cela, l'auteur a pris sa référence fondamentale, encore chez Homère, dans les fameux vers de l'*Odyssée* relatifs à Hélène qui a reçu d'une Égyptienne la drogue. Mais la façon dont les vers sont découpés dans la citation a une importance à laquelle il faut prêter attention. L'auteur arrête sa citation après l'éloge de la fertilité de la terre égyptienne et ne reprend pas l'éloge des médecins égyptiens dont le savoir est supérieur à celui de tous les autres. Pour quelle raison ? Cela tient à la place relativement modeste que l'auteur accorde à la médecine égyptienne. La médecine égyptienne fait partie de l'empirisme médical qui a précédé la découverte de l'art. Elle appartient à la préhistoire de l'art médical, à cette période où l'expérience était dépourvue de raison et n'était pas encore un art véritable. Ce n'est qu'à partir d'Asclépios que la médecine a été véritablement découverte, avant que ses fils, les Asclépiades, ne transmettent cet art à leurs descendants jusqu'à Hippocrate qui fut le premier à mettre au jour un art médical achevé. Ainsi donc, la médecine égyptienne, tout en étant réinsérée dans la préhistoire de la médecine rationnelle grecque, ne lui fait pas ombrage : à la faveur d'une distinction platonicienne entre empirie et art, distinction qui a pris une importance capitale dans la médecine gréco-romaine par suite de l'existence de deux sectes opposées, les empiriques et les dogmatiques (ou logiques), l'histoire de la médecine en tant qu'art reste, aux yeux des médecins grecs, et même des médecins grecs d'Égypte, une découverte grecque.

Ce rôle, même modeste, attribué à la médecine égyptienne dans la naissance de la médecine par un médecin dont l'ouvrage a été conservé dans le corpus des œuvres de Galien tranche avec la position de Galien lui-même, qui est encore plus réservé sur l'image de la médecine égyptienne. Galien, qui n'appréciait pas la magie égyptienne [41], a eu, lui aussi, l'occasion d'évoquer les débuts de la médecine dans un traité intitulé *A Thrasybule* et consacré au problème de savoir si l'hygiène relève de la médecine ou de la gymnas-

---

41. Galien, *Sur les facultés des médicaments simples* VI, prol. (éd. Kühn XI, 792, 12 sq.) : il reproche à Pamphile, auteur d'un traité sur les plantes, d'avoir versé « dans des sorcelleries égyptiennes bavardes » (τινας γοητείας Αἰγυπτίας ληρώδεις) ; voir V. Boudon, « Aux marges de la médecine rationnelle : médecins et charlatans à Rome au temps de Galien », *Revue des Études grecques* 116, 2003, p. 109-131 (particulièrement p. 119).

tique [42]. Discutant des trois grandes parties de la médecine, que sont la chirurgie, la pharmacologie et la diététique, Galien s'appuie, comme Platon, sur l'autorité d'Homère, pour dire que la chirurgie et la pharmacologie étaient connues dès l'époque la plus reculée que l'on puisse atteindre, et il s'appuie ensuite directement sur le témoignage de Platon dans la *République*, pour dire que la diététique n'était pas connue d'Homère et qu'elle est une branche de la médecine plus récente. Le jeu des citations homériques faites par Galien pour prouver que la médecine était dans une première étape uniquement chirurgicale et pharmacologique mérite d'être examiné en détail. Galien prend soin de varier ses citations par rapport à celles de Platon. Et son nouveau choix n'est pas mauvais. Car il prend dans l'*Iliade* la citation-phare sur « le médecin qui vaut beaucoup d'autres hommes pour extraire les flèches par incision et verser sur (la blessure) des remèdes apaisants » [43]. Mais à cette citation de l'*Iliade*, il accole deux vers pris dans le célèbre passage sur la médecine égyptienne de l'*Odyssée*, faisant un montage si habile que les quatre vers paraissent concerner le médecin en général. Toute référence aux médecins égyptiens a disparu. De ces quatre vers ne ressortent que l'excellence du médecin en général et surtout l'idée essentielle aux yeux de Galien que l'art médical à l'époque d'Homère soignait les corps par la pharmacologie et la chirurgie.

On voit donc comment le passage fondateur sur le prestige de la médecine égyptienne chez Homère a été cité de manière tronquée aussi bien chez le pseudo-Galien que chez Galien, sous forme de deux vers dont un seul est identique, et cela en vue d'intentions différentes : soit pour minimiser l'image prestigieuse des médecins égyptiens chez le pseudo-Galien, soit pour l'éliminer chez le Galien authentique.

Du reste, la mention des médecins égyptiens est exceptionnelle chez Galien. On la rencontre une fois dans son traité sur la *Composition des médicaments suivant les lieux* à propos d'un collyre, dit « désagréable » contre les grands flux [44]. Il est dit que seuls les médecins en Égypte ont du succès avec ce remède, et surtout chez les sujets rustiques. Comment, dans ses conditions, prétendre, avec

---

42. Galien, *A Thrasybule*, c. 32 éd. Kühn V, 869 (= éd. Helmreich *SM* III, p. 78).
43. *Iliade* XI, v. 514-515.
44. Galien, *De compositione medicamentorum secundum locos* IV, 8, éd. Kühn XII, 749, 14.

G. Lefebvre et J. F. Porge que « Théophraste, Dioscoride, Galien citent perpétuellement des recettes qu'ils tenaient des médecins égyptiens, ou plus exactement qu'ils avaient apprises, comme le dit Galien, en consultant les ouvrages conservés dans la bibliothèque du temple d'Imhotep, à Memphis, encore accessible au IIᵉ siècle de notre ère, et où s'était instruit, sept siècles auparavant, Hippocrate, "le père de la médecine" » [45] ? Où Galien dit-il avoir consulté les ouvrages conservés dans la bibliothèque du temple d'Imhotep ? Les auteurs se gardent bien de donner la moindre référence. En réalité, il y a dans le traité sur la *Composition des médicaments suivant les genres* une référence au temple d'Héphaistos à Memphis à propos de deux recettes qui étaient inscrites dans l'adyton du temple [46]. Galien, bien qu'il ait séjourné en Égypte, ne les a pas vues : il fait référence à ce que ses sources en disent, comme l'indique l'emploi du verbe « dire ». On ne peut certes douter de l'origine égyptienne de ces deux recettes, mais il n'est pas question chez Galien de bibliothèque où l'on aurait consulté des ouvrages contenant des recettes. Et que dire de cette impossible hypothèse qu'Hippocrate aurait visité sept siècles auparavant une bibliothèque que Galien n'a pas vue et qui n'existe peut-être pas ? L'influence de la médecine égyptienne sur la médecine grecque est, au moins dans ce cas, un mirage reconstruit par des érudits modernes qui nous trompent en déformant les témoignages anciens ; ce mirage ne correspond pas à l'image que les médecins grecs en avaient eux-mêmes [47].

Certes, l'hellénocentrisme de la médecine classique au temps d'Hippocrate a pu masquer des emprunts à l'Égypte dans une période plus ancienne de la médecine grecque ; et la présence de produits venus d'Égypte dans les recettes médicales de la médecine classique témoignent sans aucun doute de relations commerciales et probablement médicales avec une terre qui a toujours été célèbre par la richesse de ses plantes médicinales, comme on l'a déjà vu. Certes, la relation avec l'Égypte a changé dans la phase postclassique de la médecine grecque, à partir du moment où la médecine

---

45. G. Lefebvre, J. F. Porge, « La médecine égyptienne », dans R. Taton, *La science antique et médiévale*, Paris, 1966.

46. Galien, *De compositione medicamentorum per genera* V, c. 1, éd. Kühn XIII, 776, 18 sq. ; cf. 778, 7 sq.

47. Pour une étude sérieuse et détaillée des rapports entre Galien et l'Égypte, voir V. Nutton, « Galen and Egypt », dans *Galen und das hellenistische Erbe*, J. Kollesch et D. Nickel éd. (Verhandlungen des IV. internationalen Galen-Symposiums), *Sudhoffs Archiv*, Beihefte 32, 1993, p. 11-31 (notamment p. 23-26 : IV. « A traveller remembers »).

grecque s'est implantée en Égypte, à Alexandrie [48]. Mais on n'observe pas, pour autant, de rupture marquée dans la représentation que les médecins grecs avaient de la médecine égyptienne : elle reste, à l'exception de l'*Introduction* du Pseudo-Galien, absente des reconstructions sur l'histoire de la médecine ; et même quand la médecine égyptienne est présente, elle n'entame pas l'image d'un Hippocrate qui a porté l'art médical à son achèvement [49].

Le changement, si changement il y a, vient de l'ambiguïté qu'il peut y avoir à l'époque hellénistique et romaine, lorsqu'il est question des médecins égyptiens. S'agit-il de médecins grecs d'Égypte ou de médecins égyptiens ? Par exemple, quand l'auteur de l'*Introduction*, c. 9, parle des « médecins égyptiens » qui divisent le corps en quatre parties (tête, membres supérieurs, thorax et membres inférieurs) avec des sous-parties, alors que « tous les autres » le divisent en un plus grand nombre de parties, que faut-il entendre par là ? S'agit-il des médecins grecs en Égypte ou des médecins égyptiens ?

Je citerai un dernier témoignage de très grande valeur qui montrera la complexité de ce problème. Rufus d'Éphèse, médecin grec du Ier siècle ap. J.-C., donc antérieur à Galien, note dans son ouvrage sur la *Dénomination des parties du corps* que les sutures du crâne n'ont pas de noms anciens en grec, et il poursuit :

> « Des médecins égyptiens qui savaient mal le grec les ont dénommées, de nos jours, de la manière suivante : coronale (στεφανιαία) la suture du bregma ; lambdoïde (λαμβδοειδής), celle de l'occiput ; trait d'union (ἐπιζευγνύουσα), celle qui occupe le milieu de la tête ; enfin écailleuses (λεπιδοειδεῖς) les sutures des os des tempes. Ces mêmes médecins ont imposé des noms à certaines parties des os de la tête qui étaient restées anonymes ; je ne veux pas passer ces noms sous silence ; ils servent à l'explication des médecins d'aujourd'hui. » [50]

---

48. Voir P. M. Fraser, *Ptolemaic Alexandria* I, Oxford, 1972, p. 338-376 (notamment p. 374-376) ; et surtout H. von Staden cité à la n. 17.

49. On trouvera un contre-exemple dans les *Stromates* de Clément d'Alexandrie (IIe s. ap. J.-C.), où l'origine des arts est rapportée aux barbares. La médecine (*Stromates* I, 16, 75) est rapportée à « Apis, un autochtone égyptien, avant qu'Io arrive en Égypte ; et c'est après cela qu'Asclépios augmenta l'art ». Cette tradition mentionnée par le penseur chrétien contraste avec la vision des médecins grecs païens de son époque. On ne peut pas mettre sur le même plan le témoignage de Pline l'Ancien (*Histoire Naturelle* VII, 114) sur l'origine de la médecine. Quand Pline dit que « selon les Égyptiens, la dévouverte de la médecine aurait été faite chez eux », il donne un point de vue purement égyptien, sans prendre parti sur la relation entre médecine égyptienne et médecine grecque. Sur Pline et l'Égypte, voir M.-H. Marganne citée à la n. 4.

50. Rufus d'Éphèse, *De la dénomination des parties du corps* 133-134, éd. Daremberg 150 sq.

On a donc clairement à faire ici à des médecins de langue égyptienne, mais qui écrivent en grec. Leur connaissance précise de
l'anatomie de la tête les a amenés à créer des mots techniques grecs
pour désigner des sutures ou des os de la tête qui n'avaient pas de
noms en grec. Et malgré un certain mépris du puriste médecin grec
d'Éphèse pour ces créations de mots grecs plutôt barbares, il les
note, car ils sont repris, nous dit-il, dans les ouvrages de médecine
de son temps. On en a la confirmation dans l'œuvre de Galien où
tous ces termes se retrouvent. Voilà donc un exemple précis d'une
contribution originale de médecins égyptiens de langue égyptienne
à la médecine rationnelle grecque. Tout en parlant mal le grec, ils
ont contribué à l'enrichissement de la langue technique médicale en
grec. C'est une preuve de la supériorité des médecins égyptiens dans
la précision de la description anatomique.

On retrouve donc, pour finir, un indice de cette excellence des
médecins égyptiens vantée neuf siècles plus tôt par Homère.

Jacques JOUANNA

LES NOTIONS D'UTILITÉ ET DE NOCIVITÉ
DANS LA MÉDECINE GRECQUE
ET LEUR EXPRESSION LEXICALE

Le 18 mai 2003, le ministre français de la Santé, Jean-François Mattei, lui-même médecin, annonçait son intention de mettre en place une « commission de service médical rendu », dans le cadre de la réforme de l'assurance maladie ; afin, « que l'on sache *ce qui est médicalement utile et ce qui ne l'est pas* ». Nous n'engagerons, certes, aucun débat sur le bien-fondé d'une telle annonce, mais je crois que l'on sera sensible à la formule qui clôt une telle déclaration. Pour ce qui concerne l'usage des médicaments, nous ne manquerons pas de rappeler que les notices, destinées aux patients et obligatoirement jointes par les laboratoires aux produits prescrits, présentent non seulement les indications thérapeutiques, sous la rubrique « dans quels cas utiliser le médicament ? », auxquelles s'adjoignent posologie et mode d'emploi, mais encore les précautions d'utilisation. En effet, le médicament est susceptible « d'entraîner, dans certains cas, est-il dit, des effets non souhaités, indésirables, plus ou moins gênants ». De telles périphrases, parfois véritables euphémismes, ne cachent pas à l'utilisateur les effets secondaires nocifs qui peuvent apparaître, alors que les indications inscrites permettent de penser que le produit se trouve prescrit, sinon pour guérir, du moins, pour soulager le patient, en tous cas pour lui être utile. Cette nécessaire prise en compte des facteurs d'*utilité* et de *nocivité*, dans le domaine médical, loin d'être le propre de la thérapeutique moderne, trouve ses racines dans l'Antiquité, en particulier dans la médecine grecque, précisément dans la *Collection hippocratique*[1]. La formule, devenue célèbre, du traité des *Épidémies I*, 5 « avoir dans les maladies, deux choses en vue, *être utile ou du moins ne pas nuire* » (ὠφελεῖν ἢ μὴ βλάπτειν), si souvent commentée, à commencer par

---

1. Comme le soulignait récemment A. Debru, « The Classical Origins of our Medical Ethics », *European Review* 7/4, 1999, p. 479-485.

Galien [2], puis par les auteurs modernes [3], définit parfaitement la finalité de la médecine hippocratique. L'adaptation latine tardive, de la formule, qui a quelque peu modifié l'original, puisque *primum non nocere* « d'abord ne pas nuire » a supplanté le « du moins ne pas nuire », est devenue l'un des principes primordiaux de l'enseignement dispensé encore aujourd'hui aux étudiants des Universités de médecine.

Malgré l'importance que revêt cette recommandation, érigée en précepte, on ne peut passer sous silence les nombreuses autres assertions qui, dans les textes médicaux grecs anciens, accordent une place essentielle à la notion d'utilité. Parmi les grands textes déontologiques du *Corpus hippocratique*, le *Serment* « comporte nettement cinq points importants : (mais) ce qui importe au premier chef au médecin, c'est le bien du malade, au physique et au moral. Il agit pour être utile au malade, ἐπ' ὠφελείῃ καμνόντων » [4] : « le médecin pratique son art non pour lui-même, mais pour le malade. » [5] On ne peut qu'être sensible à la dimension humaine qui apparaît pleinement dans l'éthique et la déontologie que les médecins se sont imposées [6]. D'ailleurs le traité hippocratique *De la maladie sacrée* fustige les imposteurs « qui ne peuvent procurer quelque chose d'utile » [7].

-----

2. Dans son commentaire du traité, Wenkebach-Pfaff, p. 76, 29-77, 15 = Kühn, XVII 1, p. 148-149.

3. Voir J. Jouanna, C. Magdelaine, *Hippocrate, l'Art de la médecine*, Paris, 1999, p. 53 ; J. Jouanna, « Politique et médecine ; la problématique du changement dans le *Régime des maladies aiguës* et chez Thucydide », dans *Hippocratica* (*Actes du colloque de Paris, 1978*), *Colloques internationaux du C.N.R.S.* n° 583, Paris, 1980, p. 301, n. 1 ; Id., « La lecture de l'éthique hippocratique chez Galien », dans *Médecine et morale dans l'Antiquité, Entretiens de la Fondation Hardt sur l'Antiquité classique* 43, Genève, 1997, p. 215-217 ; A. Debru, *art. cit.* (n. 1), p. 479-480.

4. D. Gourevitch, *Le triangle hippocratique dans le monde gréco-romain. Le malade, sa maladie et son médecin* (Bibliothèque des Écoles françaises d'Athènes et de Rome, 251), 1984, p. 259, avec n. 16, pour une présentation bibliographique ; cf. encore plus récemment, V. Nutton, « Beyond the Hippocratic Oath », dans *Doctors and Ethics : the Earlier Historical Setting of Professional Ethics*, A. Wear, J. Geyer Kordesch et R. French éd. (Clio Medica, 24), 1993, en particulier p. 28 ; H. von Staden, « In a Pure and Holy Way : Personal and Professional Conduct in the Hippocratic Oath ? », *The Journal of the History of Medicine and Allied Sciences* 51, 1996, en particulier p. 407.

5. J. Jouanna, C. Magdelaine, *op. cit.* (n. 3), p. 52.

6. *Op. cit., loc. cit.*

7. Jouanna, 4, 2-6 = Littré, VI, 354, 17 : Οὗτοι τοίνυν παραμπεχόμενοι καὶ προβαλλόμενοι τὸ θεῖον τῆς ἀμηχανίης τοῦ μὴ ἴσχειν ὅ τι προσενέγκαντες ὠφελήσουσιν, ὡς μὴ κατάδηλοι ἔωσι οὐδὲν ἐπιστάμενοι, ἱερὸν ἐνόμισαν τοῦτο τό πάθος εἶναι ; « (Ceux qui les premiers ont attribué un caractère sacré à cette maladie étaient des gens comparables à ce que sont aujourd'hui encore mages, purificateurs, prêtres, mendiants et charlatans, tous

Le critère d'utilité, qui s'impose, de façon récurrente, dans la *Collection hippocratique*, s'exprime grâce à un lexique varié et perdure dans la médecine galénique et tardive. Le critère inverse de nocivité offre, à travers la famille de βλάπτειν, des emplois parallèles. La nocivité, constatée et prise en compte par le médecin, le contraint à des choix thérapeutiques. Cette démarche, qui nous paraît aujourd'hui si naturelle, constitue l'aboutissement d'une pratique réfléchie à laquelle nous pouvons rendre hommage en rappelant quelques textes essentiels pour une meilleure appréciation de l'éthique médicale moderne.

Plusieurs champs lexicaux entrent, à vrai dire, en concurrence pour exprimer l'*assistance*, l'*efficacité*, l'*utilité* et s'incluent dans un ample ensemble, celui des soins et, éventuellement, de la guérison. Aux représentants de ce vaste lexique, qui regroupe les familles δ'ἰᾶσθαι (ion. ἰῆσθαι), θεραπεύειν « soigner », et même σώζειν « sauver », il convient d'adjoindre des termes qui traduisent l'intérêt porté au malade. Les uns, fortement chargés sémantiquement, expriment l'*aide*, même le *secours*, d'autres, l'*avantageux*. Laissant de côté les termes relatifs aux soins et à la guérison[8], nous considérerons d'abord un groupe de familles quelque peu éclipsées dans les commentaires, par celle d'ὠφελεῖν, mais qui méritent pourtant notre intérêt.

Quelques termes, qui reçoivent souvent une traduction livrant la notion d'*utilité*, appartiennent, à l'origine, dans la langue grecque, au vocabulaire militaire[9]. Ἀρήγειν, signifie, dans l'épopée homérique, « porter secours (dans la bataille) » ; ἀρωγός « secourable », s'observe dans l'*Iliade* et chez les poètes, avec une valeur juridique. Si cette vieille famille de mots n'a pas subsisté en prose attique[10], la

---

gens qui affectent d'être fort pieux et de détenir un savoir supérieur). Ces gens-là donc, se drapant dans le divin pour voiler leur incapacité à détenir quoi que ce soit d'utile à prescrire, de peur qu'éclate au grand jour leur totale ignorance, ont accrédité la croyance que cette affection était sacrée » (traduction de J. Jouanna).

8. Ils ont été étudiés par N. van Brock, *Recherches sur le vocabulaire médical du grec ancien. Soins et guérison*, Paris, 1961.

9. On n'oubliera pas que « la thérapeutique est… un combat contre la maladie » : J. Jouanna, « Réflexions sur l'imaginaire de la thérapeutique dans la Grèce ancienne », dans *Actes du IXᵉ colloque international hippocratique*, Florence, 1999, p. 28. Voir sur ce même thème, Id., « Sens et étymologie de ΆΛΕΆ (I et II) et de ΆΛΚΗ », *Revue des Études grecques* 95, 1982, p. 15-36 ; Id., « Médecine et protection. Essai sur une archéologie philologique des formes de pensées », dans *Formes de pensée dans la* Collection hippocratique, F. Lasserre et Ph. Mudry éd., Genève, 1983, p. 21-39.

10. P. Chantraine, *Dictionnaire étymologique de la langue grecque, s. u.* ἀρήγω : elle est remplacée par les termes militaires de la famille de βοηθέω.

langue médicale (ionienne à l'origine) ne l'ignore pas. Ἐπίκουρος, adjectif et substantif, désigne « les troupes qui secourent, les alliés » (épopée homérique, Hérodote), « les troupes auxiliaires, merce-naires » (Thucydide). Le dénominatif ἐπικουρεῖν « porter secours, protéger » relève, comme le dérivé ἐπικουρία, du vocabulaire mili-taire[11]. Or, on retrouve cette famille dans les textes médicaux. Βοηθεῖν appartient, lui aussi à la langue militaire, puisque βοηθοός, d'où il dérive, est un composé technique « qui court au cri d'appel au secours, qui va au secours » (*Iliade*) ; βοή fait, en particulier réfé-rence, dans l'épopée archaïque, au cri de guerre. Le verbe et les dérivés, βοήθησις, βοήθεια ont donné lieu à des emplois médicaux ; βοήθημα est même devenu le nom du *remède*. Ces trois familles lexi-cales[12], dont les occurrences les plus anciennes se situent dans une sphère guerrière, rejoignent dans leurs emplois médicaux, celles qui, évoquant l'utilité, ont aussi, une histoire.

Λυσιτελεῖν « être avantageux » est un dérivé de l'adjectif composé λυσιτελής, ές « qui compense les dépenses », d'où « profi-table »[13]. C'est de ce deuxième sens que relèvent les emplois médicaux qui, quoique peu nombreux, ne peuvent être omis. La famille, ancienne, d'ὀνινάναι, se rattache au terme archaïque ὄνειαρ (τὸ), qui, se dit d'aliments, de cadeaux. Un composé privatif mycénien *anono*[14] livre un sens ancien « sans profit ». Ces termes, qui fournissent, au départ, la notion de *profit*, *gain*, *avantage*, et qui, en médecine, traduisent l'*utilité*, se sont trouvés concurrencés, puis éliminés, par la famille d'ὠφελεῖν. La langue archaïque connaît un substantif ὄφελος (τὸ) « avantage, utilité » et un verbe ὀφέλλειν, qui offre les sèmes *augmenter*, *accroître*, *faire prospérer*. Le grec a déve-loppé l'emploi du verbe ὠφελεῖν[15], d'où dérivent les formes sub-stantives ὠφέλεια (ion. ὠφελείη), ὠφελία (ion. ὠφελίη) et l'adjectif ὠφελιμός. Le sens général d'utilité s'impose dans la langue. Cependant, on peut retrouver, comme l'a montré A. Debru[16], les

---

11. P. Chantraine, *ibid.*, *s. u.* ἐπίκουρος.

12. Comme le souligne P. Demont, « Secours et vengeance : note sur τιμωρίη chez Hérodote », *Ktêma* 20, 1995, p. 38, τιμωρεῖν et (ion.) τιμωρίη sont, dans la *Collection hip-pocratique*, porteurs de deux notions : *châtiment* et, plus souvent, *secours*.

13. Cf. A. Blanc, *Les adjectifs sigmatiques en grec*, thèse de doctorat d'État, Paris IV-Sorbonne, 1987, p. 7.

14. M. Lejeune, *Mycenaean Studies*, Wingspread, 1961, p. 77-109.

15. Il comporte un ω, correspondant à l'ω des composés (cf. ἀνωφελής : « inutile »). Voir P. Chantraine, *Dictionnaire étymologique de la langue grecque*, *s. u.* ὀφέλλω.

16. « Altruisme et défense de soi dans l'éthique hippocratique », *Philosophy and Medicine, International Association for Greek Philosophy* 28-29, 1998, p. 64-65.

sens premiers *profiter, renforcer, augmenter,* dans les emplois relatifs à l'alimentation dans les traités hippocratiques. Mais « la notion de *profit* dépasse largement le domaine de l'administration des aliments. Il s'agit de tout soin appliqué au malade : est-il ou non *bénéfique* ? »[17].

De la notion d'*apport,* traduite par συμφέρειν, préverbé de φέρειν, « porter », se dégage, par spécialisation, dans un sens favorable, celle de *profit,* d'*avantage,* donc d'*utilité,* un autre développement sémantique conduisant la famille vers la notion de malheur. Cette famille connaît un usage fréquent en médecine.

Autour du substantif χρή « usage », que la langue grecque, a incorporé au système verbal, se sont constitués l'adjectif χρηστός signifiant d'abord « que l'on peut utiliser », mais qui a servi à traduire la *pertinence,* l'*utilité,* parfois même l'*excellence,* et χρησιμός « utile » qui a connu un développement remarquable dans le corpus galénique.

Distincts par leur origine, ces termes variés n'en constituent pas moins un champ lexical dont le sème commun est, en définitive, l'*utilité.* Inversement la *nocivité* s'exprime à travers la famille de βλάπτειν.

Les traités de la *Collection hippocratique* portent une attention particulière à la détermination de ce qui est utile, à l'appréciation des circonstances qui encadrent une pratique bénéfique et surtout prennent en compte le degré d'utilité.

La médecine hippocratique observe le bénéfice que peuvent apporter au malade des phénomènes physiologiques naturels : sommeil[18], larmes[19], éternuements[20], soif, vomissements[21]. Ainsi, même des phénomènes désagréables peuvent soulager : saigne-

---

17. *Art. cit.* p. 65. Cf aussi A. Debru, *art. cit.* (n. 1), p. 480-481.

18. Ainsi le texte des *Aphorismes,* 2e section, 1, Littré, IV, 470, 10, distingue une maladie mortelle où le sommeil fait du mal et « une maladie non mortelle, où le sommeil soulage » : ἢν δὲ ὕπνος ὠφελέῃ, οὐ θανάσιμον.

19. *Épidémies VI,* 1re section, Manetti-Roselli, 14, 11-12 = Littré, V, 272, 14 : δάκρυον ἐν τοῖσιν ὀξέσι τῶν φλαύρως ἐχόντων, ἑκόντων μὲν χρηστόν· ἀκόντων δὲ παρρέον, κακόν ; « les larmes, dans les maladies aiguës, chez les individus gravement affectés, si elles coulent d'elles-même sont bonnes, si c'est, involontairement, elles sont mauvaises ».

20. *Pronostic,* Littré, II, 146, 9 : ἀλλ᾽ ἐν... τοῖσι θανατωδεστάτοισιν οἱ πταρμοὶ λυσιτελέουσιν ; « mais dans les maladies les plus funestes, les éternuements sont utiles ».

21. *Maladies des femmes II,* Littré, VIII, 346, 14 : ἄριστον δέ οἱ βοήθημα δίψα, ἔμετοι θαμέες.

ments du nez[22], dérangement du ventre, hémorragie[23], troubles divers, expectorations purulentes, hémorroïdes, éruptions cutanées[24], fièvre, sphacèle[25].

Le recours à un régime adapté est fondamental[26]. Les prescriptions d'aliments et de boissons ont en vue le bien du malade[27]. Le *Régime des maladies aiguës*[28] part de l'observation de « ce qui, dans le régime, est utile aux hommes pendant qu'ils sont encore dans l'état de santé », pour l'étendre aux malades. Une restriction alimentaire s'impose parfois et même un retranchement absolu peut apporter un grand bénéfice[29].

Les prescriptions médicamenteuses, indispensables, doivent répondre au même critère : « la détermination de ce qui s'administre au malade est utile et variée. »[30] L'association d'un régime à des médicaments peut se révéler profitable[31]. Un principe en tout cas se dégage clairement : l'administration de substances vraiment utiles dépend de la connaissance de la cause des maladies[32].

De nombreux actes thérapeutiques, simples ou complexes, tendent vers un même but : *soulager* le patient : bains, frictions[33],

---

22. *Pronostic*, Littré, II, 128, 1 : « chez ces malades, il survient aussi, dans la première période, des épistaxis qui les soulagent beaucoup (κάρτα ὠφελέει). »

23. *Épidémies I*, Littré, II, 644, 2 : ἢ κοιλίη ἐκταραχθεῖσα ὠφέλησεν ἢ δαψιλὴς αἱμορραγίη.

24. *Prorrhétique II*, Littré, IX, 62, 11.

25. *Ibid. II*, Littré, IX, 36, 12 : πυρετόν τε ἐπιγενέσθαι ξυμφέρει... καὶ πῦον ὡς λευκότατον καὶ παχύτατον· λυσιτελεῖ δὲ καὶ σφακελισμὸς νεύρου, ἢ ὀστέου, ἢ καὶ ἀμφοῖν.

26. Dans le traité du *Régime*, III, Joly, 71, 5 = Littré, VI, 594, 4, le médecin veut d'abord écrire de quoi aider au mieux la grande masse des gens qui mangent et boivent au petit bonheur et sont obligés de travailler et de se déplacer : πρῶτον μὲν οὖν τοῖσι πολλοῖσι τῶν ἀνθρώπων συγγράψω ἐξ ὧν μάλιστ᾽ ἂν ὠφελέοιντο οἵτινες σίτοισί τε καὶ πόμασι τοῖσι προστυχοῦσι χρέωνται.

27. On citera, pour l'utilité des boissons prescrites, *Affections internes*, Littré, VII, 256, 11 : ταῦτα πίνων κἀκεῖνα ὠφεληθήσεται καὶ τάχιστα ὑγιὴς γενήσεται.

28. Littré, II, 280, 9 : ἐν τῇ διαίτῃ τῶν ἀνθρώπων ἔτι ὑγιαινόντων, οἷα ξυμφέρει.

29. *Régime des maladies aiguës*, Joly, 52, 8-9 = Littré, II, 304, 4 : τήν γε ἀφαίρεσιν ὅλως ἀφελεῖν πολλαχοῦ λυσιτελέει...

30. *Préceptes*, Littré, IX, 254, 11 : χρήσιμος δὲ καὶ ποικίλος τῶν προσφερομένων τῷ νοσέοντι.

31. *Des affections*, Littré, VI, 234, 12 : Ἢν μὲν οὖν ὑπὸ τῶν φαρμάκων καὶ τῆς ἄλλης διαίτης ὠφελέηται.

32. *Des vents*, Jouanna, 104, 2 = Littré, VI, 92, 4 : εἰ γάρ τις εἰδείη τὴν αἰτίην τοῦ νοσήματος, οἷός τ᾽ ἂν εἴη τὰ συμφέροντα προσφέρειν τῷ σώματι ἐκ τῶν ἐναντίων ἐπιστάμενος τῷ νοσήματι ; « de fait, si l'on connaissait la cause de la maladie, on serait en mesure d'administrer au corps ce qui lui est utile, en partant des contraires pour s'opposer à la maladie ».

33. *Épidémies VII*, Jouanna-Grmek, 78, 14-15 = Littré, V, 410, 21 : λουτρὸν ὠφέλει καὶ χρῖμα τὸ ἐν τῷ ὄξει.

fumigations[34], injections[35], cataplasmes[36], bandages[37], tous ces soins réclament réflexion : « on fera attention à ce que tout ce qu'on emploie serve au malade. »[38] La cautérisation rend service[39]. La saignée est avantageuse[40], la succussion semble présenter aussi quelque avantage[41]. Le médecin conseille en tout cas de n'avoir comme fin que l'utilité[42]. Le traité *De la bienséance*[43] évoque les guérisons soit par la chirurgie, soit par les secours (βοηθούμενα) de la thérapeutique ou du régime[44]. Dans tous les cas, l'observation, la connaissance, la réflexion s'imposent comme essentielles[45]. On rappellera la conclusion forte du traité *De l'art*[46] : « la médecine renferme en elle-même des raisonnements pleins de ressources pour porter secours. »

Les circonstances jouent un rôle essentiel dans l'évaluation du bénéfice apporté au malade : « si la douleur occupe le ventre au-dessus du diaphragme, il est utile (συμφέρει) que le malade reste

---

34. Par exemple, *Aphorismes*, V^e section, 28, Littré, IV, 502, 8 (ἡ... πυρίη... χρησίμη).

35. *Des maladies des femmes I* = Littré, VIII, 200, 23 (ὁ κλυσμὸς... ξυμφέρει).

36. *Du médecin*, Littré, IX, 218, 10 (τὸ κατάπλασμα ὠφελεῖ).

37. *Ibid.*, Littré, IX, 208, 18 : « un bandage est véritablement médical quand il rend service à la personne en traitement » (ἔστι δὲ οἰκείη ἐπίδεσις τῆς ἰητρικῆς, ἀφ᾽ ἧς ὠφελεῖσθαι τὸν θεραπευόμενον).

38. Tel est le conseil du traité *Du médecin*, Littré, IX, 208, 9 : τὰ δὲ προσφερόμενα ἅπαντα μὲν χρὴ συνορῆν ὅπως συνοίσει.

39. *Lieux dans l'homme*, Littré, VI, 330, 10.

40. *Épidémies V*, Jouanna-Grmek, 38, 12-14 = Littré, V, 252, 3 (καὶ φλεβοτομίη ὠφέλει) ; même rédaction dans *Épidémies VII*, Jouanna-Grmek, 103, 2-4 = Littré, V, 446, 5.

41. *Articulations*, Littré, IV, 188, 2 : ἐπὶ πόδας κατασείειν λυσιτελέει ; cf. encore IV, 214, 2.

42. *Ibid.*, IV, 188, 16 : « c'est ainsi qu'on disposera l'appareil, s'il faut absolument pratiquer la succussion sur l'échelle ; mais, dans la médecine non moins que dans tous les arts, il est honteux, après beaucoup d'embarras, beaucoup d'étalage et beaucoup de paroles, de ne rien faire d'utile » (αἰσχρὸν... μηδὲν ὠφελῆσαι).

43. Littré, IX, 234, 16-235, 1.

44. Il faut ajouter à cela l'influence des saisons : l'été est salutaire dans certaines maladies (*Épidémies III*, Littré, III, 100, 1 ; l'automne, boréal et sans pluie, est utile aux constitutions humides et aux femmes (*Aphorismes*, 3e section, n° 14, Littré, IV, 492, 4). D'une manière plus large, le changement procure des avantages (*Épidémies VI*, 6e section, Manetti-Roselli, 130, 12 131, 13 = Littré, V, 326, 9) : ἐν τοῖσι παλιμβόλοισιν αἱ μεταβολαὶ ὠφελέουσι ; « dans les maladies opiniâtres, les changements sont avantageux ».

45. *Ancienne médecine*, Jouanna, 135, 13-14 = Littré, I, 600, 17 : οὐκ ἂν οὖν ἕτερα τούτων χρησιμώτερα, οὐδ᾽ ἀναγκαιότερα εἴη εἰδέναι δήπου ; « il n'existe aucun savoir qui soit plus utile ni plus nécessaire que celui-là, c'est sûr ».

46. Jouanna, 241, 12-13 = Littré, VI, 26, 6-7 : λόγους ἐν ἑωυτῇ εὐπόρους ἐς τὰς ἐπικουρίας ἔχει ἡ ἰητρική.

couché, ne bouge absolument pas. »[47] Les conditions requises
peuvent être multiples[48]. De plus existent des contre-indications
d'emplois[49].

Les écrits hippocratiques évaluent souvent aussi les degrés
d'utilité, discernant ce qui est d'une grande utilité[50] ou, au contraire,
d'une faible utilité[51]. Toute la gamme des possibilités se trouve ainsi
envisagée[52]. Des comparatifs expriment une évaluation comparée,
ainsi pour la supériorité, *ce qui est plus utile que* : « il est plus utile
de faire des onctions que de prendre des bains »[53] ; la saison joue
un rôle dans l'évolution des maux : « pour la plupart des plaies, la
saison chaude est plus favorable que l'hiver, sauf pour les plaies de
la tête et de la cavité. »[54] Des comparatifs d'infériorité expriment *ce
qui est moins utile que*[55]. Les superlatifs mettent l'accent sur le
degré éminent de la qualité dont l'objet impliqué est pourvu (ou
dépourvu)[56]. L'obtention du meilleur résultat possible dépend du
choix de soins bien adaptés[57]. Cependant l'évolution du mal

47. *Régime des maladies aiguës, Appendice,* Joly, 94, 6-7 = Littré, II, 510, 13.

48. *Des fractures,* Littré, III, 524, 4 : « si les bourrelets sont moelleux, bien faits,
souples et récents, si la tension produite par les baguettes s'exerce utilement, ce mécanisme est très avantageux (εὔχρηστον τὸ μηχάνημα). »

49. *De la nature de la femme,* Littré, VII, 326, 9 : « les aliments âcres seront prescrits
comme utiles (ὡς ξύμφορα) à moins que les parties génitales ne soient ulcérées. »

50. *Du régime dans les maladies aiguës,* Joly, 62, 1 = Littré, II, 320, 5 : « si tout cela se
produit, l'oxymel fera beaucoup de bien (μεγάλην ὠφελείην ἐμποιήσει). »

51. *Des affections,* Littré, VI, 270, 9 : « Aliments, boissons, ragoûts, tous, excepté le
pain, la pâte d'orge, la viande, le poisson, le vin et l'eau, n'ont que de faibles utilités
(ἀσθενέας τὰς ὠφελείας παρέχει) pour la croissance, la vigueur et la santé. »

52. H. von Staden, « Incurability and Hopelessness : The Hippocratic *Corpus* », dans
La maladie et les maladies dans la Collection hippocratique *(Actes du VIᵉ colloque international hippocratique),* P. Potter, G. Maloney et J. Desautels éd., Québec, 1990, p. 79 en
particulier, relève, pour les termes relatifs à l'incurabilité et à la mort, l'usage d'une
échelle *(gradational spectrum).* A. Debru, *art. cit.* (n. 16), p. 4, met aussi en évidence « le
critère du mieux ou du moins bien ».

53. *Du régime I,* Joly, 31, 1 = Littré, VI, 517, 5-6 : χρίεσθαι δὲ συμφορώτερον ἢ
λούεσθαι.

54. *Des plaies,* Duminil, 56, 3-5 = Littré, VI, 404, 21 : Ἕλκεσι τοῖσι πλείστοισιν ὥρη
ἡ θερμοτέρη ξυμφορωτέρη τοῦ χειμῶνος πλὴν τοῖσιν ἐν κεφαλῇ καὶ κοιλίῃ.

55. C'est le cas dans la succussion, tête en bas *(Articulations,* Littré, IV, 184, 6 :
« dans les cas où la gibbosité siège près du cou […] les succussions exercées la tête en bas
seront moins utiles [ἧσσον... ὠφελέειν] »).

56. Il faut étudier l'état du malade avant de lui donner des aliments : « c'est de cette
façon que vous pourriez lui faire le plus de bien » : μάλιστα γὰρ ἂν οὕτως ὠφελέοις.

57. *Maladies II,* Jouanna, 155, 8-9 = Littré, VII, 34, 24 : ταῦτα ποιέων μάλιστ᾽ ἂν ὠφε-
λέοις· ἐκφεύξουσι δὲ ὀλίγοι ; « c'est par ce traitement que vous avez le plus de chance
d'être utile ; mais peu en réchappent ».

échappe parfois aux médecins qui ne sont alors guère secourables pour les malades [58].

Un constat négatif s'impose souvent : « personne ne pouvait le soulager » : τοῦτον, οὐδεὶς ἐδύνατο ὠφελῆσαι [59] ou encore « rien ne pouvait soulager » (ὠφελέειν οὐδὲν ἠδύνατο) [60]. Des remèdes parfois ne sont pas bénéfiques [61]. Une substance connue pour ses bons effets n'apporte en certains cas aucun soulagement [62]. L'inutilité s'exprime aussi par l'adjectif privatif ἀσύμφορος [63] : « qui ne convient pas ».

Cependant, plus redoutable que l'échec, la nocivité d'une thérapeutique constitue un deuxième *leitmotiv* qui s'oppose à la notion d'utilité, dans l'observation et la pratique médicales. Le concept s'exprime avec une assez grande fréquence. Parallèle aux substantifs βλάβος (τὸ) et βλάβη (ἡ), porteur de la notion de *dommage*, le verbe βλάπτειν qui signifie *nuire* a d'abord, dans l'épopée homérique, celui « *d'arrêter la marche d'un homme ou d'un cheval, barrer le chemin* » [64].

---

58. Ὑπὸ δὲ τῶν ἰητρῶν ἥκιστα ὠφελέονται (*Prorrhétique II*, Littré, IX, 28, 24). Il s'agit des vieillards atteints d'épilepsie ; s'ils ne meurent pas, ils guérissent très vite spontanément.

59. *Épidémies V*, Jouanna-Grmek, 6, 9 = Littré, V, 208, 22 ; ou encore, Jouanna-Grmek, 8, 2 = Littré, V, 212, 6.

60. *Épidémies III*, Littré, III, 58, 7. Sur les moyens inactifs, cf. *Épidémies V*, Jouanna-Grmek, 4, 17-21 = Littré, V, 206, 21 ; *Épidémies VI*, 7e section, Manetti-Roselli, 148, 52-149, 53 = Littré, V, 336, 7.

61. *Épidémies VII*, Jouanna-Grmek, 91, 14-16 = Littré, V, 430, 23 ; *Du régime des maladies aiguës, Appendice*, Joly, 87, 6-7 = Littré, II, 476, 1 ; *Articulations*, Littré, IV, 270, 9.

62. « L'hellébore ne lui fut pas bénéfique » : *Épidémies VII*, Jouanna-Grmek, 91, 14-16 = Littré, V, 430, 23.

63. *Des vents*, Jouanna, 110, 4 = Littré, VI, 98, 9 : (« car les mêmes choses ne sont ni inappropriées ni appropriées à toutes les espèces d'êtres vivants »), ἀλλ᾽ ἕτερα ἑτέροισι σύμφορα καὶ ἕτερα ἑτέροισιν ἀσύμφορα ; « mais les unes conviennent aux unes mais ne conviennent pas aux autres ». Voir, pour ce texte, la n. 3 de J. Jouanna, dans son édition, qui compare la position de l'*Ancienne médecine* : « cet auteur montre que le régime des animaux ne convient pas à l'homme (c. 7 essentiellement) et souligne que les mêmes choses sont nuisibles à certains individus mais utiles à d'autres. L'auteur des *Vents* raisonne uniquement au niveau des espèces d'êtres vivants. Une telle argumentation rejoint celle d'Héraclite (DK 22 B 61) ou celle du relativiste Protagoras dans Platon, *Protagoras*, 334a sqq. » Le traité *De la vision*, Littré, IX, 152, 13-15 oppose encore ce qui convient (ξυμφέρει) et ce qui ne convient pas aux malades (οὐ ξυμφέρει).

64. Le sens de nuire est posthomérique : P. Chantraine, *Dictionnaire étymologique de la langue grecque, s. u.* βλάβη et βλάβος.

Le praticien observe ce qui nuit aux malades [65] ; il tient compte des dommages provoqués par des facteurs extérieurs [66] ; il étudie ce qui, dans une prescription ou un geste, est susceptible de léser le patient. Dans ce domaine aussi, le régime joue un rôle essentiel : les écarts y sont nocifs [67]. La connaissance des propriétés des aliments est indispensable au prescripteur qui doit les adapter à chaque cas, car toute erreur commise est dommageable [68].

Des actes thérapeutiques entraînent parfois des effets néfastes. De telles mises en garde figurent souvent à la suite de conseils donnés. Le geste exige une grande précision ; ainsi pour la phlébotomie, il faut bien « assujettir les veines, autrement deux inconvénients surgissent (δύο βλάβας φέρειν), la souffrance pour l'opéré et un grand discrédit pour celui qui opère » [69]. Le recours à du matériel, nécessaire, il est vrai, entraîne parfois quelque dommage. Aussi le médecin tiendra compte non seulement de l'affection, mais encore des risques inhérents au procédé [70]. Le médecin doit mesurer tous les dommages possibles [71], prévoir le risque de nuire, afin de l'éviter : « il faut bien savoir et l'on peut, si l'on veut, en faire la prédiction, qu'il ne résultera... aucun dommage, ni grand, ni petit (βλάβη... οὐδεμίη, οὔτε σμικρή, οὔτε μεγάλη). » [72]

Le préjudice porté au malade suscite un sentiment de honte chez le médecin [73]. L'efficacité thérapeutique exige un matériel adéquat : « une insuffisance de moyens n'est qu'impuissance et dommage. » [74]

---

65. Par exemple une fièvre : *Prénotions coaques*, 2ᵉ section, Littré, V, 648, 6 : πυρέξαι βλαβερὸν τούτοισιν.

66. Ainsi, le froid nuit (βλάπτει) à l'érysipèle ulcéré : *Aphorismes*, 5ᵉ section, n° 23, Littré, IV, 540, 11.

67. *Ibid.*, 1ʳᵉ section, n° 5, Littré, IV, 462, 4 et n° 10, IV, 472, 7.

68. *Des affections*, Littré, VI, 258, 10 : ἢν δὲ ἁμαρτάνῃς... βλάβος.

69. *Du médecin*, Littré, IX, 214, 18.

70. *De l'officine du médecin*, Littré, III, 318, 8 : « les gouttières doivent être mises sous le membre inférieur tout entier, et non sous la moitié ; pour s'en servir, on se déterminera d'après l'affection et d'après les inconvénients qui sont inhérents à ce moyen (ἐς τὸ πάθος δὲ βλέπειν καὶ τἄλλα ὅσα βλάπτει δῆλα). »

71. *Des fractures*, Littré, III, 528, III : ... βλάβας δέ τινας καὶ ἄλλας ἔχει, ἀλλὰ μακρὸν ἂν εἴη πάντα γράφειν ; « il y a d'autres inconvénients, mais il serait long de tout écrire ».

72. *Des articulations*, Littré, IV, 116, 21.

73. *Des fractures*, Littré, III, 482, 10 : μεγάλη γὰρ ἡ αἰχύνη καὶ βλάβη βραχύτερον τὸν μηρὸν ἀποδεῖξαι.

74. *De la bienséance*, Littré, IX, 236, 18 : ἡ γὰρ ἐν τουτέοισιν ἀπορίη ἀμηχανίη καὶ βλάβη.

Le *nocif*, comme l'*utile*, dépend des circonstances. Le *Régime des maladies aiguës* prend en compte plusieurs facteurs : mode d'utilisation des aliments, habitudes alimentaires des patients, et moment de l'ingestion [75]. Le même traité préconise d'éviter tout changement brusque : « tout changement, s'écartant de la juste mesure, dans tel ou tel sens, est nuisible. » [76] Le médecin doit adapter les médicaments à l'état du malade et au degré de la pathologie, afin de ne causer aucun préjudice (οὐδεμία βλάβη) [77]. La faiblesse du patient interdira un type de soins, par exemple la saignée [78].

De même que l'on observe des degrés pour l'*utile*, on est amené à considérer des degrés de *nocivité*. S'il existe de petits dommages (βλάβη σμικρή) [79], il faut se méfier du préjudice important (μεγάλη βλάβη) [80]. Chaque détail doit être prévu, pour éviter un grave inconvénient [81]. Au moindre mal (βλάπτειν... ἧσσον [82], ἐλάσσω βλάβην φέρει [83]) s'oppose un dommage beaucoup plus important (πολλαπλασίη... βλάβη), qui dépend de certaines conditions [84]. Le comparatif de l'adjectif βλαβερός et la négation se combinent pour exprimer « ce qui ne cause pas plus de dommage que » [85]. Parfois le

---

75. Joly, 47, 17-21 = Littré, II, 280, 4-6 : « ceux qui pâtiraient le plus (μάλιστα... ἂν βλάπτοιντο) d'un changement maladroit sont ceux qui prennent la décoction d'orge avec le grain ; pâtiraient aussi (βλάπτοιντο δ᾽ ἂν) ceux qui ne prennent que des boissons ; ceux qui ne prennent que l'infusion pâtiraient également, mais moins » ; Joly, 48, 7 = Littré, II, 282, 10 : « les changements brusques n'apportent que dommage et faiblesse (βλάβας καὶ ἀρρωστίην) » ; Joly, 53, 12 = Littré, II, 308, 6 : « ils ignorent que la décoction d'orge leur fera du tort (βλάπτονται) s'ils ne commencent pas à la prendre en temps voulu ».

76. *Du régime des maladies aiguës*, Joly, 56, 18 = Littré, II, 324, 4 : πάντα ἐξαπίνης μέζον πολλῷ τοῦ μετρίου μεταβαλλόμενα καὶ ἐπὶ τὰ καὶ ἐπὶ τὰ βλάπτει.

77. *Des lieux dans l'homme*, Littré, VI, 326, 18 : « on peut utiliser un médicament fort, si le malade est fort et la maladie faible. »

78. *Prénotions coaques*, 3ᵉ section, Littré V, 692, 11 : φλεβοτομίη βλάπτει.

79. *Des articulations*, Littré, IV, 116, 21.

80. *Du régime des maladies aiguës*, Joly, 53, 14-15 = Littré, II, 308, 8 : « ils savent bien, et ils prennent garde, qu'il y a grand dommage, si... » (ὅτι μεγάλην τὴν βλάβην φέρει ἤν).

81. Telle est la recommandation qui concerne les bains : *Du régime des maladies aiguës*, Joly, 66, 19 = Littré, II, 370, 2.

82. *Du régime II*, Joly, 60, 22 = Littré, VI, 574, 3-4.

83. *Du régime des maladies aiguës*, Joly, 52, 21 = Littré, II, 306, 4.

84. *Ibid.*, Joly, 56, 20-21 = Littré, II, 324, 5-6 : « Le dommage causé à l'intestin est donc beaucoup plus considérable si, au sortir d'une abstinence rigoureuse, on prend sans transition plus d'aliments qu'il ne convient... que si on passe d'une nourriture abondante à l'abstinence (πολλαπλασίη... ἡ βλάβη ἐστιν ἢν..., ἢ...). »

85. *Ancienne médecine*, Jouanna 126, 18 = Littré, I, 586, 4 : « (Si l'on examinait le régime des maladies en le comparant à celui des gens en bonne santé) on trouverait qu'il ne cause pas plus de dommage que le régime des gens en bonne santé comparé à celui

médecin souligne qu'il ne connaît qu'un méfait pour une prescription : c'est le cas de l'oxymel [86].

Ainsi les deux notions peuvent s'exprimer séparément l'une de
l'autre, en des développements distincts. On a trop peu insisté sur
cette opposition, implicite dans l'appréciation de l'*utile* et du *nocif*.
De nombreux passages montrent l'importance des deux aspects de
l'action en matière de thérapeutique. Ils ont été quelque peu
éclipsés par l'expressivité émanant du balancement *être utile/nuire* :
grâce au rythme conféré à la phrase qui comporte les deux signi-
fiants, il produit, en effet, une focalisation sur les deux signifiés. Le
couple antithétique [87], si fréquent dans les textes hippocratiques, ne
se limite pas à la prose médicale [88]. Il est présent chez les Présocratiques, les sophistes [89], Thucydide [90], Platon [91]. Même si le balancement fréquemment observé oppose la famille d'ὠφελεῖν et
celle de βλάπτειν, on sera sensible à d'autres couples :
λυσιτελεῖν/βλάπτειν [92], ὀνινάναι/βλάπτειν [93], συμφέρον (τὸ)/βλάβη
(ἡ) [94]. Les développements encadrant ces termes distinguent ce qui
apporte un bénéfice ou un dommage, selon les cas. Ainsi l'antithèse

des bêtes sauvages et à celui des autres animaux » (εὕροι ἂν οὐ βλαβερωτέρην ἥπερ ἡ τῶν
ὑγιαινόντων πρὸς τὴν τῶν θηρίων τε καὶ πρὸς τὴν τῶν ἄλλων ζῴων).

86. *Du régime des maladies aiguës*, Joly, 62, 20-21 = Littré, II, 354, 5 : « c'est à ma
connaissance le seul inconvénient notable que puisse entraîner l'oxymel (ταύτην καὶ οἶδα
μούνην βλάβην τὴν δι᾿ ὀξυμέλιτος γινομένην, ἥτις ἀξίη γραφῆς). »

87. H. von Staden, *art. cit.* (n. 52), p. 84, incite à mieux connaître les taxinomies du
type *curable/incurable*. L'antithèse *utile/nuisible* correspond aussi à un classement que
doit établir le médecin, dans toute décision thérapeutique.

88. Voir J. Jouanna, « Politique et médecine. La problématique du changement dans
le *Régime des maladies aiguës*, et chez Thucydide (livre VI) », *art. cit.* (n. 3), 1980, p. 301,
n. 1, avec une bibliographie sur la question, en particulier J. Ilberg, *Die Ärzteschule von
Knidos*, Leipzig, 1925, p. 9.

89. Voir la maxime φίλους ὠφελεῖν ἢ πολεμίους βλάπτειν, « être utile à ses amis,
nuire à ses ennemis » (Gorgias DK 82 B 11 a).

90. VI, 14 : « le bon gouvernant est celui qui rend à sa patrie le plus de bienfaits possible (ὠφελήσῃ ὡς πλεῖστα) ou du moins ne lui cause volontairement aucun dommage (ἢ...
μηδὲν βλάψῃ). Ce texte a été étudié par J. Jouanna, dans l'article cité à la n. 87, p. 301.

91. *République* I, 340c sq., texte commenté par A. Debru dans son article
« Altruisme et défense de soi... », p. 5-6 : « dans la longue discussion entre Socrate et Tra-
symaque à propos de la justice, la question se pose en particulier de savoir si l'intérêt personnel est à la base de tout engagement, notamment politique... Pour Socrate, opposé à
cette thèse, l'exemple de la médecine est éclatant, car... elle n'a pas pour but ce qui profite
à elle-même ou au malade mais ce qui lui est utile. »

92. *Du régime des maladies aiguës*, Joly, 66, 17-18 = Littré, II, 369-14-370, 1.

93. *Ibid.*, Joly, 59, 5-7 = Littré, II, 336, 5-7.

94. *Du médecin*, Littré, IX, 210, 4.

ὠφελεῖν/βλάπτειν domine un passage du traité *De l'art*[95]. La formule peut être niée parallèlement : « ne pas nuire et ne pas être utile »[96], ou ne comporter qu'une seule négation : « ne pas être utile, mais même nuire (οὐ λυσιτελεῖν... ἀλλὰ μᾶλλον βλάπτειν)[97], ou encore reposer sur une comparaison entre les deux notions : « être plus utile que nuire »[98]. La formule inverse se rencontre : « moins nuire, être plus utile »[99]. Le pire en tout cas est d'être inutile et nuisible (ἀνωφελὴς καὶ βλαβερός)[100]. De mêmes produits sont susceptibles de nuire ou d'être utiles (ἐς βλάβην καὶ ἐς ὠφελίην)[101] ou de n'être ni nocifs ni utiles (οὔτε βλάπτειν, οὔτε ὠφελεῖν)[102]. Il serait long et fastidieux d'évoquer les nombreux textes relatifs aux aliments, boissons, médicaments, gestes thérapeutiques, moyens, instruments, signes, au climat, qui comportent une appréciation conjointe du bénéfice et du dommage. Il ressort de l'ensemble que le médecin ne doit pas ignorer ce qui « entraîne de grands avantages ou de grands dommages (μεγάλας ὠφελείας φέρει ἢ μεγάλας βλάβας) »[103].

Qu'en est-il des deux notions en dehors des textes hippocratiques ?

Chez Arétée de Cappadoce, l'expression de l'*utile* l'emporte largement sur celle du *nocif*. Le médecin, en effet, dans les chapitres relatifs aux soins des maladies, recherche avant tout le soulagement du patient, souhaite qu'il soit rapidement apporté (ἐς τάχος τῆς ὠφελείης)[104] par des remèdes efficaces[105]. Comme les médecins hippocratiques, Arétée évalue le degré d'efficacité des soins qui peuvent

---

95. Jouanna, 229, 4-8, avec n. 6 de son édition = Littré, VI, 8, 11-13.

96. *De l'aliment*, Joly, 141, 12-18 = Littré, IX, 102, 6-10.

97. *Du régime des maladies aiguës*, Joly, 66, 17-18 = Littré, II, 370, 1. Ce constat est du reste fréquent (*Articulations*, Littré, IV, 160, 6 ; *Fractures*, Littré, III, 518, 8, par exemple).

98. *Des affections*, Littré, VI, 260, 18 ; 270, 19.

99. Avec le couple ἧσσον βλάψει, μᾶλλον ὀνήσει (*Régime des maladies aiguës*, Joly, 59, 5-7 = Littré, II, 336, 7).

100. *Des articulations*, Littré, IV, 160, 6.

101. *De l'aliment*, Joly, 141, 12-18 = Littré, IX, 102, 6-10. Cf. S. Byl, « Hippocrate et l'ambivalence », *Revue belge de Philologie et d'Histoire* 81/1, 2003, p. 11-36.

102. *De l'aliment*, Joly, 142, 17-19 = Littré, IX, 104, 14-15.

103. Telle est la prise de position du *Régime des maladies aiguës*, Joly, 38, 19-21 = Littré, II, 238, 8-10.

104. Dans le chapitre θεραπεία πνευμονίης « Soin de la péripneumonie », 1, 4 = Hude, 120, 1.

105. Ὠφελοῦντα φάρμακα, VI, 1, 4 = Hude, 119, 26 ; ὠφελεῦντα, VII, 13, 4 = Hude, 160, 30.

être fort utiles (κάρτα ὠφελεῖν) [106], tout à fait utiles (παντῶς ὠφελεῖν) [107] ou échouer (οὐδὲν ὠφελεῖν) [108]. Arétée prend en compte la nocivité [109] et en détermine le degré [110]. La paire oppositionnelle être *utile/nuire* s'exprime relativement peu (trois fois) [111].

Chez Dioscoride, l'expression du bénéfice l'emporte largement sur celle du dommage, avec une vingtaine d'emplois de la famille de βλάπτειν, face à presque sept centaines de termes traduisant l'utilité, dont presque deux cents pour la famille de βοηθεῖν et presque quatre cents pour celle d'ὠφελεῖν. L'antithèse ὠφελεῖν/βλάπτειν ne s'observe pas ; elle se rencontre deux fois dans le texte du Pseudo-Dioscoride. Dioscoride met en effet l'accent sur l'efficacité thérapeutique. A côté de verbes qui expriment, d'une manière générale, les vertus des plantes, comme ὠφελεῖν, βοηθεῖν « aider », θηραπεύειν, ἰατρεύειν « soigner », se pressent des signi-fiants beaucoup plus précis, ἄγειν, κινεῖν, κτείνειν « enlever, sup-primer », μαλάττειν « amollir, adoucir », καθαίρειν « purifier » [112]. De même, un grand nombre de formes nominales (noms de procès en -σις, de résultat en -μα, adjectifs en -ικός) traduisent les types d'actions observés et espérés [113].

Chez Soranos d'Éphèse, la notion d'utilité est deux fois plus présente (avec une centaine d'occurrences) que celle de nocivité. De la description de la sage-femme parfaite, on retiendra, parmi ses aptitudes, « qu'elle est capable de voir le général et le particulier et de tirer des mesures salutaires (τὸ συμφέρον) de cette dis-tinction » [114]. L'opposition des familles d'ὠφελεῖν et de βλάπτειν se

---

106. VIII, 6, 1 = Hude, 165, 14.

107. VII, 4, 8 = Hude, 154, 11.

108. II, 6, 3 = Hude, 26, 5 ; III, 5, 3 = Hude, 41, 5.

109. Elle est exprimée par βλάπτειν, à l'actif et au passif, appliqué au malade (II, 3, 3 = Hude, 22, 19 ; IV, 13, 21 = Hude, 90, 20) ; par βλάβη (IV, 5, 8 = Hude, 73, 30) ; βλάβος, τὸ (II, 6,2 = Hude, 25, 25).

110. Ainsi, μεγάλα βλάπτειν « nuire grandement » (Arétée, VIII, 6, 1 = Hude, 165, 13) ; οὐ σμικρή βλάβη (« important préjudice », exprimé par une litote : V, 1, 6 = Hude, 92, 31) ; ou « ne nuire aucunement » (μηδὲν βλάπτειν, VII, 4, 8 = Hude, 154, 12).

111. En balancement : ἄλλων ἄλλα μὲν ὠφελεύντων, ἀλλὰ δὲ βλαπτόντων (IV, 4, 8 = Hude, 71, 7) ; ou, avec la forme d'aoriste utilisée dans le supplétisme de συμφέρω, ὅ κοτε ξυνήνεγκε, τοῦτο ἔβλαψεν ἄλλοτε (IV, 12, 11 = Hude, 85, 1) ; et, en étroite association des substantifs, ὠφελείη τε καὶ βλάψις (V, 6, 6 = Hude, 108, 19).

112. J. M. Riddle, *Dioscorides, on Pharmacy and Medicine*, University of Texas Press, 1985, p. 52-53, donne une liste détaillée.

113. Cf. encore J. M. Riddle, *op. cit.* (n. 112), p. 32-34.

114. *Des maladies des femmes*, Burguière-Gourevitch-Malinas, 7, 13 = Ilberg I, 3. Voir aussi D. Gourevitch, « Préparation intellectuelle et déontologie de la sage-femme :

rencontre peu (cinq fois), mais elle reflète clairement les aspects opposés de mêmes phénomènes [115], ou les conséquences inverses liées aux circonstances [116], et évalue l'importance relative des effets d'une thérapeutique [117].

Chez Galien, compte tenu de l'ampleur du corpus, les deux notions se trouvent extrêmement bien représentées. L'expression de l'utile l'emporte très largement sur celle du nocif, puisque l'ensemble des familles exprimant l'utilité dépasse les trois milles occurrences (3 635), soit plus du double de l'idée de nocif (1 726 termes de la famille de βλάπτειν), si l'on considère non seulement les commentaires du médecin de Pergame aux traités hippocratiques [118], mais le reste de son œuvre immense. La formule des *Épidémies I*, 5 [119] donne lieu chez Galien à un commentaire digne du plus grand intérêt [120] : en effet, Galien, qui avoue avoir eu du mépris, quand il était étudiant, pour une maxime si évidente, a découvert par expérience la véritable dimension éthique de la recommandation négative de « ne pas nuire » et, comme l'a souligné J. Jouanna [121], « il définit à partir de la maxime hippocratique une méthode qu'il a toujours appliquée ensuite à la thérapeutique, méthode que l'on pourrait qualifier de pronostic thérapeutique implicite… qui a orienté constamment ses choix thérapeutiques en fonction de l'intérêt du malade ». De nombreux textes portent sur le bénéfice ou le

---

du traité *Des maladies des femmes* de Soranos d'Éphèse aux infortunes de Dinah », dans *From Athens to Jerusalem. Medicine in Hellenized Jewish Lore and in Early Christian Literature*, S. E. Kottek et H. F. J. Horstmannshoff éd., 2000, p. 70 en particulier.

115. *Des maladies des femmes*, Burguière-Gourevitch-Malinas, 22, 16 = Ilberg, I, 27, 3. 1 : « Hérophile et Mnaséas prétendent, en se plaçant à des points de vue différents, que les règles sont bénéfiques (ὠφέλιμον) à la santé des femmes, maléfiques (βλαβεράν) chez d'autres. »

116. Même traité, Burguière-Gourevitch-Malinas, 26, 30-31 = Ilberg, I, 31, 2, 3-4 : « le corps pâtit (βλάπτεσθαι) en effet de constantes émissions séminales, mais il tire avantage (ὠφελεῖσθαι δέ) d'émissions espacées. »

117. C'est le cas de la saignée : Burguière-Gourevitch-Malinas, 25, 89-91 = Ilberg, I, 29, 3, 7 : « si donc la saignée est nocive (ἐπιβλαβής) non seulement pour les relâchés mais aussi pour ceux qui souffrent d'une légère constriction, c'est en tant qu'elle leur fait plus de mal que de bien (πλείονα τῆς ὠφελείας τὴν βλάβην). »

118. Par exemple, *Comment. II au Prorrhétique I*, Kühn, XVI, 589, 2-3 ; XVI, 692, 10 ; *Comment. III au Prorrhétique I*, Kühn, XVI, 749, 11-33 ; *Comment. IV aux Articulations*, Kühn, XVIII 1, 685, 5 ; *Comment. aux Aphorismes*, Kühn, XVII 2, 454, 6 ; XVII, 2, 812, 1-2.

119. Kuehlewein, I, 190, 2 sq. = Littré, II, 634, 8-636, 1.

120. *Comment. aux Épidémies I*, Wenkebach-Pfaff, 76, 29 - 77, 15 = Kühn, XVII 1, 148 sq.

121. « La lecture de l'éthique hippocratique chez Galien », *art. cit.* (n. 3), p. 216.

dommage apporté par les aliments [122], par diverses substances [123]. Il convient d'apprécier les effets utiles ou nocifs des boissons, froides ou chaudes [124]. Des controverses ont occupé les médecins sur le bénéfice et le dommage, alors que par l'expérience ils sont capables de discerner si les remèdes prescrits sont bénéfiques ou nuisibles. Voilà qui suscite l'étonnement de Galien [125] : θαυμάσαι γάρ ἐστι διὰ τί τέχνην μετιόντες οἱ ἰητροὶ καθ᾽ ἣν τῇ πείρᾳ τὰ προσφερόμενα βοηθήματα κριθῆναι δύναται, πότερον ὠφέλησεν ἢ ἔβλαψεν ὅμως ἐναντιωτάτας ἀποφάσεις ἐποιήσαντο περὶ τῶν ὠφελούντων τε καὶ βλαπτόντων. On voit ici l'importance du jugement, de la distinction (κριθῆναι) opérés grâce à l'art (τέχνη) et à l'expérience (πεῖρα).

L'antithèse *utile/nocif* revient si fréquemment en différents traités qu'il est impossible d'en présenter un relevé exhaustif [126]. L'*Art médical* montre l'importance du diagnostic dans lequel intervient le double critère *bénéfice/dommage* : πειρατέον δὲ ὅμως αὐτὰ διά τε τῶν ὠφελούντων καὶ βλαπτόντων διαγινώσκειν ; « (quant aux autres parties de l'être vivant, si elles sont internes, elles présentent des marques distinctives obscures de leur tempérament). Il faut cependant s'efforcer d'en faire le diagnostic au moyen de ce qui leur procure aide ou lésion » [127]. Lorsque Galien commente l'aphorisme hippocratique [128] « La vie est courte et l'art est long », c'est en vue de ne pas perdre son temps à des choses *inutiles* (εἰς ἄχρηστα) et de se hâter d'aller par la voie la plus courte aux choses les plus utiles

---

122. Voir *De elementis ex Hippocrate* I, Ph. de Lacy, *CMG* V, 1, 2, 102, 20 = Kühn, I, 458, 11.

123. Cf. *De constitutione artis medicae ad Patrophilum*, Fortuna, *CMG* V, 1, 3, 106, 18-21 = Kühn, I, 283, 1-2.

124. *De temperamentis*, III = Kühn, I, 665, 11-12.

125. *De placitis Hippocratis et Platonis* 9, Ph. de Lacy, *CMG* V, 4, 1, 2, 576, 25 = Kühn, V, 766, 5-6.

126. Rappelons seulement quelques textes : *De usu partium* V, Helmreich, 259, 25-26 = Kühn, III, 354, 16 ; VI, Helmreich, 359, 5 = Kühn, III, 493, 4 ; VIII, Helmreich, 494, 15-16 = Kühn, III, 681, 11-12 ; *Quod animi mores*, Kühn, IV, 805, 14-15 ; IV, 812, 15 ; IV, 821, 13-17 ; *De methodo medendi* I, Boulogne, 1992, 142 = Kühn, X, 64, 12-13 ; *Ad Thrasybulum, utrum medicinae sit an gymnastices hygieine*, Kühn, V, 831, 12-14 ; V, 837, 5 ; 837, 16-17 ; *De locis affectis* I = Kühn, VIII, 39, 8 sq. ; VIII, 141, 10 sq. ; *De simplicium medicamentorum facultatibus* II, Kühn, XI, 522, 14 ; VI, Kühn, XI, 803, 1 ; *De sanitate tuenda* V, Koch, *CMG* V 4. 2, 160, 25 sq. = Kühn, VI, 363, 13 sq. ; VI, Koch, *CMG* V, 4, 2, 197, 10 sq. = Kühn, VI, 449, 16.

127. *Ars medica*, V. Boudon, CUF, 330, 13-15, dont nous reprenons la traduction = Kühn, I, 352, 2.

128. *De simplicium medicamentorum facultatibus* VI, Kühn, XI, 793, 2-7.

de l'art (τῶν χρησιμωτάτων τῆς τέχνης)[129]. Comme le montrent J. Jouanna et V. Boudon[130], « dans la pharmacologie comme dans les autres domaines de l'art, la recommandation *être utile ou ne pas nuire* est pour Galien un précepte de base qu'il suit toujours, mais avec une méthode ». Galien insiste sur le fait que « l'utilisation des médicaments sans méthode non seulement n'est utile en rien, mais aussi est souvent nuisible »[131]. De plus, il met en lumière la relativité du bénéfice ou du dommage : « c'est d'une façon relative (ἐν τῷ πρός τι) que les médicaments peuvent être utiles ou nuire. »[132] J. Jouanna et V. Boudon[133] ont montré que la notion de relativité ne figure pas dans le précepte des *Épidémies I*, mais s'observe dans le traité *Sur l'aliment*, que Galien cite d'ailleurs[134] avec la formulation πρός τι. Aussi les auteurs de l'article[135] concluent que la mention ἐν τῷ πρός τι du traité *De la composition des médicaments selon les lieux* est le produit d'une sorte de contamination entre le célèbre passage des *Épidémies* et le passage *De l'aliment* sur le πρός τι.

De plus l'étude que nous avons consacrée précédemment au *Corpus hippocratique* s'est efforcée de montrer l'importance de la notion de degré dans l'appréciation respective du bénéfice et du dommage, qui, grâce à des moyens morphosyntaxiques, établit des comparaisons relatives (comparatifs de supériorité et d'infériorité, superlatifs relatifs). Ajoutons à cela que l'une des caractéristiques des contraires, par excellence, est qu'ils sont régulièrement sujets à la gradation... liée à l'opération de comparaison, qui peut être explicite ou implicite[136]. Les phrases contenant des antonymes sont toujours comparatives au moins de manière implicite[137]. Les mots

---

129. Voir J. Jouanna, V. Boudon, « Remarques sur la place d'Hippocrate dans la pharmacologie de Galien », dans *Galen on Pharmacology, Proceedings in the Vth International Galen Colloquium*, A. Debru éd., Leiden, 1997, p. 216.

130. Dans le même article, p. 228.

131. *De compositione medicamentorum secundum locos* I, 1, Kühn, XII, 380-381.

132. Même traité, VI, 8, Kühn, XII, 965, 11-15.

133. *Art. cit.* (n. 129), p. 229-230.

134. *De compositione medicamentorum per genera*, Kühn, XIII, 446, 11-14.

135. Cité, p. 230.

136. J. Lyons, *Linguistique générale. Introduction à la linguistique théorique*, trad. française de F. Dubois-Charlier et D. Robinson, Paris, 1970, p. 353.

137. E. Sapir l'a déjà fait remarquer, cf. *Language : An Introduction to the Study of Speech*, New York, 1921, trad. française, Paris, 1953 : « Des oppositions telles *petit* et *grand*, *peu* et *beaucoup*..., nous donnent l'impression erronée d'être des valeurs absolues dans le champ de la quantité... C'est bien une impression erronée, due en grande partie au fait linguistique que la gradation qu'impliquent ces termes n'est pas marquée formellement. *Beaucoup* signifie simplement un nombre quelconque qui sert de point de départ. Ce point de départ varie selon les contextes », voir J. Lyons, *op. cit.* (n. 136), p. 355.

grand et *petit*, *bon* et *mauvais* sont « des procédés lexicaux de gradation "plus que" ou "moins que", par rapport à une norme
implicite »[138]. Nous associerons à ces exemples les termes
utile/nocif, qui, même au positif, impliquent toujours quelque chose
de relatif. Si donc, pour la lettre, on peut parler d'une contamination, entre deux textes hippocratiques, à propos de l'usage galénique de πρός τι, nous avancerons aussi l'hypothèse que l'idée de
relatif, si présente dans la *Collection hippocratique* trouve une réso-
nance privilégiée chez le philosophe de Pergame nourri d'Hippocrate. Rappelons encore avec J. Jouanna et V. Boudon[139] que
l'importance du *relativement à* peut s'exprimer par une autre notion
dont Galien trouve aussi le modèle chez Hippocrate, c'est la notion
de καιρός[140]. La prise en compte de l'*utile* et du *nocif* demeure donc
fondamentale dans les écrits médicaux des premiers siècles de notre
ère et le reste dans la médecine tardive.

Au IVe siècle, chez Oribase, avec plus de mille occurrences, la
notion d'*utilité*, exprimée par plusieurs familles de mots, l'emporte
largement sur l'idée de *dommage* (cent trente huit occurrences). Le
très ample ensemble des *Collections médicales*, avec ses nombreuses
références aux médecins antérieurs, souvent à Galien, permet d'observer que l'opposition *utile/nocif* reste bien vivace. L'expressivité,
inhérente au balancement, trouve un renforcement dans quelques
remarquables déplacements d'adverbes qui insistent ainsi particulièrement sur l'un ou l'autre des aspects, « le vin aqueux (ὑδατώδης),
présente l'avantage outre de ne jamais nuire, d'être même souvent
utile » (πρός δὲ τῷ μηδέποτε βλάπτειν... ἔτι καὶ ὠφελεῖ πολλάκις)[141].
La place inhabituelle de πολλάκις met en relief le deuxième
élément de la phrase.

Des marqueurs quantitatifs évaluent le degré d'importance du
facteur envisagé : « le gargarisme est peu bénéfique (ὠφελεῖ μὲν
βραχέα), il nuit assez grandement (βλάπτει μειζόνως) »[142], est-il dit

---

138. J. Lyons, *op. cit.* (n. 136), p. 359.

139. *Art. cit.* (n. 129), p. 231.

140. Voir M. Trédé, *Kairos, l'à-propos et l'occasion. Le mot et la notion, d'Homère à
la fin du IVe siècle av. J.-C.*, Paris, 1992, p. 147-188 : « Le Kairos dans l'art médical ».

141. *Collectiones medicae*, Raeder V, 6, 7, 4, *CMG* VI, 1, 1, dans le chapitre « Sur les
vins, d'après les écrits de Galien » (Περὶ οἴνων ἐκ τῶν Γαληνοῦ). Cf. *Livres à Eunape* IV,
143, 4, 1-5, 1 Raeder (ὠφελιμόν ἐστι... βλάπτει δ'οὐδέν) avec un déplacement de l'élément
négatif.

142. *Collectiones medicae*, Raeder, V, 28, 3, 1, dans le chapitre Ἐκ τοῦ Ἀντύλλου, περὶ
διακλύσματος ; « D'après Antyllos, sur le rinçage de la bouche ».

dans une formulation renforcée, ici encore, par le déplacement des adverbes. Le *bénéfice*, doublement exprimé, s'oppose vigoureusement au *dommage* dans le chapitre « Du sommeil et de la veille », qui se réfère à Galien [143] : le tour verbal ὠφελοῦσι μὲν ἐναργῶς, repris par le syntagme nominal ἡ πασῶν ἐναργεστάτη τῶν ὠφελειῶν « le plus visible de tous les bénéfices », met en évidence les avantages par rapport à la nocivité (βλάπτειν). Comparatifs et superlatifs apportent explicitement une appréciation relative : ce qui est moins nocif (βλάπτειν ἧττον) se distingue de ce qui est le plus utile (ὠφελιμώτατον) [144].

L'importance d'une évaluation relative, respective, transparaît dans le chapitre « Sur les analgésiques » (περὶ ἀνωδύνων) [145] : διὰ τοῦτο καὶ ὠφέλιμα ἔλαττον ὠφελεῖ καὶ τὰ βλαβερὰ ἔλαττον βλάπτειν ; « c'est pourquoi les substances bénéfiques le sont moins et les substances nocives le sont moins ». Enfin, l'observation médicale permet de conclure à l'inefficacité et à l'innocuité de certains produits. Il en va ainsi des purgatifs, d'après Rufus (Περὶ καθαρτηρίων, ἐκ τοῦ Ῥούφου) : οὔτε ὠφελεῖ οὔτε βλάπτει [146].

Au VIᵉ siècle, les deux notions continuent à se manifester, avec une prépondérance pour l'*utilité*. Chez Aétius, le *bénéfice* est huit fois plus exprimé (plus de huit cents occurrences) que le *dommage*. Le balancement entre la famille d'ὠφελεῖν et celle de βλάπτειν semble devenu rituel : « chacun était lésé par les substances réchauffantes et desséchantes et, au contraire, était soulagé par les substances humides, en même temps que par le réchauffement. » [147] Alexandre de Tralles accorde une priorité au bénéfice, six fois plus exprimé (avec plus de trois cent cinquante occurrences) que le dommage. Adverbes, comparatifs, négations, ici encore, permettent une évaluation [148]. Un éloquent passage résume les devoirs du

---

143. *Collectiones medicae*, Raeder, VI, 4, 5, 5-6, 1.

144. *Collectiones medicae*, *ibid.* ; citons encore, avec le comparatif de supériorité, μείζων ἡ ὠφέλεια ; « le bénéfice est plus grand » : *Collectiones medicae*, Raeder, VII, 23, 30, 4.

145. *Eclogae medicamentorum*, Raeder, 81, 1, 21-22.

146. *Collectiones medicae*, Raeder, VII, 26, 199, 3 ; cf. encore *Synopsis ad Eustathium filium*, Raeder IV, 24, 2, 4, 25 : οὔτε εἰς ὠφέλειαν οὔτε εἰς βλάβην ἐργάζονται μέγα.

147. *Iatricorum liber* VI, 23, 32-33 Olivieri : ὑπὸ μὲν τῶν θερμαινόντων τε καὶ ξηραινόντων ἐβλάπτετο, ὑπὸ δὲ τῶν ὑγραινόντων ἅμα τῷ θερμαίνειν ὠφελεῖτο. Cf. aussi IX, 10, 26-27 : ἐπὶ μὲν τοῖς θερμοῖς ἐδέσμασι καὶ φαρμάκοις ὠφελούμενον, ἐπὶ δὲ τοῖς ψύχουσι βλαπτόμενον ; « soulagé par des aliments et des médicaments chauds, mais lésé par des froids ».

148. Cf. *De febribus*, Puschmann, I, 363, 4 : βλάπτονται... καὶ οὐδαμῶς ὠφελοῦνται ; I, 491, 18 : πρὸς τῷ μηδὲν ὠφελεῖν, ἔτι καὶ βλάπτειν ; II, 227, 23-24, μετὰ τοῦ μηδαμῶς

médecin [149] : « il faut mesurer l'inconvénient auquel on peut s'attendre et le bénéfice, si les éléments positifs sont assez nombreux, il faut faire la prescription, en ne tenant pas compte d'un assez faible inconvénient ; en effet, il n'est pas impossible que ce qui est utile puisse être relativement nocif ; il appartient au médecin de mesurer et de discerner cela. »

Au VIIᵉ siècle, chez Paul d'Égine, l'expression du bénéfice reste largement majoritaire (avec plus de quatre cents occurrences, elle est douze fois plus exprimée que le *dommage*). L'usage de tours comparatifs demeure un moyen efficace pour l'appréciation relative. Paul d'Égine renforce même la particule qui introduit le deuxième élément du système : le tour μᾶλλον ἤπερ met ainsi en lumière l'évaluation : les substances destructrices sont susceptibles « d'être plus nocives que bénéfiques » (βλάπτειν μᾶλλον ἤπερ ὠφελεῖν) [150]. Des comparaisons fondées sur une symétrie attirent apparemment l'attention sur chacun des deux aspects : « les vents de mauvaise qualité nuisent de la même façon que les vents d'excellente qualité sont favorables. » [151]

La médecine grecque prend en compte l'intérêt du malade. L'observation des effets de la thérapeutique engagée conduit, en effet, le bon praticien non seulement à discerner, parmi les traitements, celui qui est le mieux adapté au malade et à la maladie [152], mais encore et surtout à envisager les dommages possibles. Une fine évaluation de l'importance du soulagement ou de la nocivité d'une part, une appréciation conjointe du *bénéfice* et du *dommage* d'autre

---

ὠφελεῖσθαι καὶ μᾶλλον... βλάπτονται ; II, 309, 27 : ὠφελήθησαν... ἰσχυρῶς βλαπτόμενοι ; II, 359, 15-16 : πρὸς τῷ μηδὲν βλάπτειν... ἔτι καὶ μᾶλλον ὠφελεῖ ; II, 401, 21 : ὠφελεῖ πάνυ καὶ... οὐ βλάπτει ; II, 403, 27-28 : μετὰ τοῦ μηδὲν ὠφελεῖν ἔτι μᾶλλον βλάπτει τὰ μέγιστα ; II, 512, 26-27 : μειζόνως βλαπτόντων... μᾶλλον ἢ ὠφελούντων.

149. *De febribus*, Puschmann, I, 527, 16 sq. : μετρεῖν οὖν τήν τε προσδοκωμένην βλάβην ἐκ τοῦ οἴνου καὶ τὴν ὠφέλειαν, κἂν εἰ πλείονα τὰ ἐπιτρέποντα, διδόναι δεῖ καταφρονοῦντα τῆς ἐλάσσονος βλάβης· οὐκ ἐνδέχεται γὰρ τὸ ὠφελοῦν μὴ κατά τι βλάπτειν· ἰατροῦ δ' ἐστι τὸ μετρεῖν καὶ κρίνειν τὰ τοιαῦτα.

150. Dans le chapitre Περὶ δηλητηρίων, Heiberg, V, 27, 1, 6 = *CMG* IX, 2. Ce dérivé du verbe ancien δηλέομαι « détruire » s'est spécialisé comme dénomination de poisons.

151. Heiberg, I, 49, 1, 7-8 : οἱ μὲν οὖν οὕτως μοχθηροὶ... βλάπτουσι... ὥσπερ οἱ ἄριστοι ὠφελοῦσιν.

152. Parfois le médecin est amené à s'abstenir de traiter les cas désespérés. La médecine hippocratique évite l'acharnement thérapeutique : voir H. von Staden, *art. cit.* (n. 52), p. 75-112, en particulier p. 103-104. Cf. déjà D. Gourevitch, « Déontologie médicale : quelques problèmes », dans *Mélanges d'Archéologie et d'Histoire* 81 (École française de Rome), 1969, p. 528.

part, augmentent les chances de prévoir l'issue de la maladie ou de la blessure.

L'opposition *être utile/nuire*, si présente dans les textes médicaux grecs, préfigure la *balance* de la médecine moderne contemporaine entre le *bénéfice* et le *risque*, comprenons le *risque de nuire*. Cette notion moderne de *risque* correspond à l'évaluation anticipée du dommage potentiel, au pronostic thérapeutique des médecins grecs. La formulation moderne n'est donc pas fondamentalement originale, mais elle s'insère dans un contexte nouveau : alors que le médecin de l'Antiquité guidait ses choix thérapeutiques sur l'appréciation respective du *bénéfice* et du *dommage*, le médecin doit maintenant, de plus, informer le patient de l'*aléa* thérapeutique, par respect du malade et pour se prémunir, dans les cas les plus difficiles, contre une plainte d'ordre juridique.

Françoise SKODA

LE DÉLIRE, SYMPTÔME CNIDIEN OU COAQUE ?

En 1985, dans un dossier passé inaperçu, sous le titre « Hippo-crate au lycée », Robert Joly déclarait : « Voilà plus de quinze ans que j'écris et répète une chose qui me paraît évidente : que les dif-férences par lesquelles on oppose les deux écoles (= Cos et Cnide) sont fortement exagérées, que ce qui les sépare relève plutôt du vocabulaire ou se révèle être chaque fois une tempête dans un verre d'eau. »[1]

C'est sur l'une de ces différences de vocabulaire que je vou-drais attirer l'attention[2].

Les médecins du *Corpus*, surtout les auteurs des traités de nosologie et de sémiologie, ont dû fréquemment observer le délire parmi les symptômes qui caractérisent des états confusionnels qui se produisent au cours de fièvres intenses (πυρετὸς ὀξὺς)[3] lors, par exemple, d'une salmonellose, d'une shigellose ou lors d'une septi-cémie puerpérale.

Plusieurs mots grecs désignent le délire, la plupart formés avec le préfixe παρα-. Il est extrêmement difficile de savoir si les médecins hippocratiques établissaient une réelle différence de sens entre tous ces mots que nos meilleurs traducteurs rendent par le français « délire » ou par l'anglais « delirium ». J'ai plutôt le sen-

---

1. R. Joly, « Hippocrate au lycée », *Didactica Classica Gandensia* 24-25, 1985, p. 11.
2. Sur une autre différence de vocabulaire entre Cos et Cnide, voir ma communi-cation au Xe colloque international hippocratique de Nice, « Liste de fréquence de φύσις et classement des œuvres hippocratiques », dans *Le normal et le pathologique dans la* Col-lection hippocratique, A. Thivel et A. Zucker éd., Nice, 2002, p. 45-54.
3. La séquence πυρετὸς ὀξὺς, au nominatif singulier, se rencontre 81 fois dans le *Corpus.* Cf. la *Concordance des œuvres hippocratiques* éditée à Québec par G. Maloney et W. Frohn, avec la collaboration de P. Potter, Les Éditions du Sphinx, 1984, p. 3904-3921. L'expression est typique des *Épidémies* : 22 occurrences dans les *Épidémies I*, 32 dans les *Épidémies III ;* les *Épidémies II, VI* et *VII* en comptent respectivement 1, 1 et 12 ; les *Pré-notions coaques* 5 ; le *Pronostic* et l'*Appendice* au *Régime des maladies aiguës,* respecti-vement 1. L'ensemble des traités cnidiens et gynécologiques d'obédience cnidienne n'en compte que 6.

timent que tous ces mots sont pour les médecins du *Corpus* tout à
fait interchangeables et, en tout cas, je ne creuserai pas ici les distinctions possibles. Il est néanmoins indispensable de souligner que
ces médecins distinguaient l'état de délire de l'état de folie (voir la
fiche de la femme de Théodore en *Épidémies VII*, 25 (LV, 394-398 =
p. 66-68 éd. Jacques Jouanna-Mirko D. Grmek et la n. 6 de la p. 67).
Pour alléger ma recherche et surtout pour ne pas la compliquer, j'en
écarterai les écrits postérieurs à la mort d'Aristote en 322, c'est-à-
dire tous les écrits des époques hellénistique et romaine relégués
par Émile Littré dans le tome IX de sa monumentale édition.

Le *Corpus* hippocratique compte 18 lemmes de mots formés
sur le préfixe παρα-, traduits en français par le mot « délire » et sa
famille. Ce sont dans l'ordre alphabétique avec, entre parenthèses,
leur nombre d'occurrences : παρακοπή (8) ; παρακόπτω (8) ; παράκρουσις (10) ; παρακρουστικός (17) ; παρακρούω (72) ; ὑποπαρα-
κρούω (1) ; παραλέγω (16)[4] ; παραληρέω (6) ; ὑποπαραληρέω (1) ;
παραλήρησις (7) ; παράλλαξις[5] (φρένων) (1) ; παρανοέω (4) ;
παράνους (1) ; παραφέρομαι (10) ; παράφορος (9) ; παραφρονέω (36) ;
παραφρόνησις (1) ; παραφροσύνη (32). Les mots-formes sont au
nombre de 240 : le délire s'exprime donc en grec essentiellement par
des mots formés avec le préfixe παρα- car le malade a un état mental
qui va à l'encontre (παρα-) de la normalité.

J'ai compté, œuvre par œuvre, le nombre total des occurrences
que chaque traité totalisait ; ainsi le premier de la liste, à savoir le
livre III des *Épidémies*, compte 55 occurrences dont voici le détail :
παραλέγω (13) ; παρακοπή (2) ; παρακρούω (31) ; παραληρέω (2) ;
παράληρος (5) ; παρανοέω (1) ; παραφέρομαι (1). J'ai fait ce calcul
détaillé pour chacun des 26 traités comportant des mots traduits en
français par « délire » et qui commencent par le préfixe παρα-.
Ayant calculé le nombre de pages qu'occupe chacun de ces traités
dans l'édition de Littré, j'ai divisé le nombre d'occurrences que
possède le mot « délire » dans chaque traité par ce nombre de
pages. Ainsi, 55 (le nombre d'occurrences) sera divisé par 62,5 (le
nombre de pages des *Épidémies III*) ; le coefficient sera de 0,88.

---

4. La *Concordance des œuvres hippocratiques, op. cit.* (n. 3), p. 3450-3451, donne ici
le chiffre de 32 car elle classe *sub verbo* παραλέγω les mots-formes παρείπετο et παρεί-
ποντο (qui auraient dû être classés *sub verbo* παρέπομαι à la p. 3466).

5. Ce mot a quatre occurrences dans le *Corpus* ; mais il se trouve à trois reprises
dans des traités de chirurgie : *Fractures* 15 ; 35 (= le *chevauchement* de l'os) ; *Mochlique* 2,
avec un sens différent de celui qu'il a dans l'*Appendice* du *Régime des maladies aiguës* 1
(LII, 396 = p. 68 Joly).

Le classement s'établit ainsi [6] : 1. *Épidémies III* (0,88) ; 2. *Épidémies I* (0,53) ; *Prorrhétique I* (0,53) ; 3. *Prénotions coaques* (0,48) ; 4. *Épidémies IV* (0,30) ; 5. *Épidémies V* (0,26) ; 6. *Épidémies VII* (0,20) ; 7. *Pronostic* (0,19) ; 8. *Aphorismes* (0,13) ; 9. *Maladies I* (0,12) ; 10. *Glandes* (0,11) ; *Appendice* du *Régime des maladies aiguës* (0,11) ; 11. *Épidémies VI* (0,10) ; *Prorrhétique II* (0,10) ; *Maladie sacrée* (0,10) ; 12. *Maladies III* (0,09) ; 13. *Épidémies II* (0,08) ; *Art* (0,08) ; 14. *Maladies II* (0,07) ; 15. *Maladies des femmes I* (0,06) ; *Affections* (0,06) ; *Superfétation* (0,06) ; 16. *Plaies de tête* (0,02) ; *Régime des maladies aiguës* (0,02) ; 17. *Maladies des femmes II* (0,01) ; *Affections internes* (0,01). Il ne faudrait pas s'étonner de l'absence dans cette liste de quelques grands traités du *Corpus* : *Nature de l'homme* ; *Airs, eaux, lieux* ; *Ancienne médecine* ; *Articulations – Fractures...* : ce ne sont ni des fiches de malades, ni des descriptions de maladies.

Avant d'examiner ce classement, il faut remarquer que παραλέγω, παραληρέω et παράληρος ne se rencontrent que dans les *Épidémies I* (3), *III* (12), *IV* (1) et que παραλήρησις (7) n'est attesté que dans les *Épidémies VII* ; il faut ajouter que παρακρούω (72), παράκρουσις (10) et παρακρουστικός (17) n'apparaissent ni dans les traités cnidiens ni dans les traités gynécologiques apparentés à Cnide. Quelles conclusions ou plutôt quelles observations pouvons-nous faire sur ce classement des œuvres hippocratiques ?

Nous ne pouvons qu'être frappés par la très faible fréquence des mots-formes dans les traités gynécologiques, dont voici les chiffres : *Maladies des femmes I* : 2 mots-formes ; *Maladies des femmes II* : 1 ; *Superfétation* : 1 ; *Maladies des femmes III* (ou *Femmes stériles*) et *Nature de la femme* : 0. Les traités gynécologiques occupent le bas du classement, totalisant à peine 4 mots-formes, mais les cinq traités cnidiens eux-mêmes ne totalisent guère plus de 14 mots-formes dont voici le détail : *Affections* : 2 ; *Maladies I* : 5 ; *Maladies II* : 4 ; *Maladies III* : 2 ; *Affections internes* : 1.

A côté de ces chiffres si bas relevés dans les traités cnidiens et dans les traités gynécologiques apparentés à Cnide, les chiffres des œuvres coaques font un contraste saisissant ; à eux seuls, les *Épidémies I* et *III*, très souvent attribuées à Hippocrate lui-même, totalisent 86 mots-formes. Le *Prorrhétique I* compte 17 occurrences ; les *Prénotions coaques* 35 ; les *Épidémies VII*, 11 ; les *Aphorismes* 10...

---

6. Je n'ai pas tenu compte du coefficient obtenu par le fragment des *Maladies des jeunes filles* qui n'occupe dans l'édition de Littré que deux pages : l'échantillonnage me semble insuffisant pour en tirer des conclusions valables.

Il y a donc une différence de vocabulaire très nette entre Cos et Cnide dans le champ sémantique du « délire ». Pouvons-nous dès lors conclure que les médecins cnidiens négligeaient à peu près totalement un symptôme aussi important que le délire ? Avant de répondre à cette question, je me suis demandé si les médecins du *Corpus* avaient à leur disposition d'autres mots pour exprimer ce symptôme.

Je me suis tourné vers ληρέω et sa famille et j'ai constaté que ληρέω, employé 29 fois par Aristophane au sens de déraisonner[7] et même trivialement de « déconner », n'était attesté au sens médical de délirer, avec λῆρος, λήρησις, ληρωδῶς, que dans les *Épidémies I* (2 occurrences), *III* (2 occurrences), *V* (1 occurrence) et *VII* (5 occurrences). Les traités cnidiens semblent donc ignorer ληρέω et sa famille.

D'autres mots sont employés, mais ils ont une fréquence extrêmement basse : ἀλλοφάσσω qui se rencontre une fois dans le traité des *Maladies des femmes I* et une fois dans le *Pronostic*, ἀλλοφρονέω qu'on lit dans le traité des *Maladies II* et qui est un *hapax* dans le *Corpus*. Sans doute, d'autres mots peuvent contenir implicitement l'idée de *délire* tels que ἐκμαίνομαι et ἔκστασις (qui ne se rencontrent que dans les traités coaques), ἔκφρων que Littré traduit par « délire » (c. 9 de *Maladies III*, LVII, 128) mais que Jacques Jouanna rend par « inconscient » (c. 106 des *Épidémies V*, LV, 258 = p. 46 éd. J. Jouanna-M. D. Grmek) ; de toute façon, ce lemme n'a que 6 mots-formes.

Fait apparemment exception φλυαρέω, présent chez Hérodote, Aristophane et Platon. C'est un mot de la langue courante, de la prose comme de la poésie, au sens de « dire des sottises ». Mais ce mot n'est guère utilisé dans les œuvres du Corpus, où il est traduit par « délirer » ; s'il obtient 4 occurrences en *Maladies II* et 1 en *Maladies III*, il se rencontre 1 fois en *Épidémies IV* et 1 fois dans les *Prénotions coaques*.

Des verbes, des substantifs, des adjectifs et des expressions comme et ἐξίσταμαι, ἔξω γίγνομαι, κατέχειν οὐ δύναμαι, ἐξ ἑωυτοῦ εἶναι, παράνοια, μανιώδης[8] et rarement μαίνομαι peuvent faire

---

7. C'est le sens que le mot a au chapitre 15 de l'*Ancienne médecine*.

8. É. Littré, *Œuvres complètes d'Hippocrate*, t. VI, 362 (= *Maladie sacré* 1) traduit παράνοιαι par « délire » tandis que J. Jouanna, *Hippocrate. L'art de la médecine*, GF Flammarion, 1999, p. 150, rend ce mot par « troubles de l'esprit ».

J. Pigeaud, *La maladie de l'âme*, Paris, Les Belles Lettres, 1981, p. 74, traduit παράνοια par « délire » (au c. 30 des *Maladies I*, LVI, 200 = p. 86 Wittern) tandis qu'ici Littré rend le mot par « folie ».

allusion à un comportement ou à une pathologie délirante mais ce vocabulaire est autant coaque que cnidien.

Dans la *Table alphabétique des matières, des noms propres et des noms de lieux* qui clôt le tome X des *Œuvres complètes d'Hippocrate* paru en 1861, Émile Littré, *s. v.* « délire », renvoie le lecteur pressé à une cinquantaine de textes. Aucune référence ne concerne les traités gynécologiques ; une seule se rapporte à un traité cnidien : *Maladies II*, 63 (LVIII, 96 = p. 202 Jouanna), c'est-à-dire à un texte relatif à la maladie causode ou *causus* : l'auteur écrit que le malade « délire » (παρακόπτει). Un simple coup d'œil sur la *Table alphabétique* de Littré m'aurait permis de savoir que les médecins cnidiens, contrairement à ceux de Cos, n'attachaient pas une importance majeure à ce symptôme qu'est le délire ou, pour reprendre les termes du regretté Mirko D. Grmek, à la « confusion mentale (sur toute chose) »[9].

Appendice

Le vocabulaire des troubles psychiques est particulièrement riche dans le *Corpus*, même si nous devons admettre avec Jackie Pigeaud[10] qu'il n'y a pas eu de psychiatrie hippocratique.

En voici un relevé, hormis le vocabulaire du délire déjà cité :

ἄγνοια	αἰολάομαι	ἀνία
ἀγνώμων	αἰσχρομυθέω	ἀνιάω
ἀγρυπνέω	ἀκραχολία	ἀνόητος
ἀγρυπνία	ἀλύκη	ἀπορία
ἄγρυπνος	ἀλυσμός	ἀσάω
ἀδημονέω	ἀλύω	ἄση
ἀθυμέω	ἀναισθήτως	ἀσυνεσία
ἀθυμία	ἄναυδος	ἀσυνετέω
ἄθυμος	ἀνελπίστως	ἀσύνετος

En *Airs, eaux, lieux* 7, 5 (LII, 28 = p. 201 Jouanna), J. Jouanna traduit μανιώδεα νοσεύματα par « maladies accompagnées de délire ». Μανιώδης apparaît quatre fois dans le *Corpus*, trois fois dans des œuvres coaques et une fois dans les *Maladies des femmes I*.

9. M. D. Grmek, « Le cas de Philiscos : fièvre bilieuse hématoglobinurique dans la Grèce classique et manière hippocratique de conceptualiser les maladies », dans *Actualités hématologiques*, 12ᵉ série, Paris, Masson, 1976, p. 293-315 (spécialement la p. 295) ; du même auteur, voir *Les maladies à l'aube de la civilisation occidentale*, Paris, Payot, 1983, p. 412-413.

10. J. Pigeaud, *Folie et cures de la folie chez les médecins de l'Antiquité gréco-romaine : la manie*, Paris, 1987, p. 13.

ἀσώδης	ἐπίληψις	μελαγχολικός
ἀφροσύνη	ἠλίθιος	μελαγχολικῶς
ἄφρων	θορυβέω	μελαγχολώδης
ἀφωνέω	θόρυβος	ὀνειρώττω
ἀφωνίη	καρφολογέω	παράνοια
ἄφωνος	καταφορά	παράνους
βληστρισμός	καῦσος	περίβλεψις
βραδύς	καυσώδης	ῥιπτασμός
δείδω	κλαίω	σκοτόδινος
δυσάνιος	κλαυθμός	σκυθρωπός
δυσθυμία	κρoκυδολογέω	σπασμός
δυσφορία	κῶμα	ταραχή
δύσφορος	κωματώδης	ταραχώδης
δυσφόρως	ληθαργικός	τυφομανία
δυσφροσύνη	λήθη	ὑπερχολάω
ἔκπληξις	λυπέω	ὑποδυσφορέω
ἐμβρόντητος	λύπη	ὑπομαίνομαι
ἐπιληπτικός	μαίνομαι	φοβερός
ἐπιληπτικῶς	μανικός	φόβος
ἐπίληπτος	μελαγχολάω	φρενιτικός
ἐπιληψία	μελαγχολία	φρενῖτις

Dans cette liste longue mais sans doute incomplète comprenant 90 termes, le dernier mot est φρενῖτις. Avec mon collègue de la Vrije Universiteit Brussel Willy Szafran, psychiatre et psychanalyste, j'ai consacré en 1996 une assez longue étude[11] à cette pathologie dont l'histoire va d'Hippocrate à Pinel et à sa *Nosographie philosophique* de 1813[5] (p. 397-413).

Il nous est apparu au terme de notre étude philologique et médicale que « la description des patients hippocratiques atteints de phrénitis se rapprochait de ce que nous appelons le syndrome délirant organique »[12]. Il n'est donc pas surprenant de découvrir

---

11. Cf. S. Byl, W. Szafran, *La Phrénitis dans le* Corpus hippocratique. *Étude philologique et médicale,* in *Vesalius,* vol. I, 2, 1996, p. 98-105.

12. *Ibid.,* p. 103. Six siècles après Hippocrate, Galien (Kühn, XVI, 492), dans son *Commentaire au Prorrhétique I* écrivait : « Hippocrate appelle *phrénitis* un délire ininterrompu dans une fièvre aiguë » et bien qu'il ait considéré que la *phrénitis* était engendrée par l'affection du cerveau, il rappelait qu'« aucune partie ne cause un délire continu, sinon le diaphragme. En effet, le délire est presque continu dans ce cas ; aussi les Anciens jugeaient-ils que l'inflammation de cette seule partie produisait la *phrénitis* et l'ont-ils nommée φρένες, dans l'opinion qu'elle a de l'influence sur la partie pensante ».

dans les très nombreux textes relatifs à cette affection [13] une grande
partie du vocabulaire du délire que j'ai mis en évidence : ἔκφρων,
παρακοπή, παρακόπτω, παρακρούω, παραλέγω, παραληρέω,
παράληρος, παρανοέω, παραφέρομαι, παραφρονέω, παραφρόνησις...

Revenons un instant à la liste du vocabulaire des troubles psychiques. Un examen attentif, mais cependant non exhaustif, me
conduit aux constatations suivantes : sur un total de 90 termes, 78 se
trouvent dans les traités coaques, 28 dans les traités cnidiens, 19
dans les traités gynécologiques et 17 dans les œuvres philosophiques
(particulièrement dans le *Régime*). De plus, si un mot figure simul-
tanément dans des traités coaques et cnidiens, le nombre d'occurrences de ce terme est considérablement plus élevé dans les œuvres
de Cos. Ainsi ἄφωνος présente 54 occurrences dans les traités
coaques (dont 32 dans les *Épidémies*) mais seulement 8 dans les
traités cnidiens [14] ; ῥιπτασμός a 10 occurrences à Cos, 1 seulement à
Cnide. Sur les 179 occurrences de σπασμός, 8 seulement appartiennent à des traités de Cnide (contre 45 dans les *Épidémies*, 35
dans les *Prénotions coaques*, 25 dans les *Aphorismes*...). Le mot
βληστρισμός (5 occurrences) ne se rencontre que dans les *Épidémies*
I et *III*. Les 59 occurrences de ταραχώδης sont toutes dans des traités
coaques (mais le mot ne s'applique pas toujours à γνώμη) ; il en est
de même des 55 occurrences de φρενιτικός (aucune ne se trouve
donc dans une œuvre cnidienne, alors que le substantif φρενῖτις est
employé 14 fois dans ces traités), des 63 occurrences d'ἄγρυπνος, de
toutes les occurrences de δυσφορία (17), δύσφορος (15) et δυσφόρως
(21).

Il faut constater la richesse du vocabulaire spécifique d'un
traité philosophique, celui du *Régime* : le chapitre 35 du livre I
contient plusieurs *hapax* dans la Collection figurant dans notre
liste : βραδύς (*hapax* de sens : l'adjectif s'applique aux esprits *lents*),
ἐμβρόντητος (au sens d'idiot ; le mot ne réapparaît qu'en 392 dans
l'*Assemblée des femmes* d'Aristophane), ἠλίθιος (au sens de niais),
ὑπομαίνεσθαι (au sens d'être un demi-fou. Le mot ne réapparaîtra
qu'avec Ménandre) [15]. Mais il y a dans notre liste d'autres *hapax*

---

13. La fréquence de φρενῖτις dans le *Corpus* est de 25 ; celle de φρενιτικός, de 55.

14. Sur ce trouble, voir l'étude de D. Gourevitch, « L'aphonie hippocratique », dans
Formes de pensée dans la Collection hippocratique, F. Lasserre et Ph. Mudry éd., Genève,
1983, p. 297-305.

15. Voir mon article, « Le vocabulaire de l'intelligence dans le chapitre 35 du livre I
du traité du Régime », à paraître dans la *Revue de Philologie* 76/2, 2002, p. 217-224.

propres au *Corpus* : ἀδημονέω (être douloureusement troublé) et
αἰολάομαι (être agité) qu'on trouve dans des traités gynécologiques ; ὑπερχολάω (contenir de la bile en excès) est un *hapax*
cnidien (*Maladies II*, 41) ; ἀφωνέω est un *hapax* des *Épidémies I* ;
δυσάνιος un *hapax* des *Épidémies III*.

En conséquence, il est possible d'affirmer que les traités de Cos
couvrent presque la totalité du vocabulaire des troubles psychiques.

Il m'est vraisemblablement permis aussi d'affirmer que les
médecins de Cnide [16] et les auteurs des traités gynécologiques attachaient nettement moins d'importance au délire et aux troubles
psychiques que ceux de Cos.

Entre Cnide et Cos, il n'y a sans doute pas qu'une différence de
vocabulaire.

Simon BYL

---

16. Sur le délire et les troubles psychiques dans les traités cnidiens, on lira avec
beaucoup d'intérêt les p. 356-359 du remarquable livre de J. Jouanna, *Hippocrate. Pour
une archéologie de l'École de Cnide*, Paris, Les Belles Lettres, 1974. De J. Jouanna, on
consultera aussi avec une grande attention l'article « Place des Épidémies dans la *Collection hippocratique* : le critère de la terminologie », dans *Die hippokratischen Epidemien. Theorie – Praxis – Tradition. Verhandlungen des Ve colloque international
hippocratique*, Stuttgart, 1989, p. 60-87. L'Auteur prouve notamment l'identité d'auteur
des *Épidémies I-III*, infirme l'identité d'auteur entre les *Épidémies I-III* et le *Pronostic* et
il rapproche le *Pronostic* et le *Prorrhétique II*. Avant nous (cf. *supra*), il a signalé (p. 74)
que φρενιτικός attesté 55 fois dans les *Épidémies* « est totalement absent des traités nosologiques cnidiens qui emploient pourtant φρενῖτις aussi souvent que le groupe des *Épidémies* ».

LES HUMEURS : UNE QUESTION DE GOÛT

Du point de vue de la médecine contemporaine, les humeurs ne sont certes pas l'une des inventions les plus fécondes de la médecine antique : « c'est ce qu'il y a de plus périmé dans l'héritage hippocratique », note non sans raison Jacques Jouanna dans son *Hippocrate*, et il n'y consacre que quelques pages [1]. En revanche, leur importance pour l'histoire de la médecine avant la période contemporaine, et plus largement pour l'imaginaire, l'art et la littérature de l'Occident, ne saurait être sous-estimée. Il n'est pas question aujourd'hui de faire un tableau d'ensemble de la médecine humorale, si complexe [2]. Je voudrais, en me plaçant uniquement à l'époque de la *Collection hippocratique*, bien avant, donc, le triomphe de la division des humeurs en sang, bile jaune, bile noire et phlegme, attirer l'attention sur un aspect parfois négligé, qui tient à la saveur, au goût des humeurs, et qui n'est pas sans conséquences sur l'utilisation du modèle médical au Ve et au IVe siècle dans les milieux philosophiques : comme les humeurs sont une question de goût, elles ont en effet été prises en exemple dans les théories de la connaissance et dans la question du subjectivisme, et apparaissent notamment dans la fameuse Apologie prêtée à Protagoras par Platon dans le *Théétète*.

LES HUMEURS SONT DES SAVEURS

Les humeurs sont des liquides variés qui coulent, ou sont supposés couler, dans le corps humain, ou qui apparaissent à l'extérieur

---

1. J. Jouanna, *Hippocrate*, Paris, Fayard, 1992, p. 442-445.
2. Cf. Pseudo-Galien *De humoribus* (XIX, 485-496 Kühn), pour une introduction à un tel tableau ; traduction française dans mon étude : « L'édition Vigoreus (1555) du traité hippocratique *De humoribus* et d'un "commentaire de Galien" à ce traité (= [Galien], *De humoribus* XIX, 485-496 Kühn), avec la traduction du *De humoribus* galénique », dans les actes du colloque *Éditer les médecins grecs à la Renaissance*, à paraître dans la collection Medic@ de la Bibliothèque interuniversitaire de Médecine.

de celui-ci dans les processus physiologiques, dans les plaies ou dans les maladies ; mais ce sont aussi les sucs des plantes, le jus des fruits et de la viande : cette notion si riche et si floue permet de construire une représentation unifiée du monde et des rapports entre macrocosme et microcosme. Ces liquides sont variés par leur couleur, par leur consistance, par leur odeur et aussi par leur goût. La théorie des humeurs qui a triomphé, grâce à Galien, fait beaucoup intervenir les couleurs, notamment par la distinction entre bile jaune et bile noire. Mais il est tout à fait remarquable que deux des mots qui les désignent, χυμός (*chymos*) et χυλός (*chylos*) prennent, à la même période, tantôt le sens de « suc, jus, humeur » (dès les premiers emplois hippocratiques) et tantôt celui de « saveur » (dès Démocrite). Pour combattre la médecine qui raisonne à partir de postulats, le traité de l'*Ancienne médecine* fait l'énumération suivante, qui comporte exclusivement des saveurs : « Il y a dans l'homme du salé, de l'amer, du doux, de l'acide, de l'acerbe, du fade, et mille autres substances » (Ἔνι γὰρ ἐν ἀνθρώπῳ καὶ ἁλμυρὸν καὶ πικρὸν καὶ γλυκὺ καὶ ὀξὺ καὶ στρυφνὸν καὶ πλαδαρὸν καὶ ἄλλα μυρία, 14, 4, 136 Jouanna, I, 602 Littré, texte et traduction J. Jouanna). On comparera cette énumération avec une autre, à propos de ce qu'il y a dans la terre, cette fois, dans le traité *De la nature de l'homme* : « La terre renferme des sucs acide, amer, doux, salé, bref des sucs de toutes sortes » (ἔνι δὲ καὶ ὀξὺ καὶ πικρὸν καὶ γλυκὺ καὶ ἁλμυρὸν καὶ παντοῖον, 6, 180 Jouanna, VI, 44 Littré, texte et traduction J. Jouanna) [3]. Le passage de l'homme à l'univers est aisé, car, dans les deux cas, ce qui est traduit par « substances » ou « sucs » n'est rendu en grec que par des neutres : du salé, de l'amer, etc., bref, des saveurs. Ailleurs, dans l'*Ancienne médecine*, est proposée pour ces saveurs la dénomination de δυνάμεις « propriétés » ou « qualités ». Ces « propriétés » ou « qualités » sont aussi définies dans l'*Ancienne médecine* comme « l'acuité et la force des humeurs » (22, 1, 149 Jouanna, I, 626 Littré). L'efficacité des humeurs est donc dans ce traité principalement mise en rapport avec leur saveur, leur goût. Voilà un premier point qui me semble important.

Dans la liste citée, comme le note Jacques Jouanna, le sens de πλαδαρὸν « fade », est incertain : il n'est pas sûr qu'il ne signifie pas, simplement, « humide », « mou » ou « émollient ». Les autres

---

3. « Je serais tenté de penser que notre auteur se souvient [...] de l'*Ancienne médecine* », observe J. Jouanna à propos d'un autre rapprochement, en signalant celui-ci en note, dans son édition du *Corpus Medicorum Graecorum*, Berlin, 1975, p. 50-51.

termes, en revanche, sont souvent utilisés par la médecine hippocratique, notamment le « salé » (ἁλμυρόν ou ἁλυκόν, ἁλμυρώδης),
« l'amer » (πικρόν), « l'acide » ou « le piquant » (ὀξύ), et surtout le
« doux » : il y a environ 250 emplois de mots de la famille de γλυκύς
dans la *Collection*, qu'il faudrait ajouter, pour compléter le tableau
de la douceur en médecine, à ἤπιος et à μαλακός / μαλθακός, étudiés
par Jacques Jouanna et Françoise Skoda dans le dernier numéro de
la *Revue des Études grecques*. Une doxographie relative à Alcméon
de Crotone évoque déjà, mais au milieu d'autres « qualités »,
« l'amer » (πικρόν) et « le doux » (γλυκύ), et c'est effectivement le
couple le mieux attesté, et celui qui jouera le plus grand rôle dans
notre exposé [4]. D'autres mots sont employés : δριμύ « âcre » est
assez fréquent, mais on trouve également, par exemple, ἰῶδες « éru-
gineux », ὀμφακῶδες « semblable à du verjus », « acide », δακνῶδες
« mordant ». On peut comprendre aisément que la saveur appa-
raisse au médecin comme immédiatement efficace : le vocabulaire
du « pointu », du « mordant », du « piquant » qui décrit les humeurs
âcres identifie la source de la douleur du malade avec des forces
agressives et sauvages qui font souffrir, selon une conception
archaïque de la maladie qui a été étudiée notamment par Jacques
Jouanna [5].

Ces humeurs ou ces saveurs sont objectivement repérables
dans les aliments. On trouve, dans le traité du *Régime*, des
séquences qui rappellent les séquences concernant les éléments
dans le corps : « des aliments et boissons âcres, salés, gras et doux »
(II, 59, 182 Joly-Byl, VI, 572 Littré), « des aliments âcres, humides,
doux et salés » (III, 73, 206 Joly-Byl, VI, 614 Littré). Les cas les plus
clairs relèvent de l'expérience commune, et même du vocabulaire
courant. On connaît la « grenade douce » (ῥοίη γλυκείη) et
l'« amande amère » (ἀμυγδαλὴ πικρή), qui portent dans leur dénomination leur qualité, et sont, sûrement à ce titre, souvent
employées dans les préparations médicinales (en particulier dans
celles, fort anciennes, des traités gynécologiques). Aux grenades
douces s'opposent les grenades « aigres » (ὀξέαι) et les grenades
« vineuses » (οἰνώδεις, *Régime II*, 55, 176 Joly-Byl, VI, 562 Littré).
La pivoine aussi ne s'appelle pas sans raison γλυκυσίδη, et ses

---

4. Cf. Diels-Kranz 24 B 4, ou plutôt H. Diels, *Doxographi graeci*, Berlin, 1889 [repr.
1976], p. 442 et suiv., avec les remarques de J. Jouanna dans son édition de l'*Ancienne
médecine* (C.U.F., Paris, 1990), p. 57.
5. « La maladie sauvage dans la *Collection hippocratique* et la tragédie grecque »,
Metis 3, 1988, p. 343-360.

graines, pilées et broyées avec du vin, entrent dans la composition de nombreux remèdes, souvent associés à des œufs de seiche. Le « vin doux » (γλυκύς οἶνος, voir aussi γλεῦκος) est mentionné 174 fois dans la *Collection*.

L'auteur du *Régime dans les maladies aiguës* propose notamment, selon ses propres termes, un « développement sur le vin doux » et ses avantages comparés par rapport au vin « vineux » (50-51, 57-8 Joly, II, 332-334 Littré), dont il faudrait aussi citer le commentaire par Galien[6]. Est « doux » aussi le « suc » de figuier. D'autres fruits de la fin de l'été sont doux, comme on voit au livre VII des *Épidémies* (ὀπώρη γλυκέη, 77, 2, 94 Jouanna, VII, 434 Littré, texte de MV retenu par Jacques Jouanna). Du côté du salé, il y a bien sûr ce qui vient de la mer. Le lien entre la douceur ou l'amertume de l'aliment et la douceur ou l'amertume dans le corps va de soi, et il est en particulier abondamment utilisé par les auteurs comiques, comme Christine Mauduit l'a montré dans une étude joliment intitulée « Les raisins de la colère »[7], mais il est parfois explicité en détail, comme dans la théorie des humeurs développée dans *Maladies IV*, dont je ne cite que ce passage, parce que c'est celui qui fait intervenir le critère de l'amertume : « Quand quelqu'un mange ou boit quelque chose d'amer ou en général quelque chose de bileux et de léger, la bile aussi devient plus abondante » (ἐπὴν φάγῃ καὶ πίῃ ὁ ἄνθρωπος ὅ τι ἐστὶ πικρὸν ἢ ἄλλως χολῶδες καὶ κοῦφον, πλείων καὶ ἡ χολὴ γίνεται, 36, 1, 89 Joly, VII, 550 Littré, texte et traduction Robert Joly). On peut adoucir ou rendre plus amer un aliment : un rayon de miel, mouillé dans l'eau, devient « légèrement doux » (ὑπόγλυκυ). La cuisson adoucit, tout comme la douceur réchauffe.

Une préparation humaine comme l'ὀξύγλυκυ, mélange de vinaigre et de miel, associe les deux saveurs opposées. Il est important de noter que des associations similaires se rencontrent aussi dans la nature : et c'est même le cas le plus fréquent. Le texte de l'*Ancienne médecine* que j'ai cité pour commencer insiste sur le fait que le plus souvent les qualités gustatives sont mêlées au sein des mêmes aliments. Évidemment, le classement des aliments par degré de douceur et d'amertume est compliqué par ces mélanges et

---

6. Cf. D. Béguin, « Le vin médecin chez Galien », p. 141-154, et V. Boudon, « Un médecin œnophile : Galien et le vin de Falerne », p. 155-163, dans *Vin et santé en Grèce ancienne*, J. Jouanna et L. Villard éd., *BCH Suppl.* 40, Paris, De Boccard, 2002.

7. « Les raisins de la colère : vin, humeurs et tempéraments dans la littérature grecque », dans *op. cit.* (n. 6), p. 11-22.

ces variations, et nécessite la connaissance approfondie de l'art médical. On ne s'étonne pas qu'un médecin proteste, bien qu'il en fasse lui-même grand usage, contre les théories trop générales sur le doux, le salé et ce genre de qualités : « Tous ceux qui ont tenté de parler globalement de la qualité des matières douces, grasses, salées, etc., n'ont pas une connaissance exacte. Car les matières douces n'ont pas la même qualité, l'une par rapport à l'autre, ni les matières grasses, et ainsi de suite » (*Régime* II, 39, 162-163 Joly-Byl, VI, 534 Littré). Cette protestation suppose néanmoins qu'il existait des développements généraux sur les saveurs, et nous savons bien que c'était effectivement le cas, en tout cas pour la philosophie, puisque Théophraste résume avec quelques détails le *Sur les saveurs* de Démocrite [8].

Comme le dit l'*Ancienne médecine*, ces qualités se trouvent de la même façon mélangées dans le corps humain, avec cependant la possibilité que prédomine l'une ou l'autre d'entre elles, ce qui entraîne des troubles. En fait, la seule humeur dont la domination soit véritablement enregistrée par une nomenclature en terme de goût est l'amertume, à propos des hommes qualifiés de πικρόχολοι (*picrocholoi*), « gens de bile amère », mot fréquent dans le *Régime dans les maladies aiguës*, et attesté aussi dans le traité des *Fractures* et le troisième livre des *Épidémies*. L'amertume de la bile est une donnée bien connue. On le voit par exemple dans une remarque de l'*Ancienne médecine* sur les maladies provenant de la bile : « Quand une certaine amertume se répand, celle que nous appelons la bile jaune, quelles nausées, quelles fièvres brûlantes, quelles faiblesses s'emparent des malades ! » (ὅταν πικρότης τις ἀποχυθῇ, ἣν δὴ χολὴν ξανθὴν καλέομεν, οἷαι ἄσαι καὶ καύματα καὶ ἀδυναμίαι κατέχουσιν, 19, 4, 144 Jouanna, I, 618 Littré, traduction Jacques Jouanna modifiée). Le principe neutre de « l'amer » est ici repris par un substantif abstrait « amertume », qui est appelé « bile jaune » par un groupe désigné à la première personne du pluriel. La formulation « que nous appelons » suggère qu'il s'agit d'une spécificité médicale, et peut-être d'une école particulière. Il semble bien que des médecins aient revendiqué comme le résultat de leur science l'invention d'une catégorisation de la bile par la couleur, et non plus seulement d'après la saveur. Pourquoi ces gens-là préfèrent-ils la

---

8. Diels-Kranz 68 A 130, ou plutôt Théophraste, *Fragmentum de sensibus*, 65-67 dans H. Diels, *op. cit.* (n. 4), p. 517-519. Voir aussi Théophraste, *De causis plantarum* VI (en particulier 1, 6, p. 212-216 Einarson-Link, Loeb, 1990).

désignation « bile jaune » à la désignation « l'amer » ? On peut faire l'hypothèse que la typologie chromatique a été vécue comme un progrès scientifique et une amélioration des conditions d'exercice de la profession : identifier une humeur par son goût oblige à la goûter, ou à se fier à ce que dit le malade, tandis que l'observation de la couleur est plus facile pour le médecin, lui évite d'avoir à interroger. Ce n'est peut-être pas un hasard si le traité hippocratique des *Humeurs*, un traité qui, lui, est manifestement destiné aux médecins, commence par la couleur des humeurs [9]. Mais notons que dans le traité de l'*Ancienne médecine*, malgré la remarque que je viens de commenter, l'auteur fonde principalement ses analyses sur les saveurs [10].

UN GOÛT AMER DANS LA BOUCHE

Revenons donc à elles et à notre question de goût. Qui sera juge, par exemple, de l'amertume ? La question se pose pour l'évaluation de la salive. Quand « la salive devient un peu plus amère que d'habitude », comme le dit un passage de *Maladies I* (13, VI, 162 L), la référence au degré habituel d'amertume suppose, semble-t-il, la participation du malade. La question se pose de façon tout aussi délicate [11] pour des vomissements, qui, dit un passage d'*Affections des femmes* (38) sont « ressemblants à du phlegme, amers et âcres ». Que le médecin, en tant que médecin, puisse dire, à vue, qu'ils ressemblent à du phlegme, on l'admettra ; mais comment les juge-t-il « amers et âcres » ? Doit-il les goûter, ou s'en remet-il au malade ? Je ne sais si je dois aller plus loin et évoquer les « évacuations [...] ténues et mordantes », les « petites fluxions ténues et âcres », les

---

9. V, 476 Littré. On trouve une curieuse protestation, assez énigmatique, contre une médecine excessivement liée aux couleurs à la fin du Pseudo-Galien, *De humoribus* (XIX, 495-496 Kühn). Voir déjà, sur la complémentarité entre couleurs et saveurs, Galien, *Sur les facultés des médicaments simples* 1, 37 (XI, 445 Kühn) : « Aussi paraîtra-t-il sans aucun doute délirer celui qui entreprendrait de juger soit des couleurs par le goût, soit des humeurs par la vue » (cité par V. Boudon, « La théorie galénique de la vision : couleurs du corps et couleur des humeurs », dans *Couleurs et vision dans l'Antiquité classique*, L. Villard éd., Rouen, 2002, p. 65-75, p. 75).

10. Walter Kranz observe que chez Démocrite et chez Platon (dans le *Timée*), la doctrine des couleurs suit la doctrine des saveurs (« Die ältesten Farbenlehre der Griechen », *Hermes* 47, 1912, p. 126-140, p. 138, n. 1).

11. L'adjectif est peut-être mal choisi : cf. le célèbre début du traité *Des Vents* (1, 103 Jouanna, VI, 90 Littré) : « Le médecin voit des spectacles effrayants, touche des choses répugnantes », un texte qui ne mentionne pas, lui, le sens du goût (voir n. suivante).

urines devenues « mordantes » des *Épidémies*. Que le médecin
goûte lui-même dans certains cas les urines et autres excrétions est
incontestable, comme on le voit notamment dans les recommandations aux médecins du traité de *L'officine du médecin* : « Rechercher
ce qui peut se voir, se toucher, s'entendre, ce qu'on peut percevoir
en regardant, en touchant, en écoutant, en flairant, en goûtant
(τῇ γλώσσῃ) et en appliquant l'intelligence. »[12] D'un passage du
livre VI des *Épidémies*, on déduit qu'« il est certain qu'ils goûtaient
les larmes [...] pour savoir si elles étaient très douces ou très
salées »[13]. Cependant, les déjections sont le plus souvent évaluées
avec d'autres critères que l'amertume ou l'âcreté, ce qui se comprend.

L'amertume a dans la *Collection hippocratique* un lieu privilégié, qui n'étonnera personne, c'est la bouche, et plus particulièrement la langue, et ces emplois vont dans le même sens que la
phrase citée sur la salive. De l'amertume dans la bouche, nul,
semble-t-il, n'est juge sinon le patient. La bouche est ou devient
amère, selon une expression récurrente (πικρὸν γίνεσθαι, εἶναι,
πικραίνεσθαι, ἐκπικραίνεσθαι). Quand un malade est ainsi décrit :
« Sa langue était continuellement sèche ; s'il ne l'humectait pas, il
était incapable de parler ; elle était très amère, la plupart du temps »
(*Épidémies VII*, 85, 2, 100 Jouanna, VII, 444 Littré, cf. *V*, 80), observation extérieure et participation du malade se mêlent, sans sépa-
ration nette[14]. Parfois, cependant, le médecin prend la peine de
noter que c'est ce que ressent le malade qui compte. En *Affections
internes*, on en a un exemple très intéressant : « Parfois, le malade

---

12. Littré III, 272. C'est du moins l'interprétation de la traduction Littré : le texte
grec pourrait signifier également que le médecin fait appel à la langue et aux perceptions
du malade. La question est discutée par Galien dans son commentaire (I, 3, XVIII B 650
Kühn) : cf. V. Boudon, « Le rôle de la sensation dans la définition galénique de la
maladie », dans *Les cinq sens dans la médecine de l'époque impériale : sources et développements*, I. Boehm et P. Luccioni éd., Lyon-Paris, De Boccard, 2003, p. 25-26.

13. J. Jouanna, *op. cit.* (n. 1), p. 423, citant les recommandations de *Épidémies VI*, 8,
8, 172-173 Manetti-Roselli, V. 346 Littré, sur la nécessité de savoir si les excrétions sont
douces ou salées, et sur le « goût » des larmes. Il signale aussi qu'Aristophane, dans un
contexte où il est plutôt question de l'odeur des pets, qualifie Asclépios de « scatophage »
(*Ploutos*, v. 696-706).

14. Armelle Debru a défini avec justesse la place laissée en général par les
médecins hippocratiques au témoignage du malade comme étant « instable et limitée »,
dans « Médecin et malade dans la médecine hippocratique : interrogatoire ou dialogue ? », dans *Médecine antique*, P. Demont éd., Amiens, 1991, p. 47 (à propos de la
médecine gynécologique notamment).

vomit de la pituite [15] acide, d'autrefois (sic) salée ; après avoir vomi, il a la bouche amère » (ἐνίοτε δὲ ἐμέει λάπην ὀξείην, ἐνίοτε δὲ καὶ ἀλμυρὴν, καὶ ὁκόταν ἀπεμέσῃ, πικρὸν τὸ στόμα δοκέει αὐτῷ εἶναι, *Affections internes* 47, VII, 282-3, texte et traduction Littré). Exactement : « Il lui semble que sa bouche est amère », « il trouve que sa bouche est amère ». Est-ce à dire qu'elle ne l'est pas en réalité, que ce n'est qu'une impression ? Non bien sûr, elle est effectivement amère, mais le médecin note ici, d'une façon exceptionnelle, qu'il part de l'avis du patient, alors que les descriptions habituelles vont directement au fait : « la bouche est, ou devient amère. » Dans le cas de femmes qui vont avoir un cancer, un médecin note : « Au moment où vont naître des cancers, la bouche tout d'abord devient amère, tout ce que les femmes mangent a un goût d'amertume » (μελλόντων δὲ καρκίνων ἔσεσθαι, πρότερον τὰ στόματα ἐκπικραίνονται, καὶ ὅ τι ἂν φάγωσι πάντα δοκεῦσι πικρὰ εἶναι, *Maladies des femmes II*, 133, VIII, 282-283, traduction Littré). La traduction de Littré est intéressante : « a un goût » semble objectif, mais le texte dit exactement qu'« il leur semble que tout ce qu'elles mangent est amer ». Littré transforme la tournure employée, à nouveau avec δοκεῖν, qui est très rare, en un tour plus banal, où la prise en compte des opinions de la malade est un peu effacée. Ce passage est cependant différent du précédent : dans le cas précédent, la bouche semble amère au malade, et elle l'est en fait ; ici, tous les aliments semblent amers aux femmes qui vont avoir un cancer, même si, en fait, il ne s'agit pas d'aliments intrinsèquement amers. L'explication qui n'est pas donnée, mais qu'il faut évidemment supposer, est que la bouche de ces femmes est si amère qu'elles se trompent sur l'évaluation de la nourriture qu'on leur propose. Notons qu'il ne sert strictement à rien de les raisonner. Le texte continue : « et si on leur en donne encore, elles refusent tout net » (καὶ ἤν τις πλείονα δῷ, ἀναίνονται λαβεῖν). Pour elles, la nourriture est effectivement amère. Le médecin sait bien que la cause est en fait l'amertume qui est dans leur bouche. Ces arguties, on va le voir, ont une certaine importance.

---

15. Ou plutôt « une sorte d'écume qui se forme à la surface du vin aigri ou la pellicule graisseuse ou visqueuse qui surnage dans une marinade d'olives », selon la définition d'Érotien qu'évoque J. Jouanna dans *Hippocrate. Pour une archéologie de l'école de Cnide*, Paris, Les Belles Lettres, 1974, p. 140, n. 1.

LE RÔLE DE LA LANGUE

Avant de revenir sur leurs conséquences philosophiques, je voudrais attirer l'attention sur un passage très curieux que notre réflexion sur les saveurs permet peut-être de comprendre d'une façon en partie nouvelle. Un traité d'allure philosophique, le premier livre du *Régime*, propose une présentation métaphorique remarquable, et énigmatique, du rôle de la langue dans ces évaluations du goût (I, 18). Je cite d'abord, avec un apparat critique simplifié, le texte de Robert Joly dans l'édition qu'il a procurée avec Simon Byl pour le *Corpus Medicorum Graecorum* (I, 2, 4, p. 138-139, VI, 492 Littré) :

[Μουσικῆς ὄργανον ὑπάρξαι δεῖ πρῶτον, ἐν ᾧ δηλώσει ἃ βούλεται.]*
Ἁρμονίης** συντάξιες ἐκ τῶν αὐτῶν οὐχ αἱ αὐταί, ἐκ τοῦ ὀξέος καὶ ἐκ τοῦ βαρέος, ὀνόματι μὲν ὁμοίων, φθόγγῳ δὲ οὐχ ὁμοίων. τὰ πλεῖστον διάφορα μάλιστα συμφέρει, καὶ τὰ ἐλάχιστον διάφορα ἥκιστα ξυμφέρει. εἰ δὲ ὅμοια πάντα ποιήσει τις, οὐκέτι τέρψις. αἱ πλεῖσται μεταβολαὶ καὶ πολυειδέσταται μάλιστα τέρπουσιν. μάγειροι ὄψα σκευάζουσιν ἀνθρώποισι διαφόρων, συμφόρων, παντοδαπὰ συγκρίνοντες, ἐκ τῶν αὐτῶν οὐ ταὐτά, βρῶσιν καὶ πόσιν ἀνθρώπῳ· εἰ δὲ πάντα ὅμοια ποιήσει, οὐκ ἔχει τέρψιν. οὐδ᾽ εἰ ἐν τῷ αὐτῷ πάντα συντάξειεν, οὐκ ἂν ἔχοι ὀρθῶς. κρούεται τὰ κρούματα ἐν μουσικῇ τὰ μὲν ἄνω, τὰ δὲ κάτω. γλῶσσα<ν> μουσικὴ μιμεῖται διαγινώσκουσα<ν>*** μὲν τὸ γλυκὺ καὶ τὸ ὀξὺ τῶν προσπιπτόντων, καὶ τὰ διάφωνα καὶ ξύμφωνα· κρούεται δὲ τοὺς φθόγγους ἄνω καὶ κάτω, καὶ οὔτε τὰ ἄνω κάτω κρουόμενα ὀρθῶς ἔχει οὔτε τὰ κάτω ἄνω. καλῶς δὲ ἡρμοσμένης γλώσσης τῇ συμφωνίῃ τέρψις, ἀναρμόστου δὲ λύπη.

Apparat critique simplifié :
    *secl. C. Fredrich, *Hippokratische Untersuchungen* (*Philologische Untersuchungen*, A. Kiessling et U. v. Wilamowitz-Moellendorf éd., XV), Berlin, 1899, p. 118 ‖ ** ἁρμονίης θ : ἁρμονὶ M ‖ *** γλῶσσα<ν> μουσικὴ... διαγινώσκουσα<ν> corr. Koller : γλῶσσα μουσικὴ... διαγινώσκουσα M γλῶσσα μουσικὴν... διαγινώσκουσα θ

Voici comment Robert Joly interprète le passage dans son commentaire : « La musique est d'abord comparée à la cuisine, un art qui touche l'homme de près, comme plusieurs fois dans ce qui précède. Ensuite, elle est rapprochée de la langue, comme siège du goût (τὸ γλυκὺ καὶ τὸ ὀξὺ). Toutefois, une certaine ambiguïté provient du fait qu'un peu plus bas, la langue est de nouveau mentionnée, mais cette fois, semble-t-il, en ce qui concerne la voix, donc la musique. » [16]

---

16. P. 247.

Il y a dans ces quelques lignes un certain nombre de difficultés textuelles pour lesquelles je suis tenté d'adopter des solutions différentes de celles de Robert Joly et Simon Byl. La traduction latine ancienne, qui n'est pas mentionnée dans l'apparat du *CMG*, mais que Robert Joly et Carl Deroux ont commodément publiée dans un supplément de *Latomus* [17], est la suivante sur les points litigieux ; je la reproduis sans les corrections introduites par les éditeurs : *De musicis. Musicum organum sic debet esse : primo ergo in ea compaginationem ut quod vult illud significet concerto sermone [...] a lingua musicam imitatum, sciens dulcem et acutum [...].* Malgré Fredrich et Diels [18], on peut donc, me semble-t-il, conserver la première phrase, avec la construction adoptée antérieurement à eux, et choisir le nominatif ἁρμονίη du manuscrit M. Surtout, γλῶσσα... διαγινώσκουσα est la seule leçon de la tradition (que semble bien confirmer encore la leçon de la traduction latine ancienne). Je traduirai alors le sens de l'ensemble de la façon suivante (les modifications par rapport à la traduction Joly-Byl sont imprimées en italiques) :

> « *Soit un instrument de musique où se montrera ce que veut dire l'harmonie. Les accords* sont divers, tout en provenant des mêmes *éléments*, de l'aigu et du grave, semblables par le nom, différents par le son. *Ceux* qui diffèrent le plus s'accordent le mieux ; *ceux* qui diffèrent le moins s'accordent le moins. *Si quelqu'un rend tout identique*, il n'y a plus de plaisir. Ce sont les plus grands changements, et les plus divers, qui plaisent le plus. Les cuisiniers préparent pour les gens des mets avec des *éléments* différents, concordants, mêlant toutes sortes de choses ; des mêmes *éléments*, ils font des choses diverses, aliment et boisson pour l'homme. *Si l'un d'eux rend tout identique*, il n'y a pas de plaisir ; mais ce ne serait pas bien non plus *d'accorder* tout dans le même plat. En musique, les notes qu'on frappe sont les unes hautes, les autres basses. *La langue imite la musique, en distinguant le doux et l'aigre dans les aliments*, le discordant et le concordant. *Elle frappe des tons* élevés ou bas ; il n'est pas correct d'abaisser les sons élevés ni d'élever les sons bas. Quand la langue est bien dans *l'harmonie*, l'accord produit du plaisir ; mais quand elle n'est pas dans *l'harmonie*, il y a désagrément. »

La métaphore, désormais, porte sur la langue, comparée à un instrument de musique [19]. La notion d'harmonie est ce qui permet la

---

17. Vol. 158, Bruxelles, 1978, p. 141.
18. Celui-ci (« Hippokratische Forschungen, II. III. », *Hermes* 46, 1911, p. 271) signale cependant, dès qu'il en a eu connaissance, que la phrase se trouve dans la traduction latine ancienne.
19. L'emploi du mot ὄργανον pour désigner en particulier les instruments de musique est bien attesté, notamment chez Platon (*Hippias majeur* 295d4, *Lachès* 188d4 ;

métaphore : c'est la juste adaptation des éléments entre eux, qu'il s'agisse des tons en musique, des aliments en cuisine, ou des saveurs sur la langue, en cuisine, mais aussi en médecine. La langue est l'instrument du médecin autant que du cuisinier : ils doivent tous les deux en jouer correctement pour dissiper l'amertume. La fin du texte file la métaphore musicale à propos des saveurs, et de leur rôle en médecine, assimilées peut-être aux notes d'un chant plus ou moins harmonieux.

Cette métaphore musicale n'est pas isolée. On rapproche avec raison ce texte, pour la forme, de sentences héraclitéennes, mais il est peut-être encore plus frappant de le comparer, pour le fond, à des images de la comédie. Aristophane, dans les *Thesmophories*, associe de façon très expressive saveurs et harmonie musicale, sans mentionner la médecine : les poètes lyriques « ont récemment relevé la saveur de l'harmonie » (οἵπερ ἁρμονίαν ἐχύμισαν) [20]. Dans un passage d'une comédie du IVe siècle qu'Amneris Roselli a récemment commenté ici-même [21], héritage philosophique atomiste, musique et cuisine sont mis en rapport explicite avec la médecine, dans le portrait d'un cuisinier philosophe, qui a lu Démocrite et Épicure, et sait créer l'harmonie des saveurs :

> « – Avec moi en revanche la nourriture ingérée nourrit, est dissoute et l'on assimile correctement. Voilà pourquoi la saveur (ὁ χυμός) s'assemble également partout dans les conduits... – La saveur, dis-tu ? – C'est Démocrite qui le dit. (*Reprenant*) ... et aucun obstacle (οὐδ' ἐμφράγματα) ne survient qui donne la goutte au mangeur. – Tu m'as l'air de t'y connaître aussi en médecine. – Comme tout homme qui s'occupe de la nature des choses. Mais l'inexpérience des cuisiniers d'aujourd'hui, pardieu, considère jusqu'où elle va. Quand tu en vois faire une même marinade avec des poissons opposés entre eux, et broyer du sésame par-dessus, prends-les un par un et pète-leur au nez ! – Moi ? Comment tu te comportes avec moi ! – Oui, que peut-il advenir de bon, quand on mélange une particularité avec son contraire et qu'on entrelarde des contacts qui ne consonnent pas ! [...] – Tu es un spécialiste de l'harmonie (ἁρμονικός), pas de la cuisine ! [...] » (v. 17, 29-42, 49).

---

en *Politique* 268b4, la musique instrumentale est opposée à la musique vocale : ψιλῷ τῷ στόματι).

20. V. 162, trad. J. Taillardat, *Les images d'Aristophane*, Paris, Les Belles Lettres, 1965, p. 441.

21. Damoxène, Fragm. 1 Kassel-Austin. Cf. A. Roselli, « Cuisiniers-médecins dans la *mésè* », *Cahiers de la villa Kérylos* 10, 2000, p. 155-169 (168-169), avec le texte et la correction de V. Schmidt (οὐδ' ἐμφράγματα), que nous adoptons aussi. Voir aussi J. Wilkins, *The boastful Chief. The discourse on food in ancient Greek Comedy*, Oxford, 2000, p. 403-406.

Et le musicien-cuisinier de détailler les harmoniques qui suscitent le plaisir des gourmets...

LA SENSATION DU CORPS

Notre réflexion sur les saveurs que sont les humeurs, sur le rôle que la langue joue dans l'appréciation de l'amertume ou de l'équilibre des saveurs, permet peut-être aussi d'apporter un élément supplémentaire d'appréciation pour le sens d'un autre passage controversé. Cette fois, cet élément va en faveur de la traduction adoptée par le dernier éditeur, Jacques Jouanna, mais conduit à modifier un peu son interprétation du passage. Voici ce texte bien connu, au chapitre 9 de l'*Ancienne médecine* :

> « C'est pourquoi les tâches (du médecin) sont bien plus diversifiées et requièrent une exactitude bien plus grande. Il faut en effet viser à une mesure (δεῖ μέτρου τινὸς στοχάσασθαι) ; or il n'y a pas de mesure – pas plus du reste qu'un nombre ou un poids –, à quoi l'on puisse se référer pour connaître ce qui est exact, si ce n'est la sensation du corps (τοῦ σώματος τὴν αἴσθησιν). »[22]

Jacques Jouanna, dans sa note, fait la bibliographie de la discussion, et conclut avec raison, me semble-t-il, que « la sensation du corps » est la sensation que le malade a de son propre corps, non seulement en raison d'un parallèle, signalé par W. Müri, avec un emploi ultérieur, dans le traité, de l'adjectif ἀναίσθητος (15, p. 138, 14 Jouanna), mais aussi parce que « un rapprochement s'impose avec les c. 1 et 2 ». Voici quelques extraits du c. 2 pour qu'on puisse s'en convaincre :

> « Et par-dessus tout il me semble que l'on doit, lorsqu'on traite de cet art, exposer des choses qui soient concevables par les profanes (γνωστὰ λέγειν τοῖσι δημότῃσιν). Car l'objet qu'il convient de rechercher et d'exposer n'est autre que les affections (τῶν παθημάτων) dont ces gens-là sont eux-mêmes atteints et dont ils souffrent. Sans doute ne leur est-il pas aisé de connaître parfaitement par eux-mêmes leurs propres affections, la façon dont elles naissent et dont elles cessent, les causes qui les font croître et décliner, puisqu'ils sont des profanes ; mais, quand elles sont découvertes et exposées par un autre, c'est facile. Car il ne s'agit de rien d'autre pour chacun que de se remémorer, en les écoutant, les accidents qui lui sont arrivés. En revanche, si l'on passe à côté de la faculté de compréhension des profanes, et si on ne met pas les gens qui écoutent

---

22. 128 Jouanna, I, 588 Littré (CUF, 1990, avec l'importante n. 8 p. 173-175). Voir aussi la discussion galénique au texte de *L'officine du médecin* cité n. 11.

dans cette disposition d'esprit, on passera à côté de la réalité (τοῦ ἐόντος) » (2, 3, 120 Jouanna, I. 572-574 Littré, texte et traduction de Jacques Jouanna).

Il doit y avoir chez le malade, en écoutant le médecin, un processus d'anamnèse. Peut-être pourrait-on traduire, dans cette perspective, γνωστά par « observables » ou « vérifiables ». Le malade doit se voir proposer par le médecin des remarques qu'il puisse observer et vérifier sur lui-même, donc par la sensation qu'il a de son corps à lui. Citons Jacques Jouanna (p. 174) : « la médecine a pour critère l'accord du discours du médecin sur les παθήματα avec ce que ressent effectivement le malade, même si le savoir causal du médecin ne doit pas être confondu avec son critère, l'αἴσθησις du malade. » Le cas de l'amertume, qui est si fréquent dans la *Collection hippocratique*, me paraît renforcer cette interprétation en fournissant un exemple concret, d'autant plus qu'à l'intérieur même du traité, comme on l'a vu, les humeurs sont présentées avant tout comme des saveurs. C'est au malade de savoir si sa bouche est amère, et au médecin de comprendre quelle humeur et quel processus est la cause de cette amertume, de savoir pour quelle raison il faut que la bouche de son malade soit amère.

Au Vᵉ et au IVᵉ siècle, cette question de la « sensation du corps » pose un problème philosophique qui ne peut pas être réglé simplement par cette distinction, qui nous semble évidente, entre la sensation du malade et le savoir causal du médecin, et c'est sur ce point que je voudrais nuancer l'interprétation de Jacques Jouanna, en reprenant une analyse proposée déjà, mais sans évoquer la question des humeurs, par Thomas Cole dans un article sur le relativisme de Protagoras[23].

On le sait, dans le *Théétète* de Platon, Socrate reconnaît dans l'assimilation de la connaissance à la sensation une idée lancée par Protagoras :

> « – La sensation, dis-tu, c'est la connaissance (αἴσθησις, φής, ἐπιστήμη). – Oui. – Ce que tu viens de dire sur la connaissance, cela risque bien de ne pas être négligeable : c'est ce que soutenait Protagoras. Mais il exprimait la même thèse d'une façon un peu différente. Il dit quelque part que l'homme est la mesure de toutes choses (« πάντων χρημάτων μέτρον »), qu'il mesure comment sont les choses qui sont, comment ne

---

23. « The Relativism of Protagoras », *Yale Classical Studies* 22, 1972, p. 19-45. Je développe ici une analyse proposée brièvement au dernier Colloque hippocratique de Newcastle.

sont pas les choses qui ne sont pas. Tu as lu cela, je pense ? – Je l'ai lu bien souvent. – Est-ce qu'il ne veut pas dire, en quelque façon, que les choses sont pour moi comme elles m'apparaissent à moi, et qu'elles sont pour toi comme elles t'apparaissent à toi, et que l'homme dont il parle, c'est toi ou moi ? – Oui, c'est bien en effet ce qu'il veut dire » (Platon, *Théétète* 152a2-4).

L'assimilation, dans ce résumé de la doctrine de Protagoras, de la « mesure » à la « sensation », qui est ici manifestement la sensation que chaque corps éprouve à un moment donné, ne peut manquer d'évoquer le texte de l'*Ancienne médecine*. Dans les deux textes, on recherche une « mesure » qui est un critère de ce qui est, et cette « mesure » est assimilée à la « sensation » du corps individuel. Cette proximité est plus grande, notons-le, entre le traité médical et le dialogue de Platon, qu'entre le traité médical et la formule de Protagoras prise isolément : dans celle-ci en effet, il n'est pas explicitement question de l'αἴσθησις comme mesure. Je me placerai donc, pour la suite de mon exposé, dans la perspective de la comparaison entre le traité médical et Protagoras *vu par Platon*. Jacques Jouanna observe : « Bien que la formulation rappelle ici Protagoras (Diels-Kranz 80 B 1), la distance est grande entre les deux penseurs. Car si l'αἴσθησις du malade est, chez Protagoras, le critère de la réalité pour le malade, elle est, chez l'auteur de l'*Ancienne médecine*, le critère de la réalité pour le médecin. » Cette distinction force peut-être légèrement la pensée du sophiste et celle du médecin. La formule de Protagoras, dans le *Théétète*, présente en effet une difficulté majeure : si elle semble, dans la première interprétation qu'en donne Socrate, fonder un relativisme généralisé, probablement un relativisme subjectiviste, susceptible d'être critiqué, ce relativisme est ensuite très nettement corrigé dans ce qu'on appelle « l'apologie de Protagoras », où Platon prête au sophiste une reformulation vigoureuse de sa doctrine, qualifiée avec raison par G. B. Kerferd de « version modifiée », et qui est fort loin du relativisme, puisqu'elle revendique l'existence de savants, de spécialistes, par exemple de médecins, qui savent mieux que les autres ce qui vaut mieux pour eux [24]. La compatibilité entre les deux versions est certes très difficile à défendre, mais c'est ce que fait pourtant le Protagoras de Platon, et notamment à propos de la médecine :

> « La sagesse, le sage, je suis bien loin de dire que cela n'est pas. Quand des choses néfastes apparaissent et sont pour l'un d'entre nous, j'appelle sage précisément celui qui les modifie (μεταβάλλων) et les fait

24. *Le mouvement sophistique*, trad. Paris, 1999, p. 163-164.

apparaître et être profitables. Ne va pas maintenant pourchasser mot à mot mes paroles, et comprends ce que je veux dire plus précisément encore. Rappelle-toi par exemple ce que nous disions auparavant, à savoir qu'au malade apparaissent amères les choses qu'il mange, et elles le sont, tandis qu'au bien-portant, c'est l'inverse qui est et qui apparaît (τῷ μὲν ἀσθενοῦντι πικρὰ φαίνεται ἃ ἐσθίει καὶ ἔστι, τῷ δὲ ὑγιαίνοντι τἀναντία ἔστι καὶ φαίνεται). Il ne faut pas rendre l'un des deux plus sage, ce n'est d'ailleurs pas possible, ni accuser le malade d'ignorance parce qu'il a ces opinions-là, et le bien-portant de sagesse parce qu'il en a de différentes, mais il faut opérer une modification vers l'état opposé (οὐδὲ κατηγορη-τέον ὡς ὁ μὲν κάμνων ἀμαθὴς ὅτι τοιαῦτα δοξάζει, ὁ δὲ ὑγιαίνων σοφὸς ὅτι ἀλλοῖα, μεταβλητέον δ' ἐπὶ θάτερα), car la seconde disposition est la meilleure. De la même façon, dans l'éducation, il faut opérer une modifi-cation de l'un des deux états vers l'état le meilleur : mais le médecin fait la modification par ses drogues (φαρμάκοις μεταβάλλει), tandis que le sophiste la fait par ses paroles. Car jamais on n'a fait que quelqu'un qui a des opinions fausses ait ensuite des opinions vraies : il n'est pas possible en effet d'avoir des opinions sans réalité, ni différentes de ce qu'on ressent, et qui est toujours vrai (οὔτε γὰρ τὰ μὴ ὄντα δυνατὸν δοξάσαι, οὔτε ἄλλα παρ' ἃ ἂν πάσχῃ, ταῦτα δὲ ἀεὶ ἀληθῆ) » (Platon, *Théétète* 166d5-167a8).

Le relativisme subjectiviste n'exclut donc pas, ici, un jugement de sagesse sur l'utilité des sensations et opinions subjectives. C'est ce point que permet de préciser la comparaison du traité médical et du *Théétète*. Dans les deux textes, il est affirmé que l'individu qui n'a pas de compétence (« l'un d'entre nous » ou « le malade », chez Platon, « le profane », « le simple particulier », chez Hippocrate) a néanmoins des affects (παθήματα, chez le médecin, ἃ ἂν πάσχῃ chez Platon), qui correspondent à la réalité (avec des emplois prégnants du verbe « être » dans les deux textes : le Protagoras de Platon y insiste contre Socrate, et J. Jouanna l'observe fort bien à propos de τοῦ ἐόντος chez le médecin). Dans les deux textes, le sage (ou le médecin) ne doit pas parler d'autre chose ni partir d'autre chose ; il ne doit notamment pas critiquer cette réalité (οὐ γὰρ περὶ ἄλλων τινῶν οὔτε ζητεῖν οὔτε λέγειν προσήκει, chez le médecin, οὐδὲ κατη-γορητέον ὡς ὁ μὲν κάμνων ἀμαθὴς ὅτι τοιαῦτα δοξάζει chez « Prota-goras »). Enfin, et pour nous, surtout, la question de l'amertume et de la douceur, qui est l'exemple choisi dans le *Théétète*, nous est apparue particulièrement propice, dans les textes médicaux eux-mêmes, à ce lien qui est établi entre la réalité humorale connue du médecin et la perception du goût du patient.

Le Protagoras de Platon définit le rôle du médecin par la capacité à μεταβάλλειν, « effectuer un changement », à la suite duquel le patient trouvera à nouveau les aliments doux, et non plus

amers. Or, comme l'avait déjà observé A. Diès, « il n'y a qu'à par-
courir Littré pour percevoir le rôle que jouaient la μεταβολή et
l'ἀντιμεταβολή dans la pratique et la littérature médicales »[25]. Dans
le traité de l'*Ancienne médecine*, le médecin évoque avec précision
les changements des humeurs, sans les mettre en relation avec
l'action du médecin. Ce sont des changements dus à la cuisson, et
affectant la texture : « Subir la coction, se transformer, devenir ténu
ou plus épais pour aboutir à une forme d'humeur en passant par de
nombreuses formes variées » (Πέσσεσθαι δὲ καὶ μεταβάλλειν καὶ
λεπτύνεσθαί τε καὶ παχύνεσθαι ἐς χυμῶν εἶδος διὰ πολλῶν εἰδέων
καὶ παντοίων, 19, 6 145 Jouanna, I, 618 Littré texte et traduction
Jacques Jouanna). Ce sont aussi des changements affectant la
saveur, et cela permet de comprendre qu'une humeur se transforme
alors en une autre humeur, puisque humeur et saveur ne font
qu'un : « En ce qui concerne les qualités (δυναμίων), il convient
d'examiner à propos de chacune des humeurs (χυμῶν) prises en
elles-mêmes quelle action elle est capable d'exercer sur l'homme
[...], et à propos de leurs relations entre elles, quel degré de parenté
elles entretiennent. Je veux dire en substance ceci : si une humeur,
étant douce, se transforme en une autre espèce (εἰ γλυκὺς χυμὸς ἐὼν
μεταβάλλει ἐς ἄλλο εἶδος), non par mélange, mais en quittant d'elle-
même son état, quelle humeur deviendra-t-elle ? Sera-t-elle une
humeur amère, ou salée, ou acerbe, ou acide ? A mon avis, acide »
(24, 1, 153 Jouanna, I, 634 Littré, texte et traduction Jacques
Jouanna). Le modèle épistémologique de cette transformation du
doux en piquant ou en acide, est probablement, comme on l'a
observé, la transformation du « vin doux » en vinaigre. Dans ces
deux exemples, il est vrai, la transformation de l'humeur n'est pas
attribuée au médecin. Mais il suffit d'évoquer des recommandations
qui se trouvent dans d'autres traités pour comprendre que les
médecins s'estimaient capables, grâce à leur art, de contrecarrer
l'apparition d'une humeur ou d'une saveur nocive.

Pour ne prendre qu'un exemple, dans le traité des *Affections*,
c. 15, « s'il n'y a pas de fièvre, mais que la bouche du malade soit
amère, le corps pesant, l'appétit nul, on donnera un médicament

---

25. Dans son édition du Théétète, CUF, Introduction, p. 135. Il évoque notamment
le *RMA* ; ce point a fait l'objet, depuis, d'études nombreuses, en particulier de J. Jouanna,
par exemple « Politique et médecine. La problématique du changement dans le *Régime
des Maladies aiguës* et chez Thucydide, Livre VI », dans *Hippocratica. Colloques internationaux du C.N.R.S.*, n° 583, M. D. Grmek éd., Paris, 1980, p. 299-319.

évacuant ; cela provient de la bile, qui s'est fixée sur les veines et les articulations » (VI, 222-223 traduction Littré)[26]. La bouche du malade est effectivement amère, et il ne mange plus (ajoutons : parce que les aliments lui paraissent amers, et ils le sont effectivement pour lui) ; le médecin ne conteste pas cet état de fait éprouvé par la sensation du corps du malade, il l'explique par la présence de la bile, et « le médecin fait la modification par ses drogues », pour reprendre l'expression du Protagoras platonicien, pour faire disparaître l'amertume. En vertu de son art, qui repose, semble-t-il, uniquement sur les résultats obtenus, sur l'utilité, le médecin modifie à la fois la perception du malade et la réalité de son état pour rétablir médicalement l'harmonie des saveurs. La médecine hippocratique des saveurs et des humeurs donne un exemple de cette compatibilité si difficile à comprendre entre relativisme subjectiviste et compétence médicale, et le dialogue de Platon donne l'arrière-plan philosophique, qui remonte peut-être à Protagoras, des observations médicales.

Les humeurs dans l'homme sont donc bien, entre autres aspects, une question de goût : elles s'identifient aux saveurs, elles sont liées de façon nécessaire à la sensation du corps, et en particulier au jugement de la langue. Mais justement parce que ce sont des saveurs, une cuisine et une médecine des humeurs sont néanmoins possibles, à la recherche d'une harmonie qui s'appelle aussi la « crase ».

Paul DEMONT

---

26. Littré rapproche avec raison *Aphorismes* IV, 17, et Caroline Magdelaine, *ad loc.*, compare *Maladies II*, 40 (171 Jouanna, VI, 56 Littré) : « L'amertume de la bouche permet de déterminer que [la bile] se situe plutôt vers le haut du corps [...] si la bouche n'est pas amère, mais qu'il y a des coliques, il faut évacuer par le bas, car c'est signe que la bile occupe la partie inférieure du corps. »

LA LITTÉRATURE MÉDICALE APHORISTIQUE : PARADOXES ET LIMITES D'UN GENRE

Seul vestige de la médecine grecque d'époque classique parvenu jusqu'à nous, le *Corpus hippocratique* frappe d'emblée le lecteur par la diversité des traités qu'il transmet. Les niveaux de langue et d'élaboration formelle, en particulier, y sont des plus multiples : des monographies parfaitement rédigées, à l'organisation rigoureuse, y voisinent avec d'autres ouvrages nettement moins élaborés, considérés comme des mémentos destinés au médecin, ou avec des traités aphoristiques aux énoncés indépendants les uns des autres [1]. Cette hétérogénéité formelle n'est pas l'un des moindres intérêts du *Corpus*, qui a transmis des exemples variés de la prose technique grecque dont on n'a pas conservé d'autres représentants par ailleurs. Tel est le cas des discours épidictiques comme *Ancienne médecine* ou *Vents*, des traités apologétiques comme *Art*, seul exemple conservé du genre des *technai*, ou encore de monographies consacrées à l'étude d'une maladie particulière, comme *Maladie sacrée* [2]. Le *Corpus* transmet aussi, parmi la soixantaine d'ouvrages qu'il comprend, une demi-douzaine de traités aphoristiques sans équivalent dans le reste de la littérature grecque. Le plus illustre, les

---

1. Sur cette diversité formelle, on consultera J. Kollesch, « Darstellungsformen der medizinischen Literatur im 5. und 4. Jahrhundert v. Chr. », *Philologus* 135, 1991, p. 177-183 ; J. Pigeaud, « Écriture et médecine hippocratique », *Textes et langages* 1, 1978, p. 134-175, et « Le style d'Hippocrate ou l'écriture fondatrice de la médecine », dans *Les savoirs de l'écriture en Grèce ancienne*, M. Détienne éd. (Cahiers de Philologie, 14), Lille, 1988, p. 305-329, ainsi que la synthèse plus récente de R. Wittern, « Gattungen im Corpus Hippocraticum », dans *Gattungen wissenschaftlicher Literatur in der Antike* (ScriptOralia, 95), W. Kuhlmann, J. Althoff et M. Asper éd., Tübingen, 1998, p. 17-36. On signalera aussi la tentative de classement en huit groupes proposée par G. Maloney, *Répartition des œuvres hippocratiques par genres littéraires*, Projet Hippo, Université Laval, Québec, 1979, qui n'a guère été suivie.

2. Voir, pour chacun de ces traités, les introductions de J. Jouanna à ses éditions parues dans la CUF.

Aphorismes, a donné son nom à ce genre littéraire ; s'y ajoutent d'autres recueils moins célèbres, comme *Prénotions coaques, Prorrhétique I, Aliment, Crises* et *Dentition*[3]. Ce genre pouvait paraître familier aux Grecs dans la mesure où il entretient des rapports étroits avec la littérature gnomique qui a elle aussi pour but d'énoncer, sous une forme concise, une proposition de caractère général et dont les plus anciens représentants remontent presque aux origines de la littérature grecque[4] : après Hésiode dans les *Travaux et les Jours*, on peut songer aux préceptes moraux et pratiques transmis par Solon, Théognis ou le Pseudo-Phocylide, aux apophtegmes en prose des Sept Sages pour la prose, ou encore aux maximes issues de Delphes, comme les fameux γνῶθι σεαυτόν, μηδὲν ἄγαν ou μέτρον ἄριστον ; les philosophes présocratiques ont eux aussi utilisé cette forme d'expression dans leurs écrits, en particulier Héraclite dans son Περὶ φύσεως dont les aphorismes obscurs sont souvent rapprochés du style oraculaire, ou encore Démocrite dont Stobée a transmis un recueil de 86 *gnomai*[5]. Sans prétendre en envisager tous les aspects[6], cette étude se propose de voir comment se situe l'aphorisme médical dans ce contexte, en revenant sur la définition et les buts de ce genre bien particulier, avant d'aborder son mode de constitution puis les problèmes que peut soulever une telle mise en forme pour la transmission d'un savoir médical.

---

3. Sur les ouvrages aphoristiques dans le *Corpus*, voir entre autres les synthèses de H. Diller, « Die Spruchsammlungen im Corpus Hippocraticum », *Acta philologica Aenipontana* I, 1962, p. 43-46, et, en dernier lieu, de J. Althoff, « Die aphoristisch stilisierten Schriften des Corpus Hippocraticum », dans *Gattungen wissenschaftlicher Literatur in der Antike, op. cit.* (n. 2), p. 37-63.

4. Pour les rapports entre aphorisme et littérature gnomique, cf. H. Diller, *art. cit.* (n. 3), p. 44 ; plus généralement, pour une présentation globale des différentes « formes sententieuses » dans le monde gréco-romain, leurs rapports avec l'aphorisme et la « valorisation de la brièveté gnomique » dès les débuts de la littérature grecque, voir Ph. Moret, *Tradition et modernité de l'aphorisme*, Genève, 1997, p. 26-53.

5. Cf. Diels-Kranz, *VS* 68 B, 35-115 : ces *gnomai* sont transmises sous le nom de Démocrate.

6. Les questions proprement stylistiques ne seront guère traitées ici. On se reportera pour ce point aux chapitres consacrés à ce sujet par exemple dans K. Deichgräber, *Die Epidemien und das Corpus Hippocraticum*, Berlin, 1933 (2e éd., 1971), p. 64-74 ; Id., *Pseudhippokrates Über die Nahrung. Eine stoisch-heraklitisierende Schrift aus der Zeit um Christi Geburt* (Akademie der Wissenschaften und der Literatur, Abhandlungen der Geistes- und Sozialwissenschaftlichen Klasse Jahrgang 1973, 3), Wiesbaden, 1973, p. 69-74 ; et, pour les *Aphorismes*, au chap. 7 de mon *Histoire du texte et édition critique, traduite et commentée des* Aphorismes *d'Hippocrate* (thèse dact.), Paris, 1994, p. 353-357.

DÉFINITION ET OBJET DU GENRE APHORISTIQUE

Première surprise, surtout si l'on songe à la célébrité d'un recueil comme les *Aphorismes* hippocratiques, les sources anciennes restent muettes sur l'histoire du genre aphoristique dans la prose scientifique, et ne fournissent que très peu d'éléments sur sa dénomination. Le terme même d'aphorisme dérive du verbe ἀφορίζω, « séparer », « délimiter », « définir »[7]. C'est au sens de « définition » que l'utilise Aristote au IVᵉ siècle (par ex., *Catégories* 3b22, à rapprocher de son emploi du verbe ἀφορίζομαι en 3b20), suivi par Théophraste (*Histoire des Plantes* I, 3, 5 ; VII, 10, 5 ; IX, 2, 1, etc.)[8]. Avec la valeur d'énoncé concis et autonome qui nous intéresse ici, le mot ne semble attesté qu'à deux reprises, à chaque fois comme titre : d'abord pour les *Aphorismes* de Critias, l'oligarque bien connu, dont il ne reste que deux citations rapportées par Galien, à une époque donc bien postérieure[9], et bien sûr pour les *Aphorismes* hippocratiques, sans qu'on sache, comme pour l'ouvrage de Critias, si le titre est contemporain de la constitution du recueil ou postérieur. Le seul élément qu'on puisse signaler est que le traité hippocratique apparaît bien sous ce nom dans le premier témoignage précis conservé, celui d'Érotien, auteur d'un glossaire hippocratique au Iᵉʳ siècle de notre ère[10]. C'est aussi au Iᵉʳ siècle, dans les *Définitions médicales* communément attribuées à Galien, qu'on trouve la toute première définition du terme :

> ἀφορισμός ἐστι λόγος σύντομος αὐτοτελῆ διάνοιαν ἀπαρτίζων, ἢ οὕτως, ἀφορισμός ἐστι λόγος πενόμενος μὲν κατὰ τὴν προφορὰν ἤτοι τὴν λέξιν, πλουτῶν δὲ τοῖς ἐνθυμήμασιν (*Définitions médicales* 5 : Kühn XIX 349, 14-15).

---

7. Cf. P. Chantraine, *DELG, s. v.* ὅρος. Il est curieux de voir que, malgré le renom des *Aphorismes* hippocratiques, le mot aphorisme ne s'est pas spécialisé en grec pour désigner, en dehors du champ médical, une proposition concise et autonome.

8. Sur l'histoire du terme de l'Antiquité jusqu'à l'époque moderne, voir J. von Stackelberg, « Zur Bedeutungsgeschichte des Wortes "Aphorismus" », dans *Der Aphorismus : zur Geschichte, zu den Formen und Möglichkeiten einer literarischen Gattung*, G. Neumann éd. (Wege der Forschung, 356), Darmstadt, 1976, p. 209-225.

9. Cf. *Comment. in Hipp. De offic.* I, 1 (Kühn XVIIIB 656, 5-8) = Diels-Kranz, *VS* 88 B 39. Les deux aphorismes de Critias cités par Galien portent sur la question de la connaissance et de la γνώμη (μήτε ἃ τῷ ἄλλῳ σώματι αἰσθάνεται μηδὲ ἃ τῇ γνώμῃ γιγνώσκει et γιγνώσκουσι οἱ ἄνθρωποι εἰθισμένοι ὑγιαίνειν τῇ γνώμῃ).

10. Cf. E. Nachmanson, *Erotiani vocum hippocraticarum collectio cum fragmentis*, Upsala, 1918, où le traité est cité sous son nom (Ἀφορισμοί) dans la liste des ouvrages « mixtes » (9, 18) et où on lit à plusieurs reprises la mention ἐν Ἀφορισμοῖς (10, 12 ; 63, 15 ; 90, 2).

« Un aphorisme est un discours concis offrant une pensée complète, ou, encore, un aphorisme est un discours pauvre par sa formulation ou son expression, mais riche par ses idées. »[11]

Curieusement, Galien, auteur d'un commentaire pourtant fort prolixe aux *Aphorismes*, n'aborde quasiment jamais la question de la nature du genre aphoristique[12]. Il faut attendre un autre commentateur bien plus tardif, Stéphane, actif à Alexandrie au VIe siècle[13], pour en trouver une autre définition qui, comme les *Définitions médicales*, souligne d'abord le contraste entre brièveté de la formulation et ampleur du contenu :

ἀφοριστικὸς μέν [sc. τρόπος] ἐστιν ὁ ἐν ὀλίγαις λέξεσι πολλὰ περικλείων νοήματα (*Commentaria in Hippocratis Aphorismos* : Westerink I, 32, 9-10).

« Le genre aphoristique est celui qui enferme, en peu de mots, de nombreuses pensées. »

Mais il introduit un nouvel élément, essentiel dans la définition du genre aphoristique, en insistant sur l'autonomie des différentes propositions. Il s'appuie pour cela sur l'étymologie avant tout :

εἴρηται δὲ ἀφορισμὸς διὰ τὸ καθ᾽ ἕκαστα *περιορίζεσθαι* μὲν τὰ νοούμενα, *ἀφορίζεσθαι* δὲ καὶ ἀποδιίστασθαι ἀπὸ τῶν πρὸ αὐτῶν καὶ ἀπὸ τῶν μετ᾽ αὐτά (*Commentaria in Hippocratis Aphorismos* : Westerink I, 32, 13-15).

« On parle d'aphorisme car chaque réflexion forme un tout défini, séparé et détaché de celle qui précède comme de celle qui suit. »[14]

Dans un commentaire au traité des *Fractures* qui circule tantôt sous le nom de Stéphane, tantôt sous celui de Palladius[15], les écrits

---

11. On rapprochera ce passage de la définition donnée par Isidore de Séville, *Étymologies* IV, 10 : *est autem aphorismus brevis oratio perfectam sententiam absolvens, vel sic etiam : est oratio in dictione quidam manca et deficiens, in sensu vero copiosa et abundans.*

12. Il ne consacre à ce sujet qu'une remarque bien fugitive au début de son commentaire aux *Aphorismes* (Kühn XVIIB 351, 18-352, 2) : τό τε ἀφοριστικὸν εἶδος τῆς διδασκαλίας, ὅπερ ἐστὶ τὸ διὰ βραχυτάτων ἅπαντα τὰ τοῦ πράγματος ἰδίᾳ περιορίζειν.

13. Sur l'identité et la biographie de ce médecin de l'école d'Alexandrie, cf. en particulier, parmi les nombreux articles que W. Wolska-Conus lui a consacrés, son étude « Stéphanos d'Athènes et Stéphanos d'Alexandrie. Essai d'identification et de biographie », *Revue des Études byzantines* 47, 1989, p. 5-89.

14. A rapprocher, là aussi, d'Isidore de Séville, *Étymologies* IV, 10 : *Dictus est autem aphorismus, quod singula definiat cogitata eaque distinguat ac separet ab iis quae praecedunt et quae sequuntur.*

15. Cf. D. Irmer, *Palladius Kommentar zu Hippokrates « De Fracturis » und seine Parallelversion unter dem Namen des Stephanus von Alexandreia* (= Hamburger philologische Studien, 45), Hambourg, 1977.

hippocratiques se trouvent répartis en deux grandes catégories, selon qu'ils relèvent du genre aphoristique (τρόποι ἀφοριστικοί) ou du genre argumentatif (τρόποι ὑφηγηματικοί)[16], distinction que l'on retrouve aussi dans le commentaire à *Épidémies VI* attribué à Palladius[17]. Même si une telle classification reste des plus schématiques et ne rend pas compte de la diversité des œuvres, elle a le mérite de souligner, avec cette alternative entre aphorisme et argumentation, une autre dimension importante du genre aphoristique : il ne repose pas sur une démonstration, mais donne la synthèse d'une expérience et d'un savoir déjà acquis. L'aphorisme, par nature, intervient donc secondairement, après une phase initiale durant laquelle s'est trouvé rassemblé le matériel ensuite mis en forme dans les traités aphoristiques[18].

Ces définitions, pour sommaires et générales qu'elles soient, dégagent bien les trois caractères primordiaux de l'aphorisme, considérés aujourd'hui encore comme la marque de ce genre littéraire : brièveté, autonomie et énoncé gnomique[19]. Toutefois, ils ne sont pas sans soulever quelques difficultés quand on les confronte aux traités aphoristiques du *Corpus*. Les impératifs formels les plus évidents, brièveté et autonomie des propositions les unes par rapport aux autres, sont loin d'être toujours respectés : certains énoncés de *Prénotions coaques*, par exemple — mais cette remarque vaut pour quasiment tous les traités aphoristiques du *Corpus* —, dépassent la longueur d'une page et répondent mal à l'exigence de brièveté qu'on attend de l'aphorisme[20] ; bien des

---

16. Irmer 22, 2-4 : περὶ δὲ τοῦ διδασκαλικοῦ τρόπου εἰδέναι χρεών, ὡς οἱ μὲν Ἱπποκράτειοι τρόποι ἀφοριστικοί τέ εἰσι καὶ ὑφηγηματικοί.

17. Dietz II 4, 20 : le traité relève du genre mixte, car il utilise tantôt un énoncé aphoristique, tantôt un énoncé argumentatif.

18. Pour reprendre les termes employés par K. Deichgräber, *op. cit.* (n. 6), p. 57, l'aphorisme exprime non une ἱστορίη, une « enquête », mais une σοφίη, un savoir déjà constitué.

19. Cf. Ph. Moret, *op. cit.* (n. 4), Genève, 1997, p. 10, qui définit le champ aphoristique comme celui de la « prose brève et discontinue à tendance gnomique » et retient comme « traits de convention constituante » la « gnomicité, attitude pragmatique d'une énonciation de vérité », la « brièveté sententieuse, qui va à l'essentiel et à l'inconditionnel » et la « discontinuité des énoncés de vérité ». Voir aussi la définition générale de l'aphorisme donnée par H. Fricke, *Der Aphorismus* (Realien zur Literatur, Sammlung Metzler 208), Stuttgart, 1984, p. 3, valable aussi bien pour l'Antiquité que pour la littérature moderne : « knappe sprachliche Verkörperung eines persönlichen aüßerlich isolierten Gedankens ».

20. Voir par exemple *Prénotions coaques* 275 (16 l. dans Littré V, 644-645), 384 (14 l., Littré V, 666), 396 (25 l., Littré V, 672-674 !).

développements, tirés d'autres écrits hippocratiques rédigés sous une forme continue, n'ont pas fait l'objet d'une mise en forme spécifique et reproduisent leur modèle tel quel ; d'autres enfin constituent des séries cohérentes qui s'enchaînent. Ainsi, dans les *Prénotions coaques*, les propositions 384 à 388 reproduisent des extraits des chapitres 14 et 15 du *Pronostic*, rédigé sous forme suivie. Il suffira de citer deux d'entre elles, les *Prénotions coaques* 386 et 387, pour illustrer l'écart entre les définitions du genre aphoristique et la pratique dans les écrits du *Corpus* :

> 386. ὅσοι δὲ μετὰ τοῦ χολώδεος πυῶδες ἀνάγουσιν, ἢ χωρὶς ἢ μεμιγμένον, ὡς ἐπιτοπολὺ τεσσαρεσκαιδεκαταῖοι θνήσκουσιν (ἢν μή τι κακὸν ἢ ἀγαθὸν ἐπιγένηται τῶν *προγεγραμμένων·* εἰ δὲ μή, κατὰ λόγον) μάλιστα δὲ οἷσιν ἑβδομαίοισιν ἄρχεται τὸ τοιοῦτον πτύαλον. 387. ἔστι δὲ ἀγαθὸν μὲν καὶ *τούτοισι* καὶ πᾶσι τοῖσι περὶ πλεύμονα φέρειν ῥηϊδίως τὸ νούσημα, κτλ. (*Prénotions coaques* 386-387 : Littré V 667, 24-668, 6).
>
> 386. « Ceux qui, avec une expectoration bilieuse, crachent du pus, seul ou mélangé, meurent d'ordinaire le quatorzième jour (à moins qu'il ne survienne quelqu'un des mauvais signes ou des bons signes écrits précédemment ; s'il en survient, les choses en seront modifiées à proportion), et cela surtout chez ceux qui commencent le septième jour à avoir une telle expectoration. 387. Or il est avantageux, dans ces cas-là ainsi que dans toutes les affections du poumon, de supporter aisément la maladie, etc. »

Dans ces deux propositions, la présence de la particule de liaison δὲ, qui introduit un lien logique entre des énoncés *a priori* distincts, frappe d'emblée; tout aussi surprenants, l'emploi, dans *Prénotions coaques* 386, du participe προγεγραμμένων, qui se réfère explicitement à un énoncé antérieur, et, dans *Prénotions coaques* 387, la présence du pronom τούτοισι (« dans ces cas-là »), qui renvoie aux malades cités dans la proposition précédente, ceux qui crachent du pus avec une expectoration bilieuse. Non seulement les deux propositions ne sont pas autonomes, mais, bien plus, chacune n'est pleinement compréhensible que par référence à la précédente. Ces exemples, enpruntés aux *Prénotions coaques*, pourraient être multipliés par dizaines, et se trouvent illustrés dans tous les traités aphoristiques du *Corpus*. C'est là le premier paradoxe qu'offrent ces ouvrages : de très nombreuses propositions sont loin de correspondre *stricto sensu* à la définition de l'aphorisme [21]. Dans ces conditions, il n'est pas toujours facile de faire le départ entre apho-

---

21. Sur le problème que pose cette cohésion syntaxique par rapport à la définition du genre, cf. H. Fricke, *op. cit.* (n. 19), p. 26.

risme et fragment, ou entre aphorisme et recueils de notes
constitués par le médecin pour son propre usage, en un style parfois
lapidaire (comme par exemple *Usage des liquides*, *Officine du
médecin* ou *Jours critiques*) [22]. De fait, la liste des ouvrages du
Corpus hippocratique considérés comme relevant du genre aphoristique varie selon les critiques : les uns, comme H. Diller [23], la restrei-
gnent à *Aphorismes*, *Prorrhétique I*, *Prénotions coaques*, *Crises*,
Aliment et *Dentition*, tandis que d'autres y ajoutent aussi *Jours critiques* et *Humeurs*, qui relèvent pourtant davantage du mémento
que du genre aphoristique [24]. Difficulté supplémentaire, certains
traités non aphoristiques comportent des parties qui relèvent de ce
genre : outre le cas bien connu d'*Épidémies*, on peut citer aussi
Officine du médecin, dont le chapitre 20 se réduit à une phrase issue
d'*Articulations*, *Préceptes*, avec son chapitre 14 qui regroupe une
série de remarques discontinues en style aphoristique, voire certains
passages du livre I du *Régime* dont on a souvent rapproché le style
de celui des aphorismes héraclitéens.

En dehors de ces tentatives de définition, le seul autre point
abordé dans les sources anciennes à propos du genre aphoristique
— toujours chez Galien et les commentateurs alexandrins —
concerne la finalité de ce type d'écrit, ramené à un intérêt pratique
et pédagogique. Premier avantage selon Galien, le gain de temps : la
forme ramassée et concise de l'aphorisme permet à qui le veut, dit
Galien en paraphrasant le premier aphorisme (« La vie est courte,
l'art est long »), d'apprendre un art long en un bref laps de temps
(μακρὰν τέχνην διδάξαι ἐν χρόνῳ βραχεῖ) [25]. Un peu plus loin dans
son *Commentaire aux Aphorismes*, toujours dans le même ordre
d'idée, il justifie la rédaction d'ouvrages aphoristiques par l'im-
mensité de l'art médical, rapportée à la vie humaine :

---

22. Sur la difficulté qu'il y a à identifier l'aphorisme au sein des multiples formes
brèves et sententieuses, cf. Ph. Moret, *op. cit.* (n. 4), p. 10, ainsi que l'étude de
F. H. Mautner, « Maxim(e)s, sentences, Fragmente, Aphorismen », dans *Der Aphorismus :
zur Geschichte...*, *op. cit.* (n. 8), p. 399-412.

23. H. Diller, *art. cit.* (n. 3), p. 44.

24. C'est la position de J. Althoff, *art. cit.* (n. 3), p. 37.

25. *Commentarius in Hippocratis Aphorismos* I, 1 (Kühn XVIIB 351, 18- 352, 2) : τό
τε ἀφοριστικὸν εἶδος τῆς διδασκαλίας, ὅπερ ἐστὶ τὸ διὰ βραχυτάτων ἅπαντα τὰ τοῦ
πράγματος ἰδίᾳ περιορίζειν χρησιμώτατον τῷ βουλομένῳ μακρὰν τέχνην διδάξαι ἐν χρόνῳ
βραχεῖ.

ἡ μὲν τέχνη μακρὰ γίνεται, ἑνὸς ἀνθρώπου παραμετρουμένη βίῳ· χρή-
σιμον δὲ τὸ καταλιπεῖν συγγράμματα καὶ μάλιστα τὰ σύντομά τε καὶ ἀφο-
ριστικά· εἴς τε γὰρ αὐτὴν τὴν πρώτην μάθησιν καὶ εἰς τὴν ὧν ἔμαθέ τις
ὠφελεθῆναι μνήμην καὶ εἰς τὴν ὧν ἐπελάθετό τις μετὰ ταῦτα ἀνάμνησιν ὁ
τοιοῦτος τρόπος τῆς διδασκαλίας ἐπιτήδειος (*Commentarius in Hippocratis Aphorismos* : Kühn XVIIB 355, 4-10).

« L'art est long, à l'aune de la vie d'un seul homme : il est utile de
laisser derrière soi des traités, et surtout quand ils sont concis et aphoristiques. En effet, un tel type de présentation est propre à la fois au premier
apprentissage lui-même, à la conservation de ce qu'on a appris et à la
remémoration de ce qu'on a oublié par la suite. »

Ce passage dégage très clairement les trois fonctions que
Galien assigne au genre aphoristique dans l'apprentissage médical :
acquisition du savoir (πρώτη μάθησις), entretien de ce savoir (μνήμη)
et enfin remémoration de ce qu'on a pu oublier (ἀνάμνησις). C'est
bien sûr pour le traité emblématique du genre, les *Aphorismes*, que
les intérêts pratiques de la forme aphoristique sont soulignés à
maintes reprises, qu'il s'agisse d'économiser du temps ou ses
efforts [26]. Dans la section que les savants alexandrins consacrent
habituellement à l'utilité de l'ouvrage qu'ils s'apprêtent à commenter, Stéphane reprend des analyses similaires à celles de Galien,
mais y ajoute des précisions sur le lectorat concerné par ce genre
d'écrits :

χρησιμεύει δὲ καὶ τελείοις καὶ ἀτελέσιν, ὀψιμαθέσι καὶ ἐκ νηπίας
ἡλικίας φοιτῶσιν, ὁδοιποροῦσι καὶ ἐν πόλεσι διατρίβουσι, εὐφυέσι καὶ
ἀφυέσι, προθύμοις τε καὶ ῥαθύμοις· τελείοις μὲν καὶ εὐφυέσι τῶν προε-
γνωσμένων ἑαυτοὺς ἐν κεφαλαίῳ ἀναμιμνήσκειν, ἀτέλεσι δὲ καὶ ὁδοι-
πόροῦσιν, ὅτι τὰ ἐν πολλοῖς κατ᾿ ἀποτάδην εἰρημένα, ταῦτα ἐν ὀλίγοις
περικλείεται (*Commentaria in Hippocratis Aphorismos* : Westerink I, 30,
6-10).

---

26. Selon Galien, les *Aphorismes* énoncent de façon concise ce que l'on trouve plus
développé dans d'autres traités, comme *Épidémies* ou *Pronostic* : cf. *Commentarius in
Hippocratis Prognostica* I, 4 (Kühn XVIIIB, 21, 9-11 = Mewaldt 208, 15-18 et Kühn
XVIIIB, 22, 5-7 = Mewaldt 209, 3-4), et III 43 (Kühn XVIIIB, 304, 15-18 = Mewaldt 371,
20-22). Les *Aphorismes* constituent aussi à ses yeux la formulation la plus accomplie de
certaines doctrines hippocratiques que d'autres traités énoncent moins clairement, ce qui
rend la lecture de ces derniers inutile, sauf si l'on dispose de temps pour cela (*Commentarius in Hippocratis Epidemiarum librum II*, Wenkebach-Pfaff 205, 19-27). Selon Stéphane, *Commentaria in Hippocratis Aphorismos* (Westerink I, 30, 23-26), le caractère
universel, essentiel et concis du traité (διὰ τὸ καθολικὸν καὶ κεφαλαιῶδες καὶ σύντομον
τῶν ἐνταῦθα παραδιδομένων) le rend très approprié aux débutants qui voudraient avoir
une première présentation générale de la médecine hippocratique.

> « Il est utile aussi bien aux gens accomplis qu'à ceux qui ne le sont
> pas, à ceux qui ont entamé tard leurs études et à ceux qui fréquentent les
> écoles depuis leur enfance, à ceux qui voyagent et à ceux qui exercent
> dans les villes, à ceux qui ont des dispositions naturelles et à ceux qui n'en
> ont pas, aux zélés comme aux indolents ; pour ceux qui sont accomplis et
> ont des dispositions naturelles, il est utile car il leur rappelle sous une
> forme concise ce qu'ils ont appris par le passé, à ceux qui ne sont pas
> accomplis et aux voyageurs parce que, ce qui nécessite une longue expo-
> sition sous une forme détaillée, il l'enferme en peu de mots. »

Stéphane songe bien sûr, à chaque fois, à des médecins ou des étudiants en médecine. Le genre aphoristique semble donc inséparable
de l'enseignement médical auquel il fournit des règles générales et
concises à la fois, sous une forme facile à mémoriser[27]. A ce titre,
l'usage de l'aphorisme médical ne se distingue guère de celui de la
sentence de type moral : les recueils de sentences, eux aussi, sont nés
à l'origine des besoins de l'enseignement. Toutefois, le domaine
médical semble avoir recouru à cette forme de façon plus systématique, en constituant assez tôt différents recueils dont certains se
veulent un abrégé de la médecine hippocratique, comme les *Aphorismes*[28].

On reste toutefois étonné, à l'issue de cet examen, par la maigreur des éléments rassemblés, par leur caractère spécialisé (tous se
trouvent chez des médecins et la plupart du temps dans les commentaires mêmes aux *Aphorismes*), et surtout par leur date tardive :
aucun n'est antérieur au Ier siècle, alors que les principaux traités
aphoristiques du *Corpus* datent du IVe siècle av. En dehors des
cercles médicaux, les seuls qui semblent s'être intéressés à l'aphorisme sont les stylisticiens, mais là encore dans des notices assez
allusives : si Hermogène (IIe s. ap.) range le genre aphoristique dans

---

27. Nous ne traiterons pas ici du travail spécifique sur la forme destiné à faciliter la
mémorisation par l'élève ou le praticien. Sur ces procédés mnémotechniques, qui
reposent avant tout sur l'allitération et la répétition, cf., pour le style gnomique dans *Épidémies*, K. Deichgräber, *op. cit.* (n. 6), p. 64-73 ; pour les *Prénotions coaques*, O. Poeppel,
Die hippokratische Schrift Κωακαὶ Προγνώσεις und ihre Überlieferung, Diss. Kiel, 1959,
p. 51-52 ; pour les *Aphorismes*, le chap. 7 de mon *Histoire du texte...*, *op. cit.* (n. 6),
p. 354-357.

28. Voir, pour les rapports entre aphorisme médical et enseignement, J. Kollesch,
art. cit. (n. 1), p. 179, et, pour ses liens avec la « praxis », c'est-à-dire l'instruction des
apprentis médecins, V. Langholf, « Generalisationen und Aphorismen in den Epidemien-
büchern », dans *Die Hippokratischen Epidemien. Theorie — Praxis — Tradition*
(Sudhoffs Archiv Beihefte, 27), G. Baader et R. Winau éd., Stuttgart, 1989, p. 142-143.

le style « noble » qui se caractérise par sa concision [29], Démétrios
(Iᵉʳ s. av.-Iᵉʳ s. ap. ?) y consacre quelques mots dans son chapitre sur
le « style sec », où il cite nommément les *Aphorismes*. Or son
jugement est loin d'être positif :

> ἐν δὲ συνθέσει γίνεται τὸ ξηρόν, ἤτοι ὅταν πυκνὰ ἦ τὰ κόμματα,
> ὥσπερ ἐν τοῖς Ἀφορισμοῖς ἔχει· ὁ βίος βραχύς, ἡ δὲ τέχνη μακρά, ὁ δὲ
> καιρὸς ὀξύς, ἡ δὲ πεῖρα σφαλερά, ἢ ὅταν ἐν μεγάλῳ πράγματι ἀποκεκομ-
> μένον ἦ τὸ κῶλον καὶ μὴ ἐκπλέων (*Du Style*, ch. 238 : P. Chiron 67, 3-7).
>
> « Dans l'agencement, la sécheresse naît quand on accumule les
> *commata*, comme dans les *Aphorismes* : " La vie est courte, l'art est long,
> l'occasion fugitive, l'expérience trompeuse ", ou alors quand, sur un grand
> sujet, le *colon* est tronqué et incomplet. » [30]

Le contraste est grand entre d'une part le renom du traité dans
l'Antiquité et l'admiration que lui porte Galien, et d'autre part les
critiques sévères de certains rhéteurs et le silence complet des
autres sources.

CONSTITUTION DU GENRE APHORISTIQUE ET TYPOLOGIE DES TRAITÉS

Un examen rapide des traités aphoristiques du *Corpus hippocratique* permet de dégager deux groupes distincts, aux caractères
assez dissemblables, mais qui fournissent quelques éclairages sur la
genèse du genre aphoristique à l'intérieur du *Corpus*.

Le premier groupe, le plus fourni et le mieux représenté, se rattache aux traités des *Épidémies* et pourrait être appelé « groupe des
Épidémies ». Cet ensemble a déjà fait l'objet de nombreuses études
devenues aujourd'hui classiques, qu'elles portent sur le fond [31] ou
sur le critère de la terminologie [32]. Ce premier groupe comprend, si

---

29. Cf. Hermogène, Περὶ ἰδέων λόγου 1, 6, 216 : Κῶλα δὲ σεμνά, ἅπερ καὶ καθαρά,
λέγω τὰ βραχύτερα· ὥσπερ γὰρ ἀφορισμοὺς αὐτὰ εἶναι δεῖ· οἷον ʻψυχὴ πᾶσα ἀθάνατοςʼ· τὸ
γὰρ ἀεικίνητον ἀθάνατονʼ καὶ ʻνόμος ἐστὶν εὕρημα μὲν καὶ δῶρον θεῶν, δόγμα δὲ
ἀνθρώπων φρονίμωνʼ.

30. Cf. aussi *ibid*., ch. 4 (P. Chiron 2, 22-24) : κατακεκομμένη γὰρ ἔοικεν ἡ σύνθεσις
καὶ κεκερματισμένη καὶ εὐκαταφρόνητος διὰ τὸ μικρὰ σύμπαντα ἔχειν (« L'agencement
paraît haché, déchiqueté et trivial, car tout y est petit »). De la même façon, Photius,
Bibliothèque, cod. 5, associe le style ἀφοριστικός de Sophronios dans son *Contre Basile* à
l'absence de contrainte et au caractère haché de la phrase, même si, remarque-t-il, il ne
manque pas de grâce (οὐκ ἄχαρις δέ).

31. Voir en particulier l'ouvrage fondamental de K. Deichgräber, *op. cit.* (n. 6).

32. Cf. J. Jouanna, « Place des *Épidémies* dans la *Collection hippocratique* : le critère
de la terminologie », dans *Die Hippokratischen Epidemien…*, *op. cit.* (n. 28), p. 60-87.

l'on s'en tient aux traités aphoristiques, *Aphorismes*, *Prorrhétique I*, *Prénotions coaques*, *Crises*, auxquels on peut ajouter les mémentos *Humeurs* et *Jours critiques*[33].

Un nouveau paradoxe que présente le genre aphoristique dans le *Corpus* tient à sa genèse : ce n'est pas dans un des traités aphoristiques du *Corpus* qu'on trouve les plus anciennes attestations d'une expression aphoristique, mais dans des ouvrages qui ne relèvent pas de ce genre, les *Épidémies*. On a maintes fois insisté, à la suite des études de K. Deichgräber et de H. Diller en particulier[34], sur le rôle central joué dans l'émergence du genre aphoristique par les *Épidémies* (et surtout par les deux groupes *Épidémies I-III* et *Épidémies II-IV-VI*), considérées comme les matrices du genre. Datables des environs de 410, *Épidémies I-III* mêlent constitutions (description du climat annuel à Thasos), fiches individuelles de malades et diverses remarques plus générales, par exemple sur l'art médical et la fonction du médecin, sur la classification des fièvres, les crises ou encore sur les éléments qui facilitent le pronostic. Même si le mot n'est jamais attesté dans ces traités, ces remarques que les modernes baptisent « aphorismes » sont les plus anciens représentants du genre dans le *Corpus*, avant donc les traités intégralement aphoristiques[35]. K. Deichgräber et H. Diller ont bien montré qu'il s'agissait là de réflexions générales notées par le médecin pour son propre usage (ὑπόμνημα) afin d'extraire, à partir des cas concrets observés, des vérités générales qui puissent servir de base par la suite à l'exercice de son art[36]. Si ce passage du

---

33. Si tous ces traités se rattachent à ce que l'on nomme communément « l'école de Cos », celle-ci n'a peut-être pas eu l'apanage du genre aphoristique, si l'on en croit le titre de l'ouvrage fondamental de Cnide aujourd'hui perdu, les *Sentences cnidiennes* (γνῶμαι). Cependant, il faut avouer que la citation qu'en donne Galien dans son commentaire à *Épidémies VI* ne semble guère relever d'un style aphoristique : εἴρηταί γε μὴν ἡ πέμφιξ κἂν ταῖς Κνιδίαις γνώμαις, ἃς εἰς Εὐρυφῶντα τὸν [καὶ] ἰατρὸν ἀναφέρουσι, ‹κατὰ› τήνδε τὴν λέξιν· 'οὐρέει ὀλίγον ἑκάστοτε αἰεὶ καὶ ἐφίσταται πέμφιξ οἷον ἐλαίου, χλωρὴ ὥσπερ ἀράχνιον' (Kühn XVIIA, 886, 4-6 = Wenkebach-Pfaff 54, 2-4).

34. Pour K. Deichgräber, cf. l'ouvrage cité ci-dessus, n. 6 ; pour H. Diller, l'article cité ci-dessus, n. 3. Voir aussi A. Thivel, *Cnide et Cos ? Essai sur les doctrines médicales dans la* Collection hippocratique, Paris, 1981, p. 124-150, où il propose une reconstruction des quatre stades de composition dans le *Corpus* : fiches de malades, traités spécialisés, traités généraux, et pour finir, « réduction » à la forme de maxime.

35. On en trouvera un bon exemple en *Épidémies I*, 11, suite de propositions séparées sur les fièvres et divers sujets, où l'on trouve entre autres le fameux ὠφελεῖν ἢ μὴ βλάπτειν.

36. Cf. H. Diller, *art. cit.* (n. 3), p. 44. Cf. aussi J. Althoff, *art. cit.* (n. 3), p. 38-41.

particulier du général reste étroitement lié aux développements suivis que constituent les fiches de malades ou les constitutions dans *Épidémies I-III*, les choses sont plus complexes dans *Épidémies II-IV-VI*, légèrement postérieures (fin v^e-début ive), où les remarques générales, plus nombreuses, se mêlent aux fiches de malades ou aux fragments de constitutions. L'étude des passages parallèles montre qu'à l'intérieur même de ce groupe, un travail de réélaboration et de généralisation a parfois été effectué : *Épidémies II*, 2, 9, par exemple, décrit le cas de deux malades épargnés par la toux de Périnthe, mais qui eurent des douleurs aux reins, sans doute liées à un excès d'aliments et de boissons :

> Ἀπήμαντος καὶ ὁ τοῦ τέκτονος πατὴρ τοῦ τὴν κεφαλὴν κατεαγέντος καὶ Νικόστρατος οὐκ ἐξέβησσον· ἦν δὲ ἑτέρωθι κατὰ νεφροὺς ἀλγήματα· ἐρωτήματα· ἦρεον γὰρ αὐτοὺς ἀεὶ πληροῦσθαι ποτοῦ καὶ σίτου (*Épidémies II*, 2, 9 : Littré V, 88, 9-12).
>
> « Apémante et le père du charpentier, celui qui eut une fracture du crâne, et Nicostratos ne toussèrent pas ; mais ils avaient des douleurs ailleurs, aux reins ; interrogés, ils dirent qu'ils se remplissaient continuellement d'aliments et de boissons. »

Or, en *Épidémies VI, 1, 5*, ces derniers éléments se trouvent repris sous une forme généralisée, sans plus de rapport avec les cas cliniques observés :

> καὶ ἐς νεφρὸν ὀδύνη βαρέα, ὅταν πληρῶνται σίτου (*Épidémies VI*, 1, 5 : Littré V, 268, 3 = Manetti-Roselli 4, 5).
>
> « Douleur pesante aux reins quand on se remplit d'aliments. »

A côté de cette réécriture « interne », entre les divers traités des *Épidémies*, une réécriture « externe » lie les *Épidémies* aux différents ouvrages aphoristiques, qui réemploient le matériel accumulé dans *Épidémies* en le combinant à des éléments empruntés à diverses sources, dont certaines sont aujourd'hui perdues. Les relevés des emprunts ou des passages parallèles qu'ont tenté de faire les éditeurs des différents traités montrent, par leur longueur même, l'ampleur de ce processus. Malgré les difficultés de datation que présente ce type de littérature, c'est surtout au ive siècle que ce travail de réécriture semble avoir été opéré.

Le plus célèbre de ces traités, les *Aphorismes*, réunit 412 propositions réparties en sept sections, abordant sans ordre apparent des domaines très variés de l'art médical (pronostic, sémiologie, régime, gynécologie, etc.). S'il présente des points de contact avec bien des traités du *Corpus hippocratique* (*Pronostic, Maladies I* et *II, Airs, eaux, lieux, Humeurs, Nature de l'homme*), c'est avec *Épidémies* que les rapprochements sont les plus nombreux et les plus étroits [37]. Les autres traités aphoristiques, sans doute légèrement postérieurs, offrent la particularité, contrairement aux *Aphorismes*, de ne s'intéresser qu'au pronostic, domaine dans lequel ces traités se spécialisent peu à peu au fil du temps. *Prorrhétique I*, qui regroupe 170 propositions exclusivement consacrées au pronostic, mais dans un désordre complet, présente l'intérêt de constituer une phase intermédiaire dans ce travail de réélaboration qui mène des cas individuels concrets à l'expression de généralités. En effet, plusieurs propositions conservent des indications précises, comme le nom du malade examiné, la mention du lieu, voire les hésitations du médecin présentées sous une forme interrogative, tandis que d'autres offrent toutes les caractéristiques d'un aphorisme à la forme déjà aboutie. L'originalité de *Prorrhétique I* apparaît d'autant mieux si on le compare à *Prénotions coaques*, traité aphoristique de vaste dimension (640 propositions) daté de la fin du IVᵉ siècle qui, outre *Épidémies*, *Pronostic* et certains traités nosologiques comme *Maladies II*, réutilise plus de 70 propositions tirées des *Aphorismes* et 158 des 170 aphorismes de *Prorrhétique I* [38]. Or, *Prénotions coaques* élimine presque tous les signes qui rattachaient les propositions de *Prorrhétique I* à des cas concrets : suppression des noms propres, transformation des interrogatives en affirmatives, etc. [39]. Par ailleurs, le compilateur de *Prénotions coaques*, confronté à deux sources dépourvues de tout classement, *Aphorismes* et *Prorrhétique I*, a classé les propositions dans un ordre logique et thématique (selon les signes, les parties affectées, les maladies...), en s'écartant donc de l'ordre proposé dans ses modèles. A son tour, *Crises* réutilise, parmi de multiples sources, les *Aphorismes* et les *Prénotions coaques* dans trois sections distinctes, elles aussi organisées (signes critiques, récidives, maladies). Cette rapide comparaison entre ces quelques traités aphoristiques montre comment ils se nourrissent les uns les autres par le biais de compilations successives, qui, à chaque étape, s'éloignent un peu plus du cas concret de départ au profit d'une généralisation de plus en plus poussée, et comment la matière s'organise peu à peu : après un traité généraliste comme *Aphorismes*, les suivants ne traitent que du seul pronostic ; après *Aphorismes* et *Prorrhétique I*, dépourvus d'ordre, les

---

37. Voir le relevé des plus de 250 passages parallèles que j'ai rassemblés au chap. 3 de mon *Histoire du texte..., op. cit.* (n. 6), p. 22-51, dont 27-32 pour les seules *Épidémies*.

38. Cf. O. Poeppel, *op. cit.* (n. 27), p. 55-62, pour le relevé et la discussion de tous ces passages parallèles.

39. Nous reviendrons sur ce processus de généralisation plus bas, p. 259-261.

traités aphoristiques ultérieurs, *Prénotions coaques* et *Crises* adoptent un classement thématique. L'aphorisme apparaît comme un genre ouvert, susceptible d'une perpétuelle évolution, chaque compilateur pouvant adopter un classement ou un point de vue différents, selon ses centres d'intérêt personnels et ses projets.

Le processus de formation de ces traités aphoristiques semble donc assez clair : il s'agit presque toujours, quand les cas concrets conservés dans *Épidémies* en particulier permettent d'en saisir les différentes étapes, d'une réélaboration qui vise à énoncer une règle générale à partir d'un cas particulier. Ce travail de synthèse, qui peut s'étendre sur des dizaines d'années — laps de temps qui sépare par exemple *Épidémies* (fin Ve s.-début IVe s.) de *Prénotions coaques* (fin IVe s. au plus tôt) —, suppose l'utilisation d'une bibliothèque ou d'archives conservant les modèles utilisés. Il s'agit donc d'un travail d'école, sans doute destiné à des médecins. Ce type d'aphorisme, qu'on peut appeler « aphorisme médical », recherche l'expression la plus générale possible, mais dans une formulation la plupart du temps simple, sans grande élaboration, dont le but premier est la clarté. C'est là un premier type d'aphorisme, orienté vers la pratique médicale [40].

Cependant, le *Corpus* offre aussi des exemples d'aphorismes de nature bien différente, tant pour le fond que pour la forme. Déjà, au sein même des traités des *Épidémies*, des propositions aphoristiques se distinguent par leur formulation très elliptique et leur caractère parfois fulgurant. C'est le cas, en particulier, d'*Épidémies VI*. Il suffira de citer un seul exemple :

ἀνθρώπου ψυχὴ φύεται μέχρι θανάτου (*Épidémies VI*, 5, 2 : Littré V 314, 14 = Manetti-Roselli 106, 1).

« L'âme de l'homme continue à se développer jusqu'à la mort. »

---

40. On peut y rattacher *Dentition* qui, quoique sans aucun passage parallèle dans le *Corpus hippocratique* et sans doute très tardif (environs de n. è.), constitue un petit recueil de 32 aphorismes tous consacrés aux enfants en bas âge et à leurs maladies : il s'agit donc d'un opuscule qui se consacre à un sujet bien délimité. La langue ne présente aucune difficulté particulière et cherche l'expression de la généralité la plus grande. Selon Jones (Loeb, t. II, p. 315-329), certains enchaînements dans les aphorismes seraient dus à la succession alphabétique des « mots-clés » de certaines propostions (ὀδοντοφυίη, οὐρεῖσθαι, παράκειται, παρεσθίω, παρηθῶ, παρίσθμια dans les aphorismes 12-17) : il en conclut que *Dentition* serait issu d'une collection d'aphorismes consacrés aux maladies enfantines et classés par ordre alphabétique. Cependant, R. Joly, dans l'introduction à son édition du traité (CUF, XIII, p. 217-218), met cela sur le compte de la simple coïncidence, car, selon lui, certains termes relevés par Jones ne sont pas les mots les plus importants de l'aphorisme; de plus, ce phénomène ne concerne qu'une très petite minorité des 32 aphorismes transmis par le traité.

Les différents critiques et éditeurs ont bien souligné le caractère philosophique plus marqué de ce type de propositions qui, dans ce cas précis, peut faire songer, même si le rapprochement reste superficiel, à un chapitre du *Régime* [41], et surtout à un aphorisme héraclitéen [42], qui semblent tous trois se rejoindre sur l'idée assez comparable d'une « croissance » de l'âme tout au long de la vie. Par ailleurs, plusieurs aphorismes diététiques d'*Épidémies VI* se caractérisent aussi par leur extrême concision, et la structure antithétique stricte qu'ils adoptent souvent [43]. Dans ce type de propositions, la recherche stylistique apparaît d'emblée, recourant à de multiples procédés (balancements, isocola, chiasmes, antithèses...), à l'inverse de l'aphorisme qualifié de « médical ». Autre différence essentielle par rapport au premier type défini, ils n'entretiennent souvent aucun rapport avec un cas concret observé dont ils s'efforceraient de tirer une synthèse et ils n'ont, dans le reste du *Corpus* tel que nous l'avons conservé, aucun passage parallèle susceptible de les éclairer. C'est dans la veine de ces aphorismes « sophistiques », pour reprendre une expression désormais classique de K. Deichgräber, que s'inscrit un traité tout à fait à part dans le *Corpus, Aliment*.

Ce traité composé de 55 aphorismes, où le pouls est connu et dont la datation a suscité bien des débats [44], porte, comme son nom

41. *Régime* I, 25 (Littré VI 496, 20-498, 5 = Joly 142, 6-17), où il est question du développement de l'âme dans le corps, qui semble s'effectuer tout au long de l'existence.

42. Diels-Kranz, *VS* 22 B 115 : ψυχῆς ἐστι λόγος ἑαυτὸν αὔξων (« il appartient à l'âme un logos qui s'accroît lui-même »).

43. Citons par exemple *Épidémies VI*, 4, 16 (Littré V, 310, 11 = Manetti-Roselli 94, 3) : αἱ ἀσθενεῖς δίαιται, ψυχραί· αἱ δ᾽ ἰσχυραί, θερμαί (« les régimes faibles sont froids, les forts sont chauds »), ou encore *Épidémies VI*, 4, 12 (Littré V, 310, 6-7 = Manetti-Roselli 92, 3-4) : ἐμφανέως ἐγρηγορὼς θερμότερος τὰ ἔξω, τὰ ἔσω δὲ ψυχρότερος, καθεύδων τἀναντία (« de toute évidence, en état de veille, on est plus chaud à l'extérieur du corps, mais à l'intérieur plus froid, dans le sommeil c'est l'inverse »).

44. H. Diller, « Eine stoisch-pneumatische Schrift im Corpus Hippocraticum », *Sudhoffs Archiv* 29, 1936, p. 178, plaçait le traité au Ier siècle ap., en raison de l'influence de l'école pneumatique dont il datait le fondateur, Athénée d'Attale, du Ier siècle ap. Mais, après les corrections à cette datation apportées par F. Kudlien, K. Deichgräber, *Pseudhippokrates Über die Nahrung..., op. cit.* (n. 6), p. 81-82, situe *Aliment* au Ier siècle av., tout en le considérant comme l'un des tout derniers ouvrages du *Corpus*. De son côté, R. Joly, s'appuyant sur la présence d'éléments stoïciens, penche pour les IIIe-IIe siècles av. Quoi qu'il en soit, Érotien, tout comme Galien, considérait *Aliment* comme hippocratique. Ce dernier avait consacré au traité un commentaire aujourd'hui perdu (le texte que nous connaissons sous ce nom est un faux de la Renaissance).

l'indique, sur la nourriture, mais envisagée dans une acception très large, puisque, outre l'air, sont considérés comme aliments par exemple le pus pour la plaie (aph. 52) ou la moelle pour l'os (aph. 53). Mais, au-delà de ces conceptions originales, c'est la forme surtout qui retient l'attention : brachylogique, obscure, énigmatique, elle multiplie les paradoxes et les antithèses (avec une prédilection pour les oppositions entre l'un et le multiple, et l'un et le tout), sans jamais fournir aucune indication thérapeutique ou pronostique claire. La recherche stylistique y est tellement poussée que certains ont pu parfois parler de style maniériste [45]. Ainsi, l'aphorisme 8 énonce une idée au fond assez simple à grand renfort de répétitions, d'isocola et d'homéotéleutes dans une structure ternaire recherchée :

τροφὴ δὲ τὸ τρέφον, τροφὴ δὲ τὸ οἷον, τροφὴ δὲ τὸ μέλλον (*Aliment* 8 : Littré, IX 100, 14 = Joly 141, 5-6).

« Aliment ce qui nourrit, aliment ce qui en est capable, aliment ce qui est destiné (à nourrir). »

Autre exemple, l'aphorisme 21, qui multiplie les négations dans une formulation à l'obscurité voulue :

τροφὴ οὐ τροφή, ἢν μὴ δύνηται τρέφεσθαι· οὐ τροφὴ τροφή, ἢν [μὴ] οἷόν τε ᾖ τρέφεσθαι. Οὔνομα τροφή, ἔργον δὲ οὐχί· ἔργον τροφή, οὔνομα δὲ οὐχί (*Aliment* 21 : Littré IX, 104, 16-106, 2 = Joly 142, 20-22).

« Aliment non aliment s'il ne peut nourrir ; non aliment aliment, s'il est capable de nourrir ; aliment de nom mais pas de fait ; aliment de fait mais pas de nom. »

Plusieurs aphorismes portent sur la contradiction existant entre l'un et le multiple, ou montrent la foncière identité de nature entre deux éléments *a priori* opposés. Ainsi, l'aphorisme 9, dont on relèvera la structure chiasmatique :

ἀρχὴ δὲ πάντων μία καὶ τελευτὴ πάντων μία, καὶ ἡ αὐτὴ τελευτὴ καὶ ἀρχή (*Aliment* 9 : Littré IX, 102, 1-2 = Joly 141, 7-8).

« Le commencement de tout est unique ; la fin de tout est unique ; identité entre fin et commencement. »

ou encore l'aphorisme 45 :

ὁδὸς ἄνω κάτω μία (*Aliment* 45 : Littré IX 116, 10 = Joly 146, 14).
« Voie en haut, en bas, une. »

---

45. Voir en particulier l'étude que K. Deichgräber consacre au style du traité dans sa monographie sur *Aliment* citée n. 6, p. 69-75, où il reconnaît les moyens stylistiques de la γνώμη (p. 72). Voir aussi J. Althoff, *art. cit.* (n. 3), p. 41-50.

Ces deux propositions sont fort proches de deux aphorismes héraclitéens [46]. Car c'est bien évidemment dans le sillage d'Héraclite que
s'inscrit la recherche formelle dans ce traité, d'ailleurs rangé parmi
les imitations héraclitéennes (cf. Diels-Kranz, *VS* 22 C 2), de même
que certains passages du *Régime*.

C'est là le second type d'aphorisme attesté dans le *Corpus*,
dans un *unicum* très différent des autres traités aphoristiques. A
l'aphorisme médical qui privilégie le fond (pronostic ou thérapeutique) sur la forme s'oppose cet aphorisme « sophistique » ou philosophique, où toutes les ressources littéraires de la gnomé et de la
rhétorique sont exploitées. Un traité comme *Aliment* préserve, dans
son obscurité, un type de rédaction perdu par ailleurs chez les philosophes ou physiologues présocratiques, et permet peut-être
d'imaginer ce que pouvait être à l'origine le recueil d'Héraclite.
C'est en tous cas un nouvel exemple de la richesse et de la diversité
des multiples facettes de la prose scientifique conservées dans le
Corpus hippocratique.

LA MISE EN FORME APHORISTIQUE ET SES DANGERS

Même s'il ne fait pas l'objet d'une recherche stylistique comparable, l'aphorisme « médical », qui domine dans le *Corpus*, subit
lui aussi, comme on l'a dit [47], un travail de mise en forme destiné à
donner une valeur générale à des observations ponctuelles avec la
plus grande concision possible, ce qui n'est pas toujours sans conséquence sur le sens même des textes.

Les compilateurs qui ont peu à peu constitué des recueils
comme *Aphorismes*, *Prorrhétique I* ou *Prénotions coaques* mettent
en œuvre divers procédés afin d'atteindre l'expression la plus géné-
ralisante possible. Ils recourent d'abord à des moyens stylistiques
usuels pour exprimer des vérités permanentes : utilisation de verbes
marquant l'habitude ou la répétition comme εἴωθεν, d'expressions
adverbiales comme ἀεί, ὡς τὰ πολλά, ὡς ἐπὶ τὸ πολύ, recours à πᾶς

---

46. Respectivement Diels-Kranz, *VS* 22 B 103 : ξυνὸν γὰρ ἀρχὴ καὶ πέρας ἐπὶ
κύκλου περιφερείας (« sur la circonférence, commencement et fin sont communs ») et
Diels-Kranz, *VS* 22 B 60 : ὁδὸς ἄνω κάτω μία καὶ ὡυτή (« la route, montante descendante,
une et même »).

47. Cf. *supra*, p. 83.

(« dans toute maladie », « chez tous ceux qui... »), utilisation de pronoms neutres et vagues plutôt que de termes précis (« ceux qui », « celui qui », τις impersonnel...), emploi du présent de vérité générale et, dans les subordonnées relatives, hypothétiques et temporelles, du subjonctif éventuel marquant la répétition. Mais la recherche de la généralité s'effectue aussi, plus en profondeur, par un travail de réécriture, d'élagage même, des différents modèles, selon divers procédés [48] :

— il s'agit d'abord d'éliminer tout élément trop personnel. Les réflexions du médecin à la première personne sont transformées en affirmations générales, tandis que les temps passent de l'imparfait ou de l'aoriste au présent. Ainsi, un passage d'*Épidémies* réapparaît dans les *Aphorismes*, mais avec de profondes modifications :

> τὰ νεφριτικὰ οὐκ εἶδον ὑγιασθέντα ὑπὲρ πεντήκοντα ἔτεα (*Épidémies VI*, 8, 4 : Littré V, 344, 3-4 = Manetti-Roselli 164, 3-4).
> « je n'ai pas vu les affections rénales guérir au-delà de cinquante ans. »

> > τὰ νεφριτικὰ καὶ τὰ κατὰ τὴν κύστιν ἐργωδῶς ὑγιάζεται τοῖς πρεσβυτέροισι (*Aphorismes* VI, 6 : Littré IV 564, 5-6).
> « les affections des reins et celles de la vessie se guérissent laborieusement chez les vieillards. »

On notera aussi la disparition de la précision chiffrée.

— les compilateurs suppriment aussi les noms des patients et tous les détails se rapportant à un cas clinique particulier :

> τὰ ἐξ ἐμέτου ἀσώδεος, κλαγγώδης φωνή, ὄμματα ἐπίχνουν ἔχοντα, μανικά, οἷον καὶ ἡ τοῦ Ἑρμοζύγου, ἐκμανεῖσα ὀξέως, ἄφωνος, ἀπέθανεν (*Prorrhétique I*, 17 : Littré V, 514, 10-12 = Polack 77, 1-3).
> « un vomissement plein d'angoisse, une voix stridente, des yeux brouillés indiquent le délire maniaque comme chez la femme d'Hermozygos qui, après un délire maniaque aigu, perdit la voix et mourut. »

---

48. Ces procédés ont déjà fait l'objet de plusieurs études depuis l'ouvrage fondateur de K. Deichgräber, *op. cit.* (n. 6), p. 70-74 : voir, entre autres, P. Demont, « La description des maladies dans les passages parallèles de *Maladies II* et des *Aphorismes* », dans *La maladie et les maladies*, P. Potter, G. Maloney et J. Desautels éd., Québec, 1990, p. 171-185 ; A. Roselli, « *Epidemics* and *Aphorisms* : Notes on the History of Early Transmission of Epidemics », dans *Die Hippokratischen Epidemien…*, *op. cit.* (n. 28), p. 182-190 ; V. Langholf, « Generalisationen und Aphorismen in den Epidemienbüchern », *ibid.*, p. 131-143. Nous nous limiterons donc à quelques exemples.

> τὰ ἐξ ἐμέτων ἀσώδεα, κλαγγώδεα, ὄμματα ἐπίχνουν ἴσχνοντα, μανικά· ὀξέως μανέντες θνήσκουσιν ἄφωνοι (*Prénotions coaques* 550 : Littré V, 708, 20-710, 2).

« à la suite de vomissements, l'agitation, la voix stridente, les yeux brouillés annoncent le délire maniaque ; les malades saisis d'une manie aiguë meurent aphones »,

avec là aussi passage de l'aoriste au présent (ἀπέθανεν-θνήσκουσι)[49].

— des questions que le médecin se pose à lui-même deviennent des affirmations :

τὰ ἐπεσχόμενα μετὰ ῥίγεος οὖρα πονηρά, ἄλλως τε καὶ προκαρωθέντι· τὰ πρὸς οὓς ἦρα ἐπὶ τούτοισιν ἐλπίς (*Prorrhétique I*, 155 : Littré V, 566, 11-13 = Polack 97, 9-12).

« la suppression d'urine avec frisson est fâcheuse, surtout s'il y a eu préalablement du carus ; est-ce que dans ce cas on doit s'attendre à des parotides ? »

> τὰ μετὰ ῥίγεος ἐπισχόμενα οὖρα, πονηρὰ καὶ σπασμώδεα, ἄλλως τε καὶ προκαρωθέντι· ἐλπὶς δὲ ἐπὶ τούτοισι, καὶ τὰ παρὰ τὰ ὦτα (*Prénotions coaques* 25 : Littré V, 590, 17-592, 1).

« la suppression d'urine avec frisson est fâcheuse et signe de spasme, surtout s'il y a eu préalablement du carus ; on peut s'attendre aussi dans ce cas à des parotides. »

Il s'agit là d'une transformation qui peut être assez lourde de conséquences dans l'application de ces textes à des patients, car les traités aphoristiques ont tendance à transformer en affirmation péremptoire ce qui n'est au départ qu'hypothèse de travail faite à partir d'une observation directe [50].

---

49. Cf. aussi *Épidémies VI*, 2, 15 (Littré V, 284, 10-11 = Manetti-Roselli 38, 6-7) : τὰ πλατέα ἐξανθήματα οὐ πάνυ τι κνησμώδεα, οἷα Σίμων εἶχε χειμῶνος· ὅτε πρὸς πῦρ ἀλεί-ψατο ἢ θερμῷ λούσαιτο, ἀνίστατο· ἔμετοι οὐκ ὠφέλεον· οἴομαι, εἴ τις ἐξεπυρία, ἀνιέναι ἂν (« les exanthèmes larges ne causent guère de prurit, tels que ceux de Simon pendant l'hiver ; quand il faisait des onctions auprès du feu ou prenait un bain chaud, l'éruption apparaissait ; les vomissements ne furent pas utiles ; je pense qu'en employant des bains de vapeur, on aurait du soulagement »), qui devient, dans *Aphorismes VI*, 9 (Littré IV, 566, 1) : τὰ πλατέα ἐξανθήματα οὐ πάνυ τι κνησμώδεα. Les suggestions du praticien et ses propositions de traitement ont été éliminées.

50. On en a de nombreux exemples en particulier entre *Épidémies* et *Aphorismes* : cf. *Épidémies II*, 21 (Littré V 92, 13-16) : τῆσι χρονίησι λειεντερίησιν ὀξυρεγμίη γενομένη, πρόσθεν μηδέποτε γενομένη, σημεῖον χρηστόν, οἷον Δημαινέτῃ ἐγένετο· ἴσως δ' ἐστὶ καὶ τεχνήσασθαι· καὶ γὰρ αἱ ταραχαὶ αἱ τοιαῦται ἀλλοιοῦσιν· ἴσως δὲ καὶ ὀξυρεγμίαι λειεν-τερίην λύουσιν (« Dans les lienteries chroniques, les renvois aigres qui surviennent, lors-qu'ils n'ont jamais existé au préalable, sont un signe favorable, comme chez Démainétos ; peut-être devrait-on essayer de les provoquer artificiellement : de telles perturbations

On aborde là certains des problèmes posés par le genre aphoristique dans sa recherche de généralité :

— la généralisation peut introduire une distorsion entre l'observation de départ et la proposition qui en est tirée, voire en fausser
le sens. La comparaison entre des passages des *Épidémies* et les
aphorismes qui en dérivent est significative.

Ainsi, différents cas d'extension peuvent être relevés. Un seul
exemple suffira :

> τῷ μέλλοντι μαίνεσθαι τόδε προσημαίνει τὸ σημεῖον, αἷμα συλλέ-
γεται αὐτῷ ἐπὶ τοὺς τιτθούς (*Épidémies II*, 6, 32 : Littré V, 138, 19-20).
> « quand quelqu'un doit être pris de manie, cela est annoncé par ce
> signe : du sang se rassemble dans les mamelles. »

> > γυναιξὶν ὁκόσῃσιν ἐς τοὺς τιτθοὺς αἷμα συστρέφεται, μανίην
> σημαίνει (*Aphorismes V*, 40 : Littré IV 544, 16-17).
> « chez les femmes, quand du sang s'accumule dans les seins, cela
> annonce la folie. »

La remarque d'*Épidémies II* concerne les deux sexes et indique un
symptôme de la folie parmi d'autres, mais la présence du mot
τιτθούς (« mamelles ») a sans doute incité le compilateur à en faire
un aphorisme gynécologique; il parfait cette transformation en
ajoutant γυναιξὶν au début de la nouvelle proposition ainsi obtenue,
assez loin médicalement de son modèle [51].

Littré, déjà, avait bien mis en évidence les rapports entre des
propositions très générales dans les *Aphorismes*, consacrées aux
toux dans les fièvres, et la description de la toux de Périnthe dans les
Épidémies, une affection bien particulière à un moment et dans un
lieu bien déterminés [52]. Malgré son admiration réelle pour les *Apho-*

---

modifient ; peut-être aussi les renvois aigres ont-ils la propriété de guérir la lienterie ») >
Aphorismes VI, 1 (Littré IV, 562, 9-10) : ἐν τῇσι χρονίῃσι λειεντερίῃσιν ὀξυρεγμίη ἐπιγε-
νομένη, μὴ γενομένη πρότερον, σημεῖον ἀγαθόν (« Dans les lienteries chroniques, un
renvoi aigre, quand il n'a jamais existé auparavant, est un signe favorable »). Les traces
du cas individuel ont été effacées, mais aussi les marques de prudence du médecin (ἴσως
répété deux fois).

51. Autre exemple : *Épidémies VI*, 6, 5 (éd. Littré V, 324, 11-13 = Manetti-Roselli
128, 3-5) : οἱ ὑπὸ τεταρταίων ἁλισκόμενοι ὑπὸ τῆς μεγάλης νόσου οὐχ ἁλίσκονται (« Les
individus pris de fièvres quartes ne sont pas pris de la grande maladie ») > *Aphorismes V*,
70 (Littré IV, 562, 1-3) : Οἱ ὑπὸ τεταρταίων ἁλισκόμενοι ὑπὸ σπασμῶν οὐ πάνυ τι ἁλίσκονται (« Ceux qui sont pris de fièvres quartes ne sont guère pris de convulsions »), qui
généralise à toutes formes de convulsion ce qui ne concerne que l'épilepsie dans *Épidémies*.

52. Comparer en particulier *Aphorismes IV*, 54 (Littré IV, 522, 6-7) : Ὁκόσοισιν ἐπὶ
πολὺ βῆχες ξηραί, βραχέα ἐρεθίζουσαι, ἐν πυρετοῖσι καυσώδεσιν, οὐ πάνυ τι διψώδεις

rismes, il insistait sur le décalage introduit par ces généralisations abusives : « on voit par cet exemple combien on a dû se tromper sur les aphorismes, en prenant pour des propositions générales des propositions toutes particulières; combien cela a été grave, si on considère l'autorité dont ce livre a joui dans la médecine, et combien il importe, pour en avoir l'intelligence, de remonter, autant que faire se peut, à l'origine des propositions. »[53]

Ce dernier conseil de Littré — se reporter aux textes originaux — se justifie d'autant plus que, parfois, les compilateurs commettent de véritables erreurs d'interprétation quand ils mettent en forme un texte pour lui donner un tour aphoristique, y compris dans le traité le plus célèbre et le plus réputé, celui des *Aphorismes*, considéré comme le bréviaire de la médecine par des générations de médecins.

Ainsi, le début de la troisième section des *Aphorismes* pose des problèmes d'interprétation depuis Galien, qui en critique la formulation obscure :

τῶν φυσίων αἱ μὲν πρὸς θέρος, αἱ δὲ πρὸς χειμῶνα εὖ καὶ κακῶς πεφύκασιν (*Aphorismes* III, 2 : Littré IV, 486, 7-8).

« Des constitutions, les unes sont bien ou mal adaptées à l'été, les autres à l'hiver. »

τῶν νούσων ἄλλαι πρὸς ἄλλας εὖ καὶ κακῶς πεφύκασιν, καὶ ἡλικίαι τινὲς πρὸς ὥρας καὶ χώρας καὶ διαίτας (*Aphorismes* III, 3 : Littré IV, 486, 9-10).

« Des maladies, certaines sont bien ou mal adaptées à certaines, et certains âges à certaines saisons, à certaines régions, à certains régimes. »

On comprend mal l'idée d'une maladie mal adaptée à une autre. Cependant, si l'on se reporte au passage parallèle des *Humeurs* dont

---

εἰσίν (« Quand des toux sèches provoquant de courtes irritations persistent dans les fièvres ardentes, elles ne provoquent pas de très fortes soifs »), et plusieurs passages développés et circonstanciés dans *Épidémies*, entre autres *Épidémies VI*, 2, 11 et *Épidémies VI*, 7, 7.

53. Notice d'*Épidémies*, t. V, p. 31. Cf. aussi ce qu'il écrit *ibid.*, p. 38, sur le danger qu'il y a à prendre pour des « dogmes » les propositions des *Aphorismes* : « La confusion s'est étendue encore plus loin; il y a dans les *Aphorismes* certaines propositions qui dérivent directement des *Épidémies* ; par elles-mêmes, elles portent l'esprit loin du sens qui leur appartient réellement, et, si l'on veut en avoir la véritable intelligence, il faut remonter à la source d'où elles dérivent. De là, nouvelle cause d'erreurs pour les médecins, qui se trouvèrent soumis à l'influence de ces textes mal compris et mal appliqués. »

l'aphorisme est dérivé, on constate que les deux propositions formaient au départ un ensemble suivi :

φύσιες δὲ ὡς πρὸς τὰς ὥρας, αἱ μὲν πρὸς θέρος, αἱ δὲ πρὸς χειμῶνα εὖ καὶ κακῶς πεφύκασιν, αἱ δὲ πρὸς χώρας καὶ ἡλικίας καὶ διαίτας καὶ τὰς ἄλλας *καταστάσιας τῶν νούσων* ἄλλαι πρὸς ἄλλας εὖ καὶ κακῶς πεφύκασι καὶ ἡλικίαι πρὸς ὥρας καὶ χώρας καὶ διαίτας καὶ πρὸς *καταστάσιας νούσων* (*Humeurs* 16 : Littré V, 496, 18-498, 2 = Jones IV, 88, 23-29).

« Les constitutions des individus sont bien ou mal adaptées aux saisons, les unes à l'été, les autres à l'hiver, d'autres aux régions, aux âges, aux régimes et aux diverses constitutions des maladies, et telle pour telle autre ; les âges aussi sont bien ou mal adaptés aux saisons, aux régions, aux régimes et aux constitutions des maladies. »

Malgré la répétition du groupe καταστάσιας τῶν νούσων, le compilateur a considéré νούσων comme un génitif partitif dépendant de ἄλλαι, transformant ainsi les maladies en sujet de l'aphorisme 3 qui perd tout sens. Par un curieux effet de retour, plusieurs éditeurs anciens, s'appuyant sur l'autorité des *Aphorismes*, ont ensuite corrigé le texte d'*Humeurs*, pourtant correct !

On pourrait multiplier ces exemples de mécoupure. Le *Corpus* permet même parfois de suivre ce processus dans tous ses détails :

Ὁκόσοισιν ἐλπὶς ἐς ἄρθρα ἀφίστασθαι, ῥύεται τῆς ἀποστάσιος οὖρον πολὺ καὶ παχὺ καὶ λευκὸν γενόμενον, οἷον ἐν τοῖσι κοπιώδεσι πυρετοῖσι τεταρταίοισιν ἄρχεται ἐνίοισι γίνεσθαι· ἢν δὲ καὶ ἐκ τῶν ῥινῶν αἱμορραγήσῃ, καὶ πάνυ ταχὺ λύεται (*Aphorismes* IV, 74 : Littré IV, 528, 7-530, 3).

« Ceux chez qui on s'attend à voir des dépôts se former sur les articulations sont préservés des dépôts par une émission abondante d'urine épaisse et blanche, comme celle qui commence parfois à paraître le quatrième jour dans les fièvres avec courbatures. Et s'il y a aussi hémorragie par les narines, la maladie se juge rapidement. »

Il s'agit là à première vue de la généralisation d'une observation faite sur un malade, Antigène, qu'on lit dans les *Épidémies* :

οὖρον παχύ, λευκόν, οἷον τῷ τοῦ Ἀντιγένεος, ἐπὶ τοῖσι κοπιώδεσι τεταρταίοισιν ἔστιν ὅτε ἔρχεται καὶ ῥύεται τῆς ἀποστάσιος · ἢν δὲ καὶ πρὸς τούτῳ αἱμορραγήσῃ ἀπὸ ῥινῶν ἱκανῶς, καὶ πάνυ (*Épidémies VI*, 4, 2 : Littré V, 306, 8-9 = Manetti-Roselli 80, 4-7 = *Humeurs* 20 : Littré V, 502, 6-9 = Jones IV, 95, 23-27).

« Une urine épaisse, blanche, comme chez l'homme d'Antigène, est rendue parfois le quatrième jour dans les fièvres avec courbature et préserve du dépôt ; cela est surtout assuré si en outre il survient une hémorragie abondante par les narines. »

Toutefois, à l'inverse de l'aphorisme, *Épidémies* n'établit aucune relation entre l'urine blanche et les dépôts localisés sur les articulations. Mais si l'on examine la proposition qui précède immédiatement dans ce traité, *Épidémies VI*, 4, 1, consacrée à un tout autre sujet (les récidives dans les parotides), on constate qu'elle s'achève sur les mots suivants : ἐπὶ τούτοισιν ἐλπὶς ἐς ἄρθρα ἀφίστασθαι [54], rattachés, à la suite d'une véritable mécoupure, à ce qui suit, et non à ce qui précède.

Ce type d'erreur, de mécompréhension sur le contenu médical d'un texte ou de mécoupure se soldant par la réorganisation complète, mais fautive, d'un énoncé, montre bien, pour reprendre les mots d'A. Roselli [55], que les compilateurs qui ont eu la charge de mettre en forme les traités aphoristiques se trouvent parfois en décalage avec la pratique médicale et s'avèrent plus proches de l'écrit et de sa transformation formelle que de l'exercice de la médecine. Si les ouvrages aphoristiques constituent bien un point d'aboutissement dans cette recherche de l'expression de règles médicales universelles, dégagées des contingences individuelles, ils marquent aussi les limites du genre, avec ses dangers propres. Ce n'est pas là le moins étonnant des paradoxes, dans ces traités conçus avant tout pour former et guider d'autres praticiens.

BIBLIOGRAPHIE SÉLECTIVE

J. ALTHOFF, 1998, « Die aphoristisch stilisierten Schriften des Corpus Hippocraticum », dans *Gattungen wissenschaftlicher Literatur in der Antike* (ScriptOralia, 95), W. Kuhlmann, J. Althoff et M. Asper éd., Tübingen, p. 37-63.

K. DEICHGRÄBER, 1933, *Die Epidemien und das Corpus Hippocraticum*, Berlin (2ᵉ éd. 1971).

ID., 1973, *Pseudhippokrates Über die Nahrung. Eine stoisch-heraklitisierende Schrift aus der Zeit um Christi Geburt* (Akademie der Wissenschaften und der Literatur, Abhandlungen der Geistes- und Sozialwissenschaftlichen Klasse Jahrgang 1973, 3), Wiesbaden.

---

54. « Dans ces cas-là [parotides avec récidives], on peut s'attendre à des dépôts sur les articulations. »

55. A. Roselli, *art. cit.* (n. 48), p. 190.

H. DILLER, 1962, « Die Spruchsammlungen im Corpus Hippocraticum », *Acta philologica Aenipontana* I, p. 43-46.

H. FRICKE, 1984, *Der Aphorismus* (Realien zur Literatur, Sammlung Metzler, 208), Stuttgart.

J. JOUANNA, 1989, « Place des *Épidémies* dans la *Collection hippocratique* : le critère de la terminologie », dans *Die Hippokratischen Epidemien. Theorie – Praxis – Tradition*, G. Baader et R. Winau éd. (Sudhoffs Archiv Beihefte, 27), Stuttgart, p. 60-87.

J. KOLLESCH, 1991, « Darstellungsformen der medizinischen Literatur im 5. und 4. Jahrhundert v. Chr. », *Philologus* 135, p. 177-183.

V. LANGHOLF, 1989, « Generalisationen und Aphorismen in den Epidemien-büchern », dans *Die Hippokratischen Epidemien. Theorie – Praxis – Tradition*, G. Baader et R. Winau éd. (Sudhoffs Archiv Beihefte, 27), Stuttgart, p. 131-143.

C. MAGDELAINE, 1994, *Histoire du texte et édition critique, traduite et commentée des* Aphorismes *d'Hippocrate* (thèse dact.), Paris.

F. H. MAUTNER, 1976, « Maxim(e)s, sentences, Fragmente, Aphorismen », dans *Der Aphorismus : zur Geschichte, zu den Formen und Möglichkeiten einer literarischen Gattung*, G. Neumann éd. (Wege der Forschung, 356), Darmstadt, p. 399-412.

Ph. MORET, 1997, *Tradition et modernité de l'aphorisme*, Genève.

G. NEUMANN éd., 1976, *Der Aphorismus : zur Geschichte, zu den Formen und Möglichkeiten einer literarischen Gattung* (Wege der Forschung, 356), Darmstadt.

J. PIGEAUD, 1978, « Écriture et médecine hippocratique », *Textes et langages* 1, p. 134-175.

ID., 1988, « Le style d'Hippocrate ou l'écriture fondatrice de la médecine », dans *Les savoirs de l'écriture en Grèce ancienne*, M. Détienne éd. (Cahiers de Philologie, 14), Lille, p. 305-329.

O. POEPPEL, 1959, *Die hippokratische Schrift Κφακαὶ Προγνώσεις und ihre Überlieferung*, Diss. Kiel.

A. ROSELLI, 1989, « *Epidemics* and *Aphorisms* : Notes on the History of Early Transmission of Epidemics », dans *Die Hippokratischen Epidemien. Theorie – Praxis – Tradition*, G. Baader et R. Winau éd. (Sudhoffs Archiv Beihefte, 27), Stuttgart, p. 182-190.

J. VON STACKELBERG, 1976, « Zur Bedeutungsgeschichte des Wortes "Apho-rismus" », dans *Der Aphorismus : zur Geschichte, zu den Formen und Möglichkeiten einer literarischen Gattung*, G. Neumann éd. (Wege der Forschung, 356), Darmstadt, p. 209-225.

A. THIVEL, 1981, *Cnide et Cos ? Essai sur les doctrines médicales dans la Collection hippocratique*, Paris.

R. WITTERN, 1998, « Gattungen im Corpus Hippocraticum », dans *Gattungen wissenschaftlicher Literatur in der Antike*, W. Kuhlmann, J. Althoff et M. Asper éd. (ScriptOralia, 95), Tübingen, p. 17-36.

Caroline MAGDELAINE

PLATON ET LA MÉDECINE

Toute sa vie, Platon s'est intéressé à la médecine, il y fait constamment allusion dans ses œuvres, depuis ses premiers dialogues jusqu'aux derniers. Si l'on compte les références des mots ἰατρός, ἰατρικός, ἰατρική, on a dans toute l'œuvre une centaine de passages ; mais si l'on compte tous les mots qui concernent la santé, la maladie, l'hygiène, les médicaments, etc., bref tous les cas où Platon a pu prendre la médecine comme exemple sans la nommer, ce sont plus de trois cents références. On peut donc se demander pourquoi Platon a attaché une telle importance à la médecine : connaissait-il des médecins personnellement ? En fait, il n'en cite que trois : Éryximaque, qui prononce un discours dans la première partie du *Banquet*, le père de celui-ci qui s'appelait Acoumène, et Hippocrate, cité à titre d'exemple au début du *Protagoras*, et comme référence doctrinale dans le *Phèdre*. Platon avait-il particulièrement étudié la médecine au cours de ses études ? Avait-il des théories personnelles sur ce sujet ? Cela pose la question des rapports entre la médecine et la philosophie de Platon : prenait-il cette science pour référence ou pour modèle ?

Il existe une théorie selon laquelle la médecine aurait dans l'œuvre de Platon une référence unique : chaque fois que Platon nous parle de médecine, il penserait en réalité à la politique. On sait que l'organicisme est la caractéristique principale de la politique platonicienne, et que pour lui le législateur joue à l'égard de la société le même rôle que le médecin pour le corps, il y a donc pour Platon une analogie naturelle entre le corps humain individuel et le corps social. Ainsi, la politique étant supposée être la préoccupation essentielle de Platon, la médecine lui servirait de métaphore constante pour exprimer ses analyses sur la société et la manière d'en améliorer la gestion, d'où des tentatives pour comparer la structure des phrases où Platon parle de politique avec celles où il parle de médecine, et pour montrer qu'il y a des parallélismes, que l'expression et le mode de raisonnement sont les mêmes quand il s'agit de l'une ou de l'autre de ces disciplines. Mais ce type de méthode, même s'il obtient quelquefois des résultats surprenants, amène à rechercher tout le temps « le texte sous le texte », à soupçonner Platon d'ambiguïté ou de dissimulation, et l'on ne voit pas pourquoi il aurait été contraint de voiler sa pensée politique d'une apparence médicale, d'autant plus qu'il ne se gêne pas, quand il veut exprimer ses idées sur la cité, pour en remplir des pages et des volumes entiers. Ces tentatives, qui paraissent habiles, sont artificielles et simplificatrices, pour ne pas dire simplistes. Elles doivent être abandonnées.

En réalité, la médecine sert à Platon de référence au même titre que les autres arts, auxquels elle est souvent comparée ou accouplée : construction, pilotage, gymnastique, musique, législation... Les médecins hippocratiques, eux aussi, comparent volontiers le médecin à un pilote (cf. *Ancienne médecine* IX, 4). Chez Platon, les références à la médecine ne recouvrent pas uniquement la politique, ni la navigation, ni tout autre art. Le problème est beaucoup plus complexe : la médecine pose un problème pour Platon, il a du mal à la placer dans sa hiérarchie des arts, et comme sur cette question sa pensée a évolué, on peut se demander également si sa conception de la médecine n'a pas connu une certaine évolution.

La médecine pose un problème pour Platon, car tantôt il en fait un grand éloge comme si c'était une image de la science pure, à l'égal des mathématiques ou de la dialectique, tantôt il la rabaisse parce que c'est un art qui s'occupe du corps, c'est-à-dire en définitive de quelque chose de bas, de méprisable. La médecine est-elle une τέχνη ou une ἐπιστήμη ? Sans doute, la τέχνη est déjà scientifique, mais seule l'ἐπιστήμη, dans la terminologie de Platon, a le droit d'accéder au niveau de la vérité, au plein sens du terme.

Pour ce problème, la discussion du *Cratyle* ne peut nous être d'aucun secours. On se rappelle que dans ce dialogue, Socrate, faisant semblant d'accepter la théorie de ses adversaires qui croient que les mots expriment les choses (mais bien entendu, la seule façon d'expliquer les choses, ce sont, selon lui, exclusivement les Idées), accumule les étymologies fantaisistes dans une sorte de démonstration par l'absurde. En venant à ἐπιστήμη (*Cratyle* 412a), il dit que ce mot vient de ἑπομένη, « celle qui accompagne les choses dans leur mouvement », et il ajoute qu'on a voulu donner au mot plus de corps en y insérant un ι et un τ. Mais ces divagations ironiques, d'allure héraclitéenne, sont rejetées en 437c : les noms n'expriment pas un mouvement, mais une immobilité. C'est bien là, depuis toujours, la conviction profonde de Platon. La pensée est du côté de l'éternel, de l'immobile, elle ne peut saisir le mouvement, celui-ci la trouble et la détourne de ses véritables buts.

Pour un Grec parlant attique au ive siècle av. J.-C., la relation entre ἐπιστήμη et le verbe ἐπίσταμαι devait être immédiatement ressentie. Mais comme ἐπίσταμαι est souvent suivi d'un infinitif, et a par conséquent le sens d'un savoir pratique, un peu comme δύναμαι, nous sommes bien obligés d'admettre que dans la langue courante ἐπιστήμη désignait un savoir fondé sur l'expérience, une habileté technique, et cela à toutes les époques de la langue grecque. Les exemples dans la littérature sont innombrables. Le sens d'ἐπιστήμη « science pure » s'opposant à τέχνη « science pratique » est donc une distinction propre à Platon (par exemple dans *République* 422c). Inventant un système philosophique, il était légitime qu'il se forge sa terminologie, même en détournant un mot important de son sens courant, mais lorsque nous parlons d'épistémologie pour désigner l'étude de la science, la théorie ou l'histoire des sciences, nous utilisons un vocabulaire strictement platonicien, bien souvent d'ailleurs sans en avoir conscience. C'est évident aussi pour les sophistes et les sophismes, et bien d'autres mots.

On peut trouver des allusions à la médecine dans les premiers dialogues de Platon, *Hippias mineur*, *Alcibiade*, *Lysis*, *Protagoras*, mais là où le problème du statut de la médecine est posé pour la première fois dans toute son ampleur, c'est dans le *Gorgias* 464b-466a : Socrate veut démontrer à Gorgias que la rhétorique n'est pas un art véritable parce qu'elle ne cherche pas la vérité, ce n'est qu'un art d'opinion, un art de flatterie, et pour cela il dresse un tableau en quatre casiers symétriques, mettant à gauche les arts du corps et à droite ceux de l'âme, en haut les arts véritables et au-dessous les arts de la flatterie. On se rappelle ainsi que du côté du corps la gymnastique, art véritable, a pour répondant caricatural la cosmétique, et de même à la médecine, qui soigne, répond la cuisine, qui ne fait que flatter les papilles gustatives ; du côté de l'âme, nous trouvons à l'étage supérieur la législation, qui cherche à fonder les meilleures lois, et au-dessous la sophistique, qui mélange le bien et le mal ; et enfin l'art suprême, la recherche de la justice, s'impose évidemment au-dessus de son répondant faux et scandaleux : la rhétorique.

Ce tableau est une première ébauche, que Platon ne reprendra pas. Il ne vise qu'à déconsidérer la rhétorique en en faisant une caricature de la recherche de la justice, mais on peut critiquer certaines oppositions : le rapport entre la sophistique et la législation n'est pas très clair, étant donné que les sophistes ne s'occupaient pas uniquement de donner des lois aux cités, et de même certains pourront s'insurger contre la condamnation de la cosmétique et de la cuisine, en faisant valoir que ce sont des arts indispensables à la civilisation. Quoi qu'il en soit, ce qui nous importe, c'est de voir la situation de la médecine dans ce tableau : elle occupe dans l'ordre du corps la même place que la justice dans l'ordre de l'âme, elle est supérieure à la gymnastique, qui ne fait qu'entretenir la santé, tandis que la médecine la rétablit, et en cela elle correspond à la justice, qui est supérieure à la législation. Tous ces arts n'ont donc pas seulement entre eux des relations de haut en bas, mais aussi des relations horizontales, ils sont « antistrophiques », comme dit Platon (ἀντίστροφοι, Aristote fera un grand usage de ce terme). En ce sens, la médecine est symétrique de la justice, elle occupe donc la place la plus favorable qui soit dans les arts qui concernent le corps, et elle est supérieure à la gymnastique de la même façon que la justice l'emporte sur la législation. Platon accorde à la médecine le statut de τέχνη, elle n'est pas une simple ἐμπειρία, elle est fondée en raison et conforme à la nature, et elle cherche les causes des phénomènes (les maladies). Au contraire, les arts qui ne sont pas fondés en raison sont toujours désignés par le couple ἐμπειρία καὶ τριβή, empirisme et routine (ici, nous sommes obligés de traduire ἐμπειρία par « empirisme » pour éviter toute confusion avec la notion moderne de médecine expérimentale). La médecine comme τέχνη se rapproche donc des deux sciences supérieures qui méritent seules le nom d'ἐπιστήμη : la législation et la recherche de la justice (par ce biais, nous retrouvons la correspondance entre la médecine et la politique, mais elles ne sont pas assimilables). Platon va essayer de préciser le statut de ces sciences, mais il reste que la médecine est confinée dans l'ordre du corps, ce qui la met tout de même en position d'infériorité.

Quand on constate cette accession de la médecine, dans le *Gorgias*, au rang de τέχνη, on ne peut s'empêcher de penser aux efforts des médecins hippocratiques pour défendre la science médicale de leur temps contre ses détracteurs, sophistes ou gens du commun : chaque fois, ils emploient le terme τέχνη, et même ils parlent de τέχνη ἐοῦσα : la médecine est « un art existant réellement », et non un effet du hasard, comme la divination. On trouve 15 occurrences de ce mot dans l'*Ancienne médecine*, 33 dans le traité *De l'art*, 4 dans le *Régime des maladies aiguës*, 3 dans *Airs, eaux, lieux*, etc. Dans *Ancienne médecine* 4, 1, ἐπιστημῶν est nettement opposé à τεχνίτης : dans ce domaine, tout le monde peut se dire « savant », mais bien peu sont des spécialistes. Ce n'est pas une raison pour rapprocher la pensée de ce médecin hippocratique de

celle de Platon, cela se voit jusque dans le vocabulaire. Les hippocratiques ne sont pas platoniciens.

Mais la médecine prendra sa véritable place dans le système
épistémologique de Platon lorsque celui-ci aura mis au point sa
théorie des Idées. On peut en étudier la naissance dans le *Ménon*,
dans le *Théétète*, la voir s'épanouir dans le *Banquet* ou dans le
Phèdre, mais c'est dans la *République* qu'elle est exposée dans toute
sa profondeur. On voit déjà dans le *Phèdre* 73, par un exemple très
simple, comment cette théorie s'est formée : nous trouvons qu'il y a
des pierres plus lourdes, plus légères que d'autres, ou bien nous
disons qu'une pierre est égale à une autre, parce que nous pouvons
les peser, et nous pouvons dire cela parce que nous avons en nous
l'idée d'égalité, mais cette idée d'égalité, nous ne l'avons jamais vue,
elle ne vient pas de l'expérience, elle est en nous parce que c'est une
réminiscence, une idée que notre âme a contemplée avant notre
naissance (cf. le *Ménon*). On sait que plus tard, à partir de la *République*, Platon se passera de cette idée de réminiscence, et que par la
suite il remplacera la théorie des Idées par celle des genres, première esquisse d'une table des catégories, mais ici, dans le *Phèdre*,
on voit bien en quoi consiste la science, ἐπιστήμη, selon Platon : en
246c, il est dit que l'essence (οὐσία) qui est l'objet de la véritable
science (ἐπιστήμη) réside au plus haut point du ciel, elle est inacces-
sible aux sens, elle ne peut être saisie que par l'intellect (νοῦς). Et à
la fin du même dialogue, on voit en quoi consiste cette science
suprême que celui qui la possède ne se hâte pas de faire germer
(comme les femmes font fleurir inutilement leurs bouquets dans les
jardins d'Adonis), mais qu'il laisse pousser lentement d'après les
lois de la nature, en attendant de la faire pousser dans d'autres
âmes, ressemblant en cela à un agriculteur avisé. Mais la médecine
peut-elle, dans la pensée de Platon, atteindre un tel niveau, puisqu'elle s'occupe toujours du monde des sens ?

Oui, si l'on en croit *Phèdre* 269a sqq. Supposons qu'un mauvais
auteur, qui n'a appris que quelques recettes pour composer des
tirades, vienne trouver Sophocle ou Euripide et leur dise qu'il sait
tout ce qu'il faut savoir pour faire une tragédie, ces poètes lui
riraient au nez et lui diraient qu'il ne connaît que les préalables de
l'art tragique (τὰ πρὸ τῆς τραγῳδίας), non l'art tragique lui-même (τὰ
τραγικά) ; de même, si un mauvais médecin venait trouver
Acoumène, le père d'Éryximaque, et lui disait qu'il sait tous les
secrets de la médecine, celui-ci lui rirait au nez et lui dirait qu'il ne
connaît que les préalables de l'art médical, mais non l'art médical
lui-même (τὰ ἰατρικά). Ce qui fait la différence entre le bon et le

mauvais médecin, c'est que ce dernier est celui qui a appris dans un livre ou par ouï-dire deux ou trois procédés et quelques recettes, et qui les applique automatiquement et au hasard à n'importe quel malade, tandis que le bon médecin est celui qui possède la totalité de son art, et qui connaît également ses malades, qui sait ce qu'il faut administrer à chacun et dans chaque cas ; c'est celui qui sait s'élever du particulier au général, et viser, à travers la diversité des faits, un concept unique : la santé, qui est en effet l'essence (οὐσία) de l'homme, ce sans quoi il ne saurait vivre et penser. Le bon médecin est celui qui vise l'intérêt général et non son intérêt particulier (c'est le sens du texte que nous avons conservé sous le titre de *Serment*), et Platon aime à citer le vers de l'*Iliade* XI, 514 :

Ἰητρὸς γὰρ ἀνὴρ πολλῶν ἀντάξιος ἄλλων.
« Un médecin, en effet, vaut plusieurs autres hommes. »

La médecine est donc bien, dans l'ordre du corps, une image de la philosophie que Platon a mise au point en passant par différentes étapes, mais qui est maintenant bien établie : échapper à la multiplicité du réel contradictoire, au bourbier des sens, pour s'attacher à l'unicité de l'Idée. Le bon médecin est celui qui remonte des apparences vers les causes et les justifie rationnellement, il explique au malade sa maladie, le traitement qu'il va lui imposer, et ces explications contribuent à la guérison. Savoir et morale ne font qu'un : explication par l'Idée, et recherche du bien public. Nous retrouverons cette opposition entre le bon et le mauvais médecin dans les *Lois*.

Une autre caractéristique de la médecine lui confère une valeur scientifique, c'est le fait qu'elle subordonne la partie au tout. Cette idée est essentielle pour Platon, et il l'exprime dès le début de sa carrière, dans le *Charmide* (156d) : Charmide est un beau jeune homme dont tout le monde veut se rapprocher, ce qui provoque une bousculade comique, mais il est affligé de violents maux de tête. Socrate raconte alors qu'il a rencontré à l'armée un médecin thrace disciple de Zalmoxis, qui soutenait qu'on ne peut guérir les yeux sans guérir la tête, qu'on ne peut soigner la tête sans s'occuper du corps, on ne peut essayer de guérir le corps qu'en cherchant à guérir l'âme ; les médecins grecs n'obtiennent rien, dit Zalmoxis, parce qu'ils ne soignent que la partie, ils méconnaissent le tout, et si le tout est en mauvais état, on ne peut rien obtenir pour la partie.

On a reconnu l'idée qui sera plus tard développée dans le *Phèdre* 270-271, et qui ne sera plus mise dans la bouche de Zalmoxis, mais dans celle de Socrate, et même confirmée par l'autorité d'Hippocrate, aux dires du jeune Phèdre, ce qui amène Socrate à préciser tout de suite que l'autorité d'Hippocrate ne suffit pas, et qu'il faut voir d'abord si la raison aussi est d'accord pour dire que la partie ne se comprend (κατανοῆσαι) que dans le cadre du tout. Nous avons ici un usage remarquable du refus de l'argument d'autorité, que l'on retrouvera dans une formule célèbre attribuée à Aristote et maintes fois répétée.

Les commentateurs de ce passage du Phèdre ont essayé d'utiliser ce critère (soigner le tout, ou seulement la partie) pour caractériser des conceptions de la médecine, et même authentifier des traités comme étant d'Hippocrate, ou non. Il n'est pas question de reprendre ici cette discussion, qui a donné naissance à toute une littérature, mais on peut observer que le raisonnement de Zalmoxis (ou d'Hippocrate), si on le poussait à l'extrême, aboutirait à des absurdités : pour soigner les yeux, il faut connaître la tête, pour soigner la tête, il faut connaître tout le corps, pour connaître le corps il faut connaître tout l'environnement, les vents, les eaux, la nature, la société, l'histoire de l'humanité et celle de l'individu qu'on veut soigner, etc. Pour soigner la moindre partie du corps, il faudrait une connaissance universelle, il faudrait presque changer l'ordre du monde. Ce serait une position utopiste, mystique, impossible. En fait, les médecins contemporains de Platon raisonnent bien de cette manière, mais ils sont plus réalistes : dans toutes les parties de la *Collection hippocratique*, on admet que pour soigner la partie il faut connaître l'état du corps tout entier, et aussi tenir compte de l'environnement, mais les médecins, dans leur définition du pronostic, ont mis au point des formules qui leur permettent de gagner du temps et d'être efficaces, et par une longue pratique ils espèrent se tromper le moins possible.

Il est visible que dans le *Phèdre*, Platon utilise ces théories, qu'elles soient religieuses ou scientifiques (la conception de Zalmoxis devait être inspirée par une vision chamanique du monde), à l'appui de sa propre philosophie, dont l'idée centrale est que la partie existe **en vue** du tout, et cela dans tous les arts, dans toutes les sciences, en cosmologie comme en politique. Le principe d'explication universelle est pour Platon la **finalité**, et c'est pour cela qu'il admet la médecine au rang des sciences, parce qu'elle poursuit un but, la santé, qui s'identifie avec l'idée du Bien. Le principe de finalité est affirmé dans le *Phédon* 96-98, dans le passage où Socrate dit qu'il a été déçu par les sciences physiques, et qu'il l'a été encore plus par Anaxagore, car il avait découvert que pour le Clazoménien tous les éléments du monde étaient régis par le Noῦς, mais il s'est

aperçu ensuite que le Noῦς d'Anaxagore n'agissait que par la cau-
salité, et ignorait la finalité, donc il pouvait expliquer le fonction-
nement des muscles, des os et des nerfs de Socrate, mais il était
incapable de dire pourquoi Socrate se trouvait là, dans cette prison,
condamné par ses concitoyens. De nos jours, nous avons tendance à
éliminer la finalité de la science (et les médecins hippocratiques le
faisaient déjà), mais pour Platon (ce sera aussi la conviction
d'Aristote), c'est la finalité qui donne à la science sa vraie valeur.
Cependant il nous est difficile, avec notre mentalité de modernes, de
nous passer de l'idée que la finalité est largement anthropomor-
phique. Qu'il nous suffise de remarquer pour l'instant qu'il y a une
profonde différence entre l'esprit du platonisme et la méthode des
médecins hippocratiques. Nous pouvons affirmer que Platon ne se
sert de la médecine contemporaine que comme d'une caution, il ne
pense pas vraiment comme elle, il ne lui demande pas de leçons.

Il lui arrive même de la condamner. Il nous faut maintenant
examiner les passages où Platon montre les faiblesses, les insuffisances de la médecine.

Le plus violent est, sans conteste, *République* III, 405c-408d, où
Socrate lance contre la médecine de son temps un réquisitoire sans
appel. De nos jours, dit-il, les officines judiciaires et les cabinets
médicaux se multiplient, pour un oui ou pour un non de riches oisifs
intentent des procès et soumettent les juges à la défense de leurs
intérêts, ils sont incapables d'avoir une vie honnête et de juger par
eux-mêmes en cultivant la vertu et en évitant l'injustice ; et ils en
usent de même avec les médecins : ils passent leur temps à se
soigner alors qu'ils ne sont pas malades, ils exigent des Asclépiades
toutes sortes de raffinements, les amènent à distinguer les maladies
flatulentes et les catarrhes, imaginent des combinaisons d'humeurs
compliquées, des flux d'humeurs qu'il faut arrêter, c'est un abus de
la médecine, abus des médicaments, et le meilleur exemple de ces
erreurs est ce malheureux Hérodicos de Sélymbrie qui a pratiqué
sur lui-même toute sa vie ce que nous appellerions un acharnement
thérapeutique, ce maître de gymnastique qui s'est pris pour un
médecin et qui a soutenu péniblement jusqu'au bout sa vie lamen-
table. Ah ! il n'en était pas de même à l'époque de la guerre de
Troie ! Asclépios et ses fils pratiquaient une médecine naturelle (là
Platon cite de mémoire des passages de l'*Iliade*, mais sa mémoire le
trompe par moments). Prolonger artificiellement sa vie par la
médecine, c'est de la lâcheté, il faut accepter la mort, il ne faut pas
soigner les maladies incurables ; il n'y a que quatre sortes de médicaments acceptables : vomissements, purgations, cautérisations et

incisions. Le médecin ne soigne pas seulement par son corps, mais aussi par son âme, il lui faut une haute formation morale. Asclépios avait avant tout en vue la bonne administration de la cité. Si un charpentier était malade, on le soignait pour qu'il puisse reprendre son travail.

Ce couplet a embarrassé les commentateurs : comment se fait-il que Platon vilipende à ce point la médecine dans ce passage, alors qu'ailleurs il en fait un grand éloge ? Ici l'on peut évoquer l'interprétation d'un savant allemand, Fridolf Kudlien : dans son livre sur *Les débuts de la pensée médicale chez les Grecs*[1], cet auteur dit que dans ce passage Platon se réfère à la conception aristocratique de la médecine, qui n'admettait que les soins apportés aux blessures de guerre (médecine externe) et condamnait la médecine interne parce que les maladies internes sont incurables, étant donné qu'elles nous sont envoyées par les dieux à cause de nos fautes morales. Mais cette explication, tout en faisant allusion au caractère rétrograde des reproches que Platon adresse à la médecine dans ce passage, n'est pas satisfaisante : Platon admet les vomissements et les purgations, il veut que le médecin soit capable de redonner la santé à un ouvrier malade, parce que son travail est nécessaire à la vie de la cité. En somme, dans ce passage, Platon n'a en vue que la politique. C'est d'ailleurs ce que Glaucon fait remarquer à Socrate :

Πολιτικόν, ἔφη, λέγεις Ἀσκληπιόν.
« Tu fais, dit-il, d'Asclépios un politique. »

Mais il y a des raisons plus sérieuses de condamner la médecine, avec les sciences de la nature. On les trouve dans le *Philèbe* 58c-59a : il ne faut pas considérer l'utilité de certaines sciences, ni la notoriété qu'elles confèrent, mais ne voir que cette capacité de notre âme qui est née pour désirer le vrai et tout faire en vue de lui. Nous verrons alors que les arts (τέχναι) qui ne se soucient que de l'opinion sont inférieurs, et que ceux qui prétendent étudier la nature, c'est-à-dire le monde où nous vivons, dire comment les choses sont nées, ce qu'elles font et subissent, ces arts ne s'occupent que de ce qui devient et non de ce qui est toujours (οὐ περὶ τὰ ὄντα ἀεί, περὶ δὲ τὰ γιγνόμενα καὶ γενησόμενα καὶ γεγονότα). Et Platon d'affirmer encore en 55e : tous les arts ne sont le produit que de l'expérience et de la routine (ἐμπειρία καὶ τριβή) et ne s'acquièrent qu'avec un entraînement laborieux. Pour commencer, l'art de la flûte est fait d'ajustements sans mesure, obtenus

---

1. *Der Beginn des medizinischen Denkens bei den Griechen*, Zürich-Stuttgart, 1967.

par tentatives et conjectures empiriques, et toute la musique est pleine d'imprécision et d'incertitude. De même la médecine, l'art du pilote, celui du stratège, l'agriculture, la construction... Dans ce passage, on dirait que Platon renie tous les arts que, dans la *République*, il comptait pour des degrés permettant au philosophe de s'élever vers la vérité. Et là, la médecine retombe dans le devenir, le relatif, le tâtonnement. Nous sommes bien loin de la possibilité de créer des sciences de la nature. Mais il est une science que Platon ne reniera jamais : les mathématiques.

On sait que les mathématiques commandent tout le développement du *Timée*, au moins dans la première partie. Au début de ce dialogue, Platon affirme qu'il y a deux sortes de connaissances : les connaissances sûres, qui sont éternelles, et les connaissances qui sont de l'ordre du devenir, qui ne dépassent pas la conjoncture, l'opinion. Il importe de préciser que ce que nous traduisons par « éternel » est en réalité en grec « ce qui est toujours » (comme on vient de le voir dans le passage précédent), c'est-à-dire que Platon, comme tous les Grecs de cette époque, n'envisage pas une éternité en dehors du temps, mais plutôt un temps indéfini. Cela étant, les deux ordres de connaissances sont tout de même nettement distingués. Cela nous rappelle la déclaration du médecin-philosophe Alcméon de Crotone : « Sur les choses invisibles, sur les choses mortelles, les dieux ont une connaissance claire, mais dans la mesure où il est possible aux hommes de conjecturer, etc. »[2] Cette phrase était probablement le début d'un traité de médecine et peut-être de cosmologie. Notre connaissance est imparfaite, mais cela ne nous empêche pas de l'exercer et de la faire progresser. C'est ce que fait Platon dans le *Timée*, qui commence par un exposé astronomique appuyé sur de savants calculs mathématiques, et se poursuit par une esquisse de la physique et de la physiologie, agrémentée de quelques notions de médecine. Cette tentative est en complète contradiction avec ce que Platon avait dit peu de temps avant sur les sciences naturelles dans le *Philèbe*, et on peut se demander pourquoi. La première partie du *Timée* paraît assez largement inspirée par des spéculations pythagoriciennes arrangées à la mode de Platon (distinction d'un corps et d'une âme du monde). Dans la deuxième partie, ce sont surtout les idées d'Empédocle qui dominent (quatre éléments, échanges entre l'air et le sang, pensée située dans le cœur, alors que jusque là Platon la logeait dans la tête,

---

2. Fragment 1, Diels, Diogène Laërce, VIII, 83.

respiration réglée par le rapport entre l'intérieur et l'extérieur), même si notre philosophe a corrigé Empédocle par les idées de Philistion, qu'il avait pu connaître à Syracuse, mais là encore il ajoute des idées qui lui sont propres (rôle du foie, divination, négation du vide). Cependant, nous ne devons pas croire que cet exposé représente exactement les conceptions physiques de Platon à cette époque, car il est placé dans la bouche de Timée, philosophe supposé pythagoricien, et non de Socrate, que Platon utilisait toujours comme porte-parole. Le *Timée* n'est peut-être qu'une tentative d'explication du monde, une parmi d'autres, une hypothèse brillamment lancée, mais qui d'ailleurs s'embourbe à la fin, mais s'il y a eu d'autres tentatives de ce genre dans l'Académie, on ne nous les a pas transmises.

Dans le *Politique*, qui applique à la définition de l'homme politique la méthode mise au point dans le *Sophiste* (et on le voit bien, puisque le meneur de jeu est alors l'étranger d'Élée), la comparaison avec la médecine est constante : le dirigeant politique doit guider les citoyens vers la vertu, le médecin doit les mener à la santé, tout cela pour le bien commun. Ils doivent donner des directions globales, mais aussi s'intéresser au détail [3].

Dans les *Lois*, les allusions à la médecine sont très nombreuses, et là encore le législateur est très souvent comparé au médecin : tout artisan, médecin ou législateur, agit en vue du bien de l'ensemble, pour le bien du peuple, et même de l'univers entier, car la partie existe pour le tout, et non le tout pour la partie. Plus tard, les stoïciens feront de ce principe la base de leur système. C'est cette idée, appliquée à la société, qui aboutit à un organicisme encore plus strict que dans la *République*, et qui amène Platon à édicter, au livre X, ses désastreuses dispositions contre les athées, et à préconiser la formation d'un « conseil nocturne » qui est une formule parfaite de totalitarisme, quoique Platon se refuse à dire comment ce conseil serait exactement composé. On n'a bien souvent vu dans les *Lois* que ce côté négatif, mais on a oublié toutes les analyses, les fluctuations si riches de la pensée de Platon.

---

3. *Politique* 298c : le maître de gymnastique, le législateur, le médecin, ne peuvent pas entrer dans tous les détails, ils doivent donner des prescriptions globales et les changer à l'occasion si les circonstances l'exigent. *Politique* 299b : ceux qui prétendent enseigner aux autres le pilotage, l'art nautique ou la médecine sans se référer à tous les détails des textes écrits sont gravement coupables et doivent être durement châtiés. Nous retrouverons ce problème dans les *Lois*.

Dans les *Lois* XII, 963b, l'homme politique doit viser la vertu des citoyens dans son unité et sa diversité, comme le médecin doit obtenir la santé du malade en incluant toutes les variétés de tempéraments individuels et de maladies. L'intellect doit viser l'unité de la forme. Voici donc la médecine rétablie dans sa dignité d'échelon intermédiaire pour accéder par la dialectique, l'usage de l'analyse et de la synthèse, à la vérité.

En IX, 857cd, le législateur et le médecin doivent se garder de l'empirisme et chercher la science véritable. Nous avons déjà vu souvent ces distinctions, mais ici intervient l'homme de bon sens qui pourrait reprocher au législateur de ne pas vouloir simplement gouverner les citoyens, mais d'en faire des législateurs à leur tour[4], et accuser le médecin de ne pas vouloir guérir son malade, mais de chercher à en faire un médecin, s'il lui explique toute la science médicale. Nous avons déjà rencontré ce thème au livre IV, 720 sqq., dans le passage célèbre sur l'opposition entre les médecins empiriques et les médecins libéraux. Comme Platon y oppose nettement deux sortes de médecins, ceux qui soignent les esclaves et éventuellement les animaux, et ceux qui soignent les hommes libres, on a prétendu que cette distinction était fausse parce qu'il n'y a, dans la *Collection hippocratique*, pas la moindre allusion à des médecins d'esclaves : lorsqu'un Asclépiade entre dans la maison d'un malade, il soigne d'abord le maître, qui l'a appelé et qui le rétribuera, mais il en profite pour examiner toute la famille, et bien souvent les esclaves, qui vivent avec les maîtres. Cependant, il suffit de consulter les *Hippiatriques*, recueil de textes de vétérinaires, pour constater que les médecins qui s'occupaient des animaux dans les grandes propriétés soignaient aussi les esclaves, qui vivaient avec les animaux et étaient considérés comme eux, et étaient même classés au rang des instruments. Mais ce point d'histoire de la médecine a trop focalisé l'attention, et l'on n'a pas assez remarqué que dans cette opposition entre médecins empiriques et médecins libéraux, Platon cherche surtout une certaine conciliation entre l'expérience et la théorie : la médecine empirique, dit-il, pourra servir d'introduction, de prélude (προνόμιον)[5] à l'exposé de la vraie science médicale. Platon a-t-il enfin trouvé un pont entre l'univers des idées

---

4. N'est-ce pas là la définition même de la démocratie ? Mais Platon n'a jamais eu beaucoup de sympathie pour ce régime. Il faut dire que la démocratie athénienne, en son temps, n'était pas un modèle de légalité.

5. Nous retrouvons la métaphore musicale, et le jeu sur les deux sens de νόμος, en grec : loi, coutume, et mode musical.

et celui des sensations ? A-t-il résolu le problème de l'ambiguïté de la médecine ? Ne nous imaginons pas qu'il ait pu inventer la médecine expérimentale au IVe siècle av. notre ère, le fossé entre l'expérience matérielle et la philosophie spéculative se creusera encore pendant des siècles, les préjugés idéalistes empêchant de penser que l'on puisse tirer la vérité de l'examen des faits eux-mêmes. Mais il faut signaler que dans ce passage des *Lois*, à la fin de sa vie, Platon cherche à ménager une certaine place à l'expérience, et que c'est la première fois qu'il le fait. Il ne s'agit plus de rejeter le témoignage des sens comme impur, et de s'élever vers les idées comme l'œil essaie de se tourner vers le soleil, l'expérience n'est plus un simple reflet sur le mur de la caverne, elle peut être un premier degré dans l'ascension dialectique, comme toutes les sciences et les mathématiques elles-mêmes, mais de toute façon, pour passer du prélude à la mélodie proprement dite, il faudra un changement total de perspective.

En conclusion, on peut dire qu'il y a une certaine évolution dans la pensée de Platon, et que cette évolution se révèle clairement dans sa conception de la médecine. Alors qu'il mettait cette science au même niveau que les mathématiques quand il élaborait la théorie des idées, du *Gorgias* à la *République*, dans la seconde partie de sa carrière, quand il admet à partir du *Sophiste* la négativité, il devient plus conciliant à l'égard de l'expérience, et lui fait une place dans les *Lois*, comme « prélude » à la science.

De toutes façons, Platon s'est toujours servi de la médecine pour justifier sa philosophie, il n'a jamais cherché à se mettre à l'école, à l'écoute des médecins. C'est pourquoi on ne peut le rattacher à aucune école médicale particulière, il devait d'ailleurs les connaître assez mal et se désintéresser de leurs querelles internes. Jamais il ne fait allusion aux traités hippocratiques qui traitent les questions théoriques de la médecine, l'*Ancienne Médecine*, *De l'art*, ou *Airs, eaux, lieux*, et tous les rapprochements qu'on a proposés sont artificiels. Il est toujours allé de la philosophie à la médecine, et non l'inverse. La dialectique est transcendante, et elle se suffit à elle-même. L'ambition de Platon était d'arriver à définir une justice, une politique, fondée sur la science. Il n'y est pas parvenu, nous non plus d'ailleurs, vingt-cinq siècles après lui. Mais ce qui est positif chez lui, et qui sera toujours pour nous une source de réflexion et d'enrichissement, c'est son insatiable appétit de vérité.

Antoine THIVEL

MÉDECINE ET POÉSIE : NICANDRE DE COLOPHON ET SES POÈMES IOLOGIQUES

Mesdames, Messieurs,

Je suis venu vous entretenir des relations de la médecine et de la poésie à propos d'un poète grec que vous ne connaissez peut-être pas, Nicandre de Colophon.

Il vivait au IIe siècle av. notre ère et il fut aussi un médecin. De lui il nous reste deux spécimens de poésie médicale, deux poèmes « iologiques » écrits en hexamètres dactyliques (le vers épique, primitivement ponctué par la cithare), l'un, intitulé *Les Thériaques*, concernant les morsures venimeuses et leurs remèdes, l'autre, *Les Alexipharmaques*, sur les poisons et leurs antidotes. Poisons et venins étaient dans l'Antiquité les deux plus grands dangers menaçant la vie humaine, et leur étude a constitué, à l'époque hellénistique, une spécialité médico-pharmacologique des plus importantes, qu'il est commode d'appeler « iologie », du grec ἰός, qui, comme le latin apparenté *virus*, recouvre les notions de *venin* et de *poison*. Les « iologues » formaient alors l'aristocratie de la médecine, où se recrutaient les médecins privés des princes, souverains hellénistiques et plus tard parfois, à leur exemple, empereurs romains. C'est dire qu'il ne sera pas question de la médecine magique et de ses *incantations* (ἐπῳδαί), de forme souvent poétique, mais exclusivement de la médecine scientifique des Grecs, dont Nicandre est un représentant[1]. La médecine grecque dans sa relation à la poésie, véhicule d'un savoir médical, voilà ce dont je me propose de vous entretenir.

*
*   *

---

1. Sur les poèmes iologiques de Nicandre et leurs antécédents voir Nicandre, *Œuvres*, t. II, *Les Thériaques*, C.U.F., Paris, Les Belles Lettres, 2002, *Notice* § I : *Les Thériaques* témoignage scientifique, p. XX-LXV, ainsi que l'*Annexe*, p. 269-309 ; sur l'aspect littéraire, *ibid.* § II, p. LXV-CXXIX.

Projet aventureux. En effet, Francis Ponge en a fait l'aveu, et cet aveu nous pouvons le faire nôtre, nous ne savons « pas trop ce qu'est la poésie (nos rapports avec elle sont incertains) »[2]. Un jour il a même eu ce juron : « la poésie (merde pour ce mot) »[3]. Aussi bien n'est-il pas facile de répondre à la question : « Qu'est-ce que la poésie ? » En présence de cette difficulté, permettez-moi, Mesdames et Messieurs, d'invoquer le secours d'Apollon. Chacun sait qu'il est le dieu de la poésie, le « Conducteur des Muses » : « C'est par les Muses et par Apollon qui tire au loin qu'il est sur terre des poètes et des citharistes », dit Hésiode[4] ; et, lorsque le dieu rend ses oracles, ils sont formulés en hexamètres. Voilà un aspect bien connu de la personnalité divine d'Apollon. On sait peut-être moins qu'il est aussi dieu de la médecine. Dans ce rôle, il a été supplanté par son fils Asclépios, mais les faits sont là : dieu *medicus* à Rome, Apollon a sans doute eu, avant Asclépios, des sanctuaires médicaux et des prêtres-médecins. Ses compétences en médecine, sa connaissance des plantes médicinales, Joachim du Bellay les a chantées à l'égal de son art divinatoire dans l'ode magnifique *A Phœbus*, écrite en vers de sept pieds, le nombre sacré d'Apollon. Après l'invocation initiale à Apollon, après la fière affirmation de sa qualité de poète à lui Du Bellay, qui le recommande à Apollon, il entame l'éloge du dieu précisément par son expertise médicale :

Tu sçais toutes medicines,
Herbes, plantes et racines,
Qui chassent le mal des corps :
Tu sçais toutes les sciences,
Les arts, les experiences
Des Augures et des sorts.

Si j'invoque à mon tour Apollon, ce n'est pas seulement par dévotion antique, c'est aussi parce que Nicandre a avec lui des liens privilégiés, on pourrait dire : des liens de famille. La *Vie* qui ouvre les Scholies aux *Thériaques* nous apprend qu'il exerçait la prêtrise héréditaire d'Apollon Clarien. Claros, en Ionie, était, avec Delphes et Délos, un des principaux oracles d'Apollon, dépendant de Colophon, cité voisine de Claros. C'était peut-être son lieu de nais-

---

2. *Le Grand Recueil* : III. Pièces, « La Figue (sèche) », dans F. Ponge, *Œuvres complètes*, Bibliothèque de la Pléiade, t. I, p. 803.

3. *Le Grand Recueil* : II. Méthodes, *ibid.* p. 534.

4. *Théogonie* 94 sq. : ἐκ γάρ τοι Μουσέων καὶ Ἐκηβόλου Ἀπόλλωνος | ἄνδρες ἀοιδοὶ ἔασιν ἐπὶ χθόνα καὶ κιθαρισταί.

sance ; c'est là qu'il grandit et séjourna. Dans le prélude des *Alexipharmaques*, dédicace en l'honneur de Protagoras de Cyzique, sans doute médecin lui-même, Nicandre oppose leurs patries (Appendice, texte n° 1) : « C'est en effet au bord de la mer tourbillonnante, sous le regard de l'Ourse ombilicale, que toi tu t'es établi, là où Rhéa Lobrinè a son séjour souterrain et Attis le lieu de ses mystères, tandis que moi, c'est dans la région où les fils de la glorieuse Créuse se sont partagé le plus fertile terroir du continent ; car je fais résidence près des trépieds Clariens du Loin-Tirant » (*Alexipharmaques* 6-11). Le prélude des *Alexipharmaques* fait écho à la *sphragis* ou signature des *Thériaques*, par laquelle Nicandre prend congé de son dédicataire Hermésianax, sans doute médecin lui aussi (Appendice, texte n° 2) : « Et du poète homérique, tu pourras à jamais garder le souvenir, de Nicandre qu'éleva la blanche bourgade de Claros » (*Thériaques* 957 sq.). Nicandre ne se contente pas de se situer relativement à son dieu dans des passages privilégiés des deux poèmes, il lui arrive de le saluer en passant, ainsi lorsque, ayant à mentionner le tamaris, il évoque l'oracle d'Apollon de Koropè en Thessalie, ce à quoi il n'était pas tenu par son sujet (Appendice, texte n° 3) : « Ajoute du tamaris stérile un branchage nouveau, devin respecté chez les hommes, dans lequel Apollon de Koropè a mis pouvoir de prophéties et loi divine régentant les hommes » (*Thériarques* 612-614).

On a douté de la qualification médicale de Nicandre, qui n'aurait été qu'un versificateur en quête de sujets surprenants où exercer son talent, dont tout le travail aurait consisté à tourner en vers une matière qui lui serait totalement étrangère, en l'occurrence l'œuvre iologique d'un savant du siècle précédent, Apollodore d'Alexandrie (IIIᵉ s. av. J.-C.), auteur de deux traités sur les bêtes à venin et les substances toxiques. Formulée au milieu du XIXᵉ, à une époque où sévissait dans la *Quellenforschung* la théorie de la source unique, cette idée a eu un succès immérité, reprise et ressassée par les critiques et les historiens de la littérature qui ont eu à parler de Nicandre sans s'être toujours donné la peine de le lire. Nicandre n'est pas le reflet pur et simple d'Apollodore, il suffit de le comparer attentivement avec les iologues qui l'ont précédé pour constater son indépendance et son originalité. Et si l'on fait de même avec ceux qui l'ont suivi jusqu'aux confins de l'Antiquité et même au-delà, il n'est pas difficile de trouver des preuves manifestes de son influence. Souvent en contradiction avec Apollodore, Nicandre se comporte avec lui, comme avec tous ses devanciers, en pharmacologue de profession, prenant et laissant ce qui s'accorde

ou non à son propos. Qui plus est, il n'est ni le seul ni le premier à
exposer en vers la matière iologique : Nouménios d'Héraclée dans
ses *Theriaca* en hexamètres, Pétrichos dans ses *Ophiaca* peut-être
en distiques élégiaques (comme le poème homonyme de Nicandre),
l'avaient fait avant lui, et ils étaient médecins l'un et l'autre.

En faveur de Nicandre médecin, les indices ne manquent pas.
J'en apporterai un seul, mais qui a une valeur symbolique. L'un des
plus beaux livres anciens conservés, peut-être le plus beau, est assurément le Dioscoride de Vienne [5] datant de la seconde moitié du
Ve siècle, offert en 512 ou 513 par les habitants d'un faubourg de
Constantinople à la princesse byzantine Juliana Anicia, fille de
Flavius Anicius Olybrius. Plutôt qu'un Dioscoride véritable c'est un
Herbarium Dioscorideum extrait de sa *Matière médicale* et enrichi
d'apports divers (Krateuas, Galien, etc.), dans lequel les plantes ont
été arrangées alphabétiquement. Chacune d'elles fait l'objet d'une
superbe miniature exécutée en pleine page, la page de la miniature
faisant face à celle qui porte la notice de la plante. Les premiers
folios offrent différentes peintures parmi lesquelles on remarque les
portraits de pharmacologues éminents identifiés par des inscriptions. Deux planches (fol. 2v° et 3v°), divisées l'une et l'autre en sept
compartiments, les montrent en costume antique (*chitôn* et
himation), assis, tenant d'une main un *volumen* et faisant de l'autre
un geste d'orateur. Les visages basanés ont des traits individuels
marqués. Le groupement des portraits par sept a fait penser aussitôt
aux *Hebdomades* de Varron, grande iconographie biographique qui
contenait sept cents portraits de célébrités grecques et romaines
réparties par spécialités. Hormis les deux figures mythiques de
Chiron et de Machaon, les portraits du Dioscoride de Vienne
remontent probablement à des originaux d'Alexandrie ou de
Pergame. Nicandre apparaît au fol. 3v° sous Krateuas-Galien-
Dioscoride, aux côtés d'Apollonios Mys et au-dessus d'Andréas et
Rufus. A ses pieds ondule un serpent auquel il tend une herbe apparemment antivenimeuse. La présence de Nicandre s'explique non
seulement par le fait que Dioscoride le cite à l'occasion, mais aussi,
et plus encore, comme celle de Krateuas, de Galien, et même de

---

5. Voir la magnifique reproduction en couleurs, à l'identique, parue dans *Codices
Selecti phototypice impressi*, Facsimile Vol. XII : Dioscurides, *Codex Vindobonensis med.
gr. 1* der Österreichischen Nationalbibliothek + Commentarium Vol. XII : Hans Gers-
tinger, *Kommentarband zu der Faksimileausgabe*, Graz, Akademische Druck- u. Verlags-
anstalt, 1970.

Rufus[6], par la place que Nicandre tient dans l'*Herbier*. En effet, la
paraphrase des *Thériaques* et des *Alexipharmaques*, due au sophiste
Eutecnius, y a pris la place des deux traités du Pseudo-Dioscoride
sur les venins et les poisons, qui, dans les manuscrits du Dioscoride
authentique, complètent d'ordinaire les cinq livres de la *Matière
médicale*. Voilà donc Nicandre reconnu dans son statut de spécialiste en matière iologique.

J'ajouterai que si Nicandre n'avait eu aucune compétence
médicale pour traiter son sujet, s'il n'avait été qu'un versificateur
désireux d'accomplir un tour de force, il s'agirait là d'un cas unique.
Car les iologues dont l'existence nous est connue sont des médecins.
Tous sans exception, y compris ceux qui se sont exprimés en vers :
Nouménios et Pétrichos déjà cités, et l'archiâtre Andromachos
l'Ancien, médecin privé de Néron, inventeur du remède composé le
plus célèbre de l'Antiquité (encore inscrit à la Pharmacopée de
France et d'Allemagne à la fin du XIXe), une thériaque décrite en
distiques élégiaques et intitulée *Galéné* (« le Calme » de la guérison
après la tempête de la maladie). Si, après les *Theriaca* de Nouménios, Nicandre a jugé bon d'écrire un poème portant le même
titre, c'est qu'il avait autre chose à dire sur le sujet, et autrement.

Les poèmes évoqués à l'instant sont des exemples typiques de
poésie médicale. Naturellement, parmi les médecins grecs, il y en a
qui ont brillé dans un des genres poétiques traditionnels, comme
Nicias de Milet, l'ami de Théocrite qui a loué ses capacités médicales et ses dons poétiques. Nicias avait écrit des épigrammes
recueillies par Méléagre dans sa *Couronne*, et nous pouvons juger
de son talent d'épigrammatiste grâce aux échantillons qu'en a
retenus l'*Anthologie palatine*[7]. Les poètes que je suis en train de
considérer ne sont pas, comme Nicias, des médecins qui ont été
poètes à leurs heures, ce sont des hommes qui ont mis leur talent
poétique au service d'un enseignement médical, comme l'ont fait
Nouménios, Pétrichos, Andromachos et Nicandre. Beaucoup ont

---

6. On lui a en effet attribué le *Carmen de viribus herbarum* (Περὶ βοτανῶν), auquel
manquent le titre et la table des matières, reproduit avec des lacunes aux fol. 388-392 du
même ms. Cf. F. S. Lehrs, *Poetae bucolici et didactici, pars secunda*, p. 173-178, Bibl. Didot,
Paris 1851 ; E. Heitsch, *Die griech. Dichterfragmente der röm. Kaiserzeit*, Bd. II, p. 23-28,
Göttingen, 1964.

7. Cf. Théocrite, *Épigrammes* VIII, 2 sq. : ἰητῆρι νόσων ἀνδρὶ ... | Νικίᾳ ; *Idylles*
XXVIII, 7 : Νικίαν, Χαρίτων ἱμεροφώνων ἵερον φύτον. Pour les huit épigrammes
conservées de Nicias voir l'édition de A. S. F. Gow, D. L. Page, *The Greek Anthology : Hel-
lenistic Epigrams*, Cambridge, 1965, t. I, p. 149-151 (*Anthologie palatine* 6, 122, 127 et 270 ;
7, 200 ; 9, 315, 564 ; *Anthologie de Planude* 188 sq.).

disparu sans laisser de trace. Mais, parfois, l'épigraphie nous a restitué le souvenir de ces personnalités dont la double compétence
apollinienne, en médecine et en poésie, est saluée par la formule
Μουσάων θεράπων καὶ ἰητήρ « serviteur des Muses et médecin » [8].
Tel fut Hérakléitos de Rhodes loué dans une inscription de Rhodiapolis en Lycie, datant du IIe siècle, comme « l'Homère des
poèmes médicaux » [9]. Si cet éloge a un sens, Hérakléitos avait utilisé
l'hexamètre comme Nouménios et Nicandre. D'autres ont préféré
le distique élégiaque (on l'a vu avec Andromachos, et, peut-être,
Pétrichos), d'autres encore (on le verra) le trimètre iambique.

   Pourquoi avoir fait choix de la poésie pour dispenser un enseignement médical ? A la forme poétique Galien reconnaissait trois
avantages pratiques qu'il ne manque pas de souligner à propos des
recettes versifiées dont il a parsemé son œuvre pharmacologique :
c'est un total de vingt citations de poèmes médicaux qu'il nous a
transmis intégralement ou en partie – une pour Andromachos
l'Ancien, Philon de Tarse, Rufus d'Éphèse et Héliodore d'Athènes
respectivement, quatorze pour le seul Damocratès, sans compter les
Anonymes. Les deux avantages des recettes en vers que Galien note
le plus souvent sont que :

   1. Elles se retiennent facilement ;

   2. Le dosage relatif de leurs ingrédients (la συμμετρία)
échappe aux erreurs de copie qui gâtent trop souvent les mentions
de dosage. Ménécratès, que Galien propose en modèle, avait bien
tenté de remédier à leur fragilité en écrivant les chiffres en toutes
lettres [10], mais, pour les dosages, rien ne vaut le corset de la forme
métrique. Voyez, entre autres réflexions de Galien, cette remarque
des Antidotes [11] : « Puisque ce qui est versifié est facile à mémoriser
et n'offre pas d'erreur dans la συμμετρία des ingrédients, il m'a
semblé qu'il valait mieux transcrire ici les vers de Damocratès. » Et
ceci encore, avant une citation du même Damocratès dans la Com-

---

8. W. Peek, *Griechische Vers-Inschriften* I, 1955, 445, 1, cf. 2020, 7 : ποιητάν τε καὶ
ἰητῆρα. Voir G. Pfohl, *Inschriften der Griechen* (Epigraphische Quellen zur Geschichte
der antiken Medizin), Darmstadt, 1977, p. 16.

   9. *Tituli Asiae Minoris* II 910.15 sq. : ὃν ἀνέγραψαν ἰατρικῶν ποιημάτων | Ὅμηρον
εἶναι. Cf. L. Robert, *Opera Minora*, t. IV p. 306 sq.

   10. Dans son traité intitulé *L'empereur hologramme des médicaments notables*
(Αὐτοκράτωρ ὁλογράμματος ἀξιολόγων φαρμάκων) : cf. Galien, *De antidotis* 1, 5 ; 14. 31 sq.
Kühn.

   11. *De antidotis* 2, 15 ; 14, 191, 2-5 Kühn.

position des médicaments selon les genres [12] : « J'ai souvent dit que les recettes métriques offrent plus d'avantages que celles rédigées en prose, non seulement eu égard à la mémoire, mais aussi pour ce qui est de l'exactitude du dosage relatif de leurs ingrédients. » C'est pour cette raison que, lorsqu'il doit exposer la préparation d'un onguent parfumé qui entre dans la composition de la thériaque d'Andromachos, Galien cite une recette anonyme en hexamètres dactyliques [13].

Aux deux avantages susdits de la forme versifiée s'en ajoute un troisième, sur lequel Galien insiste avant de donner les cent soixante-quatorze vers de la *Galénè* :

3. Les vers résistent mieux que la prose aux tentatives de falsification. Il écrit dans ses *Antidotes* : « Je félicite Andromachos [14] lui aussi d'avoir, comme d'autres l'ont fait, utilisé les vers pour rédiger sa thériaque. De son côté, Damocratès a rédigé en vers tous les autres remèdes aussi, et il a eu raison. Car les individus sans scrupules ont ainsi le moins de chances de pouvoir les falsifier. » [15] De telles considérations peuvent justifier le choix que certains pharmacologues ont fait de la poésie en tant que mode d'expression d'idées médicales : sûrs de l'efficacité de leurs recettes, ils ont pu vouloir les protéger contre toutes les causes possibles de corruption, entreprises des faussaires aussi bien qu'accidents de transmission.

Vous me direz peut-être : qu'est-ce que la poésie a à voir avec tout ceci ? Je répondrai : rien du tout, bien sûr, ni pour Aristote ni pour nos tenants de la poésie pure. Nous sommes ici dans le domaine de la versification, côté extérieur de la poésie. Mais il a aussi son importance pour les anciens, en tant que procédé mnémotechnique.

Chez les médecins pour qui la poésie est le véhicule d'un enseignement médical, il existe deux écoles : les uns se servent d'un langage clair ; les autres, à l'inverse, ne répugnent pas à l'obscurité. Une obscurité qui, dans son principe, n'est pas de nature à déplaire

---

12. *De compositione medicamentorum per genera* 5, 10 ; 13, 820, 15-17 Kühn.

13. *De antidotis* 1, 10 ; 14, 52, 5 Kühn.

14. P. Luccioni a étudié la question à propos d'Andromachos dans une communication présentée au colloque « Rationnel et Irrationel dans la Médecine antique », tenu à Saint-Étienne les 14 et 15 novembre 2002, sous le titre *Raisons de la Prose et du Mètre : Galien et la poésie didactique d'Andromachos l'Ancien*, à paraître aux Presses de l'Université de Saint-Étienne.

15. *De antidotis* 1, 6 ; 14, 32, 5-9 Kühn.

au dieu des oracles Apollon-Loxias. C'est à la première école qu'appartient Servilius Damocratès, si apprécié de Galien. Il vivait à l'époque de Néron et de Vespasien. Son outil poétique est le trimètre iambique comique mis en honneur par le grammairien Apollodore d'Athènes, dans ses *Chroniques*, pour des raisons de *clarté*, comme nous le précise le Pseudo-Skymnos dans sa *Périégèse* : Apollodore « a choisi d'exposer (son épitomé) dans le mètre comique τῆς σαφηνείας χάριν (*par désir de clarté*), voyant qu'ainsi il serait aisé à retenir »[16]. On comprend par là que le trimètre iambique, qui tend à supplanter l'hexamètre à basse époque, ait servi à des œuvres de vulgarisation telles que les *Préceptes de Santé* (Ὑγιεινὰ παραγγέλματα) d'un compilateur byzantin ou l'*Ouvrage médical en iambes* (Πόνημα ἰατρικόν δι᾽ ἰάμβων) de Michel Psellos, qui ne sont que de la prose versifiée. La σαφήνεια, la *clarté*, est la vertu primordiale exigée des poèmes par ceux qui n'entendent rien à la poésie, Socrate, Sextus Empiricus. A partir de cette exigence, Sextus proclame l'inutilité de la γραμματική : pour lui, ou bien le poème est bon, c'est-à-dire *clair*, et il n'a pas besoin d'explication, ou il est obscur, c'est-à-dire mauvais par définition, et alors il ne mérite pas d'être expliqué[17]. Il y a là assurément quelque chose de paradoxal : on exige des poèmes qu'ils soient clairs, alors que la poésie est la chose la plus obscure qui soit. N'est-elle pas, ainsi que l'écrivait le docte florentin du Quattrocento, Marsile Ficin, « par sa nature même remplie d'énigmes »[18] ? Damocratès, lui, est parfaitement clair, mais c'est un versificateur et non un poète.

La σαφήνεια n'est pas l'apanage exclusif du trimètre iambique. Malgré son style et son vocabulaire particuliers, l'hexamètre dactylique n'est pas incompatible avec elle, témoins les Ἰατρικά de Marcellus de Sidé, contemporain d'Hadrien et d'Antonin le Pieux. Une épigramme de l'*Anthologie palatine* (7, 158), composée en hexamètres pour célébrer Marcellus dans son propre mètre, lui rend

---

16. [Skymnos] *Orbis descriptio* 33-35 : μέτρῳ δὲ ταύτην (*sc.* τὴν ἐπιτομήν) ἐκτιθέναι προείλετο, | τῷ κωμικῷ δέ, τῆς σαφηνείας χάριν, | εὐμνημόνευτον ἐσομένην οὕτως ὁρῶν. Ce passage fait partie du témoignage sur Apollodore recueilli par F. Jacoby, *FGrHist* 244 T 2.

17. *Adversus Mathematicos* I, 318 sq. : ἄριστον δὲ ποίημά ἐστι κατ᾽ αὐτοὺς (*sc.* τοὺς γραμματικούς) τὸ σαφές· ἀρετὴ γὰρ ποιήματος ἡ σαφήνεια, καὶ μοχθηρὸν τὸ ἀσαφὲς παρὰ γραμματικῇ. οὔτε οὖν ἐπὶ ἀρίστου ἐστὶ ποιήματος χρειώδης διὰ τὸ μὴ δεῖσθαι ἐξηγήσεως σαφὲς ὄν, οὔτε ἐπὶ τοῦ μοχθηροῦ διὰ τὸ αὐτόθεν εἶναι μοχθηρόν.

18. *Commentarii in Platonem* (1548), Lib. VI, 2ᵉ *Alcibiade*, p. 33 ; cité par E. Parturier dans son édition de Maurice Scève : *Délie*, Paris, 1939, p. xxiv sq.

hommage « pour les grâces du langage (εὐεπίη) que lui a départies Phoibos Apollon, lui qui a, dans le mètre héroïque, chanté les traitements des maladies en quarante livres pleins de sagesse, dignes de Chiron ». De ce volumineux poème, la centaine de vers subsistants, fortement factuels, attestent la σαφήνεια, sinon la qualité poétique.

A l'opposé, Andromachos appartient, avec sa *Galénè* en distiques élégiaques, à la seconde école. Ici, autre paradoxe : c'est, dans un poème didactique, la difficulté de compréhension, le contraire de ce que nous appelons *clarté*, l'obscurité. Cette tendance s'exagère avec Philon de Tarse (Ier s.), dans le poème élégiaque où il décrit son célèbre calmant, le Φιλώνειον, en usage jusqu'à la fin de l'Antiquité. Après l'ἐπαγγελία ou *indication*, dans laquelle le remède signale au lecteur tous les maux qu'il combat dans le plus pur style de l'épigramme et dans les termes les plus clairs (il importe que la *réclame* soit comprise de tous), le poème dérive vers l'énigme lycophronienne, une énigme délibérément voulue : « Mon texte, dit-il, est écrit pour les esprits subtils : qui saura le comprendre aura en moi un présent non sans prix ; aller au-devant des sots, je n'en ai nul désir. »[19] Est-ce une manière de protéger son texte contre les non-initiés que de jeter sur lui un voile d'obscurité ? Mais revenons à Andromachos : chez lui, nous pouvons apprécier l'alliance notable d'une expérience médicale authentique et d'une langue artistique très élaborée.

On peut en dire autant de Nicandre, auquel, d'ailleurs, Andromachos doit beaucoup. Pour sa part, Nicandre n'affiche pas de manière agressive, comme Philon, une volonté d'obscurité, mais cependant son obscurité est bien réelle. Elle résulte de ses options littéraires qui sont celles de la poésie hellénistique de haute époque poussées jusqu'à leur paroxysme, comme on pouvait l'attendre d'un épigone. La recherche érudite du mot rare, *hapax* homériques ou appartenant à d'autres poètes, archaïques ou récents, épiques ou autres, la quête des *glôssai* empruntées non seulement aux poètes des générations précédentes mais aussi aux dialectes des différents cantons du monde hellénique (ionien, dorien, éolien, attique, etc.), et où ne manquent pas les particularités locales (béotien, étolien, rhodien, etc.), le voisinage de ces raretés avec des mots techniques

---

19. *Supplementum Hellenisticum* 690, 11 sq. (H. Lloyd-Jones et P. Parsons éd., Berlin-New York 1983, p. 332) = Galien, *De compositione medicamentorum secundum locos* 9, 4 ; 13, 268, 3 sq. Kühn : γέγραμμαι δὲ σοφοῖσι, μαθὼν δέ τις οὐ βραχύ μ' ἕξει | δῶρον, ἐς ἀξυνέτους δ' οὐκ ἐπόθησα περᾶν.

désignant d'humbles réalités, mais auxquels il donne souvent une touche personnelle, car, lorsque rien ne vient satisfaire son goût du rare, il crée des néologismes à la file, de ces πεποιημένα ὀνόματα recommandés aux poètes par Aristote (nul poète grec n'a à son actif autant d'*hapax* absolus), tout cela compose un cocktail qui peut ne pas plaire mais tout autre que fade, relevé par une métrique des plus fines, dans la ligne de la métrique callimachéenne. Cela dit, Nicandre n'est pas, Apollon merci, un poète-médecin hermétique à la façon de Philon de Tarse ou d'Aglaïas de Byzance qui aiment à poser à leurs lecteurs des devinettes mythologiques. Nos incompréhensions, nos ignorances, en ce qui le concerne, sont avant tout celles de la littérature grammaticale (Scholies, Lexiques étymologiques, etc.), qui, n'en déplaise à Sextus Empiricus, nous est, pour le comprendre, d'un grand secours.

L'obstacle de la langue une fois franchi, on se trouve en présence d'une poésie assez prenante, que l'on peut bien appeler réaliste, car elle reproduit sans fard les conditions de l'âpre réalité. Je vais, en français, vous en donner quelques exemples, mais auparavant je voudrais dire un mot de la traduction. Les vocables du texte à traduire ont trois dimensions : ils ont un volume, une sonorité, une signification. La traduction peut, au mieux, rendre compte de leur dimension sémantique, tout en étant d'ailleurs incapable de restituer les associations d'idées que comportent les mots de l'original, les échos qu'ils appellent, surtout venant d'un *poeta doctus* qui renvoie aux poètes du passé. Bien sûr, elle ne peut rendre « le choc harmonieux des sonorités verbales par où le vers peut plaire même à l'étranger musicien qui n'en comprendrait pas le sens »[20]. En vérité, les sons comptent autant que le sens : « Le sens même du très beau vers s'altère par la traduction en prose... Le sens n'est plus le même et on semble n'y avoir pas touché. »[21] Mais, pour pallier aux insuffisances de la traduction, vous avez sous les yeux le texte grec.

Ma première illustration sera tirée de la notice sur le Pavot, dans la partie où Nicandre relate, avec une grande vérité d'observation admirée des toxicologues, les symptômes de l'empoisonnement, et cela dans l'ordre même où ils se succèdent –

---

20. A. Gide, « Baudelaire et M. Faguet », *La N.R.F.*, novembre 1910, 499-518 = *Essais Critiques*, Bibliothèque de la Pléiade, p. 245-256 (voir p. 252).
21. P. Valéry, *Cahiers*, Bibliothèque de la Pléiade, t. II, p. 1069.

refroidissement du corps, fixité du regard, apparition de la sueur, ralentissement de la respiration, cyanose, le tout couronné par l'évocation de la *facies hippocratica* (Appendice, texte n° 4) : « Il y a aussi le pavot à tête porte-graines : sache que les hommes, lorsqu'ils boivent ses pleurs, tombent chaque fois dans un profond sommeil. De fait, sur leur pourtour, les extrémités des membres se refroidissent, les deux yeux, au lieu de s'ouvrir, restent tout à fait immobiles sous le lien des paupières ; et, tout autour du corps accablé de fatigue, une sueur odorante coule à flots. Le visage jaunit, les lèvres enflent, les attaches de la mâchoire se relâchent, tandis que le cou ne laisse plus passer qu'un faible souffle qui se traîne glacé. Souvent, ou bien l'ongle livide, ou encore le nez qui se courbe, annonce une fin prochaine, parfois ce sont les yeux enfoncés » (*Alexipharmaques* 433-442).

Il arrive à Nicandre d'étayer la description d'un symptôme par des comparaisons ; il en est ainsi des cris que pousse sous l'empire de la folie la victime du Toxicon, le poison de flèches (Appendice, texte n° 5) : « Cependant, le malade a des bêlements, et, sous l'effet de la folie, il tient mille propos sans suite ; maintes fois, accablé par le mal, il pousse les cris que jette sur le coup un homme dont la tête, clef de voûte du corps, est fauchée par le glaive, ou ceux de la *kernophore*, desservante attachée à l'autel de Rhéa, quand, au neuvième jour du mois, abordant des chemins fréquentés, elle pousse à plein gosier une longue clameur ; et l'on tremble lorsqu'on entend l'aboiement terrifiant de la déesse de l'Ida. De même, l'esprit transporté de rage, il rugit et il hurle de façon désordonnée […] » (*Alexipharmaques* 214-222). Les cris du malade, on le voit, font l'objet de deux comparaisons. La première, bizarre (cris d'un décapité), se retrouve seulement chez Scribonius Largus dans la littérature parallèle ; difficile de croire que Scribonius ne l'a pas empruntée à Nicandre. La seconde (clameurs de la prêtresse de Rhéa-Cybèle, au cours de la *kernophorie* qui marque ses mystères) montre l'intérêt de Nicandre pour les cultes, notamment celui de Cybèle et d'Attis, auquel le prélude faisait déjà allusion. Le passage que je viens de traduire témoigne de son caractère bruyant, souvent évoqué, entre autres par Catulle. Mais ce que la traduction ne peut rendre c'est l'étrangeté du vocabulaire, qui, en l'espace de trois vers (215-217), ne compte pas moins de quatre mots qui sont soit des *hapax* absolus, soit des mots de première occurrence ou de sens non attesté en dehors de Nicandre. Elle ne peut rendre non plus les sonorités du v. 217 qui présente la prêtresse de Rhéa : ἢ ἄτε κερνοφόρος ζάκορος βωμίστρια Ῥείης.

Plus classique, la façon d'introduire la comparaison à laquelle donne lieu le dernier symptôme de l'intoxication due à l'Aconit (Appendice, texte n° 6) : « ... les objets qu'il voit de ses deux yeux sont doublés, comme s'il avait été, la nuit, dompté par du vin pur. De même que, après avoir foulé sous leurs pieds leur vendange sauvage, les Silènes, nourriciers du dieu cornu Dionysos, la première fois que l'écumante liqueur eut enivré leurs esprits, roulèrent des yeux, et, jambes chancelantes, coururent au long des pentes du Nysa, privés de raison : de même, les malades souffrent de vertige, alourdis par le cruel fléau » (*Alexipharmaques* 28-35). Il y a adéquation parfaite de la comparaison et de son objet, fusion totale entre eux. Plus loin, en effet, la thérapie promet au malade de retrouver « un pied assuré » (73).

Cette fusion du comparant et du comparé est encore plus nette dans le passage où Nicandre décrit l'allure du Céraste. Il n'existe pas de mode de progression des Serpents plus curieux que celui nommé par les Anglo-Saxons *sidewinding*, ou déroulement latéral, qui permet aux Crotalidés de se déplacer sur les sables. Le Serpent dispose son corps en boucles, et il meut celles-ci sous un certain angle dans le sens de l'ondulation. Au gré de cette vague ondulante, il s'élève et s'abaisse, avançant alternativement sa partie antérieure, puis postérieure, en laissant sur le sol, qu'il ne touche qu'en deux points, une série de traces parallèles, obliques relativement au sens de la progression. Dans le mouvement normal, au contraire, tel celui de la Vipère, l'ondulation se fait de manière rectiligne, du commencement jusqu'au bout du corps, poussant l'animal dans la direction opposée à celle de la vague ondulante. Le *sidewinding* n'est pas aisé à rendre par des mots, plus facile à traduire par une image. Les naturalistes modernes allèguent, aux fins de comparaison, le mouvement d'une vis, d'un ressort à boudin, ou les chenilles d'un tracteur. Voici comment Nicandre le dépeint après avoir, dans un premier temps, comparé la morphologie du Céraste à celle de la Vipère (Appendice, texte n° 7) : « Quant au mouvement de leurs anneaux, la vipère, fougueuse, fonce de front en ligne droite, dans une longue ondulation de son ventre ; mais lui, c'est de biais qu'il roule par le milieu de sa traînante masse, errant selon une voie tortueuse, le dos rugueux, pareil à la coque d'un navire marchand qui, dans l'onde amère, plongeant entièrement le flanc sous le vent contraire, force sa route contre la rafale, déporté par la bourrasque soufflant du sud-ouest » (*Thériaques* 264-270). Cette image, dans laquelle la marche du bateau, contrariée par le vent, peint l'allure gauche du Céraste, tandis que le balancement des vagues s'applique au mouvement ondulatoire du corps, quand la partie située derrière l'onde s'élève et que celle qui est devant s'abaisse, cette image, à la fois analyse et synthèse du mouvement latéral, n'a pas d'équivalent dans le reste de la littérature zoologico-iologique. Ici, la comparaison rappelle l'utilisation qu'en a faite Empédocle [22] lorsqu'il se sert de la clepsydre pour expliquer le mécanisme de la respiration : elle n'est plus addition rhétorique, elle devient mode d'investigation scientifique.

Ailleurs, Nicandre utilise la comparaison seulement pour égayer sa matière (mais il en use sobrement) au même titre que la digression mythologique (celle-ci jamais assez longue pour détourner de l'essentiel), ou que les tableaux de genre. Pour terminer, je citerai les deux tableaux jumelés qui embellissent la notice des *Alexipharmaques* sur les Sangsues. Au chapitre de la Sangsue, qui, une fois absorbée, crée des désordres organiques, les textes parallèles se contentent de noter le fait de l'absorption, par exemple Aétius : « Les Sangsues absorbées avec l'eau se fixent dans telle partie du corps et causent tel dommage. » Nicandre en tire prétexte à peindre deux buveurs assez assoiffés pour avaler des Sangsues (Appendice, texte n° 8) : « Si quelqu'un, le gosier pressé de sèche soif, se jette à plat ventre pour boire à une rivière comme un taureau, après avoir écarté de sa main les feuilles ténues des mousses aquatiques, de lui fougueusement s'approche, amie du sang, et, d'un seul élan, se rue en nombre avec l'eau qu'il avale, affamée, la sangsue amaigrie par un long jeûne, altérée de sang frais. Ou bien, lorsqu'un homme, les yeux voilés par l'obscure nuit, imprudemment, incline une cruche pour y boire, lèvres pressées contre lèvres, et qu'il a la gorge franchie par la bête flottant à la surface des eaux, les sangsues, là où d'abord le courant a poussé leur troupe, s'attachent en foule à sa peau pour en sucer le sang [...] » (*Alexipharmaques* 495-506). Rassurez-vous, le mal n'a rien de mortel ; la médication préconisée par Nicandre aura tôt fait de chasser les intruses.

*
* *

---

22. Aristote, *De la Respiration* 7, 473b 16-474a 6 (R. Mugnier, Aristote : *Petits Traités d'Histoire Naturelle*, C.U.F., Paris, Les Belles Lettres, 1953, p. 117) = Empédocle, fr. 100.8-25, dans H. Diels, *Poetarum Philosophorum Fragmenta*, Berlin, Weidmann, 1901, p. 144 = Diels-Kranz, *Fragmente der Vorsokratiker* [8] 31 B 100.8-25.

Mesdames et Messieurs,

Nous voici arrivés au bout de notre route. De cette promenade vous avez pu tirer, je l'espère, une double leçon.

1. Les traits de Nicandre se sont précisés. Au II⁰ siècle av. notre ère, il a apporté une contribution originale à la poésie médicale inaugurée trois siècles auparavant par Empédocle, qui fait partie comme lui des trois familles les plus distinguées de l'humanité d'où les dieux prennent naissance, celle des « devins » (μάντεις), des « poètes » (ὑμνοπόλοι) et des « médecins » (ἰητροί)[23]. En Nicandre, prêtre d'Apollon Clarien, semble revivre la tradition des prêtres-médecins d'Apollon et d'Asclépios. Mais il a sur eux une supériorité qui le rapproche davantage encore d'Apollon, sa qualité de poète. Trois épigrammes de l'*Anthologie palatine* célèbrent en lui le médecin « de la race de Péon » (9, 211-212) et le poète « cher aux Muses célestes » (213).

2. Vous avez pu constater qu'il appartient à une catégorie d'écrivains largement représentée en Grèce, et qui continue d'exister à l'époque moderne : comme il y a eu en Grèce des poètes philosophes, mathématiciens, astronomes, alchimistes, etc., il y a eu aussi des médecins « serviteurs des Muses ». En tant que tel, Nicandre annonce, ni plus ni moins que les autres, des figures modernes telles que, au XVI⁰ siècle, Jacques Grévin, médecin réputé et poète estimable, qui a traduit en vers français les *Thériaques* et les *Alexipharmaques*, ou encore, dans la première moitié du XX⁰, le médecin poète allemand Hans Carossa. Les deux poèmes iologiques de Nicandre sont conformes à la mission des Muses, filles de Mnémosyne : aptes à la mémoire, on les retient par cœur aisément. Mais, à la différence d'autres poèmes médicaux grecs, ils sont plus qu'un aide-mémoire du savoir médical qu'ils diffusent. Poète authentique, Nicandre s'est forgé un langage singulier, un langage qui s'écarte résolument et se tient presque absolument distinct du langage ordinaire (ce qui va de soi), mais qui, souvent même, s'éloigne de la *koinè* épique, je veux dire : du langage artistique employé par les poètes épiques. Le chant qu'il a modulé n'avait pas été entendu avant lui, il ne s'entendra plus après lui : les vers de Nicandre ont un cachet d'originalité qui les fait reconnaître entre tous.

---

23. Empédocle, fr. 146. 4-5 Diels-Kranz.

APPENDICE

Texte n° 1 : *Alexipharmaques* 6-11

Ἦ γὰρ δὴ σὺ μὲν ἄγχι πολυστροίβοιο θαλάσσης
Ἄρκτον ὑπ᾽ ὀμφαλόεσσαν ἐνάσσαο, ἧχί τε Ῥείης
Λοβρίνης θαλάμαι τε καὶ ὀργαστήριον Ἄττεω·
αὐτὰρ ἐγὼ τόθι παῖδες ἐϋζήλοιο Κρεούσης
πιοτάτην ἐδάσαντο γεωμορίην ἠπείρου,
ἑζόμενος τριπόδεσσι πάρα Κλαρίοις Ἑκάτοιο. 10

Texte n° 2 : *Thériaques* 957 sq.

Καί κεν Ὁμηρείοιο καὶ εἰσέτι Νικάνδροιο
μνῆστιν ἔχοις, τὸν ἔθρεψε Κλάρου νιφόεσσα πολίχνη. 958

Texte n° 3 : *Thériaques* 612-614

καὶ μυρίκης λάζοιο νέον πανακαρπέα θάμνον,
μάντιν ἐν αἰζηοῖσι γεράσμιον, ἢ ἐν Ἀπόλλων
μαντοσύνας Κοροπαῖος ἐθήκατο καὶ θέμιν ἀνδρῶν· 614

Texte n° 4 : *Alexipharmaques* 433-442

Καί τε σύ, μήκωνος κεβληγόνου ὁππότε δάκρυ
πίνωσιν, πεπύθοιο καθυπνέας· ἀμφὶ γὰρ ἄκρα
γυῖα καταψύχουσι, τὰ δ᾽ οὐκ ἀναπίτναται ὄσσε, 435
ἀλλ᾽ αὔτως βλεφάοισιν ἀκινήεντα δέδηεν.
Ἀμφὶ καὶ ὀδμήεις καμάτῳ περιλείβεται ἱδρώς
ἀθρόος, ὠχραίνει δὲ ῥέθος, πίμπρησι δὲ ξείλη,
δεσμὰ δ᾽ ἐπεγχαλάουσι γενειάδος· ἐκ δέ τε παῦρον
αὐχένος ἑλκόμενον ψυχρὸν διανίσεται ἄσθμα. 440
Πολλάκι δ᾽ ἠὲ πελιδνὸς ὄνυξ μόρον, ἢ ἔτι μυκτήρ
στρεβλὸς ἀπαγγέλλει, ὁτὲ δ᾽ αὖ κοιλώπεες αὐγαί.

Texte n° 5 : *Alexipharmaques* 214-222

Αὐτὰρ ὁ μηκάζει, μανίης ὕπο μυρία φλύζων ·
δηθάκι δ᾽ ἀχθόμενος βοάᾳ ἅ τις ἐμπελάδην φώς 215
ἀμφιβρότην κώδειαν ἀπὸ ξιφέεσσιν ἀμηθείς,
ἢ ἄτε κερνοφόρος ζάκορος βωμίστρια Ῥείης,
εἰνάδι λαοφόροισιν ἐνιχρίμπτουσα κελεύθοις,
μακρὸν ἐπεμβοάᾳ γλώσσῃ θρόον· οἱ δὲ τρέουσιν,
Ἰδαίης ῥιγηλὸν ὅτ᾽ εἰσαΐωσιν ὑλαγμόν. 220
Ὣς ὁ νόου λύσσῃ ἐσφαλμένα βρυχανάαται
ὠρυδόν· [...].

Texte n° 6 : *Alexipharmaques* 28-35

[...]· τὰ δὲ διπλόα δέρκεται ὄσσοις,
οἷα χαλικραίη νύχιος δεδαμασμένος οἴνῃ.
Ὡς δ' ὁπότ' ἀγριόεσσαν ὑποθλίψαντες ὀπώρην   30
Σιληνοὶ κεραοῖο Διωνύσοιο τιθηνοί,
πρῶτον ἐπαφρίζοντι ποτῷ φρένα θωρηχθέντες,
ὄθμασι δινήθησαν ἔπι, σφαλεροῖσι δὲ κώλοις
Νυσαίην ἀνὰ κλειτὺν ἐπέδραμον ἀφραίνοντες,
ὣς οἵγε σκοτόωσι κακῇ βεβαρηότες ἄτῃ.   35

Texte n° 7 : *Thériaques* 264-270

Τῶν ἤτοι σπείρῃσιν ὁ μὲν θοὸς ἀντία θύνει
ἀτραπὸν ἰθεῖαν δολιξῷ μηρύματι γαστρός·   265
αὐτὰρ ὅ γε σκαιὸς μεσάτῳ ἐπαλίνδεται ὁλκῷ,
οἷμον ὁδοιπλανέων σκολιὴν τετρηχότι νώτῳ,
τράμπιδος ὁλκαίης ἀκάτῳ ἴσος ἤ τε δι' ἅλμης
πλευρὸν ὅλον βάπτουσα, κακοσταθέοντος ἀήτεω,
εἰς ἄνεμον βεβίηται ἀπόκρουστος λιβὸς οὔρῳ.   270

Texte n° 8 : *Alexipharmaques* 495-506

Ἢν δέ τις ἀζαλέῃ πεπιεσμένος αὐχένα δίψῃ   495
ἐκ ποταμοῦ ταυρηδὸν ἐπιπροπεσὼν ποτὸν ἴσχῃ,
λεπτὰ διαστείλας παλάμῃ μνιώδεα θρῖα,
τῷ μέν τε ῥοιζηδὰ φιλαίματος ἐμπελάουσα
ῥύμῃ ἅλις προὔτυψε ποτοῦ μέτα χήτεϊ βρώμης
βδέλλα πάλαι λαπαρή τε καὶ ἱμείρουσα φόνοιο.   500
Ἢ ὅθ' ὑπὸ ζοφερῆς νυκτὸς κεκαλυμμένος αὐγάς
ἀφραδέως κρωσσοῖο κατακλίνας ποτὸν ἴσχῃ,
χείλεσι πρὸς χείλη πιέσας, τὸ δὲ λαιμὸν ἀμείψῃ
κνώδαλον ἀκροτάτοισιν ἐπιπλῶον ὑδάτεσσι,
τὰς μὲν ἵνα πρώτιστον ὀχλιζομένας ῥόος ὤσῃ,   505
ἀθρόα προσφύονται ἀμελγόμεναι χροὸς αἷμα [...].

Jean-Marie JACQUES

MÉDECINE ET MORALE : « DEVENIR MEILLEUR »
CHEZ GALIEN ET MARC AURÈLE

« Devenir meilleur » est l'essence même d'une morale conçue comme un idéal philosophique, mais aussi comme une conduite qui implique pratiques, comportements et modification de chacun dans son rapport à cet idéal. Cette dimension concrète dans la philosophie antique a été soulignée par Pierre Hadot, pour qui la philosophie, surtout celle de l'époque hellénistique et romaine, est une manière de vivre, une « invitation pour chaque homme à se transformer lui-même »[1]. En quoi sommes nous autorisés à porter la question morale dans le domaine médical antique ? Cela paraît paradoxal, puisque le bien poursuivi par la médecine est celui de la santé du corps. Néanmoins, une forte et ancienne tradition philosophique témoigne du lien établi entre les deux champs. Le régime alimentaire, en particulier, est un lieu de contact privilégié entre médecine et la philosophie morale, qui s'occupe de l'âme. Comme l'écrit l'auteur du traité hippocratique du *Régime*, qui s'inscrit lui-même dans une tradition philosophique « diététique », « l'âme peut, par le régime, devenir meilleure ou pire »[2]. A l'époque hellénistique et romaine, le « souci de soi » prend dans plusieurs écoles philosophiques, notamment chez les Stoïciens, une allure plus concrète. Méditation et exercices psychiques sont enseignés, qui contribuent à la maîtrise des passions et plus généralement à la transformation intérieure[3]. Du côté des médecins, Galien occupe une place de

---

1. P. Hadot, *Exercices spirituels et philosophie antique*, Paris, 2002, p. 304.
2. Hippocrate, *Régime* I, 36 (6, 522, 17-18 L ; 34, 22-23 Joly). Pour Galien, voir P. Moraux, *Der Aristotelismus bei den Griechen* II, Berlin, 1984, p. 795-797 (Erziehung und Diätetik). Sur le rapport entre idéologie morale et sociale et alimentation, voir E. Romano, « La dietetica di Galeno », dans *Studi su Galeno. Scienza, filosofia, retorica e filologia*, D. Manetti éd., Florence, 2000, p. 31-44.
3. P. Rabbow, *Seelenführung. Methodik der Exerzitien in der Antike*, Munich, 1954. Pour les deux formes d'ascèse, physique et morale, voir M. O. Goulet-Cazé, *L'ascèse cynique. Un commentaire de Diogène Laërce* VI, 70-71, Paris, 1986, p. 185-188. L'ex-

choix car, outre sa théorie de la constitution de l'âme et celle des passions, développées en particulier dans le *De Placitis Hippocratis et Platonis*, il déploie aussi une réflexion sur la nécessité et la manière de s'améliorer. L'ouvrage le plus concret sur cette question est le double traité *Sur les passions et les erreurs de l'âme*[4]. Il s'agit en premier lieu des passions, parce que pour Galien elles sont source d'erreurs, et qu'il faut donc commencer par les maîtriser pour éviter les secondes. En cela, il s'écarte de la théorie de Chrysippe[5]. Sans doute, le contrôle des passions n'était-il pas limité à l'enseignement stoïcien. Galien prend du reste pour point de départ de son double traité l'ouvrage d'un épicurien intitulé *De la surveillance de ses propres passions*. Mais dans tous les cas l'injonction ne doit pas rester abstraite, mais doit s'accompagner de conseils pratiques.

Pour Galien, dans l'effort de devenir un homme accompli, quel que soit l'âge ou l'état moral, « il ne faut pas renoncer à se rendre *meilleur (beltion)* ». Il exhorte donc à ne pas cesser de « rendre notre âme *meilleure* »[6]. Le but est, en effet, de « devenir un homme de bien ». La transformation (« devenir ») est ainsi toujours comprise dans l'idéal moral[7]. Comme on l'a déjà remarqué, le même idéal anime son contemporain l'empereur Marc Aurèle. Tous deux se réfèrent aux mêmes valeurs, posent que le but à atteindre est le bien, et partagent une même terminologie du « beau » et du « laid » moral : « il faut avoir présente à l'esprit la laideur de l'âme de ceux qui sont en colère et la beauté de ceux qui sont exempts de colère », écrit Galien, qui choisit le personnage de Thersite comme une image hideuse du corps qu'il ne faut pas donner à son âme[8].

---

pression « souci de soi » se réfère au titre du livre de Michel Foucault consacré aux exercices ou « pratiques de soi » dans l'Antiquité *(Histoire de la sexualité*, t. III, Paris, 1984).

4. Dans le *De libris propriis*, Galien s'y réfère comme à deux livres. Le premier, dont nous nous occuperons, a comme titre *Du diagnostic et du traitement des passions propres de l'âme de chacun (De proprium animi ciuuslibet peccatorum dignotione et curatione)* cité dans l'édition Kühn, vol. V, p. 1-57. Marc Aurèle est cité dans l'édition Haines (Loeb Classical Library).

5. Sur la théorie des passions chez Galien, voir A. Debru, « Passions et connaissance chez Galien », dans *Les passions antiques et médiévales*, B. Besnier, P.-F. Moreau et L. Renault éd., Paris, PUF, 2003, p. 153-160, et T. Tieleman, « Galen's Psychology », dans *Galien et la philosophie*, J. Barnes et J. Jouanna éd. (Entretiens de la Fondation Hardt, 49), Vandœuvres-Genève, 2003, p. 131-161.

6. Galien, 4, V, 14, 12 ; 15, 2-3 Kühn.

7. Pour l'idéal du *kaloskagathos*, cf. Marc Aurèle, 8, 10. Galien insiste, lui, sur le travail de transformation que cet idéal implique : V, 5, 10 : « que celui qui veut *devenir un homme de bien* ait ceci à l'esprit... » ; de même V, 12, 8-9 ; 13, 12 ; 23, 8-9 ; 25, 12-13 Kühn.

8. Galien, 4, V, 15. 5-7.

Le rapprochement entre *Les Pensées pour moi-même* de Marc Aurèle et le petit traité du médecin Galien sur *Le diagnostic et le traitement des passions de l'âme* s'offrent donc à plus ample exploration[9].

Du point de vue de la forme, les deux ouvrages ont en commun exhortations, injonctions, impératifs en cascade, qui caractérisent une rhétorique de la parénèse visant à l'efficacité. Les moyens rhétoriques chez Marc Aurèle sont plutôt radicaux, parfois violents : « souviens-toi de ceci », « as-tu la raison ? », « injurie-toi mon âme ! », « bouffonnerie, guerre, couardise, torpeur, servitude… » (10, 9). Galien, qui s'adresse à un autre que lui-même, a l'injonction ferme, mais plus condescendante : « que la porte de ta maison soit toujours ouverte », « ne crois pas que », « considère ce que j'ai dit ». Le caractère abrupt de ces énoncés s'explique par leur but commun, qui est l'« éveil » de l'âme. En effet, la première condition de la progression vers le bien est la vigilance, une « présence d'esprit continuelle, une conscience de soi toujours éveillée, une tension constante de l'esprit »[10]. Le philosophe épicurien Antonios avait précisément écrit un livre « De l'éphédrie pour ses propres passions »[11]. Si Galien n'emploie *éphédrie* qu'à propos du livre d'Antonios[12], le thème de la surveillance est chez lui extrêmement présent : pour progresser, il ne faut à aucun moment relâcher un moment son attention.

Cet effort de prise conscience et de surveillance s'exprime par des verbes comprenant l'idée de « penser » (*noeo*), avec des préférences chez chacun des deux auteurs[13]. Marc Aurèle évite en particulier toute référence à une *pronoia* qu'il réserve, contrairement à

---

9. Trad. fr. dans Galien, *L'Âme et ses passions,* Paris, Belles Lettres, 1995.

10. Sur l'attention (*prosokè*) chez Épictète, cf. M. O. Goulet-Cazé, *op. cit.* (n. 3), p. 189, n. 137. Sur la vigilance en général, P. Hadot, *op. cit.* (n. 1), p. 84 sq.

11. Sur cet Antonios nous ne savons rien de précis. Selon R. Goulet, *Dictionnaire des philosophes antiques* I, 1989, p. 258, il aurait écrit son livre contre Galien – ce qui aurait amené ce dernier à écrire son traité. Il serait également le destinataire du *Peri sfugmôn*.

12. J. Pigeaud propose pour *ephedria* la traduction de « surveillance rapprochée » (Nouvelle introduction à la traduction fr. par van der Elst du *Traité des passions de l'âme et de ses erreurs*, GREC, 1993). Galien, qui n'emploie ce terme qu'en relation avec l'ouvrage d'Antonios, lui préfère *paraphulattein* et *paraphulakè* (V, 2, 1 ; 11, 13 ; 31, 12 Kühn).

13. Galien use volontiers de préférence *pronoein*, qui implique anticipation, surveillance et prévoyance (V, 15, 5 ; 8 ; 20, 10 ; 15 Kühn). Marc Aurèle ne l'utilise qu'en relation avec la Providence, et de préférence avec les dieux ; on trouve plutôt chez lui les composés *ennoein*, *epinoein*, ou *metanoein* (8, 10, 3). Le verbe *prosekein* et le substantif *prosokè* sont aussi plus familiers à Marc Aurèle (p. ex. 7, 58, 1).

Galien, à la vigilance de la Providence ou des dieux. Chez tous deux, cette surveillance a le même objet : elle s'exerce d'abord sur « soi-même ». C'est ainsi qu'à un ami crétois, colérique mais décidé à s'amender, Galien donna une leçon morale et des conseils que cet ami suivit à la lettre avant de réussir à se corriger, « s'étant surveillé lui-même… »[14].

Devenir meilleur implique, d'autre part, un effort constant. De même que Marc Aurèle parle d'une « attention continue » (5, 16), la persévérance est, pour Galien, inséparable de l'exercice lui-même : « Si tu *persévères*, résistant à la passion », « si tu *continues* à veiller sur toi-même » comme pour celui qui a choisi de longues études, « il serait d'autant plus honteux de renoncer à l'effort en raison de la longueur du temps requise »[15]. Pour progresser moralement l'âge ne fait rien, car de même qu'il n'y a pas de limite pour s'occuper de sa santé, il n'y en a pas pour son âme : « chacun de nous doit s'exercer presque toute la vie pour cela. »[16]

Pour autant, « l'exercice de soi » ne peut aboutir qu'à deux conditions. La première est la nécessité d'une connaissance réflexive, de soi sur soi-même. Elle peut prendre la forme d'une méditation interrogative ou critique. La forme interrogative s'exprime fréquemment chez Marc-Aurèle : « à quoi donc en ce moment fais-je servir mon âme ? En toute occasion me poser cette question à moi-même… »[17] La réflexivité critique porte plutôt chez Galien sur la difficulté intrinsèque de la connaissance de soi. N'étant pas en peine de souvenirs autobiographiques, il avoue avoir mis du temps à en comprendre la difficulté : « Ce qu'en tant qu'adolescent je considérais comme faisant l'objet de vaines louanges me parut par la suite digne d'être loué. »[18] La raison en est que le contenu de cette connaissance n'est pas aisé. Elle commence, en effet, en quelque sorte négativement, par la reconnaissance d'une ignorance : « que celui qui désire devenir un homme de bien ait ceci à l'esprit que nécessairement il ignore une grande partie de ses propres erreurs. »[19] Vient ensuite la représentation que l'ignorance de soi est inévitable, intrinsèque. La fable d'Ésope des deux besaces

---

14. Galien, 4, V, 20, 14 Kühn. Dans la plupart des autres occurrences le réfléchi accompagne le verbe.
15. *Ibid.* 4, V, 20-21 Kühn.
16. *Ibid.* V, 14, 10 Kühn.
17. Marc Aurèle, 5, 11, 1.
18. Galien, 2, V, 4, 10 Kühn.
19. Id., 2, V, 5, 10-12 Kühn.

exprime cet aveuglement. Mais la vraie raison de cette difficulté est plus générale. Elle est due à l'aveuglement de l'amour, et, en l'occurrence, de l'amour de soi. Galien cite ici Platon : de même que celui qui aime est aveugle face à l'objet aimé, l'amour de soi rend aveugle envers soi-même. L'amour de soi est donc incompatible avec la connaissance de soi.

Une fois réalisées ces difficultés, la seconde condition du progrès est d'user d'une voie ou méthode. Le premier terme (*odos*) est présent chez Marc Aurèle, mais il est beaucoup fréquent chez Galien [20]. Dans la continuité de la précédente étape, celui-ci propose à son lecteur de trouver sa propre voie pour découvrir ses erreurs. Mais avec une condescendance bien éloignée de la modestie de l'empereur philosophe, il s'offre, là encore, pour guide « comment il pourrait les trouver toutes, je suis capable de lui dire » [21]. Cette méthode consiste essentiellement dans le recours aux principes (*dogmata*). Marc Aurèle se réfère souvent au recours à des principes [22]. Ce sont par exemple, en une brève formule, « aie honte de toi-même ». De son côté, Galien soutient que quiconque veut progresser « devra s'exercer pendant longtemps à chacun des principes auxquels on doit se tenir pour devenir un homme de bien » [23]. Ils sont « mordants » (« celui qui est mordu par les vrais principes... ») [24]. Et ils sont absolus : ils s'appliquent « toujours », on ne doit « jamais » s'y dérober.

Surtout, pour ne pas rester lettres mortes, il doivent être « sous la main », constamment rappelés, remémorés. Conformément à l'enseignement d'Épictète, Marc Aurèle répète : « médite fréquemment... » ou encore : « souviens-toi de la substance totale... » [25]. Galien recommande lui aussi de « se souvenir de ce qui est bien » [26]. La remémoration est la première des règles, et elle se concrétise dans un exercice quotidien : « il faut avoir à l'esprit chaque jour à toute heure cette idée qu'il est préférable de s'estimer

---

20. Une occurrence chez Marc Aurèle (6, 22, 3), six dans le traité de Galien, qui se termine pratiquement sur ce terme (V, 5, 15 ; 7, 4 ; 7, 7 ; 35, 8 ; 55, 3 ; 57, 2 Kühn). Paul Moraux parle d'une « méthode de la pensée éthique » (*Methodik der ethischen Denkens*) à propos de la réflexion de Galien sur les erreurs de l'âme (*op. cit.*, p. 803-808).

21. Galien, 2, V, 5, 2-3 Kühn.

22. Treize occurrences de *dogmata* chez Marc Aurèle.

23. Galien, 5, V, 25, 12 Kühn.

24. Marc Aurèle, 10, 34.

25. Id., 5, 23, 1 ; 5, 24, 1. L'appel à la remémoration est très fréquent chez lui (2, 4 ; 8, 15 ; 8, 29, etc.).

26. I, 5, 25, p. 38 c. 9 : il faut donc *se remémorer* la leçon sur le fait de se suffire à soi même (contre l'insatiabilité).

soi-même au nombre des hommes de bien. »[27] L'examen de conscience doit avoir lieu matin et soir : « une fois levé de ton lit et avant toute tâche quotidienne, il faut examiner tout d'abord si il vaut mieux vivre asservi aux passions et utiliser en toutes choses le raisonnement »[28], ou encore « il faut se remémorer cela chaque jour si possible plusieurs fois ou à défaut en tous cas à l'aube, avant de commencer ses activités et le soir avant de se coucher ». Il poursuit, se donnant en exemple encore une fois : « Sache que moi aussi j'ai pris l'habitude deux fois par jour de lire d'abord puis de prononcer oralement les exhortations attribuées à Pythagore (*carmen aureum*). »[29]

Mais il existe un autre exercice presque aussi important que la remémoration, qui consiste à traiter « soi-même comme un autre »[30], ou plus précisément, soi-même par un autre. Il faut donc se soumettre au jugement d'autrui. Dans sa position d'Empereur, Marc Aurèle l'admet : « Si quelqu'un peut me convaincre et me prouver que je pense ou que j'agis mal, je serai heureux de me corriger. »[31] Mais le recours à un autre, un « pédagogue » chez Galien, est encore plus fondamental ; encore faut-il le choisir soigneusement, l'examiner et le tester pour être sûr de sa sincérité – un peu comme son père avait testé ses futurs professeurs. « Si donc de quelqu'un dans la cité tu entends que nombreux sont ceux qui le louent parce qu'il ne flatte personne… fréquente le et juge par ta propre expérience si il est tel qu'on le dit », car il faut choisir quelqu'un d'absolument sincère. Pour guider ce choix, on relèvera les indices négatifs : « si tu constates d'abord qu'il court… », puis « si tu le vois saluer de telles gens… ». Les indices positifs sont énumérés à leur tour : « en revanche celui… et si tu trouves qu'il est ainsi… si… et si… »[32] C'est aussi un *diagnostic* à porter, que savoir distinguer le bon du mauvais témoin. Dans tous ces domaines, les deux contemporains sont proches.

Pourtant, on ne saurait minimiser les différences dans l'enseignement moral de Marc Aurèle et de Galien. Car même si les moyens sont assez proches, l'enjeu n'est pas le même.

Sur le plan philosophique, pour désordonnées qu'elles paraissent, les pensées de Marc Aurèle s'organisent autour de

---

27. Galien, 5, V, 24, 16 Kühn.
28. *Ibid*. V, 24, 9-11 Kühn.
29. *Ibid*. 6, V, 30, 12-18 Kühn.
30. Pour utiliser le titre d'un livre de P. Ricœur.
31. Marc Aurèle, 6, 21, 1.
32. Galien, 3, V, 8, 7 sq.

quelques thèmes majeurs. Selon P. Hadot, l'un d'eux est l'acceptation de ce qui ne dépend pas de nous, comme la maladie ou le
destin, et le consentement à l'ordre de l'univers. Le second serait
axé sur l'action, qui ne doit pas être sans but mais se faire dans l'intérêt de la communauté des hommes. Le troisième concerne le
jugement, le mal n'étant pas dans les choses elles-mêmes mais dans
la représentation (*phantasia*) qu'on s'en fait[33]. Par comparaison,
aucun de ces thèmes ne se trouve mis en valeur chez Galien, pour
autant qu'il soit même abordé. De la mort et de l'éphémère, par
exemple, il n'est jamais question, ni d'acceptation de l'ordre du
monde, encore moins de celle des maladies comme indifférentes ou
inéluctables. Cela impliquerait de « discipliner son désir pour ne
souhaiter et n'accepter que ce qui arrive », ce qui est bien loin de
l'objectif du médecin, qui n'a pas comme morale de s'y résigner. De
ce fait, la méditation sur l'ordre du monde, sur l'éphémère et la disparition, l'un des moyens les plus efficaces de détachement, n'a pas
de place chez Galien. On ne trouve pas non plus le thème de la
totalité du cosmos. La préoccupation pour l'âme n'est certes pas
absente, mais le sentiment du corps concret ne se prête guère à des
méditations cosmiques et au thème du mépris du corps.

En revanche, la philosophie morale se distingue par l'accent
qui est mis chez Galien sur l'importance de la connaissance dans le
cadre du progrès moral.

Sans doute, le vocabulaire de la connaissance et même de la
certitude n'est pas absent chez Marc Aurèle[34]. Mais chez Galien il
est massif, et il s'accompagne d'une constellation de notions et de
procédures cognitives détaillées. Dans le titre même du livre, le
terme médical de « diagnostic », qui se rattache à la tradition stoïcienne des passions, fournit un cadre cognitif à la réflexion morale.
La référence à la connaissance de soi se dit aussi examen, raisonnement (*logismos*), démonstration, erreur, preuve et vérification
(*peira*)[35]. Quant aux procédures, il faut être rompu aux difficultés
de la connaissance en général pour savoir quels sont les obstacles
qui se présentent, même dans le domaine moral : plus facile est la
connaissance des grandes choses, plus difficile celle des petites. C'est

---

33. Le motif de la « représentation », si souvent utilisé par Marc Aurèle, qui a
recours à la terminologie de la *phantasia* plus de 60 fois, l'est peu dans cette thématique
par Galien (2 occurrences).

34. On dénombre ainsi chez Marc Aurèle une vingtaine d'occurrences de termes
formés sur le radical *gnô-* (*gnôrimon, gnôrizô*, etc.).

35. Pour la référence à la « preuve », p. ex. Galien, 3, V, 8, 9 Kühn : « juge à cette
preuve (ou "épreuve") si... » ; la vérification peut être « approfondie ».

pourquoi les troubles modérés de l'âme sont plus difficiles à discerner que les grands. Comme les bons anatomistes pour les petites structures, il faut s'être beaucoup exercé pour les reconnaître dans le domaine moral. Seuls les sages peuvent avoir d'eux-mêmes une connaissance parfaite, les autres en ont une connaissance approximative : « les uns plus, les autres moins. » Dans cet univers familier à Galien, un langage fait parfois irruption, populaire comme celui de l'évidence mathématique (« contre les passions exerce toi selon les propos que j'ai énoncés, souviens-t-en et médite les toujours, et examine si je dis la vérité jusqu'à ce que tu en sois convaincu comme du fait que deux et deux font quatre ») [36], ou plus sérieux, comme celui de l'évidence des phénomènes, lorsqu'on les voit se répéter chaque jour.

Une autre différence concerne la notion même d'exercice, dont Galien fait par rapport à Marc Aurèle un usage très particulier [37]. Dans l'ensemble de son œuvre, il y a trois domaines principaux où Galien parle de l'exercice : l'exercice physique, l'exercice de l'art, et l'exercice moral. Le premier se réfère à celui des athlètes, ou bien à « l'exercice de santé » (*askèsis*) dans le sens hippocratique, tel qu'il est formulé dans *Épidémies VI*, 4, 18 et repris par Galien dans son *Commentaire*. Proche de l'exercice physique, « l'exercice de l'art », c'est-à-dire de la médecine, commence par celui des mains, comme il le recommande par exemple dans le *Commentaire sur le De officina medici* [38]. Le lien entre les deux types d'exercices est particulièrement développé par Galien dans un passage du *De Placitis Hippocratis et Platonis*. Il y insiste sur l'importance capitale de la pratique dans tous les arts et en particulier dans certains, comme la musique ou la gymnastique, une exigence qui s'impose aussi aux rhéteurs obligés de s'exercer chaque jour sur des cas adaptés. De même, dit-il, en philosophie, l'exercice est indispensable pour arriver à distinguer le semblable du dissemblable. Dans tous les cas, il doit être précoce, progressif, passage du simple au complexe, et

---

36. Galien, 8, V, 45, 1-6 Kühn.

37. On prendra l'exemple de la famille d'*askein* et *askèsis* que Galien emploie une vingtaine de fois dans ce traité contre 2 occurrences chez Marc Aurèle (I, 7, 6 et V, 5, 18). En ce qui concerne les autres termes : *gumnazein* – une famille extrêmement prolifique chez Galien – n'apparaît pas dans ce traité, mais il a recours à la famille de *meletan* 3 fois : V, 5, 8 ; 25, 14 ; 45, 5, Marc Aurèle une fois (XII, 3, 20).

38. XVIII B, 771, 6-7 Kühn. Il y commente le conseil d'Hippocrate d'effectuer un bandage avec les deux mains et de s'y exercer avec l'une et l'autre séparément.

continu [39]. Cet hymne à l'exercice est confirmé avec des accents plus personnels lorsque Galien raconte qu'après la philosophie il s'est adonné à l'apprentissage de la médecine et a « pratiqué » les deux par les actes plus que par les paroles [40]. Dans tous ces cas, l'exercice, qui assure la capacité de discerner, de distinguer ou encore de diagnostiquer, complète la connaissance et en permet l'utilisation. Aucun médecin ne peut comprendre quoi que ce soit si il n'apprend pas à distinguer les choses, comme par exemple les différences entre les pouls ou les fièvres, par l'exercice : « exerce-toi à reconnaître » est un leitmotiv de la formation intellectuelle et pratique du médecin.

Si l'on suit Galien dans le traité sur les passions de l'âme, l'exercice moral exige donc le même entraînement, la même « ascèse » que les deux autres. Maîtrise de soi, distinction des erreurs, reconnaissance, maîtrise du raisonnement, des idées et des comportements pendant toute la vie, ne constituent qu'un autre champ d'application de la notion générale d'exercice.

En conclusion, si Galien partage à coup sûr avec son contemporain Marc Aurèle une culture philosophique et morale commune, une même référence à « l'homme de bien », nous saisissons chez lui ce qui paraît avoir une profonde unité, la pensée sur la science et sur la vie morale, une même discipline du savoir, de la pratique professionnelle, et du comportement. Il reste que l'unité est incomplète, contenant des zones d'incertitude, sur l'âme par exemple. Certaines sont provisoires, d'autres structurelles et irréductibles. Mais il ressort clairement de cette comparaison qu'à cette époque, et notamment par l'intermédiaire de la notion d'exercice, le « souci de soi » est intense, et partagé par la médecine et la philosophie.

Armelle DEBRU

---

39. Galien, *De Placitis* 9, 2 (V, 742-743 Kühn, p. 550, 9-14 De Lacy) : « Une méthode générale, séparée de l'entraînement sur de nombreux cas particuliers, ne peut pas produire un praticien (*technitès*) dans un art particulier. On peut observer l'importance de la pratique dans les arts : dans certains sa puissance est si grande que tandis que la méthode générale peut être complètement maîtrisée dans l'espace d'une année, la pratique, si elle n'est pas exercée tout au long de la vie, empêche la réalisation de cet art. »

40. Dans *De methodo medendi* 9, 4 (X, 609, 6-11 Kühn).

SORANOS, ADIEU SORANOS

Avec deux collègues devenus des amis, Paul Burguière, hellé-niste, et Yves Malinas, gynécologue-obstétricien, morts vers la fin du voyage, j'ai travaillé quinze ans sur Soranos d'Éphèse [1]. Le temps est venu de le quitter, et j'en voudrais aujourd'hui laisser trois ou quatre souvenirs, très différents, mais tous en rapport avec l'ac-tualité, archéologique, philologique, médicale ou sociale.

Soranos et Virginie Apgar

La *Lancette* britannique a publié un article du grec Emmanouil Galanakis, assez succinct, intitulé « Apgar score and Soranus of Ephesus » [2]. Qu'est-ce donc que le test d'Agpar, et d'abord qui est Apgar ?

Virginia (Ginny) Apgar est une anesthésiste américaine, née le 7 juin 1909 dans le New Jersey et morte à New York, le 7 août 1974. D'une famille modeste, elle n'en décide pas moins de faire des études de médecine ; elle choisit Columbia, entrant au College of Physicians and Surgeons, et devenant docteur en médecine en 1933. Son patron Alan Whipple, sachant par expérience que la carrière des jeunes femmes praticiennes pouvait se heurter à des difficultés, lui conseille de se spécialiser en anesthésiologie. Elle finit par s'y résoudre et consacre ses années 1936-1937 à cette toute nouvelle spécialisation médicale, l'anesthésie étant jusqu'alors confiée à des infirmières. Elle est la deuxième femme à recevoir son diplôme d'anesthésiste, en 1939, et exerce ce nouveau métier au Columbia Presbyterian Hospital, dans une situation pénible de rivalité, pro-

---

1. Pour le *Traité des maladies des femmes de Soranos d'Éphèse,* du livre I, 1988, au livre IV, Texte établi, traduit et commenté, Collection des Universités de France, Paris, 2000, par P. Burguière, D. Gourevitch et Y. Malinas.

2. E. Galanakis, « Apgar score and Soranus of Ephesus », *The Lancet* 352, 1945, 19 December 1998, p. 2012-2013. Après P. M. Dunn, « Soranus of Ephesus (circa AD 98-138) and perinatal care in Roman times », *Archives of Disease in Childhood* 73, 1995, F 51-F 52.

fessionnelle et financière, avec les chirurgiens. En 1949, elle devient la première femme professeur d'anesthésiologie. Elle se surspécialise alors en anesthésie obstétricale au Sloane Hospital for Women, où, pendant dix ans, elle se consacre à l'examen et à l'évaluation des nouveau-nés immédiatement après leur naissance, conduite à ces recherches par l'étude des effets de l'anesthésie maternelle sur l'enfant. L'intérêt des résultats qu'elle obtient la font appeler à de lourdes fonctions dans le domaine de la santé publique et de la lutte contre les malformations du nourrisson. Les plus grands honneurs l'attendent : elle reçoit la médaille d'or du Distinguished Achievement in Medicine de la part du College of Physicians and Surgeons, de l'Université de Columbia ; et elle devait figurer sur un timbre-poste de 1994, dans la série des grands personnages de l'histoire américaine. Elle laisse le souvenir d'une « lady », ce qui, aux États-Unis, n'est pas un compliment banal[3].

Elle est l'éponyme du « score d'Apgar », indice de vitalité, établi en 1953, qui évalue[4] point par point et en donnant des notes l'état du nouveau-né, une minute et cinq minutes après sa naissance, et une troisième fois, au bout de dix minutes, s'il semble que quelque chose n'aille pas. L'ordre des traits examinés suit habituellement l'acronyme de son nom[5].

A Activité. Tonus musculaire. Motricité et flexibilité des membres
P Pouls et battements cardiaques
G « Grimace », mimiques, éternuements, toux
A Apparence, coloration de la peau
R Respiration, cris et pleurs, réflexe de succion et d'aspiration

---

3. Cf. L. S. James, « Fond memories of Virginia Apgar », *Pediatrics* 55, 1975, p. 1-4. S. Harrison-Calmes, « Virginia Apgar : A Woman Physician's Career in a Developing Speciality », *Journal of the American Medical Women's Association*, November-December 1984. Ead., *Anesthesia : Essays on its History (« Development of the Apgar Score »)*, Berlin, 1985. La France ne lui rend pas l'hommage qu'elle mérite, et, selon SUDOC, seule la Bibliothèque universitaire de pharmacie d'Aix-Marseille II possède un ouvrage édité par elle : *Down's syndrome (mongolism)*, New York, 1970.

4. Dans la perspective peut-être trop exclusive de l'anesthésiste, d'où des critiques par la suite, comme, par exemple, celles qu'a émises l'American Academy of Pediatrics, Committee on Fetus and Newborn, « Use and abuse of the Apgar sore », *Pediatrics* 78, n° 6, December 1986, p. 1148-1149.

5. V. Apgar, « A proposal for a new method of evaluation of the newborn infant », *Current research in Anaesthesiology and Analgesy* 32, 1953, p. 260-267. Puis, V. Apgar, D. A. Holaday, L. S. James *et al.*, « Evaluation of the newborn infant. Second report », *Journal of the American Medical Association* 168, 1958, p. 1985 (le changement de revue est significatif).

De 7 à 10, la situation est normale ; de 4 à 7, il faut envisager des mesures d'assistance ; au-dessous de 3, des mesures immédiates de réanimation [6]. Notons que ne sont pas pris en considération dans le test les malformations immédiatement repérables qui pourtant intéressent tant Apgar, ni l'âge fœtal du nouveau-né, ni l'état de la mère durant sa grossesse.

Soranos dans le livre II de ses *Maladies des femmes* demande un examen très poussé du nouveau-né et insiste d'autant plus sur les éléments de pronostic vital qu'aucune mesure de réanimation n'est possible et que le choix peut être le geste négatif de la sage-femme, faisant comprendre que l'enfant ne vaut pas la peine d'être élevé. Le chapitre annonce qu'on va notamment s'occuper de rechercher « quels sont ceux des nouveau-nés qui valent la peine qu'on les élève » [7], ἐπιτήδειον, et c'est ce à quoi s'attache le chapitre 5 : considérations sur la santé de l'accouchée « pendant la durée de sa grossesse », et durée de celle-ci, donc maturité physiologique du bébé. « Ensuite (la sage-femme) vérifiera que, posé à terre, le nouveau-né s'est tout de suite mis à vagir avec la vigueur convenable [8] ; quand un enfant reste longtemps sans pleurer, ou vagit de façon insolite, on peut soupçonner que son état est dû à quelque circonstance défavorable.

« Elle s'assurera de la bonne constitution de toutes ses parties, de ses membres et des organes des sens, de la libre ouverture des orifices – oreilles, narines, pharynx, urètre, anus – ; les mouvements naturels de chaque partie du corps ne devront être ni paresseux ni trop lâches, les articulations devront fléchir et s'ouvrir, avoir la taille, la conformation et toute la sensibilité désirables – on reconnaît ce dernier trait en appuyant simplement avec les doigts sur la surface du corps, car il est naturel qu'un corps ressente tout ce qui pique ou fait pression. »

Et le verdict tombe, très différent de celui d'Apgar : « Les signes contraires à ceux qui viennent d'être dits révèlent l'inaptitude (ἀνεπιτήδειον). » Et c'est ailleurs qu'il faut chercher pour

---

6. Cf. V. Apgar, J. Beck, *Is My Baby All Right ?*, New York, 1973.

7. Le livre de Soranos n'évoque pas directement l'arrivée d'enfants monstrueux, vivants ou mort-nés. Hippocrate ne le fait guère qu'une fois, en *Épidémies V*, 13 : une femme de Larissa, en Grèce du Nord « au dixième mois, du sang se mit à couler. Au 14e jour, l'enfant sortit du ventre. Il était mort et avait le bras droit soudé au flanc ». Une fièvre puerpérale suit.

8. Signe d'une bonne hématose, c'est-à-dire preuve que les échanges gazeux permettant la nouvelle respiration de l'enfant sont en train de s'organiser. On veille aujourd'hui à ce que la température de la pièce soit suffisante pour qu'il ne se refroidisse pas.

compléter Apgar, c'est-à-dire pour le teint et le pouls : on devra se reporter au livre IV, consacré à des situations contraires à la nature. Les passages décrivant le fœtus mort indiquent *a contrario* comment se présente le fœtus vivant et bien vivant. On lit en effet en IV, 3 que « le fœtus mort n'est ni chaud ni palpitant ; si une partie du fœtus fait saillie, on la trouve noire et nécrosée ». Ou encore en IV, 5 que, si un bras est sorti, on déduit que le fœtus est mort « de l'absence de coloration (ἐνερευθές), de chaleur et de pulsation (μὴ σφύζον) dans ce bras qui est au contraire livide (πελιόν), froid et où le sang ne bat plus » (ἄσφυκτον). Autrement dit, chez l'enfant en bonne santé le pouls est sensible, le teint n'est pas livide. Aucun auteur antique ne dirait néanmoins que son teint soit agréable : non seulement parce qu'il faut en effet quelques minutes de vie extra-utérine pour que ses extrémités rosissent, mais surtout parce que dans l'Antiquité le nouveau-né, loin d'attendrir, est considéré comme laid et imparfait, le bon teint (εὔχροια) ne lui venant qu'avec le temps, de même que sa chair, comparable à de la mousse ou à l'argile molle des potiers, cesse d'être malléable pour s'approcher progressivement de la ferme perfection du marbre, cher au sculpteur[9].

On peut donner un tableau comparatif, dans lequel Soranos n'est pas le plus mauvais :

		APGAR	**SORANOS**
A	Activité musculaire	Apgar test	Soranos II
P	Pouls/cœur	Apgar test	Soranos IV
G	Grimace	Apgar test	Soranos II
A	Apparence	Apgar test	Soranos II et IV
R	Respiration, réflexes	Apgar test	Soranos II
+			
	Malformations	Apgar ailleurs	Soranos II
	Age fœtal	Apgar ailleurs	Soranos II
	Grossesse	Apgar ailleurs	Soranos II

Mais l'organisation temporelle des tests est très différente, ce qui s'explique par la différence de leur but : celui de Soranos se fait

---

9. Cf. *Gyn.* II, 10. Voir D. Gourevitch, « Is it beautiful, is it ugly ? Considerations on the aesthetics of new-born babies during the Roman empire », *Forum* 2/5, 1992, History of medicine, p. 5-11. Ead., « Comment rendre à sa véritable nature le petit monstre humain ? », dans *Ancient medicine in its socio-cultural context*, Ph. J. van der Eijk, H. F. J. Hortsmanshof et P. J. Schijvers éd., Amsterdam, 1994, p. 239-260.

en un seul temps, relativement prolongé s'il en est besoin [10]. Celui d'Apgar se fait en trois temps rigoureusement minutés. L'évaluation est quantifiée chez Apgar, purement subjective et qualitative chez Soranos, toute mesure de ce genre étant inconcevable à l'époque pour les sciences de la vie [11]. Et surtout le tri n'a pas du tout le même but. Celui d'Apgar est essentiellement positif et thérapeutique : 1er temps, immédiat, choisir de laisser faire ou d'intervenir en réanimation ; 2e temps, cinq minutes, si on a dû prendre des mesures de réanimation, constater les résultats ; 3e temps, au bout de dix minutes : voir comment le bébé répond à la réanimation, la poursuivre, ou l'arrêter selon les résultats. Celui de Soranos est essentiellement négatif et presque totalement éliminatoire, sauf pour le choix de quelques manœuvres de simple toilette, selon la plus ou moins grande vitalité constatée.

C'est néanmoins la connaissance approfondie des travaux de Virginia Apgar qui nous a permis de bien comprendre la quasi-perfection de notre auteur grec, bien qu'Apgar et Soranos aient travaillé dans des contextes pédiatriques et sociaux essentiellement différents.

ACTUALITÉ ARCHÉOLOGIQUE ET LITTÉRATURE MÉDICALE : EMBRYOTOMIE SELON SORANOS, ET EN PRATIQUE À POUNDBURY (DORSET, ANGLETERRE)

Il peut arriver pour diverses raisons que l'accouchement ne soit pas possible : Soranos pratique encore l'embryotomie et l'embryoulcie [12]. La description en est effroyable : « Il se peut que le fœtus n'obéisse pas aux tractions manuelles [13] à cause de sa taille, ou

---

10. Soranos sait bien qu'il ne faut pas bousculer l'enfant, suivant en cela Hippocrate, ce qui est loin d'être sa règle. Dans *Superfétation* 15 = Littré VIII, 484-485, Hippocrate en effet remarque que si l'accouchement a été laborieux et si donc il y a eu perte de chances pour le nouveau-né, on ne coupe pas le cordon immédiatement, en tout cas pas avant qu'il ait « uriné, ou éternué, ou crié » ; on s'y décide quand « l'enfant se meut, ou éternue, ou pousse des cris ».

11. D. Gourevitch, « Subjectivité, appréciation, mesure dans la médecine antique », *Cuadernos de Filología Clásica (Estudios griegos e indoeuropeos)* 6, 1996, p. 159-170.

12. Pour une bibliographie du sujet, cf. Ead., « Chirurgie gynécologique et obstétricale à l'époque romaine. Textes, archéologie, paléopathologie », *Centre Jean-Palerne, Lettre d'information* 2002, Saint-Étienne, 2003, p. 26-30. Ead., « Chirurgia ginecologica nei tempi romani : testi, archeologia, paleopatologia », dans *La medicina greco-romana. Dodici conferenze*, Pise, Felici editore, 2003, p. 125-137.

13. Notamment pas à la version obstétricale qui a rendu Soranos célèbre, pour laquelle cf. E. Kind, « Zu Sorans Repositionstechnik des vorgefallenen Fusses », *Sudhoffs Archiv für Geschichte der Medizin* 32, 1940, p. 333-336.

parce qu'il est mort, ou encore parce qu'un enclavement, de quelque nature qu'il soit, s'est manifesté : il faut alors recourir aux moyens plus énergiques, extraction aux crochets et embryotomie. En effet, même si ce type de moyen détruit l'enfant, il est nécessaire de sauver la vie de l'accouchée. On la préviendra donc du danger latent que constituent les fièvres qui surviennent et les réactions nerveuses par sympathie, parfois la violente inflammation ; on laissera entendre que, surtout, la gangrène laisse peu d'espoirs, elle qui provoque affaiblissement, sueurs profuses, frissons, exténuation du pouls, fièvre aiguë, délire, convulsions. Ce n'est d'ailleurs pas une raison pour refuser assistance...

« Il faut donc placer la parturiente [14] en position déclive [15] sur un lit dont le couchage soit assez résistant pour que les fesses ne puissent se dérober en le creusant ; les cuisses de la patiente seront écartées et ses pieds ramenés vers le ventre ; elle prendra appui avec les pieds sur le bois de lit. De plus, des aides maintiendront son corps de part et d'autre [16] ; s'il ne s'en trouve point sur place, on attachera son torse au lit avec des sangles, de manière que le corps de la patiente, en obéissant aux efforts de traction exercés sur le fœtus, n'enlève pas de leur force aux tractions.

---

14. On remarquera qu'il n'est pas question de précautions psychologiques, alors qu'Hippocrate pensait au moins à couvrir la tête de la malheureuse pour qu'elle ne voie pas (*De l'excision du fœtus* 1 = Littré VIII, 512-513) ; ni non plus de préparation médicamenteuse, ce que pratique Aétius, bien modestement, avec du vin (16, 23 = Zervos 30, 25 à 31, 2). Pour une mise au point récente, cf. I. Mazzini, « Il linguaggio della ginecologia latina antica : lessico e fraseologia », dans *Studi di Lessicologia medica antica*, S. Boscherini éd., Bologne, 1993, p. 46-91. Id., « Celso nella storia della chirurgia greco-romana », dans *La médecine de Celse. Aspects historiques, scientifiques et littéraires*, G. Sabbah et Ph. Mudry éd., Saint-Étienne, 1994, p. 135-166, en particulier p. 151-154. Id., « Embriulcia ed embriotomia : evoluzione e diffusione di due interventi ginecologici atroci nel mondo antico », dans *Studi de Storia della Medicina antica e medievale in Memoria di Paola Manuli*, M. Vegetti et S. Gastaldi éd., Florence, 1996, p. 21-33. Quant à l'archéologie, on verra pour les crochets, S. Zimmermann, E. Künzl, « Die Antiken der Sammlung Meyer Steineg in Iena, I », *Jahrbuch des römisch-germanischen Zentralmuseums Mainz* 38, 1991, n° 30, pl. 46 (cf. catalogue Meyer-Steineg, Ingolstadt, 1991) ; pour l'embryoclaste ou cranioclaste, Eid. n° 29, pl. 45 (et catalogue) ; ainsi que E. Künzl, « Forschungsbericht zu den antiken medizinischen Instrumenten », *Aufstieg und Niedergang der römischen Welt* 37, 3, Berlin, 1996, p. 2434-2639, pl. p. 2630 et texte p. 2631, qui comporte une bibliographie très complète.

15. Cette position, commode également pour le médecin qui n'est pas gêné, est celle que fait prendre aussi Hippocrate avant une version (*Maladies des femmes* 69 = Littré VIII, 146-147) : « ... faire coucher la femme sur le dos, mettre [...] quelque chose sous les pieds du lit, de manière que ceux du côté des pieds soient beaucoup plus élevés. Les hanches seront plus hautes que la tête. »

16. Le maintien du passage n'est pas possible car il s'agit d'une dittographie. Rose a proposé de corriger, mais sa correction ne se justifie pas.

« Le médecin s'assoira en face, assez bas, pour que ses mains soient au niveau des pieds de la patiente ; faisant écarter les lèvres de la vulve par des assistants placés de chaque côté, il introduira sa main gauche, cette fois encore (car elle est plus douce que la droite et plus aisée à introduire comme il convient) ; les bouts des doigts seront joints, de manière que la main aille s'amincissant, et graissés : ceci du moins si l'orifice de la matrice est dilaté ; s'il n'en est rien, il le fera d'abord se détendre par des pressions de doigts et des instillations continues d'huile. Ensuite il tentera de redresser, si c'est possible, ce qui est dévié, et cherchera un endroit où insérer le crochet de façon qu'il ne puisse se détacher facilement.

« Les endroits favorables à l'insertion, dans une présentation céphalique, sont : les yeux, la nuque, la zone palatine de la bouche, les clavicules et la région sous-costale ; mais en aucun cas ce ne doit être les aisselles, car si les bras du fœtus s'écartent du corps au cours des tractions, son encombrement augmente jusqu'à provoquer un enclavement. Il ne peut s'agir non plus des conduits auriculaires [17], qui reçoivent malaisément les crochets en raison de leur forme contournée, et sont trop étroits. En cas de présentation par les pieds, les endroits favorables sont les os au-dessus du pubis, les espaces intercostaux et l'acromion.

« Lorsqu'on ne peut trouver aucun des endroits sus indiqués, on pratique au couteau chirurgical [18] une incision pour y insérer le crochet. Après avoir réchauffé le crochet à l'huile, on le prend dans la main droite, et, couvrant des doigts de la main gauche sa partie courbe, on l'introduit doucement et on le pique jusqu'à complète pénétration à l'un des endroits que nous avons cités. Il faut en enfoncer un second opposé au premier de façon à obtenir une traction équilibrée qui ne se produise pas d'un seul côté, ce qui ferait dévier une partie du fœtus et occasionnerait un enclavement. Ensuite, on donnera les crochets à tenir à un aide expérimenté, en lui demandant d'exercer doucement des tractions sur le fœtus par leur intermédiaire, sans le déchirer, ni au contraire relâcher son effort – car, si on le relâche, la partie émergente remonte dans la matrice – ; lorsqu'il sera nécessaire d'interrompre la traction, il veillera à conserver aux crochets la tension qu'ils avaient aupa-

---

17. Celse ne les excluait pas, VII 29, 4 (*uel oculo uel auri uel ori, interdum etiam fronti...*) ; Aétius les exclura et proposera yeux, bouche et menton (16, 23 = Zervos, p. 31, l. 15-17).

18. J. S. Milne, *Surgical instruments in Greek and Roman times*, Oxford, 1907 ; repr. Chicago, 1976, p. 38.

ravant ; il ne se contentera pas de tirer en ligne droite, mais infléchira son effort vers les côtés, comme on le fait en extrayant des dents [19] : ainsi l'effet de levier modifie la position du fœtus, qui élargit les voies naturelles et pourra finalement être extrait avec facilité. Adroitement secondé de la sorte, le médecin introduira l'index entre l'orifice utérin et le corps du fœtus que celui-ci enserre, et le promènera circulairement, comme détachant l'anneau de chair et redressant ce qui déviait d'un côté ou de l'autre ; il humectera la région d'huile ou de l'une des décoctions lubrifiantes déjà indiquées. Si le fœtus cependant ne cède pas tout de suite à la traction des crochets et ne se laisse pas expulser d'un coup, mais obéit petit à petit, en proportion des tractions, il faudra que le médecin fiche rapidement le premier crochet dans un endroit du corps plus éloigné, puis le second, et ainsi de suite, jusqu'à ce que le corps entier du fœtus soit passé. Il agira de même dans le cas d'une présentation par les pieds.

« Parfois, le fœtus a sorti un bras, impossible à ramener vers l'intérieur, en raison d'un enclavement considérable ou parce que ce fœtus est d'ores et déjà mort – ce que nous déduisons de l'absence de coloration, de chaleur et de pulsation dans ce bras qui est au contraire livide, froid, et où le sang ne bat plus – dans ce cas, il faut entourer le bras d'un chiffon pour éviter qu'il échappe en glissant : on le tirera quelque peu, en le maintenant pour que soit plus visible le haut du membre, et on le coupera à la hauteur de l'articulation de l'épaule. Même conduite à tenir lorsqu'il s'agit de la procidence d'une jambe. Ensuite on retournera manuellement le reste du corps et on pratiquera l'extraction en insérant les crochets. Si les deux bras sortent sans qu'on puisse les ramener vers l'arrière ou les mobiliser par des tractions, on agira comme pour le cas d'un seul bras et on supprimera les deux en les sectionnant au niveau de l'acromion. Si c'est le volume excessif de la tête qui provoque l'enclavement, on fera usage de l'embryotome [20] ou d'un scalpel à exciser les polypes [21] protégé entre l'index et le médius lors de l'introduction. Dans le cas d'un fœtus hydrocéphale, on lui incisera la

---

19. Ce qu'on appelle « mouvements d'asynclitisme ».

20. Cf. J. S. Milne, *op. cit.* (n. 18), p. 43. On connaît l'instrumentation hippocratique essentiellement grâce au chapitre 70 des *Maladies des femmes* (= Littré VIII, 146-149) : avec le couteau, couteau en général et couteau chirurgical en particulier, *op. cit.*, p. 27, le cranioclaste, broyeur, *op. cit.*, p. 155, la cuiller à os, le crochet pour tirer et notamment crochet à embryon.

21. Cf. J. S. Milne, *op. cit.* (n. 18), p. 39.

tête afin que l'évacuation des liquides entraîne l'affaissement de sa masse. Si la tête est normale mais grosse, on l'écrasera à la main – car elle cède aisément dans des corps encore tendres ; sinon, on incisera le petit crâne avec un scalpel, soit à l'emplacement de la fontanelle bregmatique, soit, en cas d'impossibilité, à un endroit quelconque : une fois la substance cérébrale évacuée, le crâne se réduit ; on écartera les lèvres de l'incision et on réséquera les os par fragmentation avec un davier[22] ou une pince à esquilles[23]. Si le volume de l'ensemble du corps l'empêche d'obéir même aux tractions ainsi exercées, parce que ses deux épaules butent sur les côtés de la matrice[24], il faut plonger profondément le scalpel dans la gorge du fœtus, car une fois vidé de son sang, le corps s'amenuise. Après quoi, on détache la tête entière, on incise les espaces intercostaux et le poumon : ce dernier, en effet, souvent rempli d'humeurs, accroissait lui aussi le volume du thorax[25].

« Il faut aussi libérer les éléments de la poitrine soudés l'un à l'autre, en arrachant avec les doigts les clavicules du sternum ou, si elles ne cèdent pas, en le brisant : en effet la cage thoracique s'affaisse quand elle n'est plus maintenue par ce qu'on appelle les clavicules. Au cas où, même ainsi, le corps n'obéirait pas aux tractions, il faut lui perforer l'abdomen comme s'il était hydropique : une fois le liquide évacué, la masse du corps s'affaisse et s'amenuise.

« Les entrailles occasionnent pourtant parfois quelque gonflement au ventre : on commencera par les enlever elles aussi, en même temps que le reste des viscères environnants ; après quoi on extraira le corps en bloc. On fera de même en cas de présentation par les pieds[26]. Si par ailleurs les bras sont relevés, on les amputera ; ici aussi on écrasera la tête si elle est trop volumineuse : l'opération est plus délicate dans cette position, car la tête est haute et peu accessible ; on prendra donc les jambes de la main droite et on les tirera, tandis que de la main gauche on redressera la tête à l'intérieur de la matrice, car, lorsqu'elle est renversée vers l'arrière[27]

---

22. Cf. Id., *ibid*., p. 136.

23. Cf. Id., *ibid*., p. 135.

24. En fait, ce n'est pas l'utérus qui gêne le passage des épaules, mais l'anneau osseux inextensible du bassin.

25. L'éviscération d'un poumon sain de nouveau-né, qui ne pèse que quelques dizaines de grammes, ne servirait à rien ; ce qui est ici décrit est vraisemblablement un anasarque avec hydrothorax et ascite.

26. C'est-à-dire de siège complet.

27. Selon le terme technique, « défléchie ».

contre l'isthme utérin, elle se détache fréquemment. Mais c'est peine perdue que d'aller imaginer que la main gauche est spécialement adaptée au travail d'extraction, sous prétexte que c'est d'elle qu'on se sert pour extraire de leur trou les serpents[28] : les deux affirmations sont en effet erronées ; c'est bel et bien pour l'introduction que la main gauche est commode, comme nous l'avons montré plus haut.

« En ce qui concerne les fœtus transverses ou pliés en deux qu'on n'a pas redressés, il faut tailler dans ce qui se présente, tantôt dans le ventre, tantôt dans les aisselles, les espaces intercostaux ou la région lombaire au niveau des flancs. S'il s'agit d'un fœtus mort et de très grande taille, il est dangereux de le morceler entièrement à l'intérieur de la matrice : mieux vaut couper chaque fragment à mesure qu'il se présente. Dans les cas de ce genre, les amputations se font au niveau des articulations, car, à leurs extrémités, les os se détachent facilement de leurs jointures. Il faut rassembler les morceaux extraits et vérifier que rien n'est oublié : souvent si ce sont des personnes inexpérimentées qui font les tractions sur les jambes, la tête est arrachée et il est difficile de s'en saisir parce qu'elle a une forme arrondie et qu'elle s'échappe en remontant dans la cavité utérine. En pareil cas, Sostratos[29] agit comme pour les calculs vésicaux : il introduit un doigt de la main gauche dans l'anus[30] de la patiente et, de la main droite, il presse le bas-ventre en essayant de faire descendre la tête du fœtus ; mais il ne se rend pas compte que le doigt introduit dans le rectum ne peut atteindre la tête. La vessie, elle, est accessible, mais la matrice est beaucoup plus éloignée comme il a été montré plus haut[31]. Aussi faut-il introduire la main dans la matrice, arriver au contact de la tête, puis la faire avancer en roulant jusqu'au col de la matrice, enfin l'extraire après y avoir fixé un crochet. Si l'orifice est fermé, on agira comme nous enseignerons de le faire à propos de l'arrière-faix. »

---

28. On trouve aussi cette bizarre histoire chez Pline, XXVIII, 33 : *serpentis aegre praeterquam laeua manu extrahi.*

29. Pour Sostratos, naturaliste et chirurgien d'Alexandrie, *cf.* Celse préface du livre VII : *Gorgias quoque et Sostratus et Heron et Apollonii duo et Hamonius Alexandrini...*

30. Cf. pour ce geste Celse, VII 26, 2E (deux doigts, *indicem et medium*) et Paul d'Égine, VI, 60.

31. Cf. les chapitres anatomiques du livre I.

Soranos fut adapté en latin [32] et en hébreu [33] à la fin de l'Antiquité et au Moyen Âge. Nous ne ferons néanmoins pas suivre son texte de ceux de Caelius Aurelianus et de Mustio [34], car le cas archéologique qui va l'éclairer leur est antérieur. Il s'agit du squelette découpé d'un fœtus à terme dans le cimetière romain tardif (IVe s., vers 350 probablement) de Poundbury, dans le Dorset, au sud-ouest de l'Angleterre. L'état des ossements de l'enfant, porteurs de mutilations et de fractures, soigneusement ensevelis dans un cercueil de bois, mais sans que les parties du corps aient été remises en position anatomique, montre qu'il a été découpé *in utero* pour une présentation de l'épaule négligée, la sage-femme ayant vraisemblablement attendu des heures pour appeler le médecin. La tête de ce très gros bébé, vraisemblablement du sexe féminin, a été détachée du tronc au scalpel, et sont coupés également un fémur, un humérus et un ischion ; mais toutes ces manipulations complexes ont provoqué diverses fractures. Il semble qu'on ait dans ce cas évité la mort de la mère, au moins provisoirement ; en tout cas, elle n'est pas enterrée avec son enfant ce qui aurait été fait s'ils étaient morts ensemble [35]. Les gestes décrits par le maître d'Éphèse correspondent exactement à ceux que commande l'urgence obstétricale en situation non hospitalière et fut cette fois très habilement pratiqués. La présentation transverse était du type dit de l'épaule, épaule droite, dos en avant, avec procidence de la jambe et du bras droits. L'extraction d'une présentation de l'épaule négligée est d'autant plus difficile que l'enfant est plus gros et les délais plus longs ; l'embryotomie devient inévitable. La mère était une multipare à l'utérus hypotonique dans lequel la version n'a pas été possible, la poursuite des contractions encastrant le siège dans le corps

---

32. A. E. Hanson, M. Green, « Soranus of Ephesus : Methodicorum princeps », *Aufstieg und Niedergang der römischen Welt* 37, 2, Berlin, 1994, p. 968-1075.

33. R. Barkai éd. *Les infortunes de Dinah, ou le livre de la génération : la gynécologie juive au Moyen Âge*, introd. trad. de l'hébreu par J. Barnavi, trad. du traité médical et de ses notes par M. Garel, Paris, 199. Et R. Barkai, *A history of medieval Jewish gynaecological texts*, Leyde-New York, 1998.

34. On verra en tout dernier lieu pour ces auteurs A.-M. Urso, « Riscritture di Sorano nel mondo latino tardoanticao. Il caso dei *Gynaecia* », dans *Galenismo e medicina tardoantica. Fonti greche, latine e arabe*, I. Garofalo et A. Roselli éd., Naples, 2003, p. 160-202. B. Maire, « Le triangle méthodique : Soranos, Caelius Aurelianus et Mustio », dans *Rationnel et irrationnel dans la médecine antique et médiévale*, N. Palmieri éd., Saint-Étienne, 2003, p. 215-230.

35. Cf. D. Gourevitch, Y. Malinas, « Présentation de l'épaule négligée. Expertise d'un squelette de fœtus à terme découvert dans une nécropole du IVe siècle à Poundbury (Dorset UK) », *Revue française de Gynécologie* 91/6, juin 1996, p. 291-333.

utérin tétanisé, et les membres œdématiés occupant la totalité de la
cavité vaginale. Après une période d'hésitation et de manœuvres
inutiles, le médecin s'est trouvé confronté à un enfant mort d'un
poids de plus de cinq kilos en présentation de l'épaule droite
négligée, compliquée de la procidence déjà ancienne des membres
supérieur et inférieur droits et incarcération du siège. Et il a dû travailler dans un utérus fragilisé. Il a découpé le petit corps, d'abord
le bras droit, puis le membre inférieur droit, puis il a procédé à la
décapitation. Il a pu alors faire basculer le tronc fœtal, en tirant sur
l'avant-bras gauche, ce qui a déterminé la fracture de l'humérus ; le
tronc a été extrait, puis la tête dégagée sans lésion osseuse. Enfin le
médecin a procédé à l'extraction manuelle du placenta. L'opération,
épuisante pour la parturiente et pour son médecin, a duré au moins
trois heures [36].

A l'autre extrémité du monde romain, vers la même époque, à
Beit Shemesh près de Jérusalem, se produit un autre drame obsté-
trical, pour lequel la main du médecin n'a rien pu ou rien su faire.
Une jeune femme de quatorze ans repose en effet dans une tombe
de famille qui était intacte lors de la fouille. Elle porte encore dans
la cavité pelvienne le squelette à terme de son enfant : elle est morte
sur le point d'accoucher ou au tout début du processus. Or cette
jeune femme présente une cavité pelvienne notoirement immature :
les dimensions antéro-postérieures internes sont d'environ 7-7,5 cm,
ce qui rend très improbable une délivrance normale par la voie
basse : il s'est vraisemblablement produit une rupture du col et une
hémorragie. Il est certain qu'elle n'a pas subi de césarienne. Or dans
la région abdominale du squelette on a pu récupérer environ sept
grammes d'un matériau carbonisé, de couleur grise, qui a d'abord
été analysé par les services de police et le département de botanique de l'université, puis par d'autres institutions. Le composant le
plus important est un constituant du cannabis. Les auteurs de la
recherche et de la littérature sur ce cas considèrent donc que l'on a
brûlé du cannabis dans un récipient pour l'administrer à la jeune
femme dont on voulait faciliter l'accouchement dystocique [37]. Cette

---

36. B. Lançon a présenté sans le savoir un cas d'embryotomie pratiquée sur un
fœtus mort à propos de Paul de Merida (*Patrologia latina* 80, *Vita patr. emer.*, cap. 4,
col. 129 a) : « *Medicina carnalis, medicina spiritualis*, réflexions sur l'absorption de la
médecine spirituelle dans l'Antiquité tardive », dans *Thérapies, médecine et démographie
antiques*, J.-N. Corvisier, Chr. Didier et M. Valdher éd., Arras, p. 193-202.

37. Cf. J. Zias, « Early medical use of cannabis sativa », *Nature* 363, 20 mai 1993,
p. 215. Id., « Cannabis sativa (Hashish) as an effective medication in Antiquity : the

indication de *Cannabis sativa* subsistera d'ailleurs jusqu'au
XIXᵉ siècle au moins, puisqu'on estimait qu'elle augmentait la force
des contractions utérines et allégeait la souffrance de la parturiente.

Le rêve de l'historien de la médecine spécialiste de ces questions est évidemment la découverte d'un de ces couples de squelettes tristement unis pour l'éternité, où la mère serait morte au
cours de l'embryotomie de son enfant. L'actuel développement de
la paléopathologie fait qu'une telle trouvaille n'est pas impossible.

On se rappellera que le cas de Poundbury était une présentation de l'épaule. Or on considérait encore dans les manuels et les
encyclopédies de la fin du XIXᵉ siècle que la détroncation ou décol-
lation était généralement réservée aux cas où l'enfant présente
l'épaule, et qu'elle comportait la section du fœtus au niveau du cou,
en deux parties qu'on extrait séparément. Devant l'horreur d'une
telle opération, certains concluent que l'Antiquité avait bien tort de
choisir la mère, et l'Occident chrétien bien raison de choisir l'enfant.
Le problème est mal posé : les médecins antiques n'avaient pas le
choix, puisque de toute façon la césarienne était impraticable et
resta impratiquée [38], je crois l'avoir démontré ailleurs [39], la preuve
principale étant probablement qu'on ait accepté la gravité même de
cette opération à haut risque.

UN MYSTÈRE DE LA TRANSMISSION DES TEXTES MÉDICAUX : HIKÉSIOS, LE CHAÎNON MANQUANT ?

La science de Soranos est admirable et très supérieure à celle
qui se déploie dans le *Corpus hippocratique* sur ces sujets. Or il est
un texte latin également bien au fait de ces gestes, c'est celui de
Celse. Celui-ci dans les livres médicaux de son encyclopédie a
recueilli une grande part de ce savoir alexandrin, et se montre riche
et précis, bien que dans l'état actuel de nos connaissances il soit

---

anthropological evidence », dans *The archaeology of death in the ancient Near East*,
S. Campbelle et A. Green éd., Leyde, 1996, p. 232-234.

38. Sauf en médecine vétérinaire, où la mère par cette pratique était délibérément
sacrifiée, sa viande étant alors réservée à la boucherie, et le petit permettant la poursuite
de l'élevage.

39. Cf. D. Gourevitch, « Problèmes d'obstétrique à Rome : césarienne, version,
embryotomie et drogue de la dernière chance », dans *Thérapies, médecine et démographie
antiques, op. cit.* (n. 36), p. 277-292. Ead. « Chirurgie obstétricale : l'embryotomie et la
césarienne, pour en finir avec un mythe », dans colloque de Fribourg, novembre 2001,
à paraître fin 2004.

souvent impossible de comprendre d'où l'encyclopédiste latin a tiré
son savoir. Tout porte à croire qu'il n'a pas pratiqué lui-même [40].

Dans l'un des livres consacré à la chirurgie [41], le livre VII, on
peut ainsi lire au chapitre 29 : « Quand une femme a conçu, si le
fœtus vient à mourir alors qu'il est presque à terme et ne sort pas de
lui-même, il faut en venir à l'opération, qui est une des plus difficiles,
car elle demande beaucoup de prudence et de sens de la mesure et
comporte un extrême danger [...]. Il faut commencer par faire
coucher la femme sur le dos, en travers sur un lit, les cuisses relevées
contre les flancs. Grâce à cette position, le bas-ventre se trouve bien
en face du chirurgien, et l'enfant est poussé vers l'orifice de la
matrice.

« Lorsque le fœtus est mort, l'orifice se contracte mais s'en-
trouvre un peu (texte corrompu). Le médecin doit profiter de l'occasion pour introduire d'abord dans la matrice l'index de sa main au
préalable enduite d'huile, et l'y laisser jusqu'à ce que l'orifice
s'ouvre de nouveau, y introduire ensuite un autre doigt, et, dans les
mêmes occasions, insinuer les autres, jusqu'à ce que toute la main
soit entrée [...].

« Dès que la main s'est portée sur le corps de l'enfant mort, on
sent tout de suite comment il est tourné. Car il présente la tête ou
les pieds, ou il est placé en travers, mais presque toujours de telle
façon qu'une de ses mains ou un de ses pieds est à portée de la main.
Le but du médecin est de diriger l'enfant avec la main, de manière
qu'il présente la tête ou même les pieds s'il se trouve tourné
autrement.

« S'il n'y a pas d'autre solution, le médecin saisit la main ou le
pied et redresse le corps. En effet si la main est saisie, le corps se
tourne vers la tête ; si c'est le pied, le corps se tourne vers les pieds.
Et alors, si la tête est à proximité, il faut enfoncer dans l'œil, dans
l'oreille ou dans la bouche ou quelquefois même dans le front, un
crochet qui soit lisse de tous côtés et ait le bec court : le médecin tire
ensuite le crochet à lui et fait sortir l'enfant.

« Il a soin toutefois de ne pas tenter l'extraction n'importe
quand : car s'il le fait lorsque l'orifice de la matrice est fermé,
comme celui-ci ne peut alors donner passage à l'enfant, le crochet,

---

40. Cf. Chr. Schultze, *Aulus Cornelius Celsus. Arzt oder Laie ? Autor, Konzept und
Adressaten der « De medicina libri octo »*, Trèves, 1999.

41. I. Mazzini, *art. cit.* (n. 14), 1993, p. 46-91. Id., *art. cit.* (n. 14), 1994, p. 135-166. Id.,
« Embriulcia ed embriotomia : evoluzione e diffusione di due interventi ginecologici
atroci nel mondo antico », dans *Studi di Storia della Medicina antica e medievale…, op. cit.*
(n. 14), p. 21-33.

arraché violemment de son corps, vient frapper de sa pointe l'orifice de la matrice, ce qui occasionne des convulsions et met la femme en grand danger de perdre la vie. Le médecin doit donc ne rien faire lorsque l'orifice de la matrice se resserre ; ce n'est que lorsqu'il se dilate qu'il doit tirer doucement et arracher ainsi l'enfant peu à peu, à ces moments-là [...].

« Lorsque l'enfant a subi une version et présente les pieds, il n'est pas difficile de l'extraire : en le saisissant par les pieds avec les mains, on l'extrait aisément. Mais si l'enfant est en position transverse et s'il n'est pas possible de le redresser, il faut enfoncer le crochet dans l'aisselle et tirer peu à peu le fœtus. Le cou se replie alors ordinairement et la tête se reporte en arrière dans la direction du reste du corps.

« Dans ce cas, la solution est de couper le cou pour pouvoir extraire séparément l'un après l'autre la tête et le corps. On se sert, pour cela, d'un crochet semblable au premier, sauf que sa pointe est tranchante en dedans. On doit faire comme suit : tirer la tête la première, et le reste du corps après. Car si on commence par extraire la partie la plus grande, la tête tombe dans le fond de la matrice, d'où on ne peut la retirer qu'avec le plus grand danger. Lorsque cet accident arrive néanmoins, on étend sur le ventre de la femme un linge plié en deux : un homme vigoureux et qui a une certaine habitude se place à sa gauche, lui applique les deux mains sur le bas-ventre et les appuie l'une sur l'autre : ce faisant, il pousse vers l'orifice de la matrice la tête que le médecin extrait avec le crochet, ainsi que nous l'avons dit plus haut (texte corrompu).

« Mais si l'enfant ne présente qu'un pied tandis que l'autre est replié avec le reste du corps, il faut couper petit à petit tout ce qui sort de la matrice ; si les fesses de l'enfant se présentent à l'orifice, il faut les repousser en dedans, attraper l'autre pied et extraire l'enfant par cette partie [...]. »

D'où viennent donc les connaissances de Celse ? Quelle est sa source ? Bien qu'il ne soit pas nommé dans l'encyclopédie en question, un candidat sérieux me paraît être Hikésios, disciple d'Érasistrate [42] (Athénée, III, 87b, ὁ Ἐρασιστράτειος) au début du Iᵉʳ siècle av. J.-C. Il fonda à Smyrne une « école » médicale qui semble n'avoir eu qu'une brève existence : entre Laodicée et Caroura se trouve un temple de Men Carou [43], auprès duquel s'est

---

42. *Erasistrati Fragmenta*, coll. et dig. I. Garofalo, Pise, 1988.

43. On attendra là-dessus les remarquables travaux de C. Nissen, étudiante de l'Université de Louvain et de l'École pratique des Hautes Études.

installée une école hérophiléenne [44] sous la conduite de Zeuxis puis d'Alexandre Philalèthe. Et, continue Strabon (XII 8, 20), de la même façon « à l'époque de nos pères, une école érasistratéenne a été fondée à Smyrne par Hikésios, mais à l'heure actuelle la situation n'est plus du tout ce qu'elle était » [45]. D'après Diogène Laërce (V, 94), Hikésios eut au moins un disciple connu, son successeur peut-être, Héracleidès (ἰατρος τῶν ἀπὸ Ἰκεσίου) ; et un ami, érasistratéen, Métrodoros (φίλος, Athénée, 59a). Selon le Dr Regnault, un petit-fils d'Hikésios, Artémon, était aussi médecin et une stèle aurait été érigée en son honneur à Smyrne [46].

Bien que le sort n'ait pas été clément pour sa production littéraire, il est considéré par Pline (XXVII, 31) comme *non parvae auctoritatis medicum*, et est resté connu comme diététicien, comme pharmacologue et comme gynécologue.

– Comme diététicien, ses fragments ne sont guère conservés que dans les *Deipnosophistes* d'Athénée, mais il est nommé aussi parmi les *auctoritates* de Pline, qui en dit quelques mots dans son texte. J'ai eu l'occasion d'en parler dans un colloque consacré à cet ouvrage dont les actes ont été publiés dans un volume aussi énorme que sa source [47] ! Je n'y reviendrai pas.

– Hikésios est aussi un pharmacologue, resté célèbre surtout pour un remède composé, le médicament noir, connu sous son nom au nominatif ou au génitif, Ἰκεσίος ou Ἰκεσίου, dont la renommée traversa l'Antiquité, cité abondamment par Galien, se référant notamment à Criton, Héras, Andromachos, Héraclide de Tarente, et par Paul d'Égine (III, 64 ; VII, 17), sous des formes différentes dont une simplifiée (dont les composants sont soulignés dans la liste qui suit), avec, à des doses variables : **litharge**, **asphalte**, terre de vigne, manne, propolis, **galbanum**, alun fissile, térébenthine, iris, **huile d'olive** (de diverses sortes), miel, cuivre, noix de galle, **myrrhe**, **cire**,

---

44. Pour la médecine hellénistique et les écoles médicales de la période romaine, voir M. Vegetti, « Entre le savoir et la pratique : la médecine hellénistique », et D. Gourevitch, « Les voies de la connaissance : la médecine dans le monde romain », dans *Histoire de la pensée médicale en Occident*, I, M. Grmek éd., Paris, 1995, p. 66-93 et 94-122.

45. La fin de cette phrase n'est pas claire du tout, ce pour quoi Corais tenta une correction, et Meinecke après lui.

46. Cf. F. Regnault, « Les Terres cuites grecques de Smyrne au Louvre », *Revue encyclopédique*, 8 juillet 1900, p. 589-590, mais je n'ai pas trouvé cette inscription dans IKA.

47. « Hicesius' fish and chips. A plea for an edition of the Fragments and Testimonies of περὶ ὕλης », dans *Athenaeus and his world. Reading Greek Culture in the Roman Empire*, D. Braund et J. Wilkins éd., Exeter, 2000, chap. 37, p. 483-491.

huile de rose, encens, **chalcite**, et chez Paul exclusivement vinaigre, pyrèthre, vert de gris, calament, écorce de pin, chaméléon, euphorbe, hypociste.

C'est une panacée, ou presque, πολύχρηστον en tout cas [48]. Elle est en effet conseillée pour toute douleur πόνον, destinée aux inflammations en général τὰ πυρίκαυτα ; aux gonflements enflammés, φλεγμόνη ; aux hémorroïdes, enflammées ou non, αἱμορροΐς ; aux condylomes, κονδυλώματα, « soulèvement(s) de la partie plissée de l'anus, avec un gonflement enflammé » ; à des abcès et furoncles, de divers noms, comme les très vagues φύματα, mais aussi ἀκίς, furoncle pointu ; ἀπόστημα, « transformation des corps en pus sous l'effet d'une inflammation » [49] ; δοθιήν, que nous pouvons traduire par clou ; ἧλος, encore une sorte de clou ou autre excroissance. On y compte aussi les parotidites, παρωτίδες, « abcès qui se produisent du côté des oreilles. Certains les appellent les petits Dioscures » [50]. De très mauvais gonflements, porteurs également d'un nom pittoresque, celui de « petit cochon », χοιράς, sont les écrouelles, « chair desséchée et difficile à résoudre » [51], tandis que les φύγεθλα sont d'autres tumeurs glandulaires, mal déterminées. Enfin on l'applique au fameux ἄνθραξ, défini comme « gonflement ulcéré qui provient d'un sang particulièrement plein de bile noire ou en état de putréfaction », ou « ulcération charbonneuse avec en même temps une forte inflammation tout autour [52] ».

Elle est également conseillée contre divers écoulements, de sang bien sûr comme ἴσχαιμος, mais aussi contre κατάρρος, κατασταγμός, κόρυζα, et au contraire contre la rétention de liquides qu'est l'hydropisie ὕδρωψ. Dans le cas de diverses maladies de peau, lichen et tache noire, λειχήν et μελανία ; de maladies des yeux non précisées, pour « ceux qui souffrent des yeux », ὀφθαλμιῶντες ; de maladies de la rate non précisées et d'indurations tout aussi vagues, σκληρία ; de maladies des articulations, non précisées, de problèmes liés à une sciatique, ἰσχιαδικός, de maladies malignes, κακοήθη qui sont « d'une grande force » et « mettent en grand danger sans supprimer l'espoir du salut [53] ».

---

48. La liste d'indications la plus longue est attribuée à Criton, *De compositione medicamentorum per genera* V, cap. 3 *De medicamentis a Critone descriptis* = Kühn XIII, 787-788.
49. *DM* 387 = Kühn XIX 442.
50. *DM* 372 = Kühn XIX 440.
51. *DM* 397 = Kühn XIX 443.
52. *DM* 384 = Kühn XIX 442.
53. *DM* 140 = Kühn XIX 389.

Restent des fistules, σῦριγξ, dont la cause n'est pas précisée ; des coups et blessures de toutes sortes : πᾶν τραῦμα, des contusions et ulcérations : θλάσμα, ἕλκος, des fractures du nom de κάταγμα, déboîtements, luxations, στρέμμα, blessures dues à des animaux, πληγαὶ θηρίων, morsures de chien κυνόδηκτα et d'inquiétantes « morsures humaines », ἀνθρωπόδηκτα, et des piqûres non précisées, σκόλοψ.

Autrement qu'en emplâtre, on précise qu'il faut le diluer dans de l'huile de myrte et de rose pour les ulcérations et les diverses morsures et plaies ; on peut s'en servir comme μάλαγμα πρὸς πάντα ; et on en fait un ἀνακόλλημα, sorte d'emplâtre collant, mais placé dans un linge pour les yeux atteints d'ophtalmie. Et il s'applique en σπλήνιον, ou compresse renforcée, pour plaies et fractures

Il n'y a pas dans ces textes d'indication pour des maladies de la bouche, d'où l'intérêt particulier d'un papyrus du Ier siècle MP 3 2410.1 = *P. Oxy.* 19.2221v + *P. Köln* 5.206v, le fragment principal étant conservé à l'Ashmolean Museum d'Oxford. Encore inédit, il a été brièvement décrit par Isabella Andorlini[54] comme « ... una serie di prescrizioni prevalentemente dedicate alla cura di malattie della bocca », et « in colonna II 24 è menzionato il rimedio di Icesio ». Par rapport à la liste longue ci-dessus, il comporte **litharge**, asphalte, **terre de vigne**, manne, propolis, galbanum, alun fissile, térébenthine, iris, huile d'olive (de diverses sortes), miel, cuivre, noix de galle, **myrrhe**, **cire**, **huile de rose**, encens, chalcite. Il s'agit selon la nomen-clature d'I. Andorlini d'un papyrus de « terapeutica », dans le champ de la « stomatologia », et sous la forme de « collutori » ; on peut l'imaginer alors (comme *supra*) dilué dans de l'huile de myrte ou de rose, comme anti-ulcérant. La publication de ce papyrus serait donc particulièrement intéressante, puisqu'il donne une nouvelle formule et complète la liste des indications.

– Il n'y a pas aujourd'hui d'indication gynécologique connue du médicament noir, et pourtant c'est comme gynécologue-obstétricien qu'Hikésios est resté tristement célèbre, violemment critiqué qu'il fut par Tertullien au IIIe siècle de notre ère[55] : il prati-quait l'embryotomie, se montrant ainsi *et naturae et artis praevari-cator*[56]. Tertullien en effet affirmant, contre ses adversaires, la

---

54. Dans *Aufstieg und Niedergang der römischen Welt* 37, 1, Berlin 1993, « L'apporto dei papiri alla conoscenza della scienza medica antica 458-562 », sous le n° 113, p. 520.

55. Le fait est que les pères de l'Église s'intéressèrent à l'obstétrique : cf. Augustin et l'histoire de l'imprégnation par l'image, *infra*.

56. *De anima* 25, 2, J. H. Waszink éd., Zurich-Munich, 1980, p. 25.

présence de l'âme dans l'embryon dès la conception, s'indigne que les médecins pratiquent l'embryotomie qui sacrifie une âme pour en conserver une autre. « Il arrive, écrit-il donc (25, 4-6), que, jusque dans la matrice même, l'enfant soit tué par une cruauté inévitable, alors que sa position transverse, au moment de sa sortie, empêche l'accouchement de se faire : s'il devait ne pas mourir, il y aurait matricide. C'est pourquoi la mère se trouve livrée aux armes des médecins : tantôt à l'instrument avec lequel, grâce à un système rotatoire, sont d'abord contraintes de se révéler les parties secrètes ; tantôt au couteau chirurgical en forme d'anneau par lequel, du fait d'une décision terrible, les parties du corps sont découpées à l'intérieur ; tantôt au crochet non coupant par lequel tout le produit du crime est extrait dans un accouchement violent. Il y a aussi une pointe en bronze avec laquelle se fait l'égorgement même, par un crime qui ne se voit pas : on l'appelle embryophakte vu son rôle qui consiste à tuer l'enfant, étant donné qu'en tous les cas, si l'enfant est vivant, il est (alors) tué. »

Que conclure ? Celse en sait beaucoup plus long qu'Hippocrate sur l'anatomie de la femme : il a eu vent du savoir alexandrin et post-alexandrin, qui a considérablement amélioré la pratique de l'embryotomie. Soranos partage ce savoir et en améliore considérablement les gestes. Or il n'a certainement pas lu Celse, qui n'est jamais entré dans la tradition médicale antique. Quant à Tertullien, il est vrai qu'il peut avoir lu les trois auteurs, mais il ne cite là-dessus que Hikésios, célèbre pour cette pratique, mais ne cite ni Soranos ni Celse. La seule hypothèse est donc celle d'une source commune : Tertullien, Soranos et Celse ont lu Hikésios, dont le naufrage serait ainsi postérieur au IIIe siècle. Hikésios représente le chaînon manquant de la tradition obstétrico-gynécologique gréco-romaine.

L'ARRÊT PERRUCHE ET LA NÉGRESSE BLANCHE : LE DÉSIR DE L'ENFANT PARFAIT

La littérature antique relate quelques cas étranges de ménage à trois, dans lesquels le but proclamé de la situation scabreuse est une pédopoïèse parfaite. Motivée par le désir de l'enfant parfait, mais fondée sur des notions variables de la vision et de la conception, cette croyance a connu une durée extraordinairement longue. Naturalistes et médecins de l'Antiquité gréco-romaine sont en effet d'accord pour dire que l'état physique et mental des deux parents au moment de l'acte sexuel fécondant a des effets sur le

caractère et les apparences de l'enfant ainsi conçu ; mais ils attribuent un rôle très particulier à la situation morale et mentale de la
mère au moment du rapport et dans la suite de sa grossesse, quelle
que soit la force originelle des deux semences et qu'il y ait ou non
deux semences utiles.

Commençons par l'anecdote du tyran de Chypre racontée par
Soranos[57] *cum grano salis* : « Il faut aussi dire que tel ou tel état
d'âme apporte des changements dans les caractères du fœtus. Ainsi
des femmes qui, au cours d'un rapprochement sexuel, avaient vu des
singes, ont accouché d'êtres simiesques ; le tyran de Chypre, qui
était contrefait, forçait sa femme à contempler, pendant les rapports, des statues admirables : il fut le père de beaux enfants. Les
éleveurs de chevaux, pendant les saillies, placent des pur-sang
devant les femelles. Pour éviter donc que le fœtus se forme sous des
apparences hideuses, en raison des images étranges qui s'imposent
à l'esprit dans l'ivresse, les femmes doivent arriver sobres au
rapport sexuel. » Bref une hypothèse peu vraisemblable, même
s'il n'était pas absolument impossible de rencontrer un singe dans
une rue d'Éphèse ou de Rome, ni non plus une autruche dans une
chambre à coucher bourgeoise de Luis Bunuel, un détour comique
pour une conclusion de bon sens.

On conçoit que le roman antique ait exploité le filon, et à la fin
du IIIe siècle ap. J.-C., Héliodore en fait un usage indirect[58], dans une
confession bien étrange de la part d'une mère à sa fille : « C'est là
(= dans une chambre du palais royal décorée d'un tableau représentant la libération d'Andromède par Persée), un jour, dix ans
après notre mariage, à Hydaspe et à moi, dix ans écoulés sans que
nous ayons eu d'enfant, c'est là qu'un jour nous faisions la sieste,
endormis dans la chaleur de l'été ; ton père ce jour-là s'approcha de
moi, me jurant qu'il le faisait sur l'ordre d'un songe qu'il venait
d'avoir, et aussitôt je sentis que je commençais d'être enceinte [...].
Mais lorsque je t'eus mise au monde (ἀπέτεκον), toi blanche, avec
un teint d'une couleur qui n'était pas celle de la nation éthiopienne,
j'en compris tout de suite la raison (αἰτία) : pendant mon union avec
mon mari, j'avais eu sous les yeux le tableau (γραφή) représentant
Andromède, complètement nue, au moment où Persée la fait descendre du rocher, et, par une mauvaise chance, le germe avait pris la
forme d'Andromède. » Persinna, la reine, craignant, malgré la notoriété de la croyance, l'accusation d'adultère, expose la blanche

---

57. *Gyn.* I, 39.
58. Dans ses *Éthiopiques* IV, 8, 3-4.

enfant Chariclée, étrangement blanche au pays des noirs : elle ne lui fera ce récit que des années après.

C'est ici que pourrait intervenir davantage l'histoire de l'art : de cette image imprégnante, apparemment très connue puisqu'elle est choisie par le romancier, on n'a découvert à ce jour qu'un seul exemple antique, sur une hydrie de l'ancienne collection Spinelli au Musée archéologique de Naples[59]. Mais il n'est pas impossible qu'une meilleure illustration du roman réapparaisse à la lumière. Ici encore la vigilance pluridisciplinaire s'impose.

La source première de la notion d'imprégnation par le regard est bien antérieure à Soranos puisqu'elle remonte à Empédocle, et la légende, si accommodante pour la paix des ménages, a eu une postérité extraordinaire. Pour la France un très bel exemple date du XVIIe siècle : sous le pseudonyme latin de Calvidius Letus, l'abbé Claude Quillet, bachelier en médecine, publie en 1656 une *Callipaedia, seu de Pulchrae prolis habendae ratione, poema didacticon, cum uno et altero ejusdem authoris carmine.* Nous en utiliserons une traduction, *La callipédie traduite du poème latin de Claude Quillet*[60].

On peut lire à la p. 92, adressée aux femmes enceintes : « évitez la rencontre des objets hideux et difformes ; qu'il ne se présente partout à vous au contraire que des objets agréables, capables de vous réjouir la vue ; car tandis que l'ouvrage de la nature s'avance, les esprits, descendant du cerveau, se mêlent dans la matrice à l'essence prolifique, et la pénètrent dans toutes ses parties : ils y gravent par une force invincible les mêmes images dont ils sont frappés ; ainsi plus faible que la puissance qui agit, elle suit une novelle loi, et, en prenant une forme, se moule quelquefois sur un mauvais modèle » (*typo nonnunquam cedit iniquo*) (et comme la main du

---

59. Cote Schauenburg p. 60 et n. 41.

60. En fait, texte bilingue, édition « imprimée à Amsterdam, 1749, se vend à Paris, rue S. Jacques au Griffon et chez Pissot, quai des Augustins à la sagesse » ; 2e page de titre : « La callipédie ou la manière d'avoir de beaux enfants » ; in-8°, 208 p. ; traducteur : Mouchenault d'Egly (Charles Philippe de). Cet ouvrage est très rare. Je remercie ma collègue de Tours, Jacqueline Vons, qui m'en a procuré des photographies. On peut utiliser aussi *La callipédie, ou l'art d'avoir de beaux enfants, traduction nouvelle du poème latin de Claude Quillet,* par J.-M. Caillau, Bordeaux, imprimerie de Pinard, an VII-1799, en concurrence très probable de Bablot., et qui connaîtra aussi un grand succès. *Callipoedia, seu de pulchrae prolis habendae ratione, poema didacticon,* 1655, traduit en français par Monthenault d'Egly, Caillaud, en vers français par Lancelin de Laval. Le troisième livre « contient les vérités les plus utiles. Il a revêtu des plus belles couleurs les opinions de Galien sur l'imagination des mères, sur les effets funestes de la haine, de l'horreur, de la crainte et du désespoir dans le cours de la gestation » (p. 186, Dictionnaire en 100 vol. signé AC = Achille Chéreau, 1874).

boulanger sur la pâte molle) « les idées font dans les femmes les mêmes impressions sur le fœtus. Ce n'est point une observation de ces derniers tems : les anciens Philosophes ne l'ont pas ignoré ».

La mère d'un enfant qui ne donne pas entière satisfaction est donc facilement culpabilisée. On peut en donner pour exemple l'histoire de la nymphe océane, Phillyre, et du dieu Saturne, rapportée à la p. 94 : dans cette sinistre affaire, le vieux dieu a dû prendre la forme d'un cheval, et l'enfant naquit « à demi bête, avec une queue, et le dos et les jambes hérissés de poils », mais (p. 98) « une autre Nymphe se présenta à (sa congénère), c'était l'imagination, fameuse par les diverses formes qu'elle donne aux choses », et qui lui dit : « ... Vous fûtes vous-même la cause de votre malheur, en pensant continuellement à Saturne... ; vous avez, par cette disgracieuse image, corrompu le fruit que vous portiez (*hoc corrupisti fœdo phantasmate prolem*) », et (p. 100) « cette image... portant le désordre dans votre sein, joignit dans l'enfant que vous portiez, le dos et la croupe d'un cheval, à la tête d'un homme. Au contraire si, pendant votre grossesse, vous n'eussiez point eu l'esprit absorbé dans le chagrin, si vous ne m'eussiez (= à moi, l'imagination) représenté tant de fois cette image difforme, votre fruit, provenant d'un germe divin, aurait pris sans altération son accroissement, et n'aurait point été susceptible de cet affreux mélange ». Et l'on peut ainsi conclure (p. 102) : « Vous donc, femmes enceintes, qui voulez avoir des fils bien faits (*si mens est edere natos corporis egregii*), ayez beaucoup d'attention à ne regarder que des objets gracieux. » Qu'Apollon, ou qu'Alexis aimé de Corydon, « vous réjouissent la vue par leurs agréables images », ou encore (p. 104) « Vénus, telle que l'a peinte le Titien », ou Danaé et la pluie d'or.

Tout le livre serait à citer, tant il est charmant et pervers, mais il faut passer à la toute fin du XVIIIᵉ siècle, avec Benjamin Bablot qui publie une *Dissertation sur l'imagination des femmes enceintes, dans laquelle on passe successivement en revue tous les grands hommes qui, depuis plus de deux mille ans, ont admis l'influence de cette faculté sur le fœtus, et dans laquelle on répond aux objections de ceux qui combattent cette opinion*, 1788, mais remis en vente à Paris, chez Royez, an XI, 1803 avec une étiquette collée qui est un « truc » pour qu'il se vende encore bien en tant que nouveauté [61] ! Né en 1754, en Champagne, ce médecin installé à Châlons-sur-Marne (actuel Châlons-en-Champagne) à partir de 1780, praticien, philosophe,

---

61. Reproduction Champion-Slatkine-Cité des sciences, Paris, 1989.

politicien bien de son temps, s'intéresse particulièrement à l'influence du moral sur le physique. Les passages qui nous intéressent figurent dans la première partie de son ouvrage, recueil non critique d'histoires anciennes et modernes sur le pouvoir de l'imagination maternelle. C'est la fin d'une tradition explicite : n'oublions pas que l'*Encylopédie* a déjà paru et Buffon déjà écrit. Mais son érudition est excellente, non seulement quantitativement mais aussi qualitativement ; nous n'y retiendrons que quelques allusions antiques, en laissant de côté la Bible et les exemples vétérinaires.

Celle, p. 10, au « philosophe Empédocle, d'Agrigente en Sicile », qui « n'admettait point d'autre cause de la dissemblance des enfans avec leurs père & mère, que l'imagination des femmes enceintes. "Empédocle tient, dit le naïf traducteur de Plutarque, que par l'imagination de la femme en la conception, se forment les enfans : car souvent des femmes ont été amoureuses d'images & de statues, & ont enfanté des enfans semblables à icelles" [62] [...]. Passons actuellement à l'examen du sentiment de Galien, sur la matière qui fait l'objet de nos réflexions. Si nous voulions nous en tenir au rapport d'André du Laurens [63], il n'y aurait point à douter sur l'opinion de ce médecin ; car voici, mot pour mot, ce que du Laurens fait dire à Galien : "Je donnai conseil à un Éthiopien, pour avoir de beaux enfans, qu'il mît une belle image aux pieds de son lit, & que sa femme la regardât fort attentivement au tems de la copulation. Il crut mon conseil, & l'événement fut tel que je le lui avais dit" [64] [...]. Mais en consultant Galien lui-même (p. 17), la traduction littérale du texte présente la chose bien différemment. "J'ai lu dans une vieille histoire, dit-il, qu'un homme laid, mais riche, voulant avoir un bel enfant, en fit peindre un très-beau, & qu'il recommanda à sa femme de fixer, à l'instant des caresses amoureuses, les yeux sur ce tableau : elle le fit, & dirigeant, pour ainsi dire, tout son esprit & toute son attention vers cet objet, elle mit au monde un enfant qui ne ressemblait pas à son père, mais parfaitement au modèle qui l'avait frappée" [65] [...]. Ce passage, comme on voit, n'est pas suffisant pour nous autoriser à en conclure que Galien ait réellement cru au pouvoir de l'imagination des mères. Mais il se semble aussi (p. 18) que, d'après un trait de cette nature, qu'il se contente de rapporter, sans le combattre avec ses armes ordinaires, je veux dire avec cette

---

62. L'auteur se réfère à la traduction d'Amyot, Vascosan, p. 457.
63. André du Laurens, 1558-1609.
64. Ici renvoi à Laurens, traduit par Gelée, Paris, 1646, p. 410.
65. Renvoi au *De theriaca ad Pisonem*, édition de Venise, 1662, p. 166.

subtilité de raisonnement dont il a défiguré une partie de ses ouvrages, ce serait abuser de son silence, que de le ranger d'un parti en faveur duquel il ne s'est nulle part formellement expliqué. Comme Galien, probablement par défaut de mémoire, ne cite point l'auteur qui lui a fourni l'anecdote rapportée, le lecteur nous saura peut-être gré de nos conjectures à cet égard, d'autant qu'elles prouveront, de plus en plus, l'antiquité d'une opinion autrefois universellement reçue.

« Je trouve dans Saint Augustin, à quelque chose près, la même histoire que Galien nous a transmise, & ils me paraissent l'avoir puisée, l'un & l'autre, à la même source. Le premier dit l'avoir trouvée dans les écrits du médecin Soranus, qui florissait, suivant M. Éloy[66], au commencement du deuxième siècle, conséquemment avant Galien, sous le règne des Empereurs Trajan & Adrien. La seule différence (p. 19) que je remarque dans l'exposé de ce fait, c'est que Saint Augustin désigne nommément Denys le tyran, *Dyonisium tyrannum*, dont ailleurs[67] [...], pour s'en tenir au texte de Soranus, il supprime le nom, & le remplace par ces mots, un Roi de Cypre, *Cyprinum Regem* ; & que Galien, qui peut-être n'avait pas présent à la mémoire le nom exprimé par /Soranus, met vaguement cette histoire sur le compte d'un homme riche, *Vir fortunatus*.

« Laissons au reste parler Saint Augustin lui-même. Soranus, médecin très célèbre, nous apprend, dans ses écrits, que l'imagination des femmes peut également influer sur leur fœtus ; & il le prouve par l'exemple suivant. Comme Denys le tyran était fort laid, & qu'il ne voulait point avoir d'enfants semblables à lui, il avait coutume de mettre sous les yeux de sa femme, dans le moment des caresses amoureuses, une fort belle image, afin qu'en désirant violemment la beauté de ce portrait, cette femme pût, en quelque sorte, s'en emparer, & la transmettre à son fruit, à l'instant de la conception [...][68]. »

Puis (p. 28) vient Plutarque, qui « ... avait adopté le sentiment d'Empédocle. "Y eut une femme Grecque, dit cet aimable philosophe de Chéronée, qui ayant enfanté un enfant noir, & en étant appelée en justice, comme ayant conçu cet enfant de l'adultère d'un Maure, il se trouva qu'elle était en quatrième ligne descendue d'un Éthiopien"[69] ».

---

66. Et l'auteur cite son *Dictionnaire historique de la médecine*, Francfort, 1756.
67. Renvoi aux *Retractationes* II, 62, Paris, 1531.
68. Selon *Adversus Julianum* dans la même édition.
69. L'auteur se fonde sur la traduction d'Amyot, éd. Vascosan, 267.

L'ajout ici de la notion que les ressemblances peuvent sauter une génération, ou des générations, n'est pas sans évoquer la trame atroce du roman de Nathanael Hawthorn, *The Scarlett Letter*, tandis que dans le monde germanique, et dans la ligne de cette même tradition, Gotthold Ephraim Lessing (1729-1781), étudiant en théologie et en médecine, avant de se consacrer exclusivement à la littérature et à l'histoire de l'art, imagine qu'on puisse créer de la beauté vivante, et jusqu'à un peuple de beauté : au chapitre 2 de son *Laocoon*, publié en 1766, il cite les législateurs de l'Antiquité grecque qui selon lui auraient voulu contraindre les artistes à représenter la seule beauté[70], ajoutant : « Si une belle génération d'hommes produit de belles statues, celles-ci à leur tour agissent sur ceux-là, et l'État a dû en partie la beauté de ses hommes à ces œuvres. Chez nous il semble que la tendre imagination des mères n'est impressionnable que lorsqu'il s'agit d'accoucher des monstres. »[71]

Les monstres d'hier seraient-ils les handicapés d'aujourd'hui ? On se souvient du premier arrêt Perruche, qui, après l'arrêt Quarez et en contradiction avec lui, a fait beaucoup fantasmer, et imaginer en particulier qu'un enfant imparfait pourrait attaquer ses parents pour le préjudice d'être né, rejoignant ainsi les reproches d'Alain Souchon à sa mère dans sa célèbre chanson :

« Allô Maman bobo
Maman comment tu m'as fait,
J'suis pas beau
Allô Maman bobo
Allô Maman bobo »

En fait que s'était-il passé ? Mme Perruche en 1982 est enceinte ; atteinte de la rubéole, elle est, par suite d'une erreur de laboratoire, considérée comme immunisée et garde son fœtus. D'où la naissance de Nicolas, polyhandicapé. Dix ans après, le 13 janvier 1992, le versement d'une indemnité est décidé par le tribunal d'Évry. Le 17 décembre 1993, la Cour d'appel de Paris confirme qu'il faut réparer le préjudice fait aux parents, mais conteste le préjudice pour l'enfant. Le 16 mars 1996, la Cour de cassation casse cet arrêt et renvoie l'affaire devant la Cour d'appel d'Évry, laquelle le 5 février

---

70. Pour cette question, cf. M. Grmek, D. Gourevitch, *Les Maladies dans l'art antique*, Paris, 1998, chap. 1.

71. G. E. Lessing, *Laocoon*, suivi de *Lettres concernant l'Antiquité* et *Comment les anciens représentaient la mort*, textes réunis et présentés par J. Bialostocka, avec la collaboration de R. Klein, Paris, 1964, p. 61. Ou Gotthold Ephraim Lessing, *Laocoon*, trad. de Courtin ; préf. de H. Damisch ; introd. par J. Bialostocka, Paris, 1997.

1999 prend un arrêt de rébellion, c'est-à-dire contraire à celui de la Cour de cassation, indiquant qu'un être humain n'est pas titulaire du droit « de naître ou de ne pas naître, de vivre ou de ne pas vivre ». Le 17 novembre 2000, nouvel épisode devant la Cour de cassation, qui casse la décision précédente et renvoie l'affaire à la Cour d'appel de Paris pour fixer les indemnisations à verser tant aux parents qu'à l'enfant handicapé pour le préjudice de son handicap.

Cette décision d'indemniser aussi l'enfant est tout à fait nouvelle. Elle s'oppose à l'arrêt Quarez, pris en 1997 par le Conseil d'État à propos de la trisomie 21 de Mathieu Quarez, non détectée par le C.H.R. de Nice, indemnisant les parents mais refusant le dédommagement de l'enfant pour le fait de sa naissance : « nous ne pensons pas qu'un enfant puisse se plaindre d'être né tel qu'il a été conçu par ses parents... Affirmer l'inverse serait juger qu'il existe des vies qui ne valent pas la peine d'être vécues et imposerait à la mère une sorte d'obligation de recourir, en cas de diagnostic alarmant, à une interruption de grossesse », premier pas vers un dangereux eugénisme de précaution et du côté des parents et du côté des médecins.

L'arrêt Perruche a bouleversé, semblant établir un droit de ne pas naître pour l'enfant, et pour la mère une obligation d'avorter, puisque certaines vies ne vaudraient pas la peine d'être vécues, et indignant les familles et les associations de handicapés, convaincues qu'une telle décision impliquait notamment qu'accepter de mettre au jour un enfant handicapé pût être un jour considéré comme une faute.

D'où les interventions politisées du Comité d'éthique et de Jean-François Mattéi à l'Assemblée, qui le 13 décembre 2001 estime que « nul n'est recevable à demander une indemnisation du fait de sa naissance » ; il y aura de nombreux épisodes avant la proposition d'une nouvelle loi, le 10 janvier 2002, son adoption le 19 février 2002 et sa promulgation le 4 mars 2002 : l'enfant n'est pas indemnisable, sa prise en charge relève de la solidarité nationale, les parents sont indemnisés du seul préjudice moral.

Mais le désir d'un certain eugénisme de précaution n'est pas effacé, la culpabilisation des mères d'enfants jugés imparfaits est fort active, l'enfant lui-même réclame la perfection ou du moins se plaint qu'on ne la lui ait pas donnée et la chanson d'Alain Souchon se chante toujours. Enfin Jean-Christian Petitfils, dans un livre tout récent, *Le masque de fer. Entre légende et histoire*[72], estime bon de

---

72. *Le masque de fer. Entre légende et histoire*, Paris, 2003, p. 146-147.

rappeler une hypothèse répandue en son temps selon laquelle le fameux « masque de fer » pourrait être le minuscule Maure Nabo [73], scandaleux père d'une fille de la très pieuse reine Marie-Thérèse : « Il est certain que le 16 novembre 1664, à 11 heures du matin, la reine Marie-Thérèse accoucha d'une fille au visage noir ou violacé, Marie-Anne de France, dite la Petite Madame [...]. La Grande Mademoiselle a consigné l'événement dans ses Mémoires : "La reine tomba malade et accoucha à huit mois, ayant de grands accès de fièvre tierce [...]. Monsieur me conta [...] que la fille dont elle était accouchée ressemblait à un petit Maure que M. de Beaufort avait amené, qui était fort joli, qui était toujours avec la reine ; que quand l'on s'était souvenu que son enfant y pourrait ressembler, on l'avait ôté, mais qu'il n'était plus temps ; que la petite fille était horrible ; qu'elle ne vivrait pas..."

« L'ignorance des lois de la génétique faisait croire à l'époque que la seule vue d'un Noir par une femme enceinte pouvait avoir une influence sur la pigmentation de la peau du fœtus. La petite Marie-Anne de France mourut officiellement le 26 décembre 1664, quarante jours après sa naissance. Mais n'a-t-on pas fait disparaître l'enfant et, sitôt qu'elle fut en âge de faire ses vœux, ne l'a-t-on pas fait entrer chez les religieuses de Moret », et suit l'histoire de cette nonne moresse de Moret, elle-même convaincue d'être une fille de Louis XIV.

Si donc, mon histoire avec Soranos est terminée, l'histoire de Soranos dans notre monde n'est pas terminée. Il est banal de dire que l'étude de l'Antiquité éclaire les faits contemporains ou que l'histoire permet de tracer des modèles de conduite. Il est plus intéressant à mes yeux de constater que les événements contemporains éclairent les textes antiques, et que l'historien de l'Antiquité ne peut ni ne doit rester isolé dans l'abri feutré de sa tour d'ivoire.

Danielle GOUREVITCH

---

73. On appréciera la délicatesse du surnom !

LES MALADES D'ARÉTÉE DE CAPPADOCE

ARÉTÉE ET LA TRADITION DES ÉCRITS DE NOSOLOGIE

Arétée de Cappadoce, un médecin qui a probablement vécu dans la seconde moitié du Iᵉʳ siècle ap. J.-C., est seulement connu par un ouvrage en huit livres sur les maladies aiguës et les maladies chroniques ; Galien n'en parle jamais et les auteurs de l'Antiquité tardive le citent rarement [1]. Malgré son intention évidente d'imiter Hippocrate et de rivaliser avec lui, Arétée est resté en marge de la tradition hippocratico-galénique et n'a donc pas eu une grande renommée durant l'Antiquité tardive.

Et pourtant un exemplaire au moins de son ouvrage sur les maladies [2] est arrivé jusqu'à l'époque byzantine, bien que mutilé au

---

1. La datation, généralement acceptée, se fonde sur l'hypothèse selon laquelle Arétée aurait appartenu à la secte pneumatique et précédé de peu Archigène (Iᵉʳ-IIᵉ s.), qui est l'un de ses principaux représentants (cf. p. ex. F. Kudlien, *Der Beginn des medizinischen Denkens bei den Griechen*, Zürich, 1967, p. 100-106 ; Id. *Der Kleine Pauly*, vol. I, 1967, col. 529 ; A. D. Mavroudis, *Archigenes Philippou Apameus*, Ponemata 3, Akadimia Athenon, Athènes, 2000, p. 285 sqq.). La mention d'Arétée dans les *Euporista* (II, 119, 2 Wellmann) attribués à Dioscoride (Iᵉʳ s.) ne fournit pas un *terminus ante quem* précis car l'attribution n'est pas certaine, et l'on tend aujourd'hui à considérer le texte comme étant apocryphe et le passage en question comme une glose ; il en est de même pour la mention dans le *Sur les fièvres* attribué à Alexandre d'Aphrodise (IIᵉ s.), où Arétée est cité trois fois (chap. 16, p. 13, 19 ; chap. 24, p. 19, 4 et chap. 30, p. 27, 29 Tassinari), parce que l'ouvrage est probablement apocryphe (mais daté de toute façon du IIᵉ s., cf. Pseudo-Alessandro di Afrodisia, *Trattato sulla febbre*, edizione critica, traduzione e commento di P. Tassinari, Alexandrie, 1994, p. VI). La première citation qui peut être datée avec certitude se trouve chez Aetius (VIᵉ s.). Dans l'article de la *Neue Pauly*, cependant, V. Nutton se montre enclin à considérer Arétée comme un contemporain de Galien, le plaçant donc en plein IIᵉ siècle (*Der Neue Pauly*, I 1996, col. 1051 sq.). Faute de références externes objectives, on est obligé de proposer une datation en ayant recours uniquement à des considérations sur la doctrine et sur le style du discours littéraire et scientifique, avec toutes les embûches que cela comporte.

2. Nous connaissons les titres d'autres livres d'Arétée parce qu'il les mentionne lui-même dans cet ouvrage. Le Pseudo-Alexandre d'Aphrodise cite en outre un traité de prophylaxie, p. 24, 5 (ὡς καὶ Ἀρεταῖος ἐν τῷ περὶ φυλακτικῶν) et à la p. 30, 1, il mentionne

début et lacunaire à la fin. Ce manuscrit constitue la source de toute la tradition manuscrite (les manuscrits connus remontent tous au XVe et au XVIe s.[3]) et des éditions imprimées, en grec et en latin[4]. Il semble qu'Arétée ait eu plus de succès à l'époque moderne qu'il n'en a eu dans l'Antiquité : mais évidemment notre point de vue n'est pas objectif du fait de l'état de la tradition.

La lacune initiale nous empêche de savoir si l'ensemble des huit livres avait un titre ; il est toutefois évident qu'ils sont regroupés deux par deux : il y a deux livres *Sur les causes et les signes des maladies aiguës*, deux autres *Sur les causes et les signes des maladies chroniques* ; deux livres *Sur la thérapie des maladies aiguës*, deux autres *Sur la thérapie des maladies chroniques*. Les livres III, V et VII ont, en fait, un proème (l'*incipit* du premier livre a disparu avec la lacune initiale). Cette organisation fait qu'à chaque maladie sont consacrés deux chapitres, un chapitre dans la partie diagnostique du livre (livres I-IV), l'autre dans la partie thérapeutique (livres V-VIII), ce qui apparaît comme un trait original d'Arétée. En fait, si la distinction entre maladies aiguës et maladies chroniques est bien connue chez différents médecins, par exemple chez Soranos et Caelius Aurelianus, ou chez l'auteur anonyme édité par

---

un exposé sur le diagnostic des fièvres qui dérivent des humeurs (διάγνωσιν τῶν ἐπὶ χυμοῖς πυρετῶν) qui semble se référer au traité *Sur les fièvres* ; dans le chap. 16, il lui attribue l'emploi du παραδείγμα du βαλανεῖον (les bains) constitué par des murs de l'édifice, de l'eau et de la vapeur, pour expliquer la construction du corps formé d'éléments solides, liquides et aériens ; le passage est controversé parce qu'il est reconstruit de manière conjecturale.

3. La seule édition critique moderne est celle de C. Hude, *Corpus Medicorum Graecorum*, II, 1923 (2e éd. 1958). Hude, p. VII, signale un manuscrit du XIVe siècle, le *Neap*. III D 1, mais en réalité les filigranes imposent de le dater de la fin du XVe siècle, cf. M. R. Formentin, « Codici greci di medicina nella Biblioteca Nazionale Vittorio Emanuele III di Napoli : le vie di acquisizione », dans *Lingue tecniche del greco e del latino*, II, S. Sconocchia et L. Toneatto éd., Bologne, Pàtron Editore, 1997, p. 207-216.

4. L'*editio princeps* en grec, par Goupyl, date de 1554 (*Aretaei Cappadocis De acutorum ac diuturnorum morborum causis et signis. Libri IIII. De acutorum ac diuturnorum morborum curatione libri IIII*, Ex Bibliotheca Regia, Parisiis, apud Adr. Turnebum, 1554) ; la première traduction en latin est de Giunio Paolo Grassi (1552) ; elle fut réimprimée plusieurs fois. La première édition gréco-latine est due à G. Henisch (1603), les éditions de J. Wigan (1723), H. Boerhaave (1731), C. G. Kühn (1828) et Z. Ermerins (1847) lui firent suite. Ce n'est que recemment qu'a été publiée la traduction française (partielle) de Laennec (début XIXe s.), cf. Arétée de Cappadoce, *Des causes et des signes des maladies aiguës et chroniques*, traduit par R. T. H. Laennec, édité et commenté par M. D. Grmek, Genève, Droz, 2000.

I. Garofalo sous le titre *De morbis acutis et chroniis*[5], cette distinction ultérieure entre partie diagnostique (causes et signes) et partie thérapeutique est inconnue dans la littérature médicale dont nous disposons[6]. En effet, à partir des traités nosologiques de la *Collection hippocratique*, chaque chapitre qui compose ces traités (les chapitres étant disposés selon l'ordre *a capite ad calcem*) est consacré à une maladie dont le rédacteur fournit soit l'étiologie et le diagnostic, soit la partie thérapeutique ; chaque chapitre de l'*Anonyme de Paris*, par exemple, qui pourrait être chronologiquement proche d'Arétée, est divisé en trois sections : *causes, signes et thérapie* – les trois notions qui sont évoquées dans les titres des ouvrages d'Arétée – et constitue une unité autonome. Au contraire, la duplication de chaque fiche de maladie entraîne, de la part d'Arétée, une brève reprise de l'étiologie et de la symptomatologie au début de la section thérapeutique, quelquefois avec de petites modifications de la doctrine et des modifications linguistiques.

Un deuxième trait caractéristique d'Arétée, par rapport à la tradition nosologique, se manifeste dans les proèmes – qui sont pratiquement absents dans ce genre de littérature ; notamment, les deux proèmes des livres consacrés aux maladies chroniques (livre V et livre VII) accordent une attention tout à fait particulière au rapport entre médecin et malade, un thème qui n'est pas fréquent dans la littérature nosologique.

Ajoutons un troisième élément caractéristique par rapport aux autres traités nosologiques : Arétée intervient souvent à la première personne ; il mentionne ses innovations thérapeutiques[7], ses observations cliniques[8], parfois, mais c'est très rare, il ébauche la description de cas cliniques, cf. III, 9, 2 (p. 49, 16 Hude) :

---

5. Déjà connu comme l'*Anonyme de Paris*, cf. *Anonymi medici De morbis acutis et chroniis*, edited with commentary by I. Garofalo, translated into English by B. Fuchs (Studies in Medicine, 12), Leiden-New York-Cologne, Brill, 1997.

6. On peut toutefois supposer que cette distinction a été utilisée aussi par Archigène auquel les sources attribuent aussi bien les titres Χρονίων νόσων παθογνωμονικά et Χρονίων νόσων θεραπευτικά que quelques fragments qui pourraient appartenir à des écrits – pathologiques et thérapeutiques – sur les maladies aiguës. Voir A. D. Mavroudis, *op. cit.* (n. 1), p. 82 sq., 102 sq., 158, 162 et 285 sq.

7. Par exemple sa découverte fortuite que la moutarde humidifie le ventre et provoque de la ventosité, V, 2, 15 (p. 101, 29 Hude), avec ses réflexions sur la valeur de l'expérience thérapeutique.

8. I, 6, 5 (p. 6, 19 Hude), dans la description du tétanos : « j'ai vu avec étonnement chez un malade les oreilles éprouver aussi un tel mouvement » ; VII, 4, 7 (p. 154, 3 Hude) dans la thérapie de l'épilepsie : « j'ai vu qu'ils mettaient une ampoule sous la blessure d'un homme qui venait d'être tué pour recueillir le sang et qu'ils le buvaient ».

« J'ai même ouvert une fois un abcès qui avait son siège dans le colon droit tout près du foie. Il s'en écoula beaucoup de pus par l'ouverture extérieure ; il s'en écoula beaucoup aussi et pendant plusieurs jours par les reins et la vessie, et enfin le malade guérit. »

Cette présence du médecin à la première personne produit l'effet que les malades aussi ont ici, à leur tour, un espace absolument inhabituel par rapport aux autres traités nosologiques connus, lesquels sont, par définition, concentrés sur la maladie.

Il n'est pas difficile d'expliquer cette particularité d'Arétée face au genre littéraire du « traité de nosologie » si l'on pense à la dette d'Arétée envers Hippocrate et à ses efforts pour l'imiter. L'Hippocrate auquel Arétée se réfère est moins celui des traités nosologiques que l'Hippocrate des traités « les plus authentiques », comme dirait Galien, c'est-à-dire celui des *Aphorismes*, du *Pronostic*, des *Épidémies*, des *Humeurs* [9]. Tous ces traités sont justement caractérisés par l'attention spéciale qu'ils présentent pour le rapport entre médecin et malade : Arétée a donc transposé la structure formelle des traités nosologiques, c'est-à-dire les fiches traditionnelles de maladies, dans le contexte idéologique et en fonction de la perspective des problématiques relatives aux malades, propres aux traités hippocratiques que je viens de mentionner. Je consacrerai donc mon analyse à l'intérêt que porte Arétée envers les malades et les souffrances que les maladies entraînent, un élément nouveau dans la tradition nosologique, car je suis convaincue qu'il s'agit d'un élément caractéristique de ce médecin.

CAS CLINIQUES QUI N'ONT PAS ÉTÉ OBSERVÉS DIRECTEMENT PAR ARÉTÉE

Je voudrais réfléchir tout d'abord sur l'élément d'innovation le plus évident par rapport à la tradition nosologique, à savoir la pratique d'introduire dans un livre de nosologie des développements relatifs aux malades. Je commencerai par l'illustration de quelques « cas cliniques » qu'Arétée n'a pas observés directement. Il s'agit de cas « fameux » qui devaient avoir suscité une attention spéciale dans les débats entre les médecins et qu'Arétée introduit à son tour dans son traité.

---

9. C'est-à-dire des traités qui ont été l'objet de commentaires. Sur cette question cf. K. Deichgräber, « Aretaeus von Kappadozien als medizinischer Schriftsteller », *Abhandlungen der sächischen Akademie der Wissenschaften zu Leipzig* 63/3, Berlin 1971, ainsi que mon étude « Areteo lettore di Ippocrate », dans Actes du XIᵉ colloque international hippocratique, Newcastle, août 2002 (sous presse).

1. III, 5, 8 (p. 41, 4 Hude), partie finale du chapitre sur les causes et les signes de la mélancolie ; Arétée cite le cas d'un malade qui aurait été guéri par l'amour. Il le fait avec une intention polémique, pour opposer son savoir de médecin à l'ignorance des δημόται, les gens du commun qui ne possèdent pas un savoir médical[10] :

> « On rapporte (λόγος ὅτι) qu'un de ces malades, qu'on ne pouvait pas guérir, s'éprit d'une jeune fille et, les médecins ne [lui] donnant aucun secours, fut guéri par l'amour. Mais *pour moi, je pense* qu'il aimait dès le commencement et que, déçu dans ses prétentions sur la jeune fille, il devint triste et de mauvaise humeur, ce qui le fit paraître mélancolique aux gens du commun. Peut-être ne savait-il pas lui-même que c'était de l'amour, mais dès qu'il fut uni à celle qu'il aimait, son chagrin (κατηφείη) cessa, son irascibilité et sa douleur disparurent, la joie remplaça la mauvaise humeur et c'est ainsi qu'il fut rétabli dans son bonheur et que l'amour fut son médecin » (trad. Laennec modifiée).

Donc, conclut Arétée, on ne dira pas que l'amour a soigné le jeune malade mélancolique, mais plutôt que son état mélancolique était le résultat de la « maladie d'amour ». Arétée évoque ici, très rapidement, un thème répandu dans la littérature médicale et romanesque sans pourtant le développer. Si Arétée fait allusion à l'histoire du fils de Séleucus soigné par Érasistrate, ou à l'une des nombreuses versions de cette histoire[11], l'allusion reste très discrète.

---

10. Le choix du terme δημότης est parfaitement en accord avec la tradition hippocratique dont s'inspire Arétée. Les δημόται sont les personnes qui n'ont pas de compétences techniques et qui expriment cependant des opinions dans le domaine de la médecine ; ce sont souvent les malades eux-mêmes et leur entourage.

11. De nombreuses sources, grecques, latines et arabes, médicales et non médicales, parfois en contradiction entre elles, attribuent à Érasistrate, mais aussi à d'autres médecins, un extraordinaire exploit diagnostique au chevet d'un malade important. Appelé à visiter Antiochus, le fils de Séleucus, Érasistrate aurait découvert et prouvé, grâce à une violente altération du pouls, l'amour d'Antiochus pour Stratonice, la jeune épouse-concubine de Séleucus lui-même (il existe une très riche bibliographie sur ce sujet : je ne signale que J. Mesk, « Antiochus and Stratonike », *Rheinisches Museum* 68, 1913, p. 366-394 ; W. D. Amundsen, « Romanticizing the ancient medical profession : the Characterization of the Physician in the Greco-Roman novel », *Bulletin of the History of Medicine* 48, 1974, p. 328-377 ; V. Nutton, Galen, *On Prognosis*, CMG V, 8, 1, Berlin, Akademie Verlag, 1979, p. 195-196 ; enfin I. Garofalo, « Il principe e il medico », dans *Antioco malato. Forbidden loves from antiquity to Rossini* [Actes du colloque de Sienne, 18-20 mai 1989], M. Bettini, M. Ciavolella et R. Guerrini éd. [Annali della Facoltà di Lettere e Filosofia, Université de Sienne, 11], Florence, Leo S. Olschki Editore, 1990, p. 291-299). Aristénète (I, 13) se rapporte à cette tradition lorsqu'il décrit comment le médecin Panacéos diagnostiqua la maladie de Policlès, le fils de Cariclès.

2. III, 6, 6 (p. 42, 20 Hude) : à l'intérieur du chapitre sur la *manie*, Arétée mentionne un cas d'agoraphobie [12] ; Arétée n'a pas laissé échapper une magnifique occasion pour construire dans les détails et avec une certaine emphase la figure de cet artisan agoraphobe, aussi intelligent et habile dans son atelier qu'il n'était confus, incertain et perdu, dès qu'il en sortait ; cette histoire, déclare Arétée, donne une belle démonstration du lien (ξυμβολή) qui existe entre les lieux dans lesquels nous vivons et notre raison. Ici, j'ai l'impression que le plaisir d'écrire un beau texte, à la fois vivant et bien construit, a guidé la main d'Arétée :

> « On connaît aussi ce conte (μυθολογέεται) d'un charpentier qui dans sa maison était un sage ouvrier, habile à mesurer le bois, à le couper, à le polir, à le clouer, à l'adapter, à achever un toit avec prudence, à traiter avec ses ouvriers, à conclure un marché, à livrer son ouvrage à un juste prix ; cet homme jouissait en un mot de toute son intelligence dans le lieu de ses travaux ; mais s'il lui arrivait de sortir, soit pour aller au marché, soit pour aller au bain, soit pour quelque autre nécessité, après avoir déposé ses outils, il commençait par soupirer, puis en sortant poussait un hélas [13], et dès qu'il s'était éloigné de la vue de ses ouvriers, de son atelier et de son chantier, il devenait tout à fait fou. Que s'il retournait aussitôt sur ses pas, son bon sens lui revenait ; c'est la liaison entre sa raison et son atelier. »

3. Au sujet de la thérapie de l'éléphantiasis (notre lèpre) par la chair ou par le poison de vipère [14], deux « exemples » célèbres se trouvent juste à la fin du livre IV (chap. 13, 19-21, p. 90, 2-22 Hude). Les deux histoires ont une sorte de prologue : cette maladie, déclare Arétée, est tellement horrible que même un fils, un père, ou un frère

---

12. Cf. M. et D. Gourevitch, « Phobie », *L'Évolution psychiatrique* 47, 1982, p. 888-893 ; pour tout le chapitre voir J. Pigeaud, *Folies et cures de la folie chez les médecins de l'Antiquité gréco-romaine. La manie*, Paris, Les Belles Lettres, 1987, p. 71-94 et Appendice, p. 233-239, où l'auteur fournit la traduction du chapitre accompagnée de notes textuelles et exégétiques.

13. Texte incertain, cf. également J. Pigeaud, *op. cit.* (n. 12), p. 76, n. 17.

14. Ce passage d'Arétée et les passages de Galien que je citerai ensuite, ont été étudiés d'une façon remarquable par D. Gourevitch ; j'emprunte à cette dernière les traductions d'Arétée et de Galien : voir D. Gourevitch, « Un éléphant peut en cacher un autre, ou comment sauter du coq à l'âne peut mettre la puce à l'oreille », dans *Docente natura. Mélanges de médecine ancienne et médiévale offerts à Guy Sabbah* (Centre Jean-Palerne, Mémoires XXIV), Publications de l'Université de Saint-Étienne, Saint-Étienne, 2001, p. 157-176). D. Gourevitch (p. 172) a déjà noté la position rhétoriquement marquée de ce passage à la fin du chapitre ; j'ajouterai qu'il s'agit aussi de la fin du livre et de la fin de la partie diagnostique.

évite le contact avec son parent malade, parce qu'ils craignent la contagion [15] :

> « C'est pourquoi beaucoup ont abandonné les personnes les plus chères dans des lieux désertiques ou dans les montagnes, les uns leur venant en aide tout le temps pour les empêcher de mourir de faim, les autres en donnant peu de nourriture [16], *en désirant leur mort.* »

Suivent les deux histoires :

> « On raconte (λόγος) qu'un de ces malades envoyés dans un lieu désertique vit une vipère sortir de la terre en rampant, et, *pressé par la faim ou étant opprimé par la maladie*, mangea cette vipère vivante *pour échanger un mal contre un autre mal.* Et il ne mourut pas avant que toutes les parties de son corps ne se fussent putréfiées et détachées. »

Le malade donc, remarque Arétée, ne meurt pas parce qu'il a mangé la vipère, mais plus tard, à cause de la maladie qui s'était aggravée. L'effet thérapeutique se manifeste au contraire dans la seconde histoire [17] :

> « Un autre malade vit une vipère pénétrer en rampant dans une jarre de vin nouveau, elle but de ce vin jusqu'à plus soif et rejeta beaucoup de poison en même temps que le vin. Une fois la bête étouffée dans le vin nouveau, l'homme en question, dit-on, but beaucoup de vin à plein gosier, *désireux d'en finir à la fois avec la vie et avec la maladie.* Il en vint à la satiété et à l'ivresse et il resta couché par terre comme s'il allait mourir. Mais ensuite il sortit du sommeil profond et de l'ivresse, et d'abord il commença par perdre les cheveux, puis les doigts et les ongles, et finalement toutes les parties de son corps partirent en pourriture. Mais, comme cet homme avait encore quelque force dans sa semence, la nature le remodela et en fit un homme nouveau, comme s'il était né une seconde fois. Elle lui fit pousser d'autres cheveux, de nouveaux ongles, une chair fraîche. Et il perdit son ancienne peau de bête, comme la mue d'un serpent. Il fut rappelé à la naissance et à la vie comme un autre homme. »

Arétée commente en ces termes :

> « Cette histoire (μῦθος) n'est pas absolument certaine, mais n'est pas non plus totalement incroyable : il faut croire en effet qu'un mal peut détourner un autre mal. Il n'est pas (non plus) incroyable que la nature ait produit une nouvelle jouvence de cet homme avec l'étincelle vitale qui lui restait, si du moins l'on admet le prodige. »

---

15. La même observation se trouve dans le chapitre thérapeutique correspondant, VIII 13, 1 (p. 168, 2 Hude).

16. Le texte n'est pas sûr.

17. Pour les éléments de saga qui se trouvent dans cette histoire, cf. Kudlien, *op. cit.* (n. 1), p. 102 sq. (qui se fonde sur H. Herter, « Xanthos der Myder zu Aineias aus Gaza : Tylon und andere Auferweckte », *Rheinisches Museum* 108, 1965, p. 198 sq.).

Dans les deux cas Arétée souligne que les deux malades pourraient avoir mangé la chair de la vipère vraisemblablement venimeuse – ou bu le vin – vraisemblablement empoisonné – consciemment, pour échapper à la souffrance de la maladie et à l'état de marginalisation dans lequel ils vivaient. Je reviendrai sur ce point car il est important.

Pour ces derniers cas nous avons la chance de pouvoir comparer le récit d'Arétée avec une autre source : il s'agit de deux ouvrages de Galien, la *Subfiguratio emperica*[18] (p. 75-79 Deichgräber) et le traité *De simplicium medicamentorum facultatibus* (XII, 312-315 Kühn), deux rédactions presque identiques du même texte. Dans ces traités Galien parle des expérimentations pharmacologiques qu'il a faites et de l'usage pharmacologique de la chair de vipère. Il mentionne donc deux cas qui se sont produits en Asie, le premier non loin de Pergame, l'autre en Mysie. Le premier cas, que Galien décrit avec beaucoup de détails, présente de nombreux éléments en commun avec le second cas d'Arétée.

Un homme malade d'éléphantiasis ne pouvait plus vivre avec sa famille dont certains membres étaient déjà contaminés par la maladie : devenu affreux à voir (εἰδεχθής) et d'une puanteur insupportable, il fut éloigné de sa maison. On avait donc construit une cabane près du village, au bas d'une colline, près d'une source ; ses proches lui donnaient à manger en lui portant de la nourriture suffisante pour le tenir en vie.

Par son contenu cette partie du récit de Galien correspond à la petite section qui introduit les deux histoires d'Arétée.

En été, à l'époque de la moisson, une vipère tombe et meurt dans une jarre de vin qui était destinée aux moissonneurs qui travaillaient près de la cabane. Les moissonneurs s'aperçoivent de la vipère morte et décident donc de ne pas boire ce vin qui pourrait être empoisonné ; au moment de partir « évidemment par philanthropie », ils donnent tout le vin à l'homme qui souffrait d'éléphantiasis, « estimant que pour lui il valait mieux mourir que vivre ainsi ». L'homme (inconscient du risque qu'il courait ?) but le vin et guérit. « Sa peau squameuse tomba à la manière de la carapace des animaux à coquille molle. Ce qui était resté de la peau se montra tout à fait doux, comme la peau des homards et des crabes lorsque la carapace qui les entoure est tombée. »

---

18. Le chapitre a été conservé aussi en grec tandis que la majeure partie de l'ouvrage est connue seulement par une traduction latine.

Dans le second cas, en Mysie, une concubine (παλλακή), qui avait beaucoup d'amants, donne à boire à son maître du vin dans lequel était morte une vipère ; la femme était si intelligente et si astucieuse que son maître lui avait confié l'administration de ses affaires ; cette femme pensait donc que ce vin qui devait être empoisonné allait le tuer, mais, contre toute attente, le maître guérit, comme l'homme de la cabane.

Galien, à son tour, encouragé par l'enseignement de ces deux guérisons célèbres mais dues au hasard, déclare avoir expérimenté, avec succès, la thérapie par le vin et la vipère : il l'a expérimentée tout d'abord sur un malade qui, « étant plus "philosophe" que les gens du commun, était prêt à mourir considérant qu'il valait mieux pour lui mourir que vivre », il accepta donc volontiers de se livrer à l'expérience. Ensuite, il a poursuivi ses recherches sur un chasseur de vipères – qui n'avait pas particulièrement en horreur ces reptiles – et finalement sur un homme riche originaire de Thrace, qui était arrivé à Pergame poussé par un songe qui lui commandait de boire un médicament à base de vipère. Ce troisième cas présente aussi l'approbation divine de la thérapie par la chair de vipère.

Je ne pense pas qu'il soit possible d'établir un lien de dépendance entre Arétée et Galien [19] ; l'histoire que les deux ont en commun ne coïncide pas dans tous les détails ; mais on peut au moins dire que, lorsque Galien était jeune (dans les années 40-50 du IIe s.), en Asie Mineure, circulaient des « histoires » diverses qui avaient la fonction d'expliquer l'invention de la thériaque ; ces histoires étaient une sorte d'*aition* et, à partir d'un noyau original, elles pouvaient être enrichies par d'autres détails.

Arétée et Galien observent, tous les deux, que les malades préfèrent la mort à leur vie, Galien attribue aux moissonneurs un sentiment de compassion qui les mène à donner un vin probablement mortel ; tous les deux disent que les proches réduisent la quantité de la nourriture pour accélérer la mort. Ces récits pourraient faire l'objet d'une analyse littéraire et structurale approfondie qui nous amènerait trop loin de notre sujet. Je me limiterai donc à souligner le thème de la volonté de mourir pour mettre fin aux souffrances de la maladie et de la solitude. Ce thème, présent aussi chez Galien, est toutefois un des traits distinctifs de la réflexion d'Arétée sur les malades et sur le rapport entre médecin et malade comme il apparaît à d'autres endroits dans le texte.

---

19. Kudlien, au contraire, pense que c'est possible, cf. *op. cit.* (n. 1), p. 104, tout en insistant beaucoup sur le fait que ces récits apparaissent comme des nouvelles. Voir V. Nutton, dans *Der neue Pauly* (n. 1).

Arétée face à la souffrance des malades

Le point de départ pour traiter ce sujet est certainement le proème du troisième livre où Arétée définit quelles doivent être les qualités du médecin dans la thérapie des maladies chroniques : pour lutter contre le mal, il doit être capable de résister et être rusé ; à l'égard des malades, il doit être complaisant pour satisfaire leurs désirs qui ne soient pas contraires à la guérison et capable d'inspirer du courage. J'ai déjà traité ce sujet en commentant le proème du livre III (p. 36, 8 sqq. Hude) dans un article des mélanges pour G. Sabbah[20]. Je dirai ici seulement que dans ce proème Arétée reprend un passage du chapitre 7 du traité hippocratique de *L'art*, en renversant sa signification.

L'auteur hippocratique disait qu'il y a des malades incapables de supporter les ennuis de la thérapie et qui préfèrent mourir ; ils ne veulent pas vraiment mourir, mais plutôt ils sont veules (ils « n'ont pas la force de soutenir la thérapie »)[21]. L'auteur de *L'art*, qui défend sa *technè* récemment fondée, a une position agressive à l'égard des malades : si l'art n'a pas de succès c'est parce que les malades n'obéissent pas aux prescriptions des médecins. Arétée, au contraire, sympathise avec la souffrance des malades. Il remarque à son tour que certains malades ne sont pas capables de supporter longtemps les souffrances de la maladie et en même temps les souffrances imposées par des thérapies longues et douloureuses (régimes stricts, médicaments, cautérisations, incisions) ; donc, ils se soustraient à la thérapie en préférant la mort[22]. Mais, selon Arétée, qui considère cette réaction comme étant compréhensible, le médecin doit combattre en même temps sur deux versants : contre la maladie et contre le refus de thérapies longues et douloureuses de la part des malades ; il peut donc, si c'est nécessaire, réduire la rigueur de la thérapie[23], et, surtout, il doit s'engager pour donner de

---

20. Pour une interprétation plus détaillée, cf. A. Roselli, « Le doti del medico nella cura delle malattie croniche : Aretaeus III 1, 2 (p. 36, 11-13 Hude) », dans *Docente natura...*, *op. cit.* (n. 14), p. 249-255.

21. Traduction J. Jouanna.

22. Pour cette interprétation, il est nécessaire de ne pas accepter le déplacement de ὡς avant θανάτου.

23. Cet élément n'est pas tout à fait nouveau, en réalité il dérive des *Aphorismes* (II, 38) et concerne le thème très répandu dans la littérature médicale de la complaisance (*charites*) à l'égard du malade.

l'espoir (*paraiphasis*)[24] aux malades. Le thème de l'espoir revient
souvent : dans le livre VI, 3, 12 (p. 128, 28 Hude), dans le chapitre sur
la thérapie des cardiaques, Arétée répète que le malade doit être
fort et confiant, qu'il ne doit pas se décourager ; le médecin doit lui
donner courage (*paraphasthai*) à l'aide de ses mots (*epesi*) afin que
le malade soit confiant, qu'il espère et qu'il résiste. Dans le livre VII,
à propos de la thérapie de l'épilepsie, Arétée remarque que l'εὐ-
θυμίη et l'εὐελπιστίη (la bonne humeur et la confiance) font que les
malades sont en mesure de mieux supporter la thérapie.

Arétée relève avec insistance, dans tout son ouvrage, le désir de
mourir comme remède à la souffrance extrême ; par exemple en III,
2, 3 (p. 37, 21 Hude), à la fin du chapitre sur la céphalée, il dit que
« les malades maudissent la vie, et désirent la mort ». Le désir de
mourir se manifeste d'une manière plus dramatique dans VI 5, 1
(p. 133, 2-13 Hude) pour la thérapie de l'*iléus*.

> « Dans l'*iléus* il y a la douleur qui donne la mort, avec inflammation
> des viscères, tension et brûlure. La mort est très rapide et terrible.
> D'autres qui sont malades sans espoir, souffrent seulement pour la crainte
> de la mort qu'ils voient devant eux, ceux qui souffrent d'*iléus*, à cause de
> la douleur excessive, désirent la mort (πόνου ὑπερβολῇ θανάτου
> ἔρανται). »

C'est pourquoi le médecin doit intervenir d'une manière dras-
tique et lourde comme la maladie l'exige, et rapidement comme le
réclament les circonstances, même s'il risque de provoquer chez les
malades la perte de conscience ; dans ce cas le médecin peut même
administrer des narcotiques lourds :

> « Le médecin donc ne doit pas être inférieur à la maladie ni plus lent
> que la maladie ; s'il découvre que la cause est une inflammation il doit
> inciser la veine du coude avec une grande incision de manière à ce que le
> sang qui nourrit l'inflammation sorte en grande quantité, même si cela
> entraîne un évanouissement.
> « Car c'est en effet le début de l'arrêt de la douleur ou d'un état
> comateux qui mène à l'insensibilité. Dans l'*iléus* il y a un soulagement qui

---

24. Sur la valeur du terme grec *paraiphasis*, que j'entends comme « encoura-
gement », « le fait de faire entrevoir de l'espoir », les érudits ne sont pas d'accord ; le traducteur latin Giunio Paolo Grassi l'entendit comme « illusion/tromperie », ainsi que
Pierre Petit, le premier commentateur d'Arétée, qui renvoie à Homère (*Iliade* XIV, 216-
217) où se trouve la notion de tromperie ; il est possible, pour le médecin, dirait Arétée,
de mentir (pour ne pas décourager le malade) ; Deichgräber aussi est enclin à accepter
cette interprétation ; toutefois, à mon avis, d'autres occurrences de ce terme homérique
poussent au contraire à le comprendre dans le sens d'un conseil affectueux et amical.

fait que le patient demeure dans un état d'inconscience, un moyen de différer la douleur, parce que la mort, pour ceux qui souffrent de cette manière, est un bonheur ; mais au médecin *archiatre* [25] il n'est pas permis d'agir (οὐ θέμις πρήσσειν) ; mais il est licite (θέμις), quand on a fait un pronostic sur le fait que le malade ne pourra pas échapper à la situation présente, de le faire dormir profondément, sa tête devenant lourde. » [26]

Et encore, dans I, 6, 9 (p. 7, 7-23 Hude), lorsqu'il décrit le tétanos, Arétée déclare :

« Si la maladie s'est emparée de la poitrine et de la respiration, la mort est prompte, et c'est un bien pour le patient qu'elle délivre aussi et de ses douleurs et de sa distorsion, et de l'état honteux où il se trouve ; elle est alors moins affligeante pour les assistants, fût-ce un fils ou un père. Mais si le malade continue de vivre et que la respiration quoique viciée persiste, non seulement le corps s'incline *en avant* comme un arc, mais il forme un cercle complet de manière que la tête vient toucher les genoux, et que les jambes et les fesses sont portées en avant au point que l'articulation du genou semble cachée dans le jarret ; infirmité qui exclut l'homme de la société et des autres hommes (ἐξάνθρωπος) [27], spectacle horrible et dont gémit celui qui le voit d'autant plus que le mal est incurable. Le malheureux ainsi contourné est méconnaissable pour ses plus

25. Le texte de référence pour la question des archiatres est l'article de V. Nutton, « Archiatri and the medical profession in Antiquity », *Papers of the British School at Rome* 45, 1977, p. 191-226 (= *From Democedes to Harvey*, Variorum Reprints, Londres, 1988, n. 5) où il interprète le terme « archiatre » dans le sens de « médecin du souverain ». Mais, dans les *Addenda et corrigenda* (1988), p. 1, Nutton renonce à son interprétation sans pour autant fournir une interprétation nouvelle : « the exact meaning of the word in Aretaeus is still open to question »). Sur la question cf. E. Samama, *Les médecins dans le monde grec. Sources épigraphiques sur la naissance d'un corps médical* (École pratique des Hautes Études. Sciences historiques et philologiques IV, Hautes Études du monde gréco-romain, 31), Genève, Droz, 2003, p. 42-45. E. Samama considère la valeur du terme à partir des témoignages épigraphiques ; à partir des très nombreuses inscriptions qui reprennent le titre, il apparaît évident que les archiatres sont des médecins de Cour, ou des médecins municipaux, ou des médecins qui ont des fonctions particulières dans les collèges de médecins ; le titre est cité avec une certaine fréquence en Asie Mineure.

26. Au XIXe siècle, le médecin italien F. Puccinotti, auteur d'une traduction en italien d'Arétée (Areteo di Cappadocia, *Delle cause dei segni e della cura delle malattie acute e croniche, libri otto*, volgarizzati da F. Puccinotti, Florence, 1836), a donné une traduction de ce passage beaucoup plus dramatique que la mienne, où je respecte à la lettre le texte ; il ajoute des mots (en italique ici) qui alourdissent le texte antique, montrant ainsi l'inquiétude dont il fait preuve face à un thème aussi délicat, cf. p. 194 : « A *nessun* medico fu lecito *mai* procurare la morte, *onde por fine a mali tormentosissimi. Ma è lecito bensì, allorché prevede non poter conseguire in altro modo di mitigare la ferocia* d'un male presente, aggravare il corpo co' narcotici, ed assopire l'infermo » (« Il ne fut *jamais* permis à *aucun* médecin de donner la mort, *afin de mettre fin à la férocité des souffrances.* Au contraire il est permis, alors qu'il prévoit de ne pouvoir alléger les souffrances présentes, d'administrer des narcotiques et d'endormir le malade »).

27. Petit, p. 393 K : quae figuram humanam corrumpit, ut homo non amplius videatur homo ; Laennec : affreuse.

chers amis. Aussi les assistants forment-ils tous le vœu (qui ailleurs serait impie et ici devient bon [28]) qu'il soit délivré de la vie et avec elle des douleurs et des maux horribles (ἀπρεπέων) qu'il éprouve. Le médecin témoin de pareils maux ne peut rien ni pour rappeler le malade à la vie, ni pour soulager ses douleurs, ni pour lui rendre une posture moins vicieuse. Car s'il voulait redresser les membres, il briserait et déchirerait l'homme tout vivant. Ne pouvant donc plus traiter les malades déjà vaincus par la maladie [29], il compatit (συνάχθεται) seulement à leurs maux ; grand malheur (μεγάλη συμφορή) pour le médecin (trad. Laennec modifiée). »

A ma connaissance il n'y a pas chez les autres médecins de l'Antiquité des références aussi fréquentes et aussi explicites à la situation personnelle du médecin confronté à des cas incurables, et à la possibilité de réduire la douleur ; on a ici, comme l'a déjà remarqué J. Pigeaud, un trait spécifique d'Arétée [30].

LES SYMPTÔMES DOULOUREUX

On a noté l'attitude de sympathie et de pitié du médecin envers la souffrance, son effort de réduire et d'éliminer la douleur ; je voudrais encore ajouter quelques observations relatives à la description des symptômes qui ouvrent les chapitres diagnostiques et parfois les chapitres thérapeutiques. Dans cette partie également, qui dans la tradition nosologique aspire à la plus grande objectivité, Arétée se montre très attentif à signaler si les symptômes sont plus ou moins douloureux, s'ils empêchent les relations sociales, s'ils sont cause de honte. Le regard sur la douleur est toujours actif, mais la mention de la douleur se trouve de préférence dans la phrase initiale de chaque chapitre, par exemple :

I, 6, 1 (p. 5, 14 Hude) : « Le spasme nommé tétanos est une maladie *très douloureuse*, qui donne la mort avec beaucoup de rapidité et qu'il n'est pas facile de guérir. »
II, 7, 1 (p. 26, 28 Hude) : « Des affections aiguës du foie. Ceux qui meurent par le foie ne succombent pas plus rapidement mais *plus douloureusement* que ceux qui meurent par le cœur. »
III, 4, 1 (p. 38,12) : « De l'épilepsie. L'épilepsie est un mal varié et extraordinaire, terrible dans ses attaques, très rapide dans sa marche et très pernicieux, car souvent une seule attaque donne la mort ; et si à force de soins l'homme parvient à le supporter, il est condamné à vivre dans *la honte, l'opprobre et la douleur.* »

---

28. Laennec : est excusable.
29. Laennec : aux malheureux ainsi crucifiés.
30. Cf. J. Pigeaud, *op. cit.* (n. 12), p. 73-74.

VII, 4, 1 (p. 152, 13 Hude) : « Thérapie de l'épilepsie. Pour l'épilepsie utiliser les plus grands et les plus forts des médicaments, (ainsi) on échappe non seulement à un mal *douloureux* et dangereux à chaque attaque, mais aussi à une forme de *honte* et de *l'opprobre* de la maladie. Moi, je pense que si les malades pouvaient se voir pendant les paroxysmes, voir ce qui arrive aux malades, ils ne souffriraient pas de vivre encore : mais en effet l'insensibilité et l'impossibilité de voir cachent les choses terribles et honteuses pour chacun d'entre eux. »

Je pourrais multiplier les exemples mais tous conduiraient à la même conclusion : par le biais de la souffrance, chez Arétée, les malades entrent avec beaucoup de force, et une force nouvelle, dans les livres de nosologie.

Amneris ROSELLI

LA RHÉTORIQUE D'ARÉTÉE

On aurait pu concevoir, finalement, un titre plus juste pour notre propos, comme par exemple « le *style* d'Arétée », ou « Arétée écrivain ». Mais la tradition de la médecine, comme on le voit encore chez Pinel et d'autres, est attachée à ce terme de rhétorique médicale, sous lequel ils entendent placer les problèmes de la description. On voit, de temps à autres, Pinel citer Arétée de Cappadoce avec grand respect. Ainsi pour sa description de *l'asthme convulsif.* « Exemple rare, dit-il, parmi les auteurs d'un asthme primitif et purement spasmodique. »[1] Dans son appendice à la *Nosologie*, Pinel vante, en opposition aux « écarts brillants de Galien, la sagacité profonde et la marche sage et circonspecte d'Arétée, qui fit l'application la plus heureuse des grands principes d'Hippocrate à la médecine, et qui en fit pour ainsi dire un corps de doctrine régulier et solide, en les soumettant de nouveau à l'épreuve de l'expérience… Peut-être qu'aucun médecin n'a mérité plus que lui d'être placé à côté d'Hippocrate… Style grave et sentencieux comme celui du père de la Médecine, description vive et pittoresque des phénomènes des maladies, avec toutes les circonstances des périodes de l'âge, de l'influence des saisons et des climats… Quel tableau touchant et animé, par exemple, sa description de la phtisie… Arétée, comme tous les auteurs originaux, a dédaigné le titre de compilateur, et sa manière d'écrire annonce qu'il n'a traité que des maladies qu'il avait observées »[2].

---

1. *Nosographie philosophique ou méthode d'analyse appliquée à la médecine*, Paris, Crapelet (2 vol.), 1798, 1ʳᵉ éd., t. II, p. 99. « Dans le commencement, inertie, lenteur dans les travaux ordinaires, respiration difficile à la moindre course, enrouement, toux, éruption de flatuosités par le haut, &c. Dans les progrès, rougeur des joues, les yeux saillants, respiration stertoreuse durant la veille, et bien plus encore durant le sommeil, son confus de la voix, désir de respirer un air froid, et de se promener au-dehors. Dans le déclin, toux moindre, expectoration plus facile, voix plus claire et plus sonore, sommeil plus prolongé. » Tr. Pinel (à partir, sans doute, de la traduction latine de Wiggan).

2. *Nosographie*, 1ʳᵉ éd., *op. cit.,* t. II, p. 345-346.

On s'imagine mal, en vérité, ce qu'a été, au XVIIIᵉ siècle, la résurrection d'Arétée, à la fois médecin hippocratique dans l'esprit, mais écrivain et « peintre », comme on disait, d'une espèce toute neuve. L'édition importante est, sans conteste, au XVIIIᵉ, la réédition de celle de Wiggan[3] par Boerhaave[4]. Cette superbe édition comporte aussi le commentaire de Pierre Petit, médecin, philologue et poète[5].

---

3. *Cura* J. Wiggani *cum ejus praefatione, versione nova et propria,* Oxon. 1723, *fol. graece et latine, adjectis locis adfinibus Aetii, quos tribuit Archigeni, & variis lectionibus atque lexico.* L'édition de Wiggan donnée, était dédiée à Freind (Oxford, at the Clarendon Press, 1723). Son édition est faite sur deux manuscrits grecs ; mais il n'a pu consulter les éditions de Henisch et de Goupyl.

4. Aretaei Cappadocis *de Causis et Signis acutorum et diuturnorum morborum Libri Quatuor, cum commentariis integris* Petri Petiti, *atque clarissimi* Joannis Wiggani *doctis et laboriosis notis e celeberrimi* Mattairii *opusculis in eundem, tandemque eruditissimi atque celebratissimi* Danielis Wilhelmi Trilleri *observationibus & emendatis. Editionem curavit* Hermannus Boerhaave, *Lugduni Batavorum, apud* Janssonios Vander MD CC XXXV.

5. Pierre Petit, 1617-1687, *philosophe, poète, antiquaire, numismate,* précepteur de l'illustre premier président de Lamoignon, a vu ses œuvres réunies pour la plupart en un volume in-8°, Paris, 1683. La première édition de son commentaire : Petri Petiti, Medici Parisiensis *in tres priores Aretaei Cappadocis Libros Commentarii, nunc primum editi,* Londini, Typis Gulielmi Bowyer, impensis Johannis Pellet, 1726. Le texte est précédé d'un envoi de Michael Maittaire à Richard Hale, Médecin. Ses *Commentarii* ont été publiés par Michael Maittaire, qui les avait trouvés dans les papiers de Graevius (de Gref) – Michael Maittaire est aussi l'auteur, entre autres, d'une édition des *Opera et fragmenta veterum poetarum latinorum,* Londres, 1713, 2 vol. in fol. Les commentaires de Petit sur Arétée ont une valeur quasi mythique. Ménage en avait fait mention (*ad Laërtium,* 1692, p. 253, cité par Wiggan, cf. Boerhaave, *praef.* p. 4). Daniel Leclerc écrit encore, dans son édition de *L'histoire de la médecine,* Amsterdam, 1723, à propos d'Arétée, « On parle d'un commentaire de Mr. Petit sur Arétée, mais qui n'a pas encore vu le jour. Peut-être que ce savant homme avait découvert plus de choses, que les Auteurs dont je viens de parler, mais je n'en puis rien dire, n'ayant pas vu son manuscrit, qu'il serait à souhaiter que l'on fît imprimer » (*op. cit.,* p. 508). Boerhaave reprend ce commentaire dans son édition. C'est à Pierre Petit (et à Matth. Sladus) qu'Almeloveen dédie son édition de Celse, en 1687. Sur Petit anti-cartésien, poète, cf. l'article de Weiss dans *Biographie universelle* de Michaud, Paris, 1811-1838. La vie de Petit se trouve aussi dans l'édition de Boerhaave. L'excellent éditeur anglais d'Arétée, Francis Adams (London, *Aretaeus...* printed for the Sydenham Society, 1856, p. XVI) ne ménage pas ses éloges : « ... the very important commentaries of Peter Petit, the celebrated Parisian physician, which are about the most ingenious and judicious labours of the kind which have ever been expended on an ancient author. One can scarcely over-rate the benefits which the cause of the Medical Literature owes to Petit, insomuch that it may be doubted if in this line he has any equal, unless, perhaps, Foës, the admirable editor of Hippocrates. » De son édition, Boerhaave dit qu'il ne lui a donné que son nom d'éditeur et la splendeur des caractères de l'impression. *A me nihil prorsus praeter editoris titulum, atque typorum nitorem* (Lettre à Triller, *op. cit.,* p. 234).

Pour Petit, Arétée est un médecin « dogmatique ». Il y a, dans son œuvre, de nombreux vestiges d'Hippocrate[6]. *Non solum enim mente et doctrina, sed etiam ore* Hippocratem *refert…*

C'est aussi un médecin très érudit (*litterarum studiosissimum atque doctissimum*).

Nous devrons nous contenter de quelques exemples, dont l'ordre pourra paraître d'abord décousu.

A propos du *tétanos*, une des maladies les plus spectaculaires et les plus formidables, comme nous le verrons, Arétée écrit : ἐξάν-θρωπος ἡ ξυμφορή. Malheur inhumain, inconcevable[7]. *Inhumana calamitas* (Crassus). « An inhuman calamity » (Adams, p. 349).

Le terme est nouveau. C'est une fabrication très importante. Il vaudrait mieux dire « hors de l'humain » ; il s'agit d'une souffrance qui n'est pas concevable, ni supportable pour un être humain. L'adjectif se retrouve pour définir les épileptiques abrutis par la maladie, dans les intervalles : « … languissants, sans énergie (athymiques), mornes, *déshumanisés…* » (νωθροί, ἄθυμοι, κατηφέες, ἐξάνθρωποι…)[8].

Laennec traduit par « solitaires »[9]. Mais je ne crois pas que cela soit l'équivalent de la μισανθρωπίη ou de la φυγανθρωπίη (autre création de notre auteur pour ce dernier terme) des mélancoliques (Hude, p. 40). Il s'agit, en fait, de déshumanisation. Ces pauvres gens « n'ont plus figure humaine ». Il existe des maladies qui font sortir l'homme de son état d'homme. Le rapprochement entre les deux contextes montre que « solitaires » ne convient pas. Les tétaniques ne sont pas seuls. Cette idée est neuve et exige la création d'un terme neuf. Elle est aussi la marque d'une sensibilité propre à l'auteur.

LA SYNCOPE

Le texte d'Arétée sur la syncope a plutôt gêné. Il ne faut pas, en tout cas, l'étouffer, si j'ose dire. On pourrait dire que c'est une

---

6. *Op. cit.*, p. 137.
7. *De causis et signis acutorum morborum* (lib. 1) 1, 6, 8. ἐξάνθρωπος ἡ ξυμφορή, καὶ ἀτερπὴς μὲν ἡ ὄψις, ὀδυνηρὴ δὲ καὶ τῷ ὁρέοντι θέη ἀνήκεστον δὲ τὸ δεινόν ἀγνωσία δὲ ὑπὸ διαστροφῆς καὶ τοῖς φιλτάτοις ἀνθρώποις.
8. *De causis et signis acutorum morborum* (lib. 2) 1, 4, 3, 3.
9. Arétée de Cappadoce, *Des causes et des signes des maladies aiguës et chroniques*, traduit par R. T. H. Laennec, édité et commenté par M. D. Grmek. Préface de D. Gourevitch, Paris, Droz, 2000, p. 71.

réflexion sur le nom de la maladie, sur le mode lyrique. Je traduirai
ainsi :

> « Bravo, oui bravo pour le médecin, bravo pour le profane, pour
> avoir si bien nommé cette maladie. C'est le nom d'une maladie qui tue
> rapidement [10]. Qu'y a-t-il de plus grand et de plus rapide que la force de
> la *syncope* ? Et quel autre nom plus significatif pour nommer cette
> affaire ? Quoi de plus décisif que le cœur pour la vie et la mort [11] ? Il n'est
> pas non plus douteux que la syncope soit une maladie du cœur, ou une
> destruction de la force de vie qui est en lui ; telle est la rapidité de la mort,
> telle est aussi la forme. Car la maladie est solution des liens de la puis-
> sance vitale, ennemie qu'elle est pour la constitution de l'homme. Car s'en
> étant saisi solidement elle ne lâche pas prise, mais au contraire la mène à
> se dissoudre. Et ce n'est pas bien étonnant… » [12]

On voit bien l'originalité de cette introduction, sa vivacité ;
cette façon de pénétrer *in medias res*.

Au moment de la mort (en général) « pouls petit et faible,
fracas (ou claquement) du cœur, à la suite d'un battement plus fort
(πάταγον τῆς καρδίης, ἐπὶ πηδήσει καρτερῇ) ».

« Les battements du cœur changés en palpitations violentes »
traduit Laennec (p. 46). Grmek note justement : « Laennec,
inventeur de l'auscultation médiate, a sans doute longuement
médité ce passage, car c'est la première mention claire de l'auscultation immédiate des battements cardiaques. » C'est vrai, mais,
curieusement, Laennec, qui est si attaché aux analogies (qu'on
songe à la voix de chèvre ou de Polichinelle [13]), n'a pas tenté de
rendre le bruit. Πάταγος est un terme poétique (Homère,
Eschyle…). Il s'agit d'un bruit de claquement, ou d'un *plash* comme
dit Liddell-Scot (onomatopée sans doute à l'origine). Chantraine
écrit : « "fracas", causé… par des choses qui se heurtent, arbres qui
tombent, dents qui claquent, armes heurtées, jamais dit de cris
humains mais parfois du tonnerre. » [14] Il faut donner de la sonorité
au bruit, si je puis dire.

Le terme a l'avantage d'être hippocratique. L'auteur d'*Ancienne Médecine* écrit en effet (22, 7) : « Tout ce qui produit du vent

---

10. J'adopte la leçon que propose Petit et qui s'impose : ὠκύφονον (*celeriter inte-
rimens*).

11. Grmek critique à juste titre l'introduction du terme « organe » par Laennec.

12. Note de Grmek : « Il s'agit de "l'idée" de la maladie, c'est-à-dire de sa symptomatologie, de son expression clinique. »

13. Cf. mon article « Le style d'Hippocrate ou l'écriture fondatrice de la
médecine », dans M. Détienne, *Les savoirs de l'écriture en Grèce ancienne*, Presses Uni-
versitaires de Lille, 1988, p. 306-329.

14. *Dictionnaire étymologique de la Langue grecque*, Paris, Klincksieck, 1970-1980.

et des coliques dans le corps provoque normalement dans les parties creuses et spacieuses, telles que le ventre et le thorax, du bruit et des grondements... (ψόφον τε καὶ πάταγον). » [15]

ÉPILEPSIE

Arétée utilise aussi le mot πάταγος à propos de l'accès épileptique :

> « et voici que l'assaut de ces manifestations a déjà gagné la tête ; si le mal gagne la tête en rampant, un *fracas* se produit en eux, comme à la suite d'un coup de bâton ou de pierre ; une fois relevés, ils racontent en détail (ἐκδιηγεῦνται) comment ils ont été frappés par surprise. » [16]

Fragor de Crassus est excellent (ou encore *crash* de Adams).

Laennec traduit par commotion : « les malades éprouvent une commotion, comme s'ils eussent reçu un coup de bâton ou un coup de pierre. »

Commotion est trop « objectif ». On n'entend pas le bruit. Et, cette fois-ci, il s'agit du témoignage des malades, de leur *aisthèsis*, comme nous avons chez Galien la description de l'*aura*. Il y a plus. Il s'agit d'une notation sur le récit abondant du patient qui se confie, parle librement, clairement, copieusement.

Il y a là une histoire de malades qui devient une histoire de la maladie. Cela repose sur leur récit. La première fois, surprise ; ils croient avoir été attaqués. Ensuite, l'expérience leur a appris à prévoir ce qui va se produire (προγνώσει τοῦ μέλλοντος). Dans *Pronostic* 1 d'Hippocrate c'est l'inverse. C'est le médecin qui décrit clairement ce que les malades omettent (ἐκδιηγεύμενος) [17].

Souvenons-nous aussi de la pierre que Pallas jette contre la poitrine d'Héraklès, et qui le plonge dans le sommeil, dans *Héraklès furieux* d'Euripide (v. 1004-1005).

Le moment de la crise est celui d'un drame. Les malades appellent leur entourage ; ils essaient de ligoter le membre où ils ont senti les prémisses ; tout cela pour retarder peut-être d'un jour l'accès. « Chez beaucoup, écrit Arétée, il y a une crainte comme d'une bête qui s'avance, ou l'illusion d'une ombre (σκιῆς φαντασίη), et c'est ainsi qu'ils sont tombés. »

---

15. Traduction J. Jouanna, dans *Ancienne médecine*, Paris, CUF, 1990.
16. *De causis et signis acutorum morborum* (lib. 1) 1, 5, 2, 9.
17. II, L, 111.

Ἡ σκιῆς φαντασίη : « *adumbrationis opinio* » (Crassus). Ils « croient voir un spectre à leur côté » (Laennec). S'agit-il de la peur de l'ombre, c'est-à-dire du noir ; ou de la crainte d'un fantôme ? C'est cette dernière interprétation que défend vigoureusement Petit. L'alliance des deux termes me ferait pencher pour le fantôme. Cela doit nous conduire à une réflexion sur la *phantasia* et le sens qu'il faut lui donner chez Arétée. Mais poursuivons, pour l'instant, avec l'épilepsie, et la comparaison avec le taureau sacrifié :

> « Dans l'apparition de la maladie, le patient gît, insensible... L'événement fait penser aux taureaux immolés ; le cou qui forme un angle, la tête tournée dans n'importe quelle position, car quelquefois elle est arquée vers l'avant, quand la mâchoire s'appuie sur la poitrine ; parfois elle est renversée vers l'arrière jusqu'à toucher les omoplates, comme chez ceux qui sont tirés violemment par les cheveux... »

La comparaison avec le taureau immolé, en plus de sa beauté, rend compte de la violence de la maladie et de ses effets. L'animal si robuste jeté bas et désarticulé. Toutes les positions sont possibles (*poikilôs*). Même les plus improbables anatomiquement. S'ajoute la violence de la comparaison avec la position de la tête quand on tire les cheveux. Et à la fin, l'écume. « Et ils crachent de l'écume comme, en grands vents, la mer crache l'écume » (ἀφρόν et ἄχνην). Deux mots, que nous n'avons pas la possibilité de traduire différemment. Mais ἄχνη renvoie à Homère (*Iliade* 4, 426) : ἀποπτύει δ᾽ ἁλὸς ἄχνην. On ne peut pas ne pas songer à la crise décrite par Lucrèce (III, 486 sqq.) :

> « Bien plus encore il arrive souvent que, tout soudain, contraint par la violence de la maladie, devant nos yeux quelqu'un, comme sous le coup de la foudre, s'effondre et crache de l'écume ; il gémit et tremble de tout son corps ; il déraisonne ; il tend ses nerfs à l'excès, se tord, halète d'une respiration déréglée, et en s'agitant il s'épuise. C'est évidemment parce que déchirée par la violence de la maladie, l'âme (*anima*) se trouble et émet de l'écume, comme sur l'étendue salée les eaux bouillonnent, sous l'action des violences fortes des vents. Puis il pousse un gémissement, parce que son corps est affecté par la douleur ; et que des semences de voix sont émises et sont emportées et s'agglomèrent hors de la bouche... Le délire s'établit, parce que la force de l'esprit et de l'âme est perturbée et que, comme je l'ai montré, elle est divisée, disjointe et distraite par ce même poison. Puis quand la cause de la maladie a rebroussé chemin, et que l'humeur acide est retournée dans les cachettes du corps corrompu, alors comme vacillant d'abord, il se dresse et peu à peu récupère tous ses sens et retrouve l'âme. »

Il ne s'agit évidemment pas d'établir des influences ou quelque source commune, mais une parenté dans la métaphore de la tempête.

Revenons à Arétée. Une suite d'adjectifs, sans liaison, que les traductions ne rendent pas ou peinent à rendre, décrit la fin de la crise : « languissants dans leurs membres, lourds de tête, rompus, inertes, pâles, abattus, sombres, sous l'effet de la fatigue et de la honte du mal. »

Certes la honte est présente dans l'*Apologie* d'Apulée [18]. Mais il faut surtout penser à *Maladie sacrée* d'Hippocrate (ch. 12, VI, L, 382-384) [19]. L'auteur y attribue le sentiment de honte à la maladie elle-même. Elle fait partie de la maladie. Le patient fuit par peur du mal et non par honte. Comment les enfants pourraient-ils, en effet, connaître ce sentiment ? Cette fuite n'a rien à voir avec la moralité.

Le paroxysme de l'épilepsie est rangé dans les maladies aiguës. L'épilepsie, en elle-même, comme *idée*, comme pourrait dire Arétée, est une maladie chronique, et étudiée comme telle [20]. L'épilepsie, si l'on en réchappe, condamne à vivre dans la honte, l'ignominie et la tristesse.

LA MALADIE CHRONIQUE

Il ne faut pas négliger le rapport qu'institue la maladie chronique entre le médecin et son malade. La maladie chronique, de définition peut-être thémisonienne, si l'on en croit Caelius, oblige, comme telle, à une réflexion particulière. Arétée, comme Caelius (ou Soranus), fait précéder ses *Maladies chroniques* d'une courte préface. C'est que la maladie chronique est le *chef-d'œuvre* du médecin. Certes le malade est le support de la maladie. Mais il y a coopération nécessaire entre le malade et son médecin (à moins que le malade ne préfère se laisser mourir) :

> « Le malade doit être courageux, et coopérer avec le médecin contre la maladie. Car, s'agrippant fortement au corps, la maladie ne se contente pas de le ruiner et dévaster rapidement, mais elle produit aussi fréquemment des désordres des sens, et même rend l'âme folle par l'acrasie du corps. C'est le cas dans la mélancolie et la manie », écrit Arétée (Hude, p. 86).

---

18. Cf. mon introduction à cette œuvre, Apulée, *Apologie*, texte établi et traduit par Paul Valette, introduction et notes par J. Pigeaud, Paris, Les Belles Lettres, Classiques en poche, 2001.

19. Cf. maintenant l'excellente édition de J. Jouanna, Paris, CUF, 2003. Sur la honte, cf. mon livre *Folie et cures de la folie*, Paris, Belles Lettres 1987, p. 61.

20. *Causes et signes des maladies chroniques* 1, 4.

LE VERTIGE

Je m'arrêterai un moment à la question du vertige, parce que cela engage aussi la composition et l'ordre des maladies, de la céphalée à la mélancolie et la manie, en passant par le vertige[21].

« Si les ténèbres s'emparent de la vue, qu'un tourbillon tourne autour de la tête, que les oreilles grondent comme le bruit que font les fleuves dans leur cours, ou comme le vent quand il siffle dans les voiles, ou la voix de l'aulos et de la syrinx, ou le bruit que fait le crissement d'un char, le nom que l'on donne à la maladie est le *vertige*, redoutable si le symptôme intéresse la tête, et redoutable s'il naît d'un héritage de la céphalée, ou de la maladie elle-même devenue chronique. »

Quand le vertige est bien établi, il peut devenir la cause de la manie, de la mélancolie, de l'épilepsie qui ont leurs symptômes propres ; la manie après des vomissements de bile jaune, la mélancolie de bile noire, l'épilepsie, de phlegme. Πασῶν γὰρ ἥδε νούσων τροπή. « Car c'est le cercle de toutes les maladies » traduit Laennec. Grmek note : phrase obscure, signifiant probablement « C'est ainsi que les maladies se succèdent »[22].

C'est bien le sens, sans doute. Mais on manque, je crois (ce qui fait la difficulté du texte), la valeur de τροπή. Il faut s'attacher au sens premier, concret, de ce terme qui désigne le tournoiement. Qu'est-ce que le vertige, sinon ce tournoiement ? Arétée résout et résume, dans un jeu sur le mot, la qualité et le destin de cette maladie. On pourrait peut-être risquer une traduction anachronique du genre : « Cette maladie est le manège de toutes. » Crassus : *omnium quippe morborum talis conversio est*. Cette maladie du tournoiement peut se tourner en toutes les maladies. Elle est tourbillon et distributrice, en même temps, des autres maladies.

LA PEINTURE

A propos de l'*éléphantiasis*, Petit parle d'Arétée comme de l'*Apelle* de la médecine[23]. Il a vraiment peint cette maladie horrible. Je traduis : « Comme il voulait nous expliquer la nature de cette maladie horrifiante qu'on nomme *éléphantiasis*, en peindre l'aspect

---

21. *Ibid.* 1, 3.
22. *Op. cit.*, p. 70, n. 13.
23. *Préface* de son commentaire, (Boerhaave, 137g) : Il paraît, au XVIIIe, des travaux importants sur Arétée : par ex. Kühn, *De dubio Aretaei aetate*, in-8°, 1779. Ch. Weigel, *Aretaeus, de pulmonum inflammatione*, in-4°, 1790.

avec toutes ses particularités et ses couleurs... il la compare avec l'éléphant... [24] Arétée nous donne la peinture de l'éléphant, de sorte qu'à partir de l'aspect de celui-là, chacun puisse se former dans l'esprit l'aspect et la notion de la maladie qui lui ressemble. Il s'est montré dans ce tableau un véritable Apelle. Car je ne pense pas que l'éléphant puisse être rendu avec une aussi bonne technique graphique, ni autant *sur le vif*, par le pinceau d'un peintre, qu'il a été élaboré par le calame d'Arétée. »

Maittaire, dans l'édition de Boerhaave, esquisse un tableau des particularités syntaxiques et stylistiques d'Arétée [25]. Brièveté, abondance variée de la matière, force des mots, économie... « Et son argument, bien qu'il l'expose tout nu, il s'entend si heureusement à l'orner que, tandis que d'autres cherchent des couleurs variées de tout côté, il lui suffit de décrire la chose même. C'est ainsi que nous admirons l'habileté de ces peintres qui savent, en traits nus et fort peu nombreux, sans aucun autre apparat d'ombres, comme donner de la vie aux images. » [26]

Petit finalement opte pour la supériorité du *calame* sur le pinceau. Je rappelle, au passage, que c'est une grande question de l'anatomie : vaut-il mieux décrire – c'est l'opinion aussi bien d'un Sylvius (contre Vésale) que d'un Bichat –, ou représenter et dessiner ?

Il est intéressant de voir ici, chez Petit et Maittaire, deux conceptions de la peinture, qui conviennent, d'ailleurs, au style ; l'une repose sur l'analogie avec la *skiagraphie*, le clair-obscur ; l'autre est une technique du trait pur et finalement plutôt du dessin.

Adams écrit, de son côté [27] : « no one can fail to perceive that he was gifted with the rare talent of giving a more striking

---

24. *Cum nobis morbi illius horrendi, qui* Elephantiasis *dicitur, naturam explanare, faciemque notis omnibus atque coloribus adumbrare, atque oculis propemodum subjicere vellet, cum Elephanto animali hunc comparat, nominis argumento eo ducente ; quod a similitudine ejus belluae, morbo inditum, in confesso est. Et quia ex* Aristotele *in* Categoriis, *eorum, quae inter se conferuntur, cognitio est conjuncta, ut si unum perspectum habeamus, alterum neutiquamnos latere possit ; Elephanti animalis picturam nobis proponendam censuit, ut, ex ejus conspectu, similis morbi speciem atque ideam animo quisque informare posset. In hac autem tabella plusquam* Apellem *se exhibuit. Non enim puto, ullius pictoris penicillo, Elephantum tam graphice, tamque* ad vivum effingi *potest, quam* Aretaei *calamo ibi elaboratus est.*

25. *Op. cit.*, p. 357 : *De Aretaei syntaxi ac stylo dissertatio.*

26. *Sermonis brevitas, multiplex materiae copia, vis verborum... tot res profert quot verba ; suumque argumentum, licet nudum exponat, adeo feliciter ornare callet, ut dum alii colores undecunque varios conquerunt, illi satis fit rem ipsam scripsisse. Sic miramur pictorum illorum peritiam, qui sciunt nudis & paucissimis lineis sine ullo alio umbrarum apparatu vitam imaginibus quasi inspirare...* (*op. cit.*, p. 357).

27. *Op. cit.*, t. I, p. XIII.

delineation of a series of morbid phaenomena, in one page, than most authors would give in a long treatise. »

Il sait, écrit encore Maittaire, distraire son lecteur par des anecdotes, illuminer son récit par des citations ou des allusions qui scintillent dans toute l'œuvre comme des étoiles...

L'ÉLÉPHANTIASIS

Dans son long chapitre consacré à cette maladie *élépha*, qui plus que toutes se prête à la peinture[28] (l'*éléphantiasis*), Arétée commence par dire que cette maladie, qui ne ressemble à aucune autre, ressemble à l'éléphant, qui ne ressemble à aucun autre animal[29]. Et il fait une description de l'éléphant dont je ne saurais donner ici que quelque échantillon. « Les éléphants seuls sont noirs, d'une couleur sombre, *pareils à la nuit et à la mort...* » Suit une description extrêmement détaillée de l'animal, on pourrait dire pour le plaisir. « Mais je n'ai aucun besoin maintenant de décrire (dessiner, peindre = γράφειν) ce qui concerne cet animal, sinon pour les différences éventuelles entre l'animal et la maladie, et dans la mesure où les symptômes des malades ressemblent à l'animal... »

Mais le tableau est là, de cet animal unique, extraordinaire, hallucinant dans son aspect. Non seulement les malades de cette maladie extraordinaire ressemblent à l'éléphant, animal aussi extraordinaire, mais ils ont longue vie, comme l'éléphant (Hude, p. 89) ; ce qui pour eux est terrible. « Quand ils sont dans un tel état, qui ne prendrait ses jambes à son coup, ou qui ne se détournerait du malade, fût-il un fils, un père, ou un frère ? Il y a aussi danger de communication de la maladie. Beaucoup, en conséquence, ont décidé d'exposer les êtres les plus chers qu'ils eussent au désert ou dans la montagne, les uns leur portant à manger pour un temps, les autres, au contraire, dans le désir qu'ils mourussent le plus vite possible. »

Là encore l'horreur vient d'abord de l'effacement de la figure humaine. Il faut aller jusqu'au bout de la description de l'éléphant, dans une comparaison qu'on pourrait croire une parataxe homérique au premier moment. Mais non ; elle est vraie, quasi *terme à terme* ; les nez deviennent des trompes ; la peau est identique, épaisse et fissurée. Les autres comparaisons que l'on a faite, comme avec le lion, ne tiennent pas ; elles ne sont que partielles.

---

28. Cf. Lucrèce, VI : *Est elephas morbus, qui propter flumina Nili/gignitur...*
29. Hude, p. 85. *On the causes and syptoms of chronic diseases*, tr. Adams, The Sydenham Society, Londres, 1856, p. 372.

LE TÉTANOS

Le *tétanos* dont nous avons déjà parlé [30], donne l'occasion d'un même désespoir impuissant :

> « Malheur déshumanisant, vision funeste, contemplation qui fait mal même au spectateur. Incurable fléau ; impossibilité d'être reconnu même par les êtres les plus proches, à cause de la déformation ; prière de l'assistance, qui naguère eût été impie, et qui maintenant devient bonne : puisse le malade quitter la vie pour une délivrance, en même temps que la vie, des souffrances et des maux terribles. Mais même le médecin présent, spectateur, ni pour la vie ni pour le soulagement de la souffrance, non plus que pour la forme du corps, ne peut plus rien. S'il avait envie de redresser les membres, c'est un homme vivant qu'il couperait en deux et déroulerait. Étant avec ceux que la maladie a dominés, ne pouvant plus rien entreprendre, il accompagne leur souffrance. C'est le grand malheur du médecin. »

On pourrait ajouter aussi le cas de l'*ileon* [31]. « Quelques malades, en effet, dont la maladie est sans espoir, tremblent à l'idée de la mort qui s'offre à eux. D'autres, dans l'excès de douleur qu'il y a dans l'iléon, désirent passionnément la mort... Même lorsque la mort est un bonheur pour ceux qui souffrent ainsi, il ne convient pas à un médecin de s'en occuper. »

Textes bien sûr essentiels. Ils donnent un contenu affectif précieux à l'*humanitas medicinae*, comme nous avons eu l'occasion de le montrer [32]. Du point de vue de la psychopathologie, c'est aussi un écrivain de première importance. Il a, en effet, donné des descriptions, de vraies *peintures* de maladies chroniques, comme la *manie* ou la *mélancolie* [33].

MÉLANCOLIE

Dans la formation de la définition de la mélancolie, et dans sa tradition, Arétée joue un grand rôle. Il a apporté un élément nouveau et capital, en introduisant la *phantasia*.

---

30. *Causes et symptômes des maladies aiguës* VI, Adams, p. 248-249.

31. *Cure des maladies aiguës* 2, 5, 1 = Hude, p. 133. Sur ces questions, cf. D. Gourevitch, *Le triangle hippocratique dans le monde gréco-romain. Le malade, sa maladie et son médecin*, École française de Rome, 1984, p. 206 ; 287.

32. Cf. J. Pigeaud, « Les fondements philosophiques de l'éthique médicale à Rome », dans *Médecine et Morale dans l'Antiquité*, Entretiens préparés par H. Flashar et J. Jouanna, Fondation Hardt, Genève, 1997, p. 254-296.

33. On pourra se rapporter aux traductions que j'en donne dans mon livre *Folie et cures de la folie chez les médecins de l'Antiquité gréco-romaine*, Paris, Belles Lettres, 1987.

ἔϲτι δὲ ἀθυμίη ἐπὶ μιῇ φαντασίῃ, ἄνευθε πυρετοῦ.

« La mélancolie est une athymie liée à une seule apparition, sans fièvre. »[34]

« Il me semble, continue Arétée, que la mélancolie est le départ et une partie de la *manie*. Chez les maniaques, en effet, la pensée (γνώμη), se tourne tantôt vers la colère, tantôt vers la joie ; mais chez les mélancoliques, elle ne se tourne que vers le chagrin et l'abattement (ἐς λύπην καὶ ἀθυμίην). Mais les maniaques passent la plus grande partie de leur vie privés de sens, et commettent des actes terribles et horribles. »

δοκέει [τε] δέ μοι μανίης γε ἔμμεναι ἀρχὴ καὶ μέρος ἡ μελαγχολίη. τοῖϲι μὲν γὰρ μαινομένοιϲι ἄλλοτε μὲν ἐϲ ὀργήν, ἄλλοτε δέ ἐϲ θυμηδίην ἡ γνώμη τρέπεται, τοῖϲι δὲ μελαγχολῶϲι **ἐϲ λύπην καὶ ἀθυμίην μοῦνον.** ἀτὰρ καὶ μαίνονται μὲν ἐϲ τὰ πλεῖϲτα τοῦ βίου ἀφρονέοντεϲ.

On est obligé, comme les médecins, à un peu de philologie. Le passage qu'a commenté M. Grmek[35] est très intéressant. Le texte que lit Laennec est celui de Wiggan, qui écrit non pas **ἀθυμίην**, mais **θυμηδιήν**. Laennec traduit ainsi : « *La mélancolie participe, à mon avis, de la manie et en est le commencement ; ainsi chez les maniaques l'esprit est tourné tantôt vers la colère et tantôt vers le plaisir ; chez les mélancoliques, il se tourne seulement vers la tristesse et le* **découragement.** »

Découragement est rayé dans le manuscrit et remplacé par *l'hilarité*. Certes ce n'est pas la même chose.

Dans une note marginale, Laennec écrit : « Je traduis comme s'il y avait **ἀθυμίην** quoique le mot **θυμηδίην** qui signifie plaisir, joie, allégresse, puisse également s'appliquer aux mélancoliques dont l'idée dominante est quelquefois une idée gaie. Aussi Paul d'Égine (Liv. 3. chap. 14) a-t-il mis le rire au nombre des signes de la mélancolie. »

On voit Laennec résister à l'attirance de Crassus, qui, en face du texte grec, fait comme si celui-là donnait **ἀθυμίην**, alors qu'il porte **θυμηδίην**. Cela ne pose pas de problème à Hude, qui impose la lecture **ἀθυμίην**[36]. **Θυμηδία** n'est pas un mot fréquent ; il désigne l'*allégresse*, la *joie exaltée*.

---

34. C'est ainsi que je traduis, pour l'instant, *phantasia*.

35. « L'érudition classique d'un grand médecin, le cas Laennec », dans *Médecins érudits de Coray à Sigerist*, Paris, de Boccard, 1995 (textes réunis par D. Gourevitch), p. 57. « Hude », précise-t-il, « s'est lourdement trompé, ne connaissant pas l'exégèse de ce texte par les psychiatres ».

36. Cf. l'apparat critique : θυμηδίην L ; an θυμεδίην ? Petit, dans son *Commentaire*, propose de lire ὀξυθυμίην, ou, comme Junius (Crassus), ἀθυμίην. C'est que la tristesse est le propre des mélancoliques. Mais finalement, Petit en vient à douter, quand il lit Paul d'Égine, III, 14. Adams, The Sydenham Society, 1856, p. 299 : « but in the melancholics to

Grmek écrit que « cette opinion originale d'Arétée est d'une importance capitale pour l'histoire de la psychiatrie ». Plus nuancée est l'opinion de A. Rothkopf, dans son article *Manie und Melancholie bei Aretaios von Kappadokien*[37]. Sans entrer dans les détails du texte, mais en considérant le rapport entre manie et folie qui, lui, est évident, et n'offre pas de problèmes philologiques[38], Rothkopf pose la question de savoir si Arétée, d'aventure, aurait connu, avant Kraepelin, la psychose *maniaco-dépressive*, à supposer que cette question eût un sens. Il observe, comme on l'a déjà rappelé[39], qu'Arétée ne donne pas de critères psychopathologiques, pour distinguer *manie* et *mélancolie* ; mais des critères *étiologiques*, reposant en gros – car il faudrait nuancer – sur la doctrine humorale. La *Psychiatrie* d'Arétée, selon le terme (impropre) de Rothkopf[40], suit une méthode déductive, tandis que Kraepelin utilise des observations nombreuses, et de nombreuses histoires de malades, pour construire son système. La description d'Arétée a autant à voir avec Kraepelin que les atomes de Démocrite avec le modèle de Bohr, écrit Rothkopf. Il ne faut pas, dit-il avec raison, effacer les différences, oublier les 2000 ans qui séparent ces théories[41]. On ne saurait, évidemment, mettre de côté l'histoire-même de la constitution de la psychiatrie, l'accumulation des pratiques, des réflexions, des observations du XIXe siècle ni celles même de Kraepelin. On ne saurait, c'est évident, réduire Kraepelin à Arétée. Mais d'une autre façon l'on ne saurait effacer un certain *air de famille*. Je sais bien que l'anachronisme est le danger de l'histoire ; et je suis contre le caractère prophétique des devanciers. Mais quelque chose semble ici établir un lien, une cohérence ; ce serait alors la permanence de cette maladie *mélancolie*. Et surtout, l'on se trouve placé devant un problème de choix de texte qui touche à la rhétorique, mais aussi à l'histoire de la médecine. Faut-il « normaliser » le texte en corrigeant selon l'idée que l'on se fait de la mélancolie ? Faut-il le conserver et accepter une définition « nouvelle » ? Après tout,

---

sorrow and despondency only. » Adams écrit (p. 56, n. 1) : « The sense evidently requires ἀθυμίην in place of θυμηδίην the common reading. See Petit and Ermerins. »

37. Dans *Confinia psychiatrica* 17, p. 4-14.

38. Je traduirai ainsi : « Il me semble que la mélancolie est le départ et une partie de la *manie*. Chez les maniaques, en effet, la pensée (γνώμη), se tourne tantôt vers la colère, tantôt vers la joie ; mais chez les mélancoliques, elle ne se tourne que vers le chagrin et l'abattement (ἐς λύπην καὶ ἀθυμίην), ou *et la joie* », si je conserve θυμηδίην.

39. E. Fischer-Homberger, *Das zirkuläre Irresein*, Diss. Zürich, Zürcher Med. gesch. Abh., 1968.

40. C'est évidemment Rothkopf qui emploie ce mot et pas moi.

41. *Op. cit.*, p. 12-13.

comme le rappelle Esquirol dans son article sur la *Lypémanie*[42], Rush avait bien distingué deux espèces de la mélancolie, une *tristimanie, et une mélancolie gaie* ou *aménomanie*[43].

LA PHANTASIA

L'historien doit mesurer l'importance de la nouveauté et de la complication apportée par l'introduction, par Arétée, de la *phantasia* dans la définition de la mélancolie : ἔcτι δὲ ἀθυμίη ἐπὶ μιῆ φαντacίη, ἄνευθε πυρετοῦ ; « La mélancolie est une athymie liée à une seule apparition, … »

Peut-on réduire cela au *trouble de l'intelligence* ? Je ne dis pas que cela ne se fût pas fait très tôt. Voir, par exemple, la traduction de Crassus[44] qui allait faire fortune : Mélancolie (traduction de Crassus) : *Est autem animi angor in una cogitatione defixus atque inhaerens absque febre... at melancolici in tristitia & animi angore dumtaxat versantur*[45]...

C'est, en effet, bien plus complexe que cela. On pourrait parler d'un trouble de l'imagination ; mais ce serait donner à ce terme un sens délicat pour nous, et nous risquerions d'y voir l'activité d'une *puissance de l'âme*[46], pour parler en termes galéniques. Si j'insiste, c'est que nous sommes en présence d'un problème exemplaire. A l'époque où écrit Arétée, c'est-à-dire le Ier siècle de notre ère, le sens de *phantasia* vient de se modifier, comme nous le savons par Longin, Quintilien ou par Philostrate.

La question qui préoccupe alors peut se résumer à celle de la force de la phantasia. Y a-t-il une force, une puissance de l'image qui lui permette de s'imposer elle-même ; d'elle-même ?

Il y a là un lien évident avec la rhétorique : Soit d'abord le traité de Pseudo-Longin (*Sublime* XV, 1-2). Je vais me permettre de redonner ici ma traduction[47].

---

42. 1820.

43. *Medical inquiries and observations upon the diseases of the mind*, Philadelphie, 1812.

44. Venise, 1552.

45. Aretaei Cappadocis medici lib. VIII... Junio Paulo Crasso Patavino..., Paris, 1554, p. 103.

46. Cf. mon article « La psychopathologie de Galien », dans *Le opere psichologiche di Galeno*, Atti del terzo colloquio gallenico internazionale à Pavie, 1986, Bibliopolis, p. 153-183.

47. Longin, *Du Sublime*, Paris, Petite Bibliothèque Rivages, 1991, p. 79-80.

« Pour produire la majesté, la grandeur d'expression et la véhémence, mon jeune ami, il faut ajouter aussi les apparitions (*phantasiai*)
comme le plus propre à le faire. C'est ainsi du moins que certains les
appellent *fabricantes d'images*. Car si le nom d'apparition est communément donné à toute espèce de pensée qui se présente, engendrant la
parole, *maintenant le sens qui l'emporte est celui-ci :* quand ce que tu dis
sous l'effet de l'enthousiasme et de la passion, tu *crois le voir* et tu le
places *sous les yeux* de l'auditoire. Que l'apparition dans les discours
tende à autre chose que chez les poètes, tu ne l'ignores pas ; non plus que
si sa finalité, en poésie, est le *choc*, dans le discours c'est l'*énargéia*. Poésie
et rhétorique pourtant recherchent toutes deux le <+> et le partage de
l'émotion[48].

« "Mère, je t'en supplie, ne lance pas sur moi les vierges aux yeux de
sang et à l'air de serpents ; elles sont là ; elles sont là tout près de moi, qui
s'élancent !" (*Euripide, Oreste*, 255-257),

« et encore :

« "Malheur, elle va me tuer. Où fuir ? (Euripide, *Iphigénie en
Tauride* 291).

« Là le Poète lui-même a vu les Érinyes ; et les apparitions qu'il a
reçues, peu s'en faut qu'il n'ait contraint aussi l'auditoire à les voir. »

Texte important comme témoin, s'il en est. D'abord c'est de la
garantie de Longin qu'il s'agit ; ensuite il nous donne le témoignage
qu'un changement, une mutation du sens de *phantasia* s'est produite.

Quand Longin s'exprime, il a déjà derrière lui une longue histoire de la *phantasia*, qu'il connaît parfaitement ; une histoire philosophique (notamment stoïcienne), une histoire rhétorique et une
histoire médicale (avec la question de la folie) ; ces histoires,
d'ailleurs, peuvent interférer, comme on le voit et dans la tradition
médicale, et dans la tradition philosophique, avec le stoïcisme et la
Nouvelle Académie. Mais j'en ai déjà abondamment parlé jadis[49].

Le terme, dit Longin, auparavant désignait toute représentation en général (la formule est sans doute stoïcisante). Mais elle
pourrait quasiment être acceptée de tous : *on ne peut penser sans
image*. Mais maintenant, pourrait-on dire, *le terme s'est spécialisé*.

---

48. Καὶ αἱ φαντασίαι παρασκευαστικώταται· οὕτω γοῦν <ἡμεῖς> *εἰδωλοποιίας* <δ'>
αὐτὰς ἔνιοι λέγουσι· καλεῖται μὲν γὰρ κοινῶς φαντασία πᾶν τὸ ὁπωσοῦν ἐννόημα
γεννητικὸν λόγου παριστάμενον· ἤδη δ' ἐπὶ τούτων κεκράτηκε τοὔνομα ὅταν ἃ λέγεις ὑπ'
ἐνθουσιασμοῦ καὶ πάθους *βλέπειν* δοκῇς καὶ ὑπ' ὄψιν τιθῇς τοῖς ἀκούουσιν. ὡς δ' ἕτερόν τι
ἡ ῥητορικὴ φαντασία βούλεται καὶ ἕτερον τι παρὰ ποιηταῖς οὐκ ἂν λάθοι σε, οὐδ' ὅτι τῆς
μὲν ἐν ποιήσει τέλος ἐστὶν ἔκπληξις, τῆς δ' ἐν λόγοις ἐνάργεια.
49. *La maladie de l'âme*, Paris, Belles Lettres, 1981-1989. *Op. cit.* (n. 33), « Voir,
rêver, imaginer, être fou ».

Cette spécialisation, prise en compte et consciente, va en direction de la force, de l'activité sinon de l'activisme de la *phantasia*. La *phantasia* est faiseuse, *fabricante d'images*, ou plutôt les *phantasiai* sont fabricantes d'images (εἰδωλοποιίας). Il faut conserver le pluriel. Il lève, en effet, l'équivoque. Il ne saurait s'agir ici d'une *phantasia* fonction de l'âme, quelle qu'elle soit. Ce sont les *phantasiai*-mêmes, c'est-à-dire les images reçues, de quelque manière que ce soit, qui ont, *par elles-mêmes*, la force de construire des images.

On ne saurait omettre, non plus, le rapprochement avec Quintilien, *Institutions oratoires* 6, 2, 29 : « Quas φαντασίας Graeci vocant, nos sane *visiones* appellemus, per quas imagines rerum absentium ita repraesentantur animo, *ut eas cernere oculis ac praesentes habere videamur* »[50] ; « Ce que les Grecs appellent φαντασίαι, nous pourrions raisonnablement le nommer *visions* (*visiones*), par lesquelles (grâce auxquelles, par l'intermédiaire desquelles) les images des choses absentes sont représentées à l'esprit, de telle sorte que nous croyons les voir de nos yeux et les avoir présentes à nos yeux. »

Le troisième grand témoin est Flavius Philostrate : *Vie d'Appollonius de Tyane*.

Considérons un moment cette citation de la *Vie d'Apollonius*, qui nous donne une rare et précieuse définition de la *phantasia* :

« φαντασία » ἔφη « ταῦτα εἰργάσατο σοφωτέρα μιμήσεως δημιουργός· μίμησις μὲν γὰρ δημιουργήσει, ὃ εἶδεν, φαντασία δὲ καὶ ὃ μὴ εἶδεν, **ὑποθή-cεται** γὰρ αὐτὸ πρὸς τὴν ἀναφορὰν τοῦ ὄντος, καὶ μίμησιν μὲν πολλάκις ἐκκρούει ἔκπληξις, φαντασίαν δὲ οὐδέν, χωρεῖ γὰρ ἀνέκπληκτος πρὸς ὃ αὐτὴ ὑπέθετο. »[51]

Je reprends là, à peu de chose près, une traduction que j'ai déjà proposée[52] :

« La *phantasia*, dit-il, a fabriqué ces œuvres, plus habile (plus sage)[53] comme artisan que la reproduction ; car la reproduction réalisera ce qu'elle a vu ; la *phantasia* même ce qu'elle n'a pas vu. Car elle posera cela

---

50. Rapprochement signalé par D. A. Russell, « Longinus », *On the Sublime*, edited with introduction and commentary..., Oxford, At The Clarendon Press, 1970, p. 121. Quintilien, *Institutions oratoires* 6, 2, 2. Cf. Id., *ibid.*, t. IV, Livres VI et VII, texte établi et traduit par J. Cousin, Paris, Belles Lettres, 1977, p. 31sqq.

51. Flavius Philostratus, *Vita Apollonii* 6, 19, 23.

52. *Du Sublime, op. cit.* (n. 47).

53. Le double sens de σοφωτέρα est très important dans ce qui est un *paradoxe*. « Apparemment », dit l'interlocuteur d'Apollonios, « que les Phidias et les Praxitèle sont montés au ciel, ont pris une empreinte de la forme des dieux et l'ont reproduite par leur

pour inférer vers l'être ; et le *choc* repousse souvent la reproduction, mais rien ne repousse la *phantasia* ; elle s'avance, en effet, sans être impressionnée par le choc, vers ce qu'elle a posé elle-même. »[54]

Le paradoxe est très net ; c'est presque un *oxymore* : la *phantasia* a fabriqué, réalisé, démiurge plus habile que la *mimésis*. Or la *phantasia* a pour habitude d'être soit du non-être, soit du moins-être, si l'on peut dire. Philostrate nous dit que la *mimésis* est reproduction de la réalité ; de ce qu'elle voit. La *phantasia*, elle, est capable de réaliser même ce qu'elle ne voit pas dans la réalité. Elle le pose pour une anaphore de l'être. L'être, la réalité, est une anaphore de la *phantasia*. C'est l'être qui devient anaphorique. Entendons bien qu'il y a davantage d'être, de réalité, dans la *phantasia*, que dans le monde. La force de la *phantasia* est telle, d'autre part, que s'il arrive que la *mimésis* prend peur, la *phantasia* quant à elle ne se laisse pas détourner. Elle est impavide[55].

Qu'il y ait des échanges avec les médecins n'est pas impossible. Mais ce qu'il faut retenir, c'est le surgissement de cette puissance autonome de la *phantasia*.

La réduction de *phantasia* par *cogitatio*, par *pensée*, par *idée*, est aussi mutilante, d'une certaine façon, que celle de l'*Aphorisme* VI, 23 d'Hippocrate – phénomène sur lequel j'ai souvent insisté – : « Quand retrait (*phobos*) et abattement (*dysthymie*) durent longtemps, un tel état a à faire avec la bile noire » ou : « un tel état est mélancolique »[56]. Cet aphorisme est depuis longtemps[57] traduit de la sorte : « Quand crainte et tristesse (*timor et tristitia*) durent longtemps, un tel état est mélancolique. » Et c'est tout simplement la réduction de la mélancolie à l'ordre des passions, qui se fait par l'intermédiaire de la traduction latine.

Il y a un médecin qui, au XVIIe siècle, réintroduit[58] cette force de la *phantasia*. C'est Van Helmont[59], dans le chapitre de son *Ortus Medicinae*, intitulé *Demens Idea*. La *Demens Idea* n'appartient pas

---

art ? Ou bien y a -t-il autre chose qui a guidé leur création ? – Autre chose, répliqua Apollonios, *quelque chose qui relève de la sagesse* » (trad. P. Grimal, dans *Romans grecs et latins*, Paris, Pléiade, 1958, p. 1235).

54. Le texte est difficile. Cf. E. Birmelin, « Die kunsttheoretischen Gedanken in Philostrats Apollonius », *Philologus* LXXXVIII, 1933, p. 149-180 ; et B. Schweitzer, « Mimesis und Phantasia », *ibid.* LXXXIX, 1934, p. 286-300.

55. La *phantasia* n'a plus le sens de *sensation affaiblie* qu'elle a chez Aristote.

56. ἢ φοβός ἢ δυσθυμίη πολὺν χρόνον ἔξουσα διατελέῃ, μελαγχολικὸν τὸ τοιοῦτον.

57. En fait depuis l'Antiquité latine (*timor et tristitia*).

58. Cf. mon livre *Aux portes de la psychiatrie*, Paris, Flammarion, 2000.

59. 1579-1644.

au cerveau. Elle n'appartient pas à l'intelligence. *Elle intéresse la région de l'épigastre.* C'est là que Van Helmont place sa fameuse *archée,* c'est-à-dire, comme dit Cabanis, le principe directeur de l'économie du vivant. Sa conception de la maladie a été appelée *ontologique.*

LA MANIE

Pour nous en tenir au point de vue de la description, il en est une fameuse, qu'on retrouve souvent citée, après ce que l'on peut appeler la redécouverte d'Arétée [60]. C'est celle du comportement du charpentier. Je redonne ici ma traduction :

> « Un charpentier, chez lui, était un ouvrier plein de bon sens ; il mesurait le bois, coupait, rabotait, assemblait, ajustait, venait à bout d'une construction sans faire d'histoire, avait des relations avec ceux qui lui donnaient le travail, s'entendait avec eux, demandait pour son travail un salaire raisonnable. Sur son lieu de travail, tel était l'état de sa raison. Mais s'il avait à sortir pour aller à l'agora, ou au bain, ou pour tout autre besoin, déposant ses outils, d'abord il se mettait à gémir, puis il se les mettait sur l'épaule pour sortir. Quand il était loin de la vue de ses familiers, quand il était éloigné de la pratique et du lieu de son travail, il devenait complètement maniaque ; et s'il rebroussait chemin, rapidement il retrouvait son bon sens. Tel était le lien entre le lieu et la pensée. » [61]

A ma connaissance, Pinel ne cite pas ce passage d'Arétée. Or il le connaît forcément.

J. C. Reil donne, dans ses *Rhapsodien,* des extraits de ce passage, dans un contexte intéressant [62] : « La conscience de sa personnalité (*das Bewusstseyn seiner Persönlichkeit*), écrit Reil, dépendait tellement des objets de son atelier, que, sans eux, il ne pouvait pas la retenir, mais devenait fou. En rêve nous nous trompons toujours en ce qui concerne l'espace, le temps et notre personne. Nous sautons d'un continent à l'autre, d'un siècle à l'autre, et nous jouons tous les rôles, du roi jusqu'au mendiant, que la *phantasie* magique nous attribue. Et la même chose se passe dans la folie (*Wahnsinn*), qui est un rêve éveillé. » [63]

---

60. « Cet écrivain peu cité par les anciens, et qui ne mérita pas ce silence, lui qui par l'éclat de son style, par la vigueur de sa pratique... ne fut inférieur à aucun des meilleurs parmi les anciens... », Haller, *Bibliotheca Medicinae Practicae,* Bâle, 1776, I, p. 192 sqq.

61. Je laisse ici de côté les difficultés du texte et ses diverses interprétations.

62. D'après la traduction latine de Wiggan, donnée par Haller (*Artis medicae principes,* Lausanne, 1769, t. V, p. 60). *Rhapsodien,* Halle, 1803, reprint E. J. Bonset, Amsterdam, 1968, p. 86-87.

63. *Op. cit.,* p. 87.

Leuret cite encore ce même passage d'Arétée [64] ; il en donne même la traduction, qui est celle de Trelat [65]. La description du charpentier est devenue un cas « psychiatrique ».

Il y a bien des finesses chez Arétée. Celle-ci n'avait pas échappé à Richard Mead qui, à propos des passions de l'âme, souligne ce point chez *le médecin ancien* [66] :

> « Ce qu'il y a de plus admirable encore, c'est ce que remarque Arétée, et il est, je crois, le seul des auteurs qui l'ait dit : non seulement les passions de l'âme produisent des maladies, mais à leur tour aussi les maladies produisent des passions, & qui paraissent même parfois contraire à leur nature. Il cite pour exemple l'hydropisie, qui, quelque pernicieuse qu'elle soit, communique néanmoins de la patience aux malades, non point une patience qui vienne de joie ou d'espérance, comme il arrive à ceux qui éprouvent des événements heureux, mais une patience fondée sur la nature-même de la maladie. Ce n'est pas que cela s'explique, continue Arétée ; mais cela n'en est pas moins un sujet d'admiration. » [67]

Ainsi dans ce que je traduirai par *le rejet de sang* (ἀναγωγή = Hude, p. 16 sqq.). Paradoxalement, ce n'est pas forcément l'individu le plus malade qui craint le plus pour sa vie. Je traduis : « Pour résumer, dans tout rejet de sang, même s'il est peu important, et même si déjà ce qui s'était rompu s'est refermé, s'ensuit dysthymie, désespérance, désespoir de vivre. Car qui est assez ferme (εὐσταθής) pour se voir ressembler à un être égorgé, et ne pas avoir des craintes à propos de la mort ? Car les plus grands des animaux, et les plus forts, comme les taureaux, meurent d'hémorragie très rapidement. Mais ce n'est pas un grand sujet d'étonnement. Le grand sujet d'étonnement, le voici. Dans l'hémorragie seule qui vient du poumon, la plus dangereuse, les hommes ne désespèrent pas d'eux-mêmes, fussent-ils rendus à l'extrémité ; je pense que l'absence de douleur au poumon en est la cause. Car la douleur, même faible, fait redouter la mort. Elle est, chez la plupart, plus effrayante que dangereuse ; l'absence de douleur, même dans les grandes maladies : absence de crainte de la mort, et elle est plus dangereuse qu'effrayante. »

---

64. F. Leuret, *Fragments psychologiques sur la Folie*, Paris, Crochard, 1834, p. 33-34.
65. *Journal des Progrès*, t. V.
66. *Conseils et préceptes de médecine*, ch. XVIII, *Des affections de l'âme*, dans *Recueil des œuvres physiques et médicinales publiées en anglais et en latin*, traduction française par Mr. Coste, Paris, 1774, t. II, p. 338.
67. Arétée, *De causis et signis acutorum morborum* (lib. 2) 2, 1, 9, 6. Adams, p. 326.

CONCLUSION

Il faut conclure ce qui pourrait, en vérité, être l'objet de tout un livre. Nous n'avons restitué que quelques aspects de la variété, de la création, de la réinsertion en de nouveaux contextes de termes connus. Il n'y a pas, pour reprendre l'image de Maittaire, seulement les allusions poétiques pour faire briller des étoiles. Il faut compter aussi avec la philosophie. Par exemple, à propos du vertige qui peut déboucher sur la manie, Arétée parle d'« ignorance de soi-même et de l'entourage », ἀνωσίη ἑαυτέων τε καὶ τῶν πέλας. C'est évidemment la transposition au vertige de la définition stoïcienne de la *mania* (*SVF* III, 166, 28) : μανία· ἄγνοια αὐτοῦ καὶ τῶν καθ᾽ αὐτον (manie : ignorance de soi et de son entourage).

Peut-être l'analogie avec la peinture est-elle la plus convaincante, fût-elle à larges touches, comme Petit le montre à propos de l'*éléphantiasis*, ou à traits plus fins, comme l'évoque Maittaire. Cette œuvre est évidemment pensée et réfléchie. Elle n'a rien de « carnets » de notes. Elle est d'un grand écrivain et d'un grand médecin.

Je ne résiste pas au plaisir de citer un dernier exemple, à propos du mal d'estomac[68], « maladie des gens de lettres », comme on dira plus tard[69]. « L'estomac maître du plaisir et du dégoût », comme l'affirme le début du chapitre (Hude, p. 72). « Cette maladie de l'estomac est habituelle à ceux qui par nécessité s'écartent du régime ordinaire et vivent d'une nourriture faible et dure, mais aussi chez ceux qui souffrent pour s'instruire et s'y exercent ; qui ont le désir de la connaissance divine mais qui ont maigre nourriture et insomnie, et souci de paroles et d'actes sages ; pour eux dédain d'une nourriture abondante et variée, et la faim pour nourriture, l'eau pour boisson ; et dans le sommeil, l'insomnie ; en guise d'un lit douillet une couche à même le sol, sans couverture ; un mauvais vêtement, un manteau troué, et comme couverture, l'air commun à tous ; leur richesse : la pleine jouissance de la connaissance divine ; car toutes ces choses sont bonnes dans l'amour de la science ; et s'ils prennent quelque nourriture, c'est quelque met ordinaire, mais non un aliment pour se rassasier, seulement pour vivre. Pas de vin pour mener à l'ivresse, pas de satisfaction ; pas de promenade ni de voyages ; pas d'exercices du corps, pas d'embonpoint autour des chairs ; car de quoi l'amour de la connaissance ne détournerait-il

---

68. *Causes et signes des maladies chroniques* 2, 6 = Hude, p. 72 sqq.
69. Cf. par exemple le livre de Tissot. *De la santé des gens de Lettres*, Lausanne, 1772.

pas ? Patrie, parents, frères, eux-mêmes, jusqu'à en mourir. Chez eux, donc, maigreur du corps, pâleur du visage ; en pleine jeunesse, ils sont vieux, abêtis par la connaissance ; pour l'âme, ni gaîté, ni douceur... »[70]

Si jamais ils mangent un aliment inhabituel, ils sont malades, et prennent horreur de toutes nourritures. « C'est une maladie chronique de l'estomac. »

On sent bien, en cet endroit, qu'Arétée se laisse aller au plaisir de la description et de la charge. Cette caricature a fortement intéressé Petit, qui ne manque pas de rapprocher le portrait de ces individus de celui qu'Horace trace des poètes fous dans l'*Art poétique*. Pour lui ce sont sans doute les philosophes cyniques, que vise Arétée. Il nous faut songer aussi aux stoïciens de l'espèce d'Épictète. Il n'est que de relire les diatribes où Épictète tonne contre la τρυφή.

Le style de la description de ces malheureux est d'un travail délicat. L'expression λιμὸς δὲ ἡ τροφή : « la faim pour nourriture », par exemple, est qualifiée par Petit d'*audax figura*. Tous ceux qui ont traduit un peu d'Arétée connaissent la difficulté de l'exercice. Le plus difficile est peut-être de suivre le rythme, de rendre les anacoluthes, les hyperbates.

Ce n'est pas parce que j'ai eu l'occasion de parler de Longin au sujet de la *phantasia*, mais, assurément, il y a des moments *sublimes* au sens de Longin.

Jackie PIGEAUD

---

70. Ce sont ceux, dit Petit, que nous appelons maintenant *pedantes*.

ORAL ET ÉCRIT CHEZ GALIEN

D'un point de vue historique, l'oral a précédé l'écrit, même si les traités de la *Collection hippocratique* représentent une large part des plus anciens textes en prose qui nous ont été transmis[1]. Ainsi, nous savons par Galien qui composa l'essentiel de son œuvre dans la Rome du IIe siècle de notre ère que, tant qu'il s'exerça dans le cercle étroit de la famille des Asclépiades, l'enseignement traditionnel médical resta essentiellement oral. Ce n'est que lorsqu'il s'étendit au-delà du cercle familial, pour toucher un plus grand nombre de disciples, que le besoin de manuels destinés à instruire tous ceux qui souhaitaient être initiés à la médecine, se fit sentir. Le passage de l'oral à l'écrit, s'il représentait donc une certaine forme de progrès par rapport à l'enseignement familial et traditionnel, devait cependant très vite susciter un grand nombre de réserves. Platon, dans le *Phèdre*, dénonce déjà la folie de cet homme qui, « parce qu'il en a entendu parler dans un livre (ἐκ βιβλίου ποθὲν ἀκούσας), ou qu'il a mis la main, par hasard, sur quelques remèdes, se croit passé médecin, sans rien connaître de cet art »[2]. Dans le *Politique*, Platon suivi cette fois par Aristote, rappelle à ses lecteurs la nécessité de ne pas s'en tenir à l'écrit, mais d'y ajouter la pratique[3]. Dans le cas particulier de la médecine où la pratique joue précisément un si grand rôle, l'importance relative de l'oral par

---

1. G. Cambiano, « La nascita dei trattati e dei manuali », dans *Lo spazio letterario della Grecia antica*, I, 1, G. Cambiano, L. Canfora et D. Lanza éd., Rome, 1992, p. 522-533, et L. Dean-Jones, « Literacy and the Charlatan in Ancient Greek Medicine », dans *Written Texts and the Rise of Literate Culture in Ancient Greece*, H. Yunis éd., Cambridge University Press, 2003, p. 98.
2. Platon, *Phèdre* 268c.
3. *Politique* 298a sqq. où Platon évoque pour la dénoncer une situation où la médecine, comme tous les autres arts, serait régie par la seule lettre écrite sans possibilité pour le médecin d'adapter ce régime général aux cas particuliers rencontrés. Aristote, *Politique* III, 15 (1286a) condamne à son tour la sottise qu'il y aurait, dans n'importe quel art, à s'en tenir pour commander à des règles écrites (τὸ κατὰ γράμματ᾽ ἄρχειν ἠλίθιον), en citant le cas de l'Égypte où les médecins qui changent un traitement fondé sur des lois

rapport à l'écrit devait alimenter un intense débat dont, près de cinq siècles après la rédaction des premiers traités hippocratiques, le médecin de Pergame continue encore de se faire l'écho. On ne peut cependant être que frappé par l'apparent paradoxe qui conduit Galien à condamner toute formation médicale exclusivement livresque sans jamais cesser pour sa part de se consacrer à la rédaction de multiples ouvrages, au point d'interrompre ses conférences publiques pour avoir tout loisir de se consacrer à l'écriture. Aussi convient-il d'abord d'analyser les fondements de cette supériorité de l'oral sur l'écrit, avant de s'interroger, dans le cas précis de la médecine, sur la légitimité de l'œuvre écrite en face de l'enseignement oral, en tentant, pour finir, de cerner les ambitions mais aussi les limites assignées par un médecin comme Galien à toute création littéraire.

Supériorité et antériorité de l'oral sur l'écrit

Je voudrais commencer par une remarque relative à l'ambiguïté du vocabulaire utilisé pour décrire à la fois l'activité orale et écrite, ambiguïté déjà présente dans le texte de Platon cité plus haut [4]. Galien a en effet recours aux mots de la famille de λέγειν aussi bien pour décrire l'activité orale du maître devant ses disciples que pour introduire une référence interne dans le discours écrit, le mot même de discours (λόγος), en grec comme en français, pouvant aussi bien renvoyer à un exposé oral qu'écrit [5]. Ainsi le médecin de Pergame ne se prive pas, au sein d'ouvrages exclusivement destinés à la publication, de multiplier les formules orales du genre « comme je l'ai dit précédemment » (ὡς πρότερον λέλεκταί μοι), « comme je l'ai déjà dit en commençant » (ὅπερ ἐλέχθη καὶ καταρχὰς). Mais au-delà de ces facilités qui ne sont pas propres à la langue grecque,

---

écrites le font à leur risque et péril (voir sur ce point Hérodote, II, 77 et Diodore de Sicile, I, 82, 3). Toutefois, un peu plus loin (III, 16, 1287a) Aristote critique le choix fait par Platon dans ce contexte de l'exemple de la médecine qui ne peut s'appliquer au politique.

4. L'emploi de l'expression ἐκ βιβλίου ποθὲν ἀκούσας dans le *Phèdre* 268c évoque peut-être aussi la pratique du maître qui lit un passage à ses élèves avant de le commenter oralement. Dans le cas dénoncé par Platon, l'élève en serait resté aux rudiments sans prolonger la théorie par la pratique.

5. Sur l'ambiguïté des termes de la famille de λέγειν qui, dans les traités écrits de la Collection hippocratique, côtoient également ceux de la famille de γράφειν, je renvoie aux remarques de J. Jouanna, « Rhétorique et médecine dans la collection hippocratique. Contribution à l'histoire de la rhétorique au Ve siècle », *Revue des Études grecques* 97, 1984, p. 28 sqq.

Galien me semble avoir tout particulièrement joué de l'ambiguïté oral/écrit en multipliant les appels au lecteur et en s'efforçant de donner le plus possible à sa prose les formes du discours parlé. C'est ainsi que, dans le *Sur l'utilité des parties du corps*, à l'intérieur d'un long développement sur lequel nous reviendrons un peu plus loin, il s'efforce de tenir son lecteur en haleine en l'exhortant exactement comme il le ferait à l'oral :

> « Maintenant, prêtez-moi plus d'attention que si, admis aux mystères d'Éleusis, de Samothrace ou de quelque autre sainte cérémonie, vous étiez complètement absorbé par les actions et les paroles des prêtres (πρὸς τοῖς δρωμένοις τε καὶ λεγομένοις ὑπὸ τῶν ἱεροφαντῶν). » [6]

Et plus loin encore, à mi-chemin entre mise en scène et vaticination, il poursuit :

> « Fixez donc maintenant votre attention, si vous ne l'avez pas encore fait, sur ce qu'il y a de plus vénérable, montrez-vous un auditeur digne des choses que je vais exposer (ἄξιός τε τῶν λεχθησομένων ἀκροατὴς γενόμενος) ; prêtez l'oreille à la parole qui décrit les mystères merveilleux de la nature (ἀκολούθει τῷ λόγῳ, θαυμαστὰ τῆς φύσεως ἐξηγουμένῳ μυστήρια). » [7]

En réalité, il n'existe pas d'ambiguïté possible sur le statut oral ou écrit de tel ou tel traité galénique tant leur auteur a toujours mis un point d'honneur à renseigner son lecteur sur les circonstances qui ont accompagné la rédaction de ses différents ouvrages dans deux petits opuscules respectivement intitulés *Sur l'ordre de mes propres livres* et *Sur mes propres livres* [8]. Aussi ne peut-on constater d'opposition « frontale » entre oral et écrit chez Galien, mais plus subtilement, une opposition entre observation directe et savoir livresque, notamment dans les domaines respectifs de l'anatomie et de la pharmacologie. Car Galien ne prône pas l'enseignement oral pour lui-même, mais pour les possibilités d'observation directe et de répétition qu'il offre aux étudiants. En ce sens, le débat oral/écrit s'inscrit à l'intérieur d'une réflexion plus large sur l'enseignement de la médecine menée d'un triple point de vue historique, pédagogique et méthodologique.

---

6. Galien, *De usu partium* VII, 14 (Kühn III, 576, 6).

7. *Ibid.* VII, 14 (Kühn III, 576, 14).

8. Galien, *De ordine librorum suorum* (Kühn XIX, 49-61 = éd. I. Müller, *Scripta Minora* II, Leipzig, 1891, p. 80-90) et *De libris propriis* (Kühn XIX, 8-48 = *Scripta Minora* II, p. 91-124).

D'un point de vue historique

L'antériorité de l'enseignement oral sur l'écrit, avant même d'être une nécessité méthodologique, est en effet un héritage historique. Un enseignement oral de l'anatomie a historiquement précédé la rédaction des premiers manuels d'anatomie, du moins dans la reconstruction à laquelle se livre Galien dans ses *Pratiques anatomiques* :

> « S'étant donc détaché de la famille des Asclépiades, l'art de la médecine devint ensuite au cours de phases successives toujours pire et les hommes eurent besoin d'aide-mémoire qui puissent en conserver la théorie (τῶν διαφυλαξόντων αὐτῆς τὴν θεωρίαν ὑπομνημάτων), alors qu'auparavant non seulement on n'avait pas besoin de *Pratiques anatomiques*, mais on n'avait pas besoin non plus de tels ouvrages (ἀλλ᾽ οὐδὲ συγγραμμάτων ἐδεῖτο τοιούτων). » [9]

Ce tableau pessimiste d'une dégradation continue de la médecine depuis qu'elle s'est détachée du cercle primitif des Asclépiades participe cependant d'une sorte de mythologie volontairement entretenue par le médecin de Pergame et dont lui-même n'est pas dupe. Il convient en effet avec Galien de ne jamais sous-estimer l'intention polémique à l'égard de ses prédécesseurs ou contemporains, ni négliger la volonté apologétique à propos de sa propre œuvre, seule digne d'Hippocrate et de son enseignement.

D'un point de vue pédagogique

De fait, en déplorant le manque de formation de ses confrères qui n'apprennent plus leur art dès l'enfance, comme les médecins d'antan réunis à l'intérieur du cercle étroit de la famille des Asclépiades, Galien feint d'ignorer que, sans écrit, la médecine n'aurait pas d'histoire. Or, les propres traités du médecin de Pergame sont nourris de considérations empruntées aux ouvrages de ses prédécesseurs. Bien plus, dans de nombreux cas, comme celui du célèbre anatomiste Marinos, nous ne saurions presque rien de ses travaux si précisément Galien lui-même ne nous en avait conservé la trace [10]. Dans ce contexte, la critique galénique d'un enseignement médical purement livresque a d'abord et avant tout pour but la condam-

---

9. Galien, *De anatomicis administrationibus* II, 1 (Kühn II, 281, 14 = Garofalo, Naples, 1986, p. 71, 17).

10. En particulier dans le *De libris propriis* où Galien nous a conservé, livre par livre, l'indication du contenu du vaste ouvrage de Marinos sur l'anatomie.

nation de certaines pratiques pédagogiques particulièrement en vogue chez ses contemporains. On sait avec quelle véhémence Galien a poursuivi le médecin méthodique Thessalos qui se targuait d'apprendre l'art de la médecine en six mois. Les médecins empiriques ne sont, pour leur part, pas davantage épargnés :

> « Plus dément encore (Galien vient de parler de la dissection occasionnelle prônée par les empiriques) est l'apprentissage au moyen de traités anatomiques (ἡ διὰ τῶν ἀνατομικῶν συγγραμμάτων μάθησις) qui fait penser à ceux qui, comme dit le proverbe, pilotent d'après un livre (τοῖς κατὰ τὴν παροιμίαν λεγομένοις ἐκ βιβλίου κυβερνήταις). Ceux qui ont observé les nerfs et les tendons en suivant les indications claires du maître, s'ils n'ont pas l'occasion de les revoir une seconde fois, puis une troisième et à mainte reprise, ils ne se rappelleront pas avec précision l'endroit où ils sont. On ne pourrait guère non plus l'apprendre par une simple lecture (σχολῇ δ᾽ ἄν τις ἀναγνοὺς δυνηθείη μαθεῖν). »[11]

Ces considérations interviennent à l'intérieur d'un ouvrage intitulé *Sur les médicaments composés selon les genres* où Galien prend l'exemple de l'anatomie pour illustrer la nécessité, dans ce domaine comme également dans celui de la pharmacologie, de recourir à une seule et unique méthode. Quelle est cette méthode ? Il ne s'agit certes pas de se contenter d'un savoir uniquement livresque. Là-dessus Galien est fort clair et, comme dit le proverbe, on n'apprend pas à piloter avec un livre. La comparaison avec le pilote de navire, que l'on rencontrera à nouveau un peu plus loin, a été étudiée par A. Roselli et constitue dans ce contexte une sorte de leitmotiv qui revient près de cinq fois dans la seule partie conservée de l'œuvre galénique[12]. Sans doute la critique de Galien vise-t-elle ici le recours à des manuels d'anatomie illustrés dont M.-H. Marganne, dans un article récent, a bien montré la diffusion pour l'Égypte gréco-romaine[13]. Car Galien ne juge pas qu'une quelconque illustration soit susceptible de remplacer l'observation directe, ni davantage de pallier la difficulté à laquelle se trouve inévitablement confronté tout auteur scientifique de « donner à voir » les réalités décrites. Sur ce point, Galien rejoint d'ailleurs l'auteur hippocratique du traité des *Articulations* qui préférait déjà faire appel à l'imagination de son lecteur :

---

11. Galien, *De compositione medicamentorum per genera* III, 2 (Kühn XIII, 605, 1).

12. Sur ce thème, voir l'article d'A. Roselli, « Ἐκ βιβλίου κυβερνήτης : i limiti dell'apprendimento dai libri nella formazione tecnica e filosofica (Galeno, Polibio, Filodemo) », *Vichiana*, 4a Serie, anno IV, 1/2002, p. 35-50.

13. M.-H. Marganne, « Livres de médecine illustrés dans l'Égypte gréco-romaine », *Medicina nei Secoli* 13/1, 2001, p. 1-23.

> « Il n'est pas facile d'exposer exactement par écrit chaque procédé
> opératoire ; il faut que le lecteur se fasse une idée de la chose avec ce qui
> est écrit. »[14]

Idéalement, le meilleur apprentissage est donc celui que l'on
mène sous la conduite d'un maître, si toutefois celui-ci est bien basé
sur l'observation répétée des faits. Aux yeux de Galien, en effet,
pour être efficace, l'enseignement doit être répétitif. Dans ces
conditions, l'enseignement oral aurait-il seul droit de cité ? Certes
non, car cet enseignement oral, précisément quand il s'exerce dans
une matière aussi complexe que l'anatomie ou la pharmacologie
doit nécessairement, à son tour, être relayé par l'écrit pour en faciliter la mémorisation. Nous avons donc en réalité affaire à une
opposition beaucoup moins forte qu'il n'apparaît de prime abord
entre oral et écrit, l'oral étant bel et bien destiné à être relayé par
l'écrit, au prix toutefois d'une certaine adaptation de la méthode
employée.

D'un point de vue méthodologique

Si d'un point de vue historique, l'oral affirme son antériorité
sur l'écrit, si d'un point de vue pédagogique l'enseignement oral
prime encore sur le savoir livresque, d'un point de vue méthodologique en revanche, oral et écrit entretiennent des relations
autrement plus complexes basées sur la réciprocité et la complémentarité. Mais avant d'analyser les positions théoriques de Galien
sur le sujet, force est de constater que, dans la pratique, au IIe siècle
de notre ère, l'oral est devenu inséparable de l'écrit. L'expérience
personnelle du médecin de Pergame en fournira le meilleur
exemple.

Galien nous a en effet raconté dans son traité intitulé *Sur ses
propres livres* comment, jeune étudiant encore, il rédigea à son
propre usage ses premières notes de cours, comment il les destina
ensuite à un cercle restreint d'amis et de disciples en s'assurant toutefois qu'il s'agît toujours de gens déjà engagés dans la carrière
médicale :

> « Je les donnais en effet à des amis ou des disciples, sans titre, dans
> la pensée qu'ils n'étaient aucunement destinés à la publication (ὡς ἂν
> οὐδὲν πρὸς ἔκδοσιν), mais à ceux-là mêmes qui avaient formulé la
> demande de conserver des notes sur les cours qu'ils avaient écoutés (ἀλλ᾽
> αὐτοῖς ἐκείνοις γεγονότα δεηθεῖσιν ὧν ἤκουσαν ἔχειν ὑπομνήματα). »[15]

---

14. Hippocrate, *Articulations* 33 (Littré IV, 148, 13).
15. Galien, *De libris propriis* prol. (Kühn XIX, 10, 3 = *Scripta Minora* II, p. 92, 13).

On sait ce qu'il en advint et comment, tombés en des mains étrangères, ces écrits, à l'origine non destinés à la publication, devinrent la proie de nombreux plagiaires. Or Galien nous précise pourquoi il tenait tant à ce que ces notes restassent limitées à un cercle restreint. Au-delà de la coquetterie d'un auteur qui prétend avoir rencontré le succès sans l'avoir recherché, il faut, je crois, prendre au sérieux les protestations de Galien. Ces écrits, selon lui, présentaient certes le mérite d'être parfaitement adaptés à la demande et au niveau de formation de leur destinataire, mais en même temps recelaient l'inconvénient de ne pas atteindre un niveau d'achèvement pleinement satisfaisant :

> « Ces écrits, comme je l'ai dit, ayant été composés non pour la publication (οὐ πρὸς ἔκδοσιν), mais en fonction de la compétence et de l'usage qu'en avaient ceux qui me les avaient demandés, il est bien naturel que certains points aient été développés, d'autres condensés, et que l'explication, tout comme l'enseignement des principes lui-même, ou bien revêtît une forme achevée, ou bien laissât à désirer. Il est de fait parfaitement clair que ce que j'ai écrit pour les personnes précédemment citées n'atteint, en matière d'enseignement, ni le dernier degré d'achèvement, ni une rigoureuse exactitude ; elles ne me l'auraient pas demandé ni n'auraient été capables de tout comprendre exactement avant d'avoir acquis une certaine compétence à dominer les connaissances nécessaires. Quelques-uns de mes prédécesseurs ont de fait intitulé de tels livres *Ébauches*, tout comme certains les ont intitulés *Esquisses*, d'autres *Introductions, Synopsis* ou *Guides*. Pour ma part, je les ai tout simplement donnés à mes disciples, sans aucun titre, et ils sont de ce fait arrivés plus tard entre les mains de nombreuses personnes qui leur ont donné différents titres. Aussi ai-je jugé bon d'intituler "Pour les débutants" (τοῖς εἰσαγομένοις) ceux que certains me rapportèrent pour correction. » [16]

Il faut voir là l'expression de l'irréductible tension qui parcourt l'œuvre écrite de Galien, à savoir comment écrire à la fois pour tous et pour chacun, ou pour le formuler autrement comment atteindre le plus large public possible et parvenir à s'en faire comprendre malgré la diversité des formations reçues par chacun [17]. De ce point de vue, l'enseignement oral et en particulier la démonstration publique d'anatomie où chacun peut librement intervenir et interpeller le maître présente de sérieux avantages. Galien a multiplié ce

---

16. *Ibid.* prol. (Kühn XIX, 10, 14 = *Scripta Minora* II, p. 92, 24).

17 Dans la mesure où, au IIe siècle de notre ère, le temps idéal où « Les enfants apprenaient de leurs parents, dès l'enfance, à disséquer comme à écrire et à lire » (Galien, *De anatomicis administrationibus* II, 1 = Kühn II, 280 ; Garofalo, p. 71) est naturellement révolu.

genre de conférences lors de son premier séjour à Rome. Mais
parmi les nombreux récits qu'il nous en a laissés, je me bornerai à
l'évocation d'un cas limite rapporté par Galien dans le *Pronostic*.
Les règles du jeu propres à ce genre d'exercices, à savoir l'intervention directe des spectateurs, vont en effet être subverties au
point de mener à l'interruption et à la suspension de séance. Et
quand, un peu plus tard, elle pourra de nouveau reprendre, le discours oral sera finalement relayé par l'écrit.

Invité par le consul Boéthus à démontrer le mécanisme de la
respiration au cours d'une séance publique d'anatomie, le médecin
de Pergame est en effet violemment pris à partie par un des spectateurs, un certain Alexandre de Damas[18], qui le contraint bientôt à
interrompre sa conférence[19]. Celle-ci reprend cependant quelque
temps plus tard et dure plusieurs jours. Galien s'y emploie à
montrer comment « l'inspiration se produit par dilatation du
thorax, et l'expiration par sa contraction ». Il montre également
« les muscles par lesquels se fait la dilatation, et en outre les nerfs
qui aboutissent à ces muscles en partant de la moelle épinière ». Il
met ensuite en évidence le mécanisme de la production de la voix et
des sons de façon apparemment si pertinente que « tous ceux qui
étaient intervenus pendant qu'[il] faisait cette démonstration se
déclarèrent convaincus ».

Mais aussi réussie fût-elle la démonstration ainsi menée oralement ne parvient cependant pas à se suffire à elle-même, du moins
aux yeux de son principal instigateur, Boéthus, puisque celui-ci va
demander à Galien de lui procurer des notes sur ce qu'il a dit
(Βοηθὸς ἐδεήθη μου σχεῖν αὐτῶν ὑπομνήματα). Avec son accord, le
consul envoie alors au médecin de Pergame des secrétaires habitués
à écrire rapidement, en se servant d'abréviations (τοὺς διὰ σημείων
ἠσκημένους ἐν τάχει γράφειν) :

> « Je dictai donc tout ce que j'avais montré et expliqué sans me
> demander s'il allait donner ces notes à de nombreuses personnes (ὑπηγόρευσα

---

18. Alexandre de Damas, philosophe aristotélicien présenté par Galien comme le
maître de Boéthus, est parfois identifié avec Alexandre d'Aphrodise. Contre cette identification, voir P. Thillet, *Alexandre d'Aphrodise*, *Traité du destin*, Paris, CUF, 1984,
p. XLVIII, et S. Follet, « Alexandros de Damas », dans *Dictionnaire des philosophes
antiques*, R. Goulet éd., Paris, C.N.R.S. Éditions, 1994, p. 140-142. En faveur de cette identification, voir V. Nutton, *Galen On Prognosis*, CMG V, 8, 1, Berlin, 1979, p. 96, 7 et la n.
p. 189.
19. Galien, *Pronostic* 5 (Kühn XIV, 626, 17 sqq. = Nutton, CMG V, 8, 1, p. 96, 7 sqq.).

πάντα τά τε δειχθέντα καὶ λεχθέντα μὴ προορώμενος εἰ μέλλοι δώσειν αὐτὰ πολλοῖς). »[20]

On retrouve ici une fonction déjà rencontrée de l'écrit conçu comme simple relais et mise en mémoire d'un enseignement oral qui l'a précédé[21]. Il s'agit d'ailleurs de simples notes (ὑπομνήματα) prises sous la dictée et auxquelles Galien attache bien peu d'importance puisqu'il ne songe même pas à s'enquérir de leurs destinataires exacts. Il en va en revanche tout autrement quand l'écrit est destiné à se suffire à lui-même et à rencontrer une grande diversité de lecteurs. Pour répondre à leurs attentes, et précisément parce que cette fois il a uniquement recours à la forme écrite, Galien se voit contraint de modifier sa méthode. Quand on connaît l'importance accordée par le médecin de Pergame à la méthode en médecine, on mesure tout le poids d'un tel choix. Ainsi dans le *Sur l'utilité des parties du corps*, où Galien se propose de démontrer l'origine des nerfs qui meuvent les muscles obturateurs du larynx : il sait que, sur ce point précis d'anatomie, il se trouve en désaccord avec les disciples d'Asclépiade et d'Épicure. Or, d'habitude, c'est-à-dire à l'oral, il a coutume de confondre ses adversaires en les soumettant à un feu nourri de questions :

> « J'ai l'habitude d'agir ainsi (*sc.* d'interroger ses détracteurs) parfois et de leur accorder pour délibérer non seulement autant de jours, mais autant de mois qu'ils le demandent. Mais comme il n'est pas possible d'agir ainsi par écrit (ἐπεὶ δ' οὐκ ἐγχωρεῖ πράττειν οὕτως ἐν γράμμασιν), ni de comparer la sagacité de ces gens à l'absence d'art de la nature, ni de montrer comment la nature, accusée par eux d'être dépourvue d'art, recourt à des expédients à ce point supérieurs à leur sagacité qu'ils ne peuvent même pas concevoir l'art qui forme ses œuvres, il est nécessaire que j'expose (ἀναγκαῖον ἤδη μοι λέγειν) les expédients imaginés par la nature pour distribuer aux muscles dont il est question les nerfs et les mouvements. »[22]

Au débat contradictoire que Galien, à l'oral, a l'habitude de susciter avec ses adversaires, devra donc se substituer, à l'écrit, un exposé démonstratif plus ou moins long. Dans le cas présent, pour bien se faire comprendre de tous, Galien a en effet besoin d'expliquer ce qu'est le mouvement de retour (ἡ μεταληπτικὴ κίνησις)

---

20. *Ibid.* 5 (Kühn XIV, 630, 14 = Nutton, p. 98, 28-100, 1).
21. Un des exemples le plus achevé à cet égard est celui de l'*Ars medica* (Kühn I, 305-412 = Boudon, Paris, CUF, 2000) rédigé par Galien pour « rassembler et conserver la mémoire » des principes fondateurs de l'art médical.
22. Galien, *De usu partium* VII, 14 (Kühn III, 571, 17 sqq.).

c'est-à-dire le mouvement de poulie observable à propos de certains muscles. C'est là l'objet d'une importante digression dont le médecin de Pergame tient par avance à s'excuser :

> « Quelques-uns de ceux qui liront ce livre (τινα τῶν ἀναγνωσο-μένων), connaissant le mécanisme du mouvement de retour, s'irriteront peut-être, je le crains, de la lenteur de mes explications (βραδύνοντι τῷ λόγῳ), pressés qu'ils sont de s'instruire du moyen employé par la nature pour fournir, dans le cas actuel, des nerfs convenables. Mais ce n'est pas pour un, deux, trois, quatre lecteurs ou pour un nombre déterminé d'individus que mon discours cherche la clarté (ἀλλ' οὐχ ἑνὶ δήπου, καὶ δυοῖν, ἢ τρισίν, ἢ τέτταρσιν, ἢ ὅλως ἀριθμῷ τινι τεταγμένῳ σαφὴς ὁ λόγος εἶναι σπουδάζει), il veut instruire tous ceux qui le fréquenteront (πάντας δ' ἑξῆς τοὺς ὁμιλήσαντας αὐτῷ). En faveur du grand nombre qui ignore quel est ce genre de mouvement de retour, le petit nombre doit attendre quelque peu et me permettre d'en tracer la description (διηγήσασθαι τὴν ἰδέαν). » [23]

Nous touchons certainement là, avec la nécessité d'instruire le plus grand nombre de gens possible sur des sujets extrêmement techniques, à une des raisons majeures qui explique les dimensions exceptionnellement étendues de l'œuvre galénique. Mais nous touchons en même temps aux limites mêmes de tout enseignement écrit qui, pour atteindre son but, se voit condamné à la lenteur et à la prolixité. S'il en est bien ainsi, alors, comment concevoir qu'un médecin aussi doué et aussi recherché que le fut Galien en son temps ait très vite résolu de consacrer l'essentiel de son temps à la rédaction d'une œuvre aux dimensions si imposantes, au détriment même de son enseignement oral et des démonstrations publiques qui lui valurent pourtant de si éclatants succès ?

En d'autre termes, et j'en viens à présent à la deuxième partie de mon exposé, comment Galien conçoit-il et justifie-t-il la rédaction de ses vastes ouvrages d'anatomie, de pharmacologie ou de physiologie pouvant atteindre, pour certains, plus d'une dizaine de livres ? De fait, existe-t-il une légitimité de l'œuvre écrite et sur quoi se fonde-t-elle ?

LÉGITIMITÉ DE L'ŒUVRE ÉCRITE

Il convient de recourir, à ce point de l'exposé, à une nouvelle distinction non plus entre oral et écrit, mais entre deux niveaux de

---

23. *Ibid.* VII, 14 (Kühn III, 572, 13).

l'œuvre écrite. Je distinguerai en effet le simple traité, destiné à prendre le relais d'un enseignement précédemment délivré, de l'œuvre écrite douée d'une existence propre et indépendante de tout discours oral. Je ne reviendrai pas ici sur cette première fonction de l'écrit destinée à assurer la mise en mémoire d'un discours oral et dont nous avons vu des exemples plus haut. Je me propose en revanche d'aborder à présent les conditions susceptibles de légitimer l'élaboration d'une œuvre écrite indépendante de tout support oral. Dans cette perspective, l'œuvre écrite apparaît d'abord comme le résultat d'un manque et est destinée à combler une triple absence (absence de maître, absence du malade ou du disciple, ou encore, absence du sujet d'étude lui-même).

Absence de maître

Il n'est certes pas facile de rencontrer un maître compétent. Et alors même que l'enseignement transmis « de vive voix » (παρὰ τῆς ζώσης φωνῆς comme l'écrit Galien) [24] est sans doute le meilleur que l'on puisse atteindre, il est des cas où l'étudiant devra se contenter de manuels. C'est à l'usage de ces jeunes gens désireux d'embrasser la carrière médicale que Galien a composé la plupart de ses ouvrages sur des sujets particuliers. Au début de son traité *Sur les facultés des aliments*, il s'explique en ces termes sur les raisons qui ont guidé son entreprise, revenant du même coup sur la fameuse distinction entre notes écrites conçues comme relais d'un enseignement oral et destinées aux gens de l'art et vastes monographies composées à l'usage de non spécialistes désireux d'embrasser la carrière médicale :

> « J'ai décidé de traiter à part (ἰδίᾳ διελθεῖν) de chacun des aliments, même si l'exposé risque d'être trop long. Nous pourrons par la suite le résumer sous une forme concise dans quelque livre plus bref, à l'usage des gens de l'art (χρησίμῳ τοῖς τεχνωθεῖσιν ἐσομένῳ). De fait, seuls l'exercice et l'enseignement consacrés au particulier produit les gens de l'art (les *technitai*) et c'est pourquoi la plupart des gens disent, à mon avis à juste titre, que le meilleur enseignement est celui délivré de vive voix (τὴν παρὰ

---

24. Sur cette expression, voir l'article de H. Karpp, « Viva vox », dans *Mullus. Festschrift Theodor Klauser, Jahrbuch für Antike und Christentum,* Erganzungsband 1, 1964, p. 190-198, qui toutefois ignore les exemples galéniques. Voir aussi J. Mansfeld, *Prolegomena,* Leiden, Brill, 1994, p. 125, n. 220, qui ajoute au passage cité ici un second passage tiré du *De compositione medicamentorum secundum locos* VI, 1 (Kühn 894, 1) : Ἀληθὲς μὲν ἀμέλει καὶ ὁ λεγόμενος ὑπὸ τῶν πλείστων τεχνιτῶν ἐστι λόγος, ὡς οὐκ ἴσον οὐδ' ὅμοιον εἴη παρὰ ζώσης φωνῆς μαθεῖν ἢ ἐκ συγγράμματος ἀναλέξασθαι en remarquant que la pri-

τῆς ζώσης φωνῆς γιγνομένην), et que ce n'est pas à l'aide d'un livre que l'on peut devenir un bon pilote ni un praticien de quelque autre art (ἐκ βιβλίου δὲ μήτε κυβερνήτην τινὰ δύνασθαι γενέσθαι μήτ' ἄλλης τέχνης ἐρ-γάτην). Ce sont (*sc.* les livres) des aide-mémoire à l'usage de ceux qui ont reçu un enseignement et savent déjà, non un mode d'enseignement complet pour les ignorants (ὑπομνήματα γάρ ἐστι ταῦτα τῶν προμεμαθη-κότων καὶ προεγνωκότων, οὐ διδασκαλία τελεία τῶν ἀγνοούντων). Si cer-tains cependant, et en particulier parmi eux ceux qui manquent de maîtres (ὅσοι διδασκάλων ἀποροῦσιν), veulent se consacrer avec application à des écrits composés de manière claire sur des sujets particuliers (τοῖς σαφῶς τε καὶ κατὰ διέξοδον... γεγραμμένοις), tel que le nôtre, ils en tireront un grand profit, principalement s'ils n'hésitent pas à les relire très souvent. » [25]

Pour Galien, on l'a vu, la fonction première de l'écrit est de conserver la mémoire d'un enseignement complet à l'usage de gens déjà initiés à l'art de la médecine. Les livres ne sauraient donc se substituer au maître dont l'enseignement direct, et délivré de vive voix, ne peut être remplacé par aucun manuel. Dans certains cas, cependant, l'œuvre écrite fonctionne comme un pis-aller susceptible de rendre de grands services au prix d'un double effort de l'auteur et du lecteur. Le premier devra en effet consentir à quelque lon-gueur et le second devra s'appliquer à une lecture minutieuse et répétée de l'ensemble.

Absence du malade ou du disciple

Après l'absence de maître, je passerai rapidement sur l'absence de disciple qui amena Galien à rédiger certains de ses ouvrages comme la *Méthode thérapeutique* pour les envoyer à un ami absent, en l'occurrence Glaucon [26]. Je n'évoquerai également que très briè-vement le cas d'une certaine médecine épistolaire destinée à des malades éloignés de Rome comme cette lettre adressée au père d'un enfant épileptique pour lui recommander le meilleur régime pour son fils. Ou encore comme ce traitement de la cataracte auquel il est fait allusion dans le *Sur les lieux affectés* :

---

mauté de l'enseignement direct sur la formation livresque était apparemment une idée partagée par le plus grand nombre à l'époque de Galien.

25. Galien, *De facultatibus alimentorum* I, 1 (Kühn VI, 479 = Helmreich, *CMG* V, 4, 2, Berlin, 1923, p. 216).

26. Id., *Ad Glauconem de methodo medendi* (Kühn XI, 1-146) rédigé par Galien alors qu'il n'avait pas encore achevé son grand ouvrage sur le même sujet, le *De methodo medendi* (Kühn X, 1-1021) respectivement composé pour les livres 1 à 6 à la demande de Hiéron et continué après la mort de ce dernier, pour les livres 7 à 14, à l'intention d'Eu-génianos.

« Comme vous le savez, confesse Galien, j'ai soigné par correspondance (ἐθεράπευσα διὰ γραμμάτων), sans pouvoir les examiner, quelques
malades atteints de cette affection qui vivaient à l'étranger. On m'écrivit
d'Espagne, de Gaule, d'Asie Mineure, de Thrace et d'autres régions, pour
me demander si j'avais un médicament éprouvé contre la cataracte à ses
débuts. »[27]

On remarquera cependant que ce n'est pas sans une certaine
réticence que Galien consent à une telle pratique, là encore ressentie comme un pis-aller. Qui plus est, l'examen direct du malade
se révélant impossible, une telle médecine par correspondance ne
peut s'adresser qu'à des gens cultivés (πεπαιδευμένοι) capables à la
fois de faire une description fiable de leurs symptômes et d'appliquer exactement le traitement qui leur sera prescrit. L'exercice
de cette médecine par correspondance devait donc rester extrêmement limité.

Absence de sujet d'étude

J'aborderai, pour finir, un dernier cas susceptible de légitimer
le recours à l'œuvre écrite, l'impossibilité où se trouvent parfois
maître et disciple de se procurer un objet d'étude. Dans certains cas
où l'observation est difficile, comme l'intérieur du corps humain, il
faut en effet admettre de recourir d'abord à l'écrit avant d'avoir un
jour l'occasion de confronter son savoir à l'épreuve des faits,
notamment en se rendant à Alexandrie où la dissection humaine est
encore pratiquée. En ce sens, la lecture des ouvrages d'anatomie
doit servir de prolégomènes à l'observation directe que rien, là
encore, ne saurait efficacement remplacer. Ainsi, au début de ses
Pratiques anatomiques, après avoir insisté sur la nécessité de commencer par l'apprentissage des os et de leurs différentes formes qui
déterminent à leur tour la forme des autres parties du corps, Galien
ajoute :

« Je juge bon que tu acquières avant tout une expérience exacte des
os humains (ἐμπειρίαν ἀκριβῆ λαβεῖν), non pas en les considérant de
façon superficielle, mais pas non plus en te limitant à la lecture de ces
livres (ἀλλὰ μηδ' ἐκ βιβλίου μόνον ἀναλεξάμενον) que certains intitulent
Ostologies, d'autres *Squelettes,* d'autres simplement *Sur les os* comme est
intitulé le nôtre[28], qui, j'en suis persuadé, par l'exactitude des faits (τῇ τῶν
πραγμάτων ἀκριβείᾳ), la rapidité et la clarté de l'explication (τῷ τάχει τῆς
ἑρμηνείας καὶ τῇ σαφηνείᾳ), est supérieur aux écrits de tous mes prédé-

---

27. Id., *De locis affectis* IV, 2 (Kühn VIII, 224).
28. Id., *De ossibus* (Kühn II, 732-778).

cesseurs. Ton activité et tes efforts doivent viser à ce que tu n'apprennes pas seulement dans les livres (μὴ μόνον ἐκ τοῦ βιβλίου) la forme exacte (ἀκριβῶς) de chaque os, mais à ce que tu deviennes toi-même un observateur diligent (σύντονον αὐτόπτην) qui a examiné les os humains de ses propres yeux (διὰ τῶν ὀμμάτων). La chose est très facile à Alexandrie, si bien que les médecins de l'endroit peuvent inclure l'observation directe (μετὰ τῆς αὐτοψίας) dans l'enseignement des os qu'ils donnent à leurs élèves. S'il n'y en avait d'autres, cette raison suffirait, à elle seule, pour que tu tâches d'aller à Alexandrie. » [29]

Au-delà de la suffisance d'un auteur facilement enclin à considérer ses écrits comme supérieurs à tous ceux qui les ont précédés, il faut reconnaître à Galien un double mérite. En effet, sans se contenter de définir clairement les buts poursuivis par l'œuvre écrite, Galien, comme nous allons le voir à présent dans la dernière partie, s'est également appliqué à définir les moyens à la disposition du médecin-écrivain pour atteindre au mieux ses objectifs.

EXIGENCES ET LIMITES DE TOUTE ÉCRITURE SCIENTIFIQUE

Galien l'a dit et redit, il vient de le réaffirmer dans le passage précédemment cité, un enseignement de qualité, à l'oral comme à l'écrit, repose d'abord sur l'exactitude des faits et la rigueur de l'observation. Sur ce point, Galien se montre intransigeant et multiplie les mises en garde à l'intention de ses lecteurs :

« Ce que nous avons vu de nos propres yeux, écrit-il dans sa *Méthode thérapeutique,* a plus de valeur que les exemples. Si tous ceux qui entreprennent d'enseigner ou d'écrire quelque chose commençaient par prouver au moyen de faits ce qu'ils avancent, les erreurs de leurs exposés se réduiraient à bien peu de chose. Mais en réalité, la plupart des professeurs entreprennent d'enseigner à d'autres des choses qu'ils n'ont pas pratiquées eux-mêmes et dont ils n'ont fourni la preuve à personne. On ne s'étonnera donc pas que de nombreux médecins, faisant fi de toute honnêteté morale, s'attachent à se donner l'apparence du savoir plutôt qu'à rechercher la vérité. Mais ce n'est pas mon genre. » [30]

De ce fait, seuls ont donc autorité à écrire sur un sujet donné ceux qui en ont une pratique effective. Ainsi dans le *Sur la saignée,* Galien rappelle que ne peuvent écrire sur cette matière, de même que sur les cataplasmes, que ceux-là seuls qui sont en mesure d'en

---

29. Id., *De anatomicis administrationibus* I, 2 (Kühn II, 220, 11 sqq. = Garofalo, p. 7, 2 sqq.).

30. Id., *De methodo medendi* IX, 4 (Kühn X, 608, 15 sqq.).

faire usage (τοῖς χρωμένοις)[31]. L'enseignement délivré sous une forme écrite étant privé des ressources de l'observation directe, il convient encore d'allier à l'exactitude des faits ainsi rapportés la clarté et l'exactitude de l'expression. Cette exigence de clarté et d'exactitude (*saphèneia* et *akribeia*) revient comme un leitmotiv sous la plume de Galien. La double rédaction des *Pratiques anatomiques* est à cet égard exemplaire. Rappelons que Galien avait commencé par rédiger des *Pratiques anatomiques* en deux livres, au cours de son premier séjour à Rome, pour ce même consul Flavius Boéthus dont il a déjà été question et qui lui avait demandé des aide-mémoire (ἐδεήθη τοιούτων ἀναμνήσεων) sur des matières dont il avait vu les démonstrations au cours de séances anatomiques organisées par Galien. Après la mort de Boéthus, constatant qu'il ne possède aucune copie de ces premières notes (οὐκ ἔχω τῶν γενομένων ὑπομνημάτων ἀντίγραφα), Galien décide d'en donner une nouvelle version, selon lui supérieure à la première, précisément parce qu'elle allie clarté et exactitude :

> « Le traité que je vais écrire maintenant s'avérera de loin meilleur que celui d'alors. D'un côté, visant à la clarté (ἕνεκα σαφηνείας), j'ai donné à mon exposé une longueur telle qu'il s'étende sur de plus nombreux livres ; en outre, l'ouvrage sera plus exact (ἀκριβεστέραν) que l'ancien parce que, entre temps, j'ai fait de nombreuses découvertes dans le domaine des connaissances anatomiques. »[32]

Et plus loin :

> « A cette époque donc (c'est-à-dire lors du premier séjour à Rome), j'écrivis également les *Pratiques anatomiques* pour Boéthus, un ouvrage de loin inférieur à celui qui va suivre, tant du point de vue de la clarté que de l'exactitude (πολὺ τῶνδε τῶν νῦν μοι γραφησομένων ἀπολειπομένας, οὐ σαφηνείᾳ μόνον, ἀλλὰ καὶ ἀκριβείᾳ). »[33]

Clarté et exactitude sont les qualités essentielles de toute écriture scientifique et en même temps apparaissent inséparables d'une certaine ampleur de l'ouvrage. Les *Pratiques anatomiques* nouvelle version ont ainsi été rédigées en quinze livres, contre deux dans la première version. Le médecin de Pergame établit cependant une stricte distinction entre ampleur de l'ouvrage et longueur des développements. Car Galien en est conscient, il faut prendre garde de ne pas lasser le lecteur. Sur un sujet donné, on recherchera donc

---

31. Id., *De venae sectione adversus Erasistratos Romae degentes* 4 (Kühn XI, 219).
32. Id., *De anatomicis administrationibus* I, 1 (Kühn II, 216 = Garofalo, p. 1, 14).
33. *Ibid.* I, 1 (Kühn II, 218 = Garofalo, p. 5, 7).

tout au contraire la « rapidité et la clarté de l'explication » (τῷ τάχει
τῆς ἑρμηνείας καὶ τῇ σαφηνείᾳ), le nombre et la variété des cas
abordés justifiant seuls l'ampleur finale de l'ouvrage.

C'est précisément pour n'avoir pas respecté ces deux exigences
essentielles, clarté et exactitude, qu'Archigène s'attire les foudres de
Galien dans le *Sur les lieux affectés*. Confronté pour la première fois
de sa carrière à un cas d'amnésie et ignorant tout du lieu affecté responsable de cette indisposition, Galien se met en quête de le
découvrir pour pouvoir ensuite y appliquer le traitement approprié.
Pour sa part, et guidé par la seule raison, Galien suppose que le lieu
affecté en question doit être le même que celui qui renferme ce
qu'on appelle le *principe directeur* (τῷ τὸ καλούμενον ἡγεμονικὸν ἐν
ἑαυτῷ περιέχοντι), à savoir selon lui l'encéphale. Sur ces entrefaites,
Galien apprend qu'« Archigène [34] avait écrit un livre où il donne les
moyens de guérir les lésions de la mémoire ». Et Galien de courir
aussitôt dans toutes les bibliothèques, chez tous les libraires, et chez
tous les médecins de sa connaissance dans l'espoir de se procurer le
livre en question. N'ignorant rien de l'opinion d'Archigène selon
laquelle l'âme dirigeante est enfermée non dans l'encéphale, mais
dans le cœur, quelle n'est pas la surprise de Galien de lire les lignes
suivantes qu'il retranscrit fidèlement pour son lecteur : « Je crois
qu'il est à propos, écrit Archigène, d'appliquer des lotions, de
réchauffer tout le corps, de raser la tête, d'appliquer des ven-
touses. » [35] Ces quelques lignes ont pour effet immédiat (puissance
insoupçonnée de l'écrit !...) de plonger le médecin de Pergame dans
un profond désarroi :

> « Cette lecture me causa une espèce de vertige (ταῦτ᾽ ἀναγνοὺς ἐσ-
> κοτοδινίασα), car je dois dire la vérité sans détour ; et comment n'aurais-
> je pas été troublé quand je voyais tomber l'espoir que j'avais mis dans un
> homme qui mille fois, dans ses nombreux ouvrages, avait proclamé néces-
> saire la science des lieux affectés et de leurs tempéraments pour le trai-
> tement convenable des maladies ? » [36]

Ce qui soulève ici l'indignation de Galien, c'est l'inconsé-
quence d'un Archigène qui, sans fournir aucune explication à son
lecteur, lui assène comme une vérité révélée un traitement en parfaite contradiction avec le reste de sa doctrine. Pourquoi, en effet,

---

34. Médecin originaire d'Apamée en Syrie qui exerça la médecine à Rome sous le
règne de Trajan. Il appartenait à l'école dite pneumatique.

35. Galien, *De locis affectis* III, 5 (Kühn VIII, 150, 12-15).

36. *Ibid.* III, 5 (Kühn VIII, 150, 15-151, 2).

appliquer les traitements sur la tête alors que le siège de l'affection est traditionnellement désigné par lui comme se situant dans le cœur ? En vertu de quel raisonnement as-tu conseillé ces remèdes ? l'apostrophe Galien. Sans complètement se décourager, Galien poursuit cependant sa lecture : « Revenu à grand peine de mon étourdissement, je continuai ma lecture, espérant trouver, sinon avec ordre, tout au moins sans ordre, quelque considération. » Mais Galien se trouve rapidement plongé dans de nouveaux abîmes de perplexité et doit définitivement renoncer à comprendre le raisonnement d'Archigène.

Les exigences de clarté et d'exactitude ainsi énoncées par Galien sont donc à ce point essentielles au discours scientifique que leur non respect entraîne la déchéance même de l'œuvre écrite. En effet, là où l'enseignement oral est susceptible de ménager une place à l'interrogation et à la controverse, l'écrit aboutit à une impasse et à une suspension de la lecture. Comme souvent avec Galien cependant, les choses ne sont pas tout à fait aussi simples qu'elles peuvent le paraître. En particulier, cette apparente supériorité de l'oral qui permet le dialogue et l'échange connaît elle aussi ses limites et on a vu comment Galien lui-même s'était vu contraint d'interrompre l'une de ses démonstrations publiques d'anatomie en raison des attaques verbales d'un des participants. Ce que Galien a bien compris pourtant, c'est qu'à la différence d'un enseignement oral délivré à une époque donnée devant un nombre nécessairement limité de disciples et d'auditeurs, l'œuvre écrite, avait pour vocation de s'adresser à un public en quelque sorte universel. Rappelons en effet la formule de Galien dans le *Sur l'utilité des parties du corps* :

> « Mais ce n'est pas pour un, deux, trois, quatre lecteurs ou pour un nombre déterminé d'individus que mon discours cherche la clarté (ἀλλ᾽ οὐχ ἑνὶ δήπου, καὶ δυοῖν, ἢ τρισίν, ἢ τέτταρσιν, ἢ ὅλως ἀριθμῷ τινι τεταγμένῳ σαφὴς ὁ λόγος εἶναι σπουδάζει), il veut instruire tous ceux qui le fréquenteront (πάντας δ᾽ ἐξῆς τοὺς ὁμιλήσαντας αὐτῷ). » [37]

En ce sens, je serais tentée de dire que ce qui fonde la singularité absolue de l'œuvre écrite c'est précisément son universalité. Et Galien a bien compris que, pour l'auteur lui-même, résidaient là en même temps les plus grands dangers et les plus grands espoirs. Il est en effet des découvertes dont le caractère excessivement technique est susceptible d'attirer sur leur auteur les foudres du public.

---

37. Voir n. 23.

Et dans un tel cas, il est sans doute préférable, par prudence, de garder le silence. Aussi faut-il une raison bien impérieuse, une intervention de la divinité en personne, pour que Galien prenne enfin sa plume et ose par exemple nous livrer sa théorie sur la position des nerfs optiques, à grand renfort de démonstrations géométriques :

> « Pour moi…, confie-t-il dans le *Sur l'utilité des parties du corps*, je cherchais longtemps la cause d'une position semblable des nerfs (position en χ) et je crois l'avoir trouvée, d'autant plus qu'un dieu a jugé digne que cette découverte soit mise par écrit (καὶ μᾶλλον ὁπότε τινὶ τῶν θεῶν ἔδοξεν εἶναι γραφῆς ἄξια). Avant d'avoir reçu son ordre, car la vérité est exigée d'un homme qui prend à témoin les dieux mêmes, je ne voulais pas faire connaître ce raisonnement (οὔτε τοῦτον ἔμελλον ἐρεῖν τὸν λόγον), afin de ne pas m'attirer le ressentiment de la multitude disposée à tout plutôt qu'à prêter son attention à la géométrie. » [38]

De fait, Galien semble parfois céder au plus profond découragement, comme en ce début de la *Méthode thérapeutique* où, dressant la liste de ses principaux motifs d'hésitation et d'ajournement pour la composition d'une telle œuvre, il inscrit en tête le risque d'écrire « pour rien » :

> « En tête vient, à coup sûr, le risque d'écrire pour rien (τὸ κινδυνεῦσαι μάτην γράψαι). Aucun, pour ainsi dire, de nos contemporains ne s'intéresse à la vérité. L'état où les a mis la course à l'argent, au pouvoir et à la jouissance de plaisirs insatiables est tel qu'ils tiennent pour fous tous ceux qui, d'aventure, vont jusqu'à s'adonner à un savoir quelconque. » [39]

Moment de désarroi apparemment vite surmonté puisqu'il va finalement composer un monument de quatorze livres qu'il va livrer à la méditation de ses lecteurs. Il est d'ailleurs révélateur que Galien voit précisément en cette somme magistrale, son véritable chef-d'œuvre. Revenant sur le choix douloureux mais nécessaire auquel est confronté tout auteur de traités techniques, sommé d'atteindre la clarté sans pour autant sacrifier la concision, voilà ce qu'écrit Galien en introduction de son opuscule intitulé *Conseil à un enfant épileptique* :

> « En effet, alors que l'exactitude, en ce domaine (*sc.* la thérapeutique) requiert de nombreux détails et s'avère trop obscure pour un profane, la concision et la clarté en retour ne tiennent pas de l'exactitude. » [40]

---

38. Galien, *De usu partium* X, 14 (Kühn III, 835, 10 sqq.).
39. Id., *De methodo medendi* I, 1 (Kühn X, 2).
40. Id., *Pro puero epileptico consilium* 1 (Kühn XI, 358-359).

Aussi Galien s'adresse-t-il directement au père du jeune enfant épileptique qui a ainsi sollicité ses conseils par lettre pour lui confier « ses réticences » :

> « J'hésitais, par conséquent, à t'écrire ces conseils, car dans mon désir de t'être pleinement agréable, je m'attendais à éprouver ce qu'aurait aussi éprouvé Phidias si, après avoir sculpté la statue d'Athéna, il avait été contraint d'en façonner séparément un doigt, puis un bras, un pied, un nez et une oreille, et chacune des autres parties. Pour ma part, en effet, je pense que c'est un peu comme une statue que j'ai composé la *Méthode thérapeutique* en de très nombreux livres, de manière à ce que non seulement elle ne peut pas être utile aux profanes, mais pas même aux premiers venus des médecins (οὐχ ὅπως ἰδιώταις ὠφελεῖν δυναμένην, ἀλλ᾽ οὐδὲ τοὺς ἐπιτυχόντας τῶν ἰατρῶν). » [41]

Ce que reproche en fait ici Galien au père du jeune épileptique, c'est de le contraindre « à bâtir son propos sur une seule partie de l'art médical, sans tenir compte de l'harmonie de l'ensemble » (περὶ μορίου ἑνὸς τῆς τέχνης ποιήσασθαι τὸν λόγον, ἄνευ τῆς ἄλλης ἁρμονίας). En composant la *Méthode thérapeutique*, Galien a acquis la conscience claire de construire une œuvre. Sous la revendication de ne pas limiter son propos à un cas isolé, le simple rédacteur de notes et d'aide-mémoire des débuts s'érige en véritable écrivain, bâtisseur d'un chef-d'œuvre à part entière. En même temps, l'ambition grandit d'atteindre un public non pas toujours plus vaste, mais plus érudit et plus averti.

En effet, à la différence du discours oral, l'œuvre écrite apparaît désormais chargée d'une mission et d'un incommensurable espoir. En continuant de faire entendre la voix de son auteur au-delà du cercle étroit des disciples, au-delà même des générations, elle porte les promesses d'un avenir et d'une rencontre, celle de l'auteur avec un lecteur enfin digne de lui. De ce fait, l'écrit est la seule forme possible et vraiment adaptée à l'exposé de toute théorie réellement innovante, telle la théorie galénique sur le pouls à propos de laquelle son auteur confie :

> « Car, comme je l'ai déjà dit en commençant, écrit Galien dans son traité intitulé *Sur le diagnostic par le pouls*, ces écrits [42] ne sont pas destinés au grand nombre, mais attendent un seul lecteur qui en soit digne

---

41. *Ibid.* 1 (Kühn XI, 359).
42. Galien entend par là quatre traités au total comptant chacun quatre livres tous consacrés à la sphygmologie : *Sur les différences du pouls* (Kühn VIII, 493-765) ; *Sur la connaissance du pouls* (Kühn VIII, 766-961) ; *Sur les causes du pouls* (Kühn IX, 1-204) et *Sur le diagnostic par le pouls* (Kühn IX, 205-430) auxquels il faut ajouter une *Synopsis* (Kühn IX, 431-549), un traité *Sur le pouls pour les débutants* (Kühn VIII, 453-492) et *Sur*

parmi des milliers, et à cause de cet homme-là il faut écrire des exposés qui, des milliers de fois auparavant, seront couverts de boue en tant qu'inefficaces et charlatanesques avant d'arriver entre les mains de quelqu'un qui en soit digne. » [43]

A n'en point douter, l'ensemble de l'œuvre galénique est tout entière tendue vers cette attente où la formidable énergie créatrice du médecin de Pergame puise son principal aliment. Si j'osais, je dirais qu'il y a presque quelque chose de messianique dans l'écriture galénique, dans cette annonce non pas d'un sauveur, mais d'un seul lecteur enfin digne de la chose écrite.

CONCLUSION

Au terme de cet exposé qui est sans doute loin d'épuiser tous les aspects de l'œuvre écrite dans ses relations avec l'oral, je soulignerai que lorsqu'elle n'a pas pour fonction première de servir de relais à un enseignement oral, l'émergence de l'écrit est incontestablement le résultat d'un manque ou d'une absence qu'elle est destinée à combler (absence de maître, de disciple ou même d'objet d'enseignement). Dans ces conditions, l'œuvre écrite risquait d'être un pis-aller, un objet de remplacement ou encore un substitutif. Seules les exigences et les qualités d'écriture que leur confère leur auteur sont alors vraiment susceptibles de l'élever au rang de création littéraire à part entière. Pour l'avoir bien compris, le médecin de Pergame a non seulement donné ses lettres de noblesse aux traités médicaux antiques, mais a du même coup assuré la pérennité d'un enseignement médical autrement destiné à ne pas lui survivre.

Véronique BOUDON-MILLOT

---

l'utilité du pouls (Kühn V, 149-180). Galien est également l'auteur d'un important commentaire critique en huit livres à l'ouvrage de sphygmologie d'Archigène. Ce commentaire ne nous est pas parvenu.

43. Galien, *De dignotione ex pulsibus* II, 1 (Kühn VIII, 826, 17 sqq.) : ἐπεὶ δ᾽, ὅπερ ἐλέχθη καὶ κατ᾽ ἀρχάς, οὐ πρὸς πολλοὺς ταῦτα τὰ γράμματα σύγκειται, ἀλλὰ τὸν ἕνα τῶν μυρίων ἄξιον ἀναμένει, δι᾽ ἐκεῖνον γραπτέον, οἳ μυριάκις πρότερον ὡς ἀδύνατοί τε καὶ ἀλαζόνες προπηλακισθήσονται, πρὶν εἰς τὸν ἄξιον ἀφικέσθαι.

L'HÉRITAGE DE GALIEN
DANS L'ŒUVRE D'ALEXANDRE DE TRALLES

Le titre choisi pour ce texte pourrait paraître un peu préten-tieux, étant donné le rôle central que joue Galien dans l'œuvre entière d'Alexandre de Tralles. C'est pourquoi je tiens à préciser que cette étude n'entend pas revenir sur les données – richissimes et pratiquement exhaustives – que nous a livrées Theodor Puschmann, dans l'introduction à son édition[1], sur la dette doc-trinale d'Alexandre envers Galien. Je me consacrerai plutôt aux nombreux passages des traités d'Alexandre, qui témoignent du regard critique que celui-ci porte sur la doctrine du médecin de Pergame et de l'autonomie hors pair dont il fait ainsi preuve dans le cadre de la production médicale tardo-antique et byzantine.

De la biographie d'Alexandre nous ne possédons que très peu de données : né autour de l'an 525 de notre ère, dans une famille jouissant d'un grand prestige, Alexandre fut médecin de la cour de Justinien et fit vraisemblablement partie de l'entourage de Bélisaire pendant les campagnes de guerre de 529 à 554[2]. Parmi les ouvrages authentiques que nous ayons conservés d'Alexandre, nous trouvons : les 12 livres sur la pathologie et la thérapeutique des maladies internes, dont le titre est *Therapeutica* ; un traité *Sur les fièvres* (*De febribus*) ; une *Lettre sur les vers intestinaux*. Lui sont également attribués deux autres traités, l'un sur les pathologies ocu-

---

1. Th. Puschmann, *Alexander von Tralles*. Original-Text und Übersetzung nebst einer einleitenden Abhandlung, von Th. P., I-II, Vienne, 1878-1879 (reimpr. Amsterdam 1963) ; cf. notamment les p. I, 75-286.

2. La source la plus importante pour l'histoire de la famille d'Alexandre est Aga-thias (531-580 *ca* de n. è.), qui lui consacre un chapitre entier de ses *Histoires* : Agathias, *Histoires* V, 6, 5. Cf., pour les hypothèses de reconstruction des étapes de la vie d'Alexandre, Th. Puschmann, *op. cit.* (n. 1), I, p. 75-87 ; F. Brunet, *Œuvres médicales d'Alexandre de Tralles le dernier auteur classique des grands médecins de l'Antiquité*, I-IV, Paris, 1933-1937, notamment I, p. 15-23, avec une reconstruction fort douteuse et arbi-traire de la carrière d'Alexandre au sein de l'*entourage* de Bélisaire.

laires, l'autre sur les pouls et les urines, ainsi qu'un *Dynameron*
(recueil de recettes), qui sont considérés apocryphes [3].

Comme le montre très bien le titre de son ouvrage principal, les
Therapeutica, le noyau central autour duquel se déploie l'activité de
notre médecin est la thérapeutique. C'est d'ailleurs Alexandre lui-
même qui, au début du deuxième livre, consacré aux pathologies
oculaires, définit son traité comme βιβλίον θεραπευτικόν, écrit afin
que le lecteur/utilisateur puisse y retrouver, κεφαλαιωδῶς καὶ συντόμως, « sommairement et en peu de mots », les données nécessaires
sur chaque maladie, issues de la tradition médicale ancienne et
contemporaine [4].

Si l'on se borne à ces quelques considérations, Alexandre
semble trouver sa place au rang de ces médecins « encyclopédistes »
tels qu'Oribase, Paul d'Égine ou encore Aétios, dénommés « les
réfrigérateurs médicaux de l'Antiquité » [5] pour leur activité de sau-
vegarde du savoir médical des siècles précédents. Toutefois, une

---

3. Parmi les traités apocryphes, pour celui sur les pathologies oculaires, cf.
Th. Puschmann, *op. cit.* (n. 1), I, p. 107, et Id., *Nachträge zu Alexander Trallianus. Fragmente aus Philumenos und Philagrius*, nebst einer bisher noch ungedruckten Abhandlung
über Augenkrankheiten. Nach den Handschriften herausgegeben und ins Deutsche über-
setzt von Th. P. (Berliner Studien, V, 2), Berlin, 1886 (reimpr. Wiesbaden 1975), p. 130-
133 ; F. Brunet, *op. cit.* (n. 2), I, p. 77 ; pour le traité *Sur les pouls et les urines*,
Th. Puschmann, *op. cit.* (n. 1), I, p. 106, et M. Stoffregen, *Eine frühmittelalterliche
Übersetzung des byzantinischen Puls-und Urintraktats des Alexandros. Text-Übersetzung-
Kommentar*, Diss. Med. Berlin, 1977. É. F. Farge, *Alexandre de Tralles. Manuscrit latin du
Xe siècle. Un livre inédit*, Angers 1891, se prononce en faveur de l'authenticité du traité et
en publie l'*editio princeps* dans la version latine. Pour le *Dynameron* attribué à Alexandre
par une scholie dans un manuscrit de la Bibliothèque de l'Escurial, cf. M. Wellmann,
« Eine neue Schrift des Alexander von Tralles », *Hermes* LXII, 1907, p. 533-541, et
G. Matino, « Una raccolta di ricette in un manoscritto dell'Escorial », dans *Storia e
ecdotica dei testi medici greci*, A. Garzya et J. Jouanna éd., Actes du IIe colloque international (Paris, 24-26 mai 1994) (Collectanea, 10), Naples, 1996, p. 335-350, qui en réfute
l'authenticité et le rapproche du *Tetrabyblon* d'Aétius d'Amida.

4. *Therapeutica* II, 1 = II, 3, 2-8 Puschmann : ἤδη μὲν οὖν ἐν ἄλλοις τρισὶ βιβλίοις
ἀναγέγραπταί μοι περὶ τῶν ἐν ὀφθαλμοῖς παθῶν [...]. ἀλλ᾽ οὖν ὅμως καὶ ἐνταῦθα καλὸν
ἔδοξέ μοι κεφαλαιωδῶς καὶ συντόμως εἰπεῖν περὶ τῶν αὐτῶν, ὥστε τὸν ἐντυγχάνοντα τῷδε
τῷ βιβλίῳ θεραπευτικῷ ὄντι μὴ ζητεῖν ἐξ ἑτέρων ἀναλέγεσθαι περὶ τῶν ἐν ὀφθαλμοῖς χρη-
σίμων ; « j'ai donc déjà traité dans trois autres livres des affections des yeux [...]. Il m'a
paru bon cependant de parler ici aussi, sommairement et en peu de mots, du même sujet,
afin que le lecteur qui tombe sur cet ouvrage – qui est un ouvrage de thérapeutique –
n'ait pas à chercher dans d'autres livres pour recueillir les données nécessaires sur les
yeux ».

5. V. Nutton, « From Galen to Alexander, Aspects of Medicine and Medical Practice
in Late Antiquity », *Dumbarton Oaks Papers* 38, 1984 (= *From Democedes to Harvey :
Studies in the History of Medicine*), Londres, 1988, X, p. 2.

analyse plus approfondie de son œuvre fournit un cadre tout à fait
extraordinaire pour saisir le rapport d'Alexandre avec ses prédécesseurs, et notamment avec Galien. Le jugement qu'il porte sur les
différents chapitres de leur savoir médical n'est pas évoqué exclusivement par le choix des thérapies efficaces, comme c'est le cas chez
les autres médecins encyclopédistes ; en effet Alexandre n'omet
jamais de souligner, avec tous les artifices de la rhétorique, l'exactitude d'un enseignement, voire ses faiblesses, dans les passages
qu'il considère capitaux pour l'enseignement ou la pratique de la
médecine. Son but manifeste est toujours de bien guider les lecteurs
au vu des différentes thérapies. Le choix d'analyser Galien parmi les
prédécesseurs les plus souvent nommés est dicté par l'importance
incontestablement accordée au médecin de Pergame qui lui vaut à
la fois les plus dures attaques et les éloges les plus instructives.

Il en résulte donc que les illustres prédécesseurs, notamment
Hippocrate et Galien, sont bien des maîtres θειότατοι [6], mais toujours faillibles, comme tout être humain.

En voici une preuve précieuse et d'une efficacité rare : il s'agit
du chapitre V, 4 des *Therapeutica*, dans lequel Alexandre traite des
cas où des humeurs visqueuses se forment dans les poumons des
patients. Il insère dans ce chapitre la description d'un cas qui lui
paraît tellement étrange et étonnant (ξένον καὶ θαυμαστόν) qu'il ne
peut le passer sous silence : « Un homme expectora quelque chose
qui avait l'aspect d'une véritable pierre, non pas une humeur
épaisse et visqueuse, mais une vraie pierre, non rugueuse, en
revanche très lisse et dure et rénitente, si bien qu'elle rendait un son
si on la jetait à terre. » [7] Il passe ensuite aux antécédents médicaux

---

6. Cf., p. ex., *Therapeutica* V, 6 = II, 211, 21 Puschmann, pour Hippocrate ; *ibid.* V, 4
= II, 155, 2 P. pour Galien.

7. *Therapeutica* V, 4 = II, 153 20-155, 22 Puschmann. : ἔπτυσέ τις ἀνὴρ λίθον τὴν ἰδέαν
ἀκριβῶς, οὐχὶ παχὺν χυμὸν καὶ γλίσχρον, ἀλλ᾽ ὄντως λίθον, οὐ τραχὺν, ἀλλὰ καὶ πάνυ λεῖον
καὶ σκληρὸν καὶ ἀντίτυπον, ὥστε καὶ κτύπον ποιεῖν ῥιπτόμενον τῇ γῇ [...]. μέμνηται δὲ καὶ
ὁ θειότατος Γαληνὸς οὐ λίθον ἀναπτύσαντός τινος, ἀλλὰ χαλαζίοις παραπλήσια καὶ ἄλλων
τινῶν ἀναπτυσάντων ἐοικότα χολῇ τὴν χροιάν. καὶ θαυμάζω, πῶς αὐτὸς οὐδενὶ τῶν ἐμψυ-
χόντων ἠδυνήθη χρήσασθαι, ἀλλὰ ταῦτα μὲν ἔφυγεν. ἐχρήσατο δὲ μᾶλλον τῇ θερμαινούσῃ
ἀγωγῇ – ᾽τήν τε γὰρ Μιθριδάτειον αὐτοῖς παρεῖχον᾽, ὡς αὐτός φησι, ᾽καὶ τὴν ἀθανασίαν καὶ
τὴν ἔτι μᾶλλον ξηραίνειν δυναμένην θηριακήν᾽ – [...] οὐ μόνον ἐφ᾽ ἑνὸς ἀνδρός, ἀλλὰ καὶ
ἐπὶ πλειόνων ἑωρακέναι αὐτά φησιν· οὐδένα δὲ δυνηθῆναι τῶν τὰ τοιαῦτα παθόντων, ἐκφυ-
γεῖν τὸν θάνατον, ἀλλὰ πάντας ἀπολέσθαι ὀλίγῳ πλείονα χρόνον ἢ ἐλάττονα διαρκέσαι
δυνηθέντας. ἀλλ᾽ ὄντως ἀληθές ἐστιν ἐκεῖνο τὸ λεχθὲν ὑπ᾽ αὐτοῦ περὶ ᾽Αρχιγένους·
᾽χαλεπὸν γὰρ ἄνθρωπον ὄντα μὴ καὶ διαμαρτάνειν ἐν πολλοῖς, τὰ μὲν ὅλως ἀγνοήσαντα, τὰ
δὲ κακῶς κρίναντα, τὰ δὲ καὶ ἀμελεστέρως γράψαντα᾽. καὶ ταῦτα δὲ λέγειν οὐκ ἂν

du patient, affligé depuis longtemps d'une terrible toux, et à la thérapie appliquée avec succès (alimentation succulente, humectante
et rafraîchissante). A ce point de sa présentation, Alexandre fait
référence à Galien, en critiquant le fait que, tout en ayant rapporté
des cas semblables, il n'y appliqua jamais de remèdes rafraîchis-
sants : « même le tout divin Galien rappelle l'histoire d'un malade
qui avait expectoré non pas une pierre, mais des choses semblables
à des grêlons et d'autres patients qui avaient expectoré des substances de la couleur de la bile. Et je m'étonne qu'il n'ait employé
aucun remède rafraîchissant, mais qu'il ait évité ce genre de
moyens. Il se servit au contraire de la méthode échauffante : "Je fis
prendre à ces malades — dit-il — le remède de Mithridate, la potion
d'athanasie et la thériaque qui a une action encore plus dessé-
chante." [...] Il dit avoir observé ces symptômes non seulement sur
une seule personne, mais sur plusieurs et qu'aucun des malades qui
souffraient de ce mal ne put échapper à la mort ; tous moururent au
contraire en peu de temps, après être parvenus à résister pendant
des périodes plus ou moins longues. Mais ce que le même Galien dit
d'Archigène est bien vrai : "si l'on est homme, il est difficile de ne
pas se tromper sur beaucoup de choses, tantôt parce qu'on les
ignore complètement, tantôt parce qu'on les juge mal, tantôt parce
qu'on a écrit avec trop de négligence." Et je n'oserais pas dire de
telles choses d'un homme d'une sagesse aussi grande, si la vérité ne
me poussait à m'enhardir et encore si je ne croyais impie (ἀσεβές)
de me taire ; car, si le médecin comprend ce qu'il croit juste, mais ne
le dit pas, il se rend responsable d'une grande injustice et d'une
impiété et, commettant une grande faute, décide sciemment de ne
pas savoir. Mais il faut faire, dit-il, ce qu'Aristote a dit : "Platon est
mon ami, mais la Vérité aussi est mon amie. S'il faut choisir entre les
deux, il faut choisir de préférence la Vérité." » La simple lecture de
ce long passage, quoique résumée, est de façon évidente riche d'im-
plications.

   Dans un premier temps, j'avais décidé de laisser de côté l'intérêt que présente ce passage dans l'histoire du dicton *Amicus Plato
sed magis amica veritas*. Toutefois, la citation faite par Alexandre

---

ἐτόλμησα περὶ τηλικούτου ἀνδρὸς εἰς σοφίαν, εἰ μὴ τό τε ἀληθὲς αὐτὸ θαρρῆσαί με
προετρέψατο καὶ τὸ σιωπῆσαι πάλιν ἀσεβὲς ἐνόμισα· καταλαμβάνων γὰρ ἰατρὸς τὸ δοκοῦν
αὐτῷ καὶ μὴ λέγων ἀδικεῖ τὰ μεγάλα καὶ ἀσεβεῖ καὶ μεγάλῳ πταίσματι περιβάλλων ἑαυτὸν
ἑκὼν λανθάνει. ἀλλ᾽ ἐκεῖνο δεῖ πράττειν, ὅπερ, φησίν, Ἀριστοτέλης εἴρηκε· 'φίλος μὲν ὁ
Πλάτων, φίλη δὲ καὶ ἡ ἀλήθεια, δυοῖν δὲ προκειμένων προκριτέον τὴν ἀλήθειαν'.

m'est bientôt apparue être un complément aussi essentiel qu'ignoré pour les nombreuses études menées jusqu'à ce jour sur le sujet[8], car elle éclaire de nombreux points encore obscurs de l'histoire du dicton dans la tradition grecque et à la Renaissance.

Le dicton est tiré d'un passage de l'*Éthique à Nicomaque* d'Aristote, passage dans lequel le philosophe dit que la recherche sur les idées est compliquée par le fait que celles-ci ont été introduites par des hommes qui sont en même temps des amis (I, 4, 1096a 13 : διὰ τὸ φίλους ἄνδρας εἰσαγαγεῖν τὰ εἴδη). Vient ensuite la célèbre phrase à la base du dicton : « il vaut mieux, et il est même indispensable, s'il s'agit de sauver la vérité, détruire même les choses qui nous tiennent le plus à cœur, surtout lorsqu'on est philosophe ; s'il s'agit de deux amis, c'est un devoir sacré de préférer la vérité » (ἀμφοῖν γὰρ ὄντοιν φίλοιν ὅσιον προτιμᾶν τὴν ἀλήθειαν ; I, 4, 1096a 14-17).

La situation a pris un tour fort complexe à l'Antiquité tardive, essentiellement imputable à la réécriture des pensée et tradition d'Aristote et Platon par l'école néoplatonicienne. En particulier, à partir d'un passage de Platon[9], « en se préoccupant peu de Socrate, beaucoup plus de la vérité », qui exprime la même idée mais mentionne Socrate à la place de Platon (dont la présence était sous-entendue, mais néanmoins certaine chez Aristote), le dicton se présente, dans le contexte néoplatonicien, soit sous une forme qui respecte le texte d'Aristote, mais sans aucune mention de Platon[10],

---

8. Je renvoie à H. Guerlac, « Amicus Plato and Other Friends », *Journal of the History of Ideas* XXXIX, 1978, p. 627-633, dont la conclusion inacceptable est que la version du dicton telle que nous l'avons chez Alexandre est tardive, par rapport à l'originaire *Amicus Socrates sed magis amica veritas*, et notamment à L. Tarán, « Amicus Plato sed magis amica veritas. From Plato and Aristotle to Cervantes », *Antike und Abendland* XXX, 1984, p. 93-124, qui opère un dépouillement presque complet (il ne connaît toujours pas le témoignage d'Alexandre) des textes anciens et de la bibliographie précédente, et rétablit quand même la vérité au sujet de la priorité de « notre » forme du dicton sur celle qui mentionne Socrate. Mon exposé s'autorise de l'analyse menée par Tarán, dont je présente les données de façon simplifiée, mais avec des compléments fondamentaux.

9. *Phaedo* 91 C 1-2 : σμικρὸν φροντίσαντες Σωκράτους, τῆς δὲ ἀληθείας πολὺ μᾶλλον.

10. Cf. Élie — philosophe néoplatonicien du VIe s. —, *In categ.* p. 122, 2-5 Busse (*CAG* XVIII, 1) : [...] Ἀριστοτέλει λέγοντι ἐν τῇ Ἠθικῇ 'φίλος' μὲν ὁ ἀνήρ, φίλη δὲ καὶ ἡ ἀλήθεια· ἀμφοῖν δὲ φίλοιν ὄντοιν αἱρετέον μᾶλλον τὸ ἀληθές ; Id., *ibid.* p. 122, 32-123, 1 Busse : ἀλλὰ πανταχοῦ ἐπιλέγειν φίλος ὁ ἀνήρ, φίλη δὲ καὶ ἡ ἀλήθεια, ἀμφοῖν δὲ φίλοιν προκειμένοιν φιλαιτέρα ἡ ἀλήθεια ; ainsi que la *Vita Marciana Aristotelis* 33, 2 : Καὶ ἐν τοῖς Ἠθικοῖς Νικομαχείοις· Φίλος μὲν ὁ ἀνήρ, φίλη δ' ἡ ἀλήθεια· ἀμφοῖν δὲ φίλοιν ὄντοιν, ὅσιον προτιμᾶν τὴν ἀλήθειαν.

soit, pour la première fois dans la *Vita Vulgata Aristotelis*, sous la forme φίλος μὲν Σωκράτης, ἀλλὰ μᾶλλον φιλτάτη ἡ ἀλήθεια[11].

En ce qui concerne la forme explicite du dicton telle qu'Alexandre la présente, elle est attestée une seule autre fois dans la littérature grecque, dans l'œuvre d'un auteur néoplatonicien contemporain d'Alexandre, Jean Philoponus. Dans le *De aeternitate mundi contra Proclum*, il cite deux fois le dicton sous les formes : II, 2 = p. 30, 20 sq. Rabe : ἀλλ᾽ εἰ καὶ φίλος, φησίν (*scil.* ὁ Ἀριστοτέλης), Πλάτων, ἀλλ᾽ ὅσιον προτιμᾶν τὴν ἀλήθειαν ; et VII, 8 = p. 144, 19-23 Rabe : φίλος μὲν Πλάτων, φιλτέρα δὲ ἡ ἀλήθεια, citation qui est très intéressante parce que Philoponus l'introduit comme τὸ πολυθρύλητον, « la célèbre expression ».

De toutes les études et les commentaires que j'ai trouvés, aucun ne cite le témoignage d'Alexandre, lequel est loin d'être simple, ainsi que nous allons le voir.

La tradition de notre dicton au Moyen Âge et à la Renaissance, s'autorisant de la *Vita Latina Aristotelis*, le cite sous la forme *Amicus quidem Socrates, sed magis amica veritas*. Nous le retrouvons à la Renaissance avec la mention de Platon dans une lettre de Nicolò Leoniceno à Ange Politien : Politien ayant écrit en 1490[12], au sujet de la fameuse polémique sur Pline, *De vestris enim illa sunt scholis : amicus Socrates, amicior veritas ; et item, amici ambo, plus tamen habendam honoris veritati est*, Leoniceno lui répond, dans la même année, avec une correction tacite du dicton, *Fateris enim vera esse, quae in scholis nostris lectitantur : amicus Plato, magis amica veritas : sed cum ambo sint amici, pium esse veritatem in honore praeferre*[13]. Malgré l'intérêt que présente l'activité de Leoniceno pour des chercheurs étudiant des textes médicaux anciens, ce n'est pas sur son

---

11. *Vita vulgata Aristotelis* 9, 3-4 : αὐτοῦ (sc. Πλάτωνος) γάρ ἐστι λόγος ὅτι μᾶλλον δεῖ τῆς ἀληθείας φροντίζειν ἤπερ ἄλλου τινός. ἀμέλει καὶ ἐπὶ λέξεώς φησι ταυτί· φίλος μὲν Σωκράτης, ἀλλὰ μᾶλλον φιλτάτη ἡ ἀλήθεια ; cf. également la *Vita Latina Aristotelis* 28 : *Platonis enim est sermo quod magis oportet de veritate curare quam de aliquo alio. et alibi dicit « Amicus quidem Socrates, sed magis amica veritas »*. Les *Vies* d'Aristote Marciana, Vulgata et Latina sont inspirées d'un même modèle, à savoir une biographie du philosophe établie dans le cadre de la production de l'école néoplatonicienne d'Alexandrie, très vraisemblablement à l'époque de l'enseignement d'Ammonios (dont la vie se situe entre 435/445 et 517/526 de n. è.).

12. Cf. D. Vitaliani, *Della vita e delle opere di Nicolò Leoniceno Vicentino*, Vérone, 1892, p. 132 sq.

13. Cf. *Angeli Politiani Opera, quorum Primus hic tomus complectitur Epistolarum libros XII. Miscellaneorum Centuriam I*, Lugduni, ap. Seb. Griphium, 1536, respectivement p. 41 et p. 45.

témoignage que je m'arrêterai dans la prochaine étape de cette brève présentation.

En 1566 est publié pour la première fois un recueil d'*Adagia* [14] réunis par différents auteurs, parmi lesquels un certain Iohannes Ulpius [15]. Dans la section d'Ulpius, p. 181 (= n° 12, p. 1226 de l'éd. de 1571), nous trouvons notre dicton en latin et en grec : *Amicus Plato, magis amica veritas*. Φίλος Πλάτων, ἀλλὰ μᾶλλον ἡ ἀλήθεια. Mais c'est l'explication que l'auteur du recueil donne juste après qui présente le plus grand intérêt : *Istud seu proverbium, seu apophthegma, innuit nullum hominem tam carum nobis esse debere, ut in illius gratiam veritas supprimatur modo. Galenus*. Les auteurs des principales études consacrées au proverbe, à savoir Henry Guerlac et Leonardo Tarán — qui ne connaissaient pas le passage d'Alexandre — ont fait respectivement appel, pour expliquer cette référence à Galien, à Owsei Temkin (par connaissance personnelle) et aux études de Ludwig Edelstein [16] : faute d'attestation de ce dicton dans les œuvres de Galien, la conclusion, dans les deux cas, est que le médecin de Pergame est mentionné ici parce que le dicton « paraît être un bon résumé de sa pensée » (Tarán, p. 121 : « seems to be a condensation of a thought common in Galen »). Si, toutefois, nous reprenons le texte d'Alexandre, nous découvrons un détail qui peut passer inaperçu à première vue, à savoir le φησίν, « dit-il (*sc.* Galien) », qui se trouve juste avant la citation d'Aristote. Notre

---

14. *Epitomes Adagiorum omnium, quae hodie ab Erasmo, Iunio, et aliis collecta exstant, pars altera. Vict. Giselini opera nunc primum edita*, Antverpiae, ex off. Christophori Plantini, 1566 ; ce supplément d'adages de différents auteurs fut intégré dans l'édition des *Adagia* d'Érasme pour la première fois en 1571 : *Adagiorum Des. Erasmi Roterodami Chiliades quatuor cum sesquicenturia [...]. Quibus adiectae sunt Henrici Stephani Animadversiones [...]. His iam primum accesserunt Appendix... Hadriani Iunii centuriae octo cum dimidia. [...]. Jo. Ulpii adagiorum epitome [...]*, Parisiis, ap. Nic. Chesnau, 1571.

15. De Iohannes Ulpius nous connaissons la traduction latine des *Travaux et des jours* d'Hésiode : *Hesiodi Ascraei Opuscula inscripta ΕΡΓΑ ΚΑΙ ΗΜΕΡΑΙ, sic recens nunc Latine reddita, ut versus versui respondeat, una cum scholiis obscuriora aliquot loca illustrantibus, Ulpio Franekerensi Frisio autore. Addita est antiqua Nicolai Vallae translatio, ut quis conferre queat. Item accessit Angeli Politiani Rusticus, ad filum et exemplar secundi libri Hesiodi factus*, Basileae, ap. Mich. Isingrin, 1539. Le peu de renseignements que j'ai pu recueillir sur cet humaniste le disent né à Schalsum, dans la région de Franeker, aux Pays-Bas. Dans l'épître dédicatoire à la traduction d'Hésiode, p. 3, Ulpius dit avoir étudié à Haarlem et Louvain et avoir ensuite enseigné à Cologne et Erfurt. Il annonce également la publication, chez Isingrin, de la traduction latine des poèmes de Théodore Prodromos et des *Phéniciennes* d'Euripide, publication qui n'a jamais abouti.

16. Cf. H. Guerlac, *art. cit.* (n. 8), p. 631 sq. ; L. Tarán, *art. cit.* (n. 8), p. 121.

médecin de Tralles aurait donc introduit, dans la discussion de l'expérience galénique tirée du traité *De locis affectis* IV, 11 = VIII,
291 sqq. K., une première citation provenant d'un passage polémique contre Archigène [17], et, après un commentaire personnel, une
autre citation du médecin de Pergame, dont on n'arrive toutefois
pas à retrouver la trace dans son œuvre. J'ai donc mené une double
analyse, l'une sur l'ensemble de l'œuvre d'Alexandre au sujet de sa
technique de citation, l'autre sur le recueil d'adages d'Ulpius. La
première analyse montre que nous avons bien affaire à la technique
de citation qu'Alexandre de Tralles emploie normalement et, par
conséquent, très vraisemblablement à un fragment perdu de Galien.

En ce qui concerne le témoignage d'Ulpius, nous avons recensé
sept autres adages qu'il attribue à Galien, et que nous avons effectivement pu retrouver dans son œuvre [18] ; ceci nous incite à ajouter
foi à son témoignage concernant le dicton qui nous occupe [19].

Si nous acceptons cette conclusion, la première attestation
explicite du dicton en grec remonterait non pas au VIᵉ siècle, à
l'œuvre de Jean Philoponus, mais à l'époque de Galien.

Pour revenir au sujet principal de notre étude, ce passage est
tout à fait emblématique de la façon dont Alexandre interprète son
rôle de « médiateur » entre le savoir médical des prédécesseurs,
notamment de Galien, et sa propre expérience, qui est la vraie clef
de voûte de son enseignement.

Comme nous avons pu le voir, Alexandre critique Galien par
Galien lui-même, en rappelant un passage du *De compositione
medicamentorum secundum locos* II, 1 = XII, 535, 4-6 Kühn,

---

17. Médecin de réputation extraordinaire à Rome à l'époque de l'empereur Trajan,
98-117 de notre ère.

18. Il s'agit des adages suivants : *Pica Syrenem* (sic !) *imitans* (p. 180 ; cf. Galien, *De
differentia pulsuum* II, 10 = VIII, 632, 1 Kühn) ; *Pulchra apud pueros simia* (p. 183 ; cf.
Galien, *De usu partium* I, 22 = III, 80, 3 Kühn) ; *Orestis somnium narrare* (p. 188 ; cf.
Galien, *De methodo medendi* I, 1 = X, 13, 5 Kühn) ; Κριόμυξοι (p. 188 ; cf. Galien, *De
methodo medendi* VI, 3 = X, 406, 3 Kühn) ; *Pituitam a naribus allio et cepe detergere*
(p. 188 ; cf. Galien, *De methodo medendi* II, 5 = X, 113, 17 Kühn) ; *Ne Mercurius ipse
quidem cum Musis sanarit* (p. 188 ; cf. Galien, *De methodo medendi* VIII, 6 = X, 583, 1-2
Kühn) ; *Sub pallio condere* (p. 191 ; cf. Galien, *De methodo medendi* I, 7 = X, 52, 13 Kühn).

19. D'où Ulpius a-t-il tiré sa référence ? D'Alexandre ou d'une autre source ? De
nouvelles données pourraient nous être livrées par la tradition arabe de ce dicton,
tradition qui, à la différence de l'occidentale, ne connaît que la forme
« d'Alexandre/Galien », à savoir avec la mention de Platon et le deuxième développement « *sed rectius est diligere veritatem* ». Cf. L. Tarán, *art. cit.* (n. 8), p. 116-118.

concernant la doctrine d'Archigène. En ayant recours à l'autorité galénique, il souligne davantage la portée de sa critique, d'autant plus justifiée qu'elle porte sur un échec thérapeutique qui a causé la mort de nombreux patients (οὐ μόνον ἐφ᾽ ἑνὸς ἀνδρός, ἀλλὰ καὶ ἐπὶ πλειόνων ἑωρακέναι αὐτά φησιν).

C'est d'ailleurs toujours avec une certaine emphase qu'Alexandre se réfère à l'*auctoritas* de Galien, qu'il s'agisse d'une réprobation ou bien d'un avis favorable sur un détail de la thérapie auquel il reconnaît une importance particulière.

Ainsi, dans le chapitre sur la frénésie (*Therapeutica* I, 13), au cours d'un des nombreux plaidoyers en faveur de l'importance du régime dans la thérapeutique, trouvons-nous une sévère critique des médecins ignorants, qui appliquent n'importe quelle thérapie, n'importe comment et n'importe quand : « car beaucoup de médecins la négligent (*sc.* l'importance du régime) et ne savent pas tout ce que le régime peut faire de mal ou de bien au malade. Ô, s'ils savaient employer correctement les médicaments, ils chercheraient même le moment favorable (καιρός) ou l'ordre (des médicaments) ou la qualité ou la quantité. Mais, ne prêtant attention à aucune de ces indications, à chacune de leurs visites ils embarrassent les viscères, soit en appliquant des affusions (διαβρέχοντες), soit des cataplasmes, soit en donnant des préparations (σκευάζοντες) à tout moment, même s'il y a de la pléthore, ou parfois de l'apepsie. Et cela bien que le très savant Galien clame avec clarté qu'il ne faut pas utiliser de cataplasmes ni de suffumigations à tout moment, si ce n'est chez les seuls patients qui n'ont aucun résidu errant dans le corps entier ; alors que dans tous les autres cas c'est la chose la plus nuisible. »[20] Il s'agit d'une référence au célèbre passage du *De methodo medendi* XI, 15, dans lequel Galien accuse la foule de médecins (ὅμιλος τῶν ἰατρῶν), dont la doctrine du régime peut être résumée dans un enseignement non pas de six mois, mais de six lignes (= X, 781, 9-11 Kühn : τὴν... ἐκείνων διαιτητικὴν τέχνην ἤδη σύμπασαν ἀκήκοας... οὐκ ἐν ἓξ μησίν, ἀλλ᾽ ἐν ἓξ στίχοις). Toutefois, la façon

---

20. *Therapeutica* I, 13 = I, 521, 22-523, 5 Puschmann : πολλοὶ γὰρ ἀμελοῦσι καὶ οὐκ ἴσασιν, ὅσα δύναται βλάψαι καὶ ὠφελῆσαι ἡ δίαιτα τὸν κάμνοντα. εἴθε δέ, κἂν τὸ φαρμακεύειν ὀρθῶς ἠπίσταντο, καὶ καιρὸν ἐζήτουν ἢ τάξιν ἢ ποιὸν ἢ ποσόν. ἀλλ᾽ οὐδενὶ τούτων προσέχοντες καθ᾽ ἑκάστην εἴσοδον παρέχουσι πράγματα τοῖς σπλάγχνοις ἢ διαβρέχοντες ἢ καταπλάττοντες ἢ σκευάζοντες ἐν παντὶ καιρῷ καὶ πλήθους ὄντος, ἔσθ᾽ ὅτε καὶ ἀπεψίας, καὶ ταῦτα σαφῶς βοῶντος τοῦ σοφωτάτου Γαληνοῦ, ὡς οὔτε καταπλάσμασιν οὔτε καταιονήμασιν ἐν παντὶ καιρῷ δεῖ κεχρῆσθαι, εἰ μὴ ἐπὶ μόνων ἐκείνων, οἷς οὐδὲν ἐν ὅλῳ τῷ σώματι ἀλᾶται περιττόν, τοῖς δ᾽ ἄλλοις ἅπασι κακὸν ἔσχατον.

dont Alexandre présente Galien, comme une sorte de *Vox clamantis in deserto* (σαφῶς βοῶντος τοῦ σοφωτάτου Γαληνοῦ) est tout à fait neuve et vise à frapper l'esprit du lecteur sur un sujet d'une importance capitale, à savoir le choix du bon moment pour l'application d'une thérapie.

D'ailleurs, le fait que la plus grande attention devait être accordée lors de l'intervention du médecin à chaque composante de la maladie (l'âge, la saison, la région, l'état du corps et le tempérament), était pour Alexandre le véritable enseignement d'Hippocrate (ὁ ἀληθὴς λόγος Ἱπποκράτους ; cf. *Therapeutica* I, 10 = I, 469, 18-21 Puschmann) ; il est donc d'autant plus étonné et contrarié lorsqu'il constate que même Galien a laissé dans le flou des renseignements essentiels à une thérapie. C'est par exemple le cas de la thérapie de la fièvre quotidienne : après avoir rappelé que Galien et Rufus ont donné des conseils très utiles pour le diagnostic de cette maladie, Alexandre passe à la thérapie, sur laquelle il émet des réserves. Étant donné que la fièvre quotidienne provient du phlegme (doctrine galénique), elle doit être traitée par des remèdes qui ont une action amincissante et incisive (λεπτυνόντων καὶ τεμνόντων) contre le phlegme qui est épais et visqueux. « Toutefois — je cite — on peut observer une double différence : certains remèdes ont, en fait, une action incisive qui s'accompagne d'un pouvoir très échauffant, d'autres sont incisifs, mais pas très échauffants, d'autres encore n'échauffent pas du tout. Lesquels faut-il donc utiliser dans cette affection ? Les remèdes qui ont un pouvoir échauffant ou ceux qui n'échauffent pas ? Car il est bien clair que le tout divin Galien prescrit sans aucune distinction (ἀπροσδιορίστως) au philosophe Glaucon d'utiliser des remèdes amincissants [21]. Compte tenu de l'énorme différence, je crois qu'il eût été nécessaire de constituer une catégorie et une distinction (προσδιορισμός), pour établir dans quels cas il faut se servir de quels remèdes. » [22] La faute de Galien, dans ce cas, est d'avoir omis une étape fondamentale de la présentation du traitement, à savoir la distinction (προσδιορισμός) entre les différentes qualités de phlegme, qui entraîne à son tour un choix

---

21. Cf. Galien, *Ad Glauconem de methodo medendi* I, 13 = XI, 40, 16 sqq. Kühn.

22. *De febribus* 6 = I, 387, 8-17 Puschmann : Διττὴ δέ τις οὖσα θεωρεῖται ἡ διαφορά· τὰ μὲν γὰρ ἔχει τὸ τέμνειν μετὰ τοῦ δύνασθαι πάνυ θερμαίνειν, τινὰ δὲ τέμνειν μέν, οὐ θερμαίνειν δὲ πάνυ, τινὰ δ᾽ οὐ θερμαίνειν ὅλως. ποίοις οὖν ἐπὶ τοῦ νοσήματος τούτου κεχρῆσθαι δεῖ ἆρά γε τοῖς θερμαίνειν δυναμένοις ἢ τοῖς ἄνευ τοῦ θερμαίνειν φαίνεται γὰρ ὁ θειότατος Γαληνὸς ἐπιτάττων ἀπροσδιορίστως τῷ φιλοσόφῳ Γλαύκωνι τοῖς λεπτύνουσι κεχρῆσθαι. ἐχρῆν δ᾽ οἶμαι μεγίστης οὔσης τῆς διαφορᾶς διαιρέσει χρήσασθαι καὶ προσδιορισμῷ, ποίοις ἐπὶ ποίῳ δεῖ κεχρῆσθαι.

de médicaments différent. C'est cette lacune du texte galénique qui va être comblée dans la suite du chapitre des *Therapeutica*, notamment par le recours à la doctrine d'Aristote sur les fluides (I, 387-391 Puschmann).

Alexandre fait le même genre de reproche à Galien au sujet des antidotes contre la fièvre quarte ; en voici le passage, tiré du *De febribus* : « quelques auteurs anciens nous ont également légué des antidotes pour les patients atteints de fièvre quarte et il est possible d'en trouver de nombreuses recettes différentes qu'ils exposent. Même le tout divin Galien en exposa, mais manifestement sans y ajouter aucune distinction. Du fait de cette situation, plusieurs médecins, qui se sont fiés aux titres (ἐπαγγελίαι) de ces recettes, puis les ont ordonnées sans un discernement très attentif, furent cause de très grands dommages et d'extrêmes périls. Par exemple, je constate avec étonnement qu'il ait pu dire, à propos de l'antidote préparé avec le suc de Cyrénaïque, qu'il convient à tous [23], et qu'il puisse en recommander un usage constant ; la situation n'est manifestement pas telle. » [24] Dans la suite du passage, Alexandre énumère — avec de nombreux exemples tirés de sa propre expérience — les cas où l'emploi de tels antidotes n'est pas conseillé. Ce qui d'après moi est très intéressant dans ce passage, c'est la notion de responsabilité d'une autorité, introduite encore une fois très clairement par Alexandre. Le médecin ne peut pas se dispenser d'être clair et exhaustif dans ses traités, destinés à un public qui en tirera un plaisir et une utilité non pas intellectuels mais avant tout physiques. L'attention doit être énorme, lorsque l'enjeu est la vie humaine. C'est d'ailleurs cette même responsabilité qu'Alexandre accepte d'assumer, lorsqu'il fait sans cesse référence tout au long de son œuvre, à sa propre expérience. Pleinement convaincu que chaque thérapie léguée par la tradition doit être testée avant d'être acceptée par le médecin, il n'insère dans ses œuvres que les remèdes dont il a fait personnellement l'expérience, comme il le répète très souvent dans ses traités : « tu trouveras beaucoup d'autres formules que nous ont léguées les Anciens, mais il suffit d'indiquer celles dont

---

23. Galien, *Ad Glauconem de methodo medendi* I, 13 = XI, 40, 6 Kühn.

24. *De febribus* 7 = I, 421, 2-8 Puschmann : Δεδώκασι δέ τινες τῶν παλαιῶν τοῖς τεταρταΐζουσι καὶ ἀντιδότους καὶ πολλὰς ἔστιν εὑρεῖν καὶ διαφόρους ὑπ᾽ αὐτῶν ἐκτεθείσας γραφάς. ἐξέθετο δὲ καὶ ὁ θειότατος Γαληνός, ἀλλ᾽ οὐδὲν φαίνεται προσδιορισάμενος, ὅθεν πολλοὶ πεισθέντες ταῖς ἐπαγγελίαις αὐτῶν, εἶτα μὴ ἀκριβῶς διακρίναντες δεδωκότες αἴτιοι μεγίστης βλάβης καὶ κινδύνων ἐγένοντο. τὸ γοῦν δι᾽ ὀποῦ τοῦ Κυρηναϊκοῦ θαυμάζω πῶς εἶπεν· ἁρμόζειν πᾶσι καὶ συνεχῶς κεχρῆσθαι παρακελεύεται, καίτοι γε οὐ φαίνεται οὕτως ἔχον.

j'ai eu une longue épreuve d'efficacité » [25] ; ou encore le cas emblématique du diagnostic de l'aura épileptique, pour lequel il reprend
la doctrine de Galien, *De locis affectis* III, 11 = VIII, 194, 4 sqq.
Kühn, en substituant à l'expérience de Galien sur un garçon de
13 ans, celle qu'il a lui-même menée sur un lecteur public [26].

Dans d'autres cas, lorsque Alexandre accepte l'enseignement
de Galien et veut à la fois s'appuyer de façon particulière sur son
autorité pour souligner l'importance de ce qui est dit, il cite à la
lettre le médecin de Pergame : il lui arrive ainsi (*Therapeutica* III,
2 = II, 81, 24-83, 15 Puschmann) de citer un passage du *De compositione medicamentorum secundum locos* III, 1 = XII, 603-604 Kühn,
concernant un traitement très délicat d'inflammation du conduit
auditif, ainsi qu'un fragment du traité perdu de Galien sur la pratique médicale chez Homère – citation d'une extrême valeur. Dans
ce dernier cas en particulier, Alexandre fait appel à Galien pour
« justifier » son recours aux remèdes naturels (φυσικά) pour la thérapie et le diagnostic de quelques maladies. Il s'agit d'un passage du
chapitre XI, 1 des *Therapeutica*, traitant des calculs rénaux : « toutefois, puisque quelques auteurs fort anciens et qui ont écrit sur l'an-
tipathie ont présenté des remèdes naturels comme étant capables,
contre toute attente, de fragmenter les calculs déjà formés et d'empêcher qu'ils s'en constituent d'autres à l'avenir, j'ai cru nécessaire
de vous en présenter quelques-uns, en particulier à cause des gens
vertueux, pour sauver quelqu'un et pouvoir vaincre une affection ;
car il est bien de vaincre le mal et de secourir le malade par tous les
moyens. Et encore, même le tout divin Galien, qui croyait que les
formules magiques n'avaient aucun pouvoir, reconnut après très
longtemps et à la suite d'une longue expérience qu'elles pouvaient
avoir une action puissante. Écoute donc ce qu'il dit dans un traité
sur la pratique médicale chez Homère ; il s'exprime ainsi : "certains
estiment donc que les formules magiques ressemblent aux fables de
vieilles femmes, si bien que moi-même je l'ai cru longtemps ; avec le
temps, les phénomènes manifestes m'ont convaincu qu'il y avait une
certaine puissance en elles. Car j'ai fait l'expérience de l'aide
qu'elles apportent chez les gens piqués par un scorpion, expérience
pas moins concluante chez des sujets qui avaient des os coincés dans
la gorge et qui aussitôt, grâce à la formule magique, les expulsèrent.
Et il y a de nombreux cas bien établis dans chaque genre où il se
trouve que les formules magiques ont atteint leur but." Si même le

---

25. Alexandre de Tralles, *Therapeutica* I, 12 = I, 507, 18-19 Puschmann.
26. *Ibid.* I, 15 = I, 551, 17 sqq. Puschmann.

tout divin Galien l'atteste, comme beaucoup d'autres auteurs anciens, qu'est-ce qui empêche que nous aussi vous exposions les remèdes naturels que nous avons connus par le biais de l'expérience et d'amis sincères ? »[27] Le témoignage d'Alexandre au sujet du temps qu'il a fallu attendre avant que Galien admette une certaine δύναμις des ἐπῳδαί est d'autant plus intéressant qu'il nous fournit un complément nécessaire à un passage fort critique du médecin de Pergame à l'égard des incantations : c'est le passage de Galien, *De simplicium medicamentorum temperamentis ac facultatibus* VI, prooem. = XI, 792, 10-793, 2 Kühn : « mais celui-ci (*sc.* Pamphile) se détourna vers des fables de vieilles femmes, ainsi que vers des sorcelleries égyptiennes bavardes, en même temps que vers certaines formules magiques, que l'on prononce pendant la cueillette des plantes. Et certes, il s'en sert pour des amulettes et d'autres pratiques de sorcellerie qui non seulement sont superflues et complètement étrangères à l'art médical, mais qui en plus sont tout à fait fausses. Mais nous ne traiterons d'aucune de ces pratiques ni des métamorphoses bavardes qui y sont liées ; car nous ne croyons certainement pas que de telles fables soient utiles ni aux petits enfants ni évidemment aux personnes qui s'efforcent de poursuivre les pratiques de l'art médical. »[28]

En ce qui concerne la disposition d'Alexandre de Tralles à recourir à l'emploi de φυσικά, remèdes naturels, en complément ou en substitution d'une médecine rationnelle et scientifique, elle s'inscrit tout à fait dans sa conception de la maladie et du rapport médecin/malade. Un passage du *De febribus* est extrêmement

---

27. *Ibid.* XI, 1 = II, 473, 28-475, 14 Puschmann. : ἐπειδὴ δὲ καί τινες τῶν ἀρχαιοτέρων καὶ τῶν τὰ φυσικὰ περὶ ἀντιπαθείας γραψάντων ἐξέθεντο τινὰ καὶ τοὺς ἤδη τεχθέντας ἐπαγγελλόμενα θρύπτειν παραδόξως λίθους καὶ τοῦ λοιποῦ μηκέτι τίκτεσθαι συγχωρεῖν, ἀναγκαῖον ἐνόμισα καὶ τούτων ἐκθέσθαι τινὰ καὶ μάλιστα διὰ τοὺς φιλαρέτους ἕνεκα τοῦ σῶσαι ἄνθρωπον καὶ δυνηθῆναι νικῆσαι πάθος· καλὸν γὰρ νικᾶν καὶ πάσῃ μηχανῇ βοηθεῖν. ἔτι δὲ καὶ ὁ θειότατος Γαληνὸς μηδὲν νομίσας εἶναι τὰς ἐπῳδὰς ἐκ τοῦ πολλοῦ χρόνου καὶ τῆς μακρᾶς πείρας εὗρε μεγάλως δύνασθαι αὐτάς. ἄκουσον οὖν αὐτοῦ λέγοντος, ἐν ᾗ περὶ τῆς καθ᾽ Ὅμηρον ἰατρικῆς ἐξέθετο πραγματείας· ἔχει δὲ οὕτως· ἔνιοι γοῦν οἴονται τοῖς τῶν γραῶν μύθοις ἐοικέναι τὰς ἐπῳδάς, ὥσπερ κἀγὼ μέχρι πολλοῦ· τῷ χρόνῳ δὲ ὑπὸ τῶν ἐναργῶς φαινομένων ἐπείσθην εἶναι δύναμιν ἐν αὐταῖς· ἐπί τε γὰρ τῶν ὑπὸ σκορπίου πληγέντων ἐπειράθην ὠφελείας, οὐδὲν δ᾽ ἧττον κἀπὶ τῶν ἐμπαγέντων ὀστῶν ἐν τῇ φάρυγγι δι᾽ ἐπῳδῆς εὐθὺς ἀναπτυομένων. καὶ πολλὰ γενναῖα καθ᾽ ἕκαστον εἰσι καὶ ἐπῳδαὶ τυγχάνουσαι τοῦ σκοποῦ. εἰ οὖν καὶ ὁ θειότατος Γαληνὸς μαρτυρεῖ καὶ ἄλλοι πολλοὶ τῶν παλαιῶν, τί κωλύει καὶ ἡμᾶς, ἅπερ ἔγνωμεν ἐκ πείρας καὶ ὅσα ὑπὸ φίλων γνησίων, ταῦτα ἐκθέσθαι ὑμῖν ;

28. Ἀλλ᾽ ἐκεῖνος (*scil.* Πάμφιλος) μὲν εἴς τε μύθους γραῶν τινας ἐξετράπετο καί τινας γοητείας Αἰγυπτίας ληρώδεις ἅμα τισὶν ἐπῳδαῖς, ἃς ἀναιρούμενοι τὰς βοτάνας ἐπιλέγουσι. καὶ δὴ κέχρηται πρὸς περίαπτα καὶ ἄλλας μαγγανείας οὐ περιέργους μόνον, οὐδ᾽ ἔξω τῆς ἰατρικῆς τέχνης, ἀλλὰ καὶ ψευδεῖς ἁπάσας. ἡμεῖς δὲ οὔτε τούτων οὐδὲν οὔτε τὰς τούτων ἔτι

éclairant à ce sujet : « d'ailleurs, tous les états contre nature réclament leur contraire pour guérir, tandis que les états de nature ont besoin plutôt des mêmes conditions. L'œuvre d'un excellent médecin doit donc être de rafraîchir ce qui est chaud, d'humidifier ce qui est sec, d'échauffer ce qui est froid et de dessécher ce qui est humide ; en un mot, de vaincre les affections présentes en employant des moyens contraires et de procurer tout ce qui fait défaut, et de sauver le malade par toutes les ressources de l'art et du raisonnement, comme s'il était assiégé pendant la guerre. »[29] Comme nous pouvons le voir, il reprend dans ce passage la célèbre métaphore de la guérison vue comme un combat du médecin et du malade contre la maladie[30] : il conçoit le malade comme un être humain assiégé (καθάπερ ἐν πολέμῳ πολιορκούμενον) par la souf-france, la tâche du médecin étant donc de l'en délivrer (σῶσαι), quel que soit le moyen pour parvenir à ce résultat.

Ainsi, quoique dans l'œuvre connue de Galien nous ne trou-vions aucune autre mention de l'emploi de formules magiques (au contraire, dans un célèbre passage du *De simplicium medicamen-torum temperamentis ac facultatibus*[31], il rationalise une croyance concernant les scorpions et une façon « magique » de les tuer), Alexandre énumère-t-il des φυσικά contre les fièvres, l'épilepsie, le hoquet, les coliques, les calculs rénaux, la podagre[32].

ληρώδεις μεταμορφώσεις ἐροῦμεν. οὐδὲ γὰρ τοῖς μικροῖς παισὶ κομιδῇ χρησίμους ὑπολαμ-βάνομεν εἶναι τοὺς τοιούτους μύθους, μήτι γε δὴ τοῖς μετιέναι σπεύδουσι τὰ τῆς ἰατρικῆς ἔργα. Pour une analyse de ce passage à l'intérieur de l'œuvre galénique, cf. V. Boudon, « Aux marges de la médecine rationnelle : médecins et charlatans à Rome au temps de Galien (IIᵉ s. de n. è.) », *Revue des Études grecques* CXVI, 2003/1, p. 119.

29. Alexandre de Tralles, *De febribus* 7 = I, 409, 15-21 Puschmann : Καὶ ἄλλως δὲ πάντα τὰ παρὰ φύσιν τῶν ἐναντίων χρῄζει πρὸς τὴν θεραπείαν, τὰ δὲ κατὰ φύσιν μᾶλλον τῶν ὁμοίων. ἰατροῦ γοῦν τοῦτό ἐστιν ἀρίστου ἔργον, τὸ θερμὸν μὲν ψῦξαι, τὸ δὲ ξηρὸν ὑγρᾶναι, τὸ δὲ ψυχρὸν θερμᾶναι καὶ τὸ ὑγρὸν ξηρᾶναι, καὶ ἁπλῶς εἰπεῖν τὰ ὄντα πάθη νικῆσαι τοῖς ἐναντίοις χρώμενον καὶ πάντα τὰ δέοντα περιποιῆσαι καὶ πάσῃ τέχνῃ καὶ παντὶ λόγῳ σῶσαι τὸν κάμνοντα, καθάπερ ἐν πολέμῳ πολιορκούμενον.

30. Cf. J. Jouanna, « Réflexions sur l'imaginaire de la thérapeutique dans la Grèce classique », dans *Aspetti della terapia del Corpus Hippocraticum*, I. Garofalo, A. Lami, D. Manetti et A. Roselli éd. (Actes du IXᵉ colloque international, Pise, 25-29 septembre 1996 ; Studi, 183), Florence, 1999, p. 24-34.

31. Galien, *De simplicium medicamentorum temperamentis ac facultatibus* X, 2 = XII, 289, 12 sqq. Kühn, repris dans Id., *De inaequali intemperie liber* 6 = VII, 745, 14 sq. Kühn.

32. Pour plus de détails sur l'emploi des φυσικά par Alexandre de Tralles, voir ma récente étude « Alexandre de Tralles et les remèdes naturels », dans *Mires, physiciens, barbiers et charlatans. Les marges de la médecine de l'Antiquité aux débuts de l'époque moderne*, Actes de la table ronde (Reims, 24 janvier 2003) organisée par F. Collard et E. Samama, p. 81-99.

Après cette parenthèse sur les φυσικά, je voudrais vous présenter un dernier passage, qui est d'après moi un vrai petit bijou, nous renseignant d'une manière très pittoresque sur la façon dont l'autorité galénique était utilisée et perçue par les médecins du VIᵉ siècle, notamment à Rome. Comme nous avons pu le constater dans la plupart des exemples cités, Alexandre a recours à des moyens d'exception, tels que des citations directes ou des images métaphoriques, pour transmettre un enseignement concernant la méthode à suivre par tout médecin. Ici, il présente une situation qu'il dit avoir vécue à Rome au chevet d'un malade atteint par la fièvre tierce : *De febribus* 5 = I, 373, 19-375, 9 Puschmann. : « j'ai trouvé beaucoup de médecins à Rome qui n'osaient même pas prononcer le nom des melons, parce qu'ils pensaient que ces fruits produisaient de la bile. Par exemple, lorsqu'une fois j'avais ordonné de prendre du melon à un patient affligé par une soif ardente, brûlant de fièvre et brisé de fatigue, un médecin qui était présent s'écria : "Homme, pourquoi veux-tu tuer le malade ? N'as-tu pas appris que le melon produit de la bile ? Lis le traité *Sur les aliments* de Galien et tu trouveras qu'il y dit clairement que le melon, mangé, rend les gens cholériques." [33] J'ai donc dû faire des efforts non négligeables, pour arriver à convaincre ceux qui avaient les moyens de suivre mon discours, du fait que Galien, dans ce passage, ne dit pas que les melons produisent de la bile, mais qu'ils causent le choléra. On appelle d'ailleurs choléra le soulèvement de l'estomac qui s'accompagne de vomissement et trouble du ventre, et on appelle cholériques les malades souffrant de cette maladie. Car il est bien vrai que le melon a une action qui perturbe l'estomac ; c'est pourquoi si l'on en mange en quantité excessive, il est cause de vomissement, de troubles du ventre et de surcroît de refroidissement et de spasmes dans tout le corps [...]. Mais ce n'est pas le cas du melon mangé avec modération. » [34]

Le schéma est donc le suivant : Alexandre présente une croyance erronée de la « communauté scientifique », issue d'une

---

33. Galien, *De alimentorum facultatibus* II, 4 = VI, 564 Kühn.

34. Εὗρον δ' ἐγὼ πολλοὺς τῶν ἐν Ῥώμῃ ἰατρῶν οὐδ' ὄνομα τολμῶντας ὀνομάσαι τῶν πεπόνων ὡς χολὴν τικτόντων αὐτούς. ἐμοὶ γοῦν ἐπιτάξαντί ποτέ τινι καὶ διψῶντι σφοδρῶς καὶ καυσουμένῳ καὶ κεκοπωμένῳ ὄντι προσενέγκασθαι πέπονος ἐπεβόησέ τις παρὼν ἰατρός· 'ἄνθρωπε, τί θέλεις ἀποκτεῖναι τὸν κάμνοντα μᾶλλον οὐ μεμάθηκας, ὅτι ὁ πέπων χολὴν τίκτει ; ἀνάγνωθι τὸ περὶ τροφῶν Γαληνοῦ καὶ εὑρήσεις, ἔνθα λέγει φανερῶς, ὅτι χολερικοὺς ἀποτελεῖ βρωθεὶς ὁ πέπων'. ἔκαμον οὖν ἐγὼ οὐ μικρῶς, ἵνα δυνηθῶ πεῖσαι τοὺς παρακολουθεῖν δυναμένους, ὅτι οὐ χολὴν ἐνταῦθα λέγει τίκτειν αὐτούς, ἀλλὰ χολέραν ποιεῖν. χολέραν δ' ἐκάλουν τὴν ἀνατροπὴν τοῦ στομάχου μετ' ἐμέτου καὶ ἐκταράξεως

fausse lecture du texte galénique ; il ajoute sa propre expérience, pour en déduire ensuite des règles de portée générale, qui rentrent dans le domaine de la thérapeutique – à savoir dans quels cas l'on peut conseiller du melon — et de la méthode — à savoir que les maîtres, pour qu'ils ne deviennent pas traîtres, doivent être bien consultés, avec une attention portée à la lettre et surtout avec un savoir approprié (c'est ce qu'Alexandre exprime assez clairement avec l'expression « ceux qui avaient les moyens de suivre mon discours », τοὺς παρακολουθεῖν δυναμένους). Si l'on fait abstraction de son contenu médical, ce passage se révèle extraordinaire pour les renseignements qu'il nous livre au sujet des situations qu'il présente : le conseil de médecins au chevet du malade (ἐπεβόησέ τις παρὼν ἰατρός), l'objection thérapeutique forte et immédiate (aor. ἐπεβόησε) d'après l'autorité du maître Galien (ἀνάγνωθι τὸ περὶ τροφῶν Γαληνοῦ), la méfiance des collègues face aux explications d'Alexandre (ἔκαμον... ἐγὼ οὐ μικρῶς), l'attitude tout à fait pédagogique qu'adopte Alexandre pour ouvrir une brèche dans cette méfiance (χολέραν et non pas χολή ; qu'entend-on par les mots χολέρα et χολερικός) en revenant sur la définition de choléra, qu'il avait déjà présentée au début du livre VIII des *Therapeutica* [35].

J'ai voulu vous présenter ce passage à la fin de mon intervention, convaincue qu'il s'agissait d'une bonne illustration de l'activité de notre médecin de Tralles, inlassable chercheur, expérimentateur, au chevet des malades, des thérapies issues de la tradition écrite et orale, mais aussi — oserais-je dire — efficace « formateur » de médecins. Tout cela au nom de la Vérité, tout en étant ami de Galien !

Alessia GUARDASOLE

γαστρὸς καὶ χολερικοὺς τοὺς ταῦτα πάσχοντας. ἔχει γάρ τι κατὰ ἀλήθειαν ὁ πέπων τὸ κακοστόμαχον, διὸ καὶ πλείων βρωθεὶς ἔμετον καὶ ἐκτάραξιν γαστρός, ἔτι δὲ καὶ κατάψυξιν καὶ σπασμοὺς ἐργάζεται τοῦ παντὸς σώματος. ὁ δὲ μηλοπέπων οὐδὲν τούτων οἶδε ποιεῖν· οὐκ ἔχει γὰρ οὕτω τὸ κακοστόμαχον, ἀλλ᾽ οὐδ᾽ ὁ πέπων συμμέτρως βρωθείς. θαρρούντως οὖν χρὴ διδόναι τοῖς τὸν τριταῖον νοσοῦσι πυρετόν, ἀλλὰ καὶ τοῖς ἔχουσι καῦσον καὶ τοῖς θερμὴν δυσκρασίαν νοσοῦσιν εἴτε ἐν νεφροῖς εἴτε ἐν ἥπατι ἢ περὶ στόμαχον ἢ κεφαλήν.

35. Alexandre de Tralles, *Therapeutica* VIII, 1 = II, 321 Puschmann : χολέρα dérive, d'après lui, non pas de χολή, comme la plupart des gens le croient, mais de χολάδες, le nom que les Anciens — dont Homère qu'il cite (*Iliade* 4, 526) — avaient donné aux intestins, ἔντερα.

MÉDECINE GRECQUE ET PAPYROLOGIE :
BILAN ET PERSPECTIVES

Introduction

L'apport de la papyrologie à l'histoire de la médecine grecque est indéniable, avec non seulement, dans des papyrus de beaucoup antérieurs aux manuscrits les plus anciens, l'identification d'œuvres médicales connues, et celle de fragments d'œuvres perdues, mais aussi la découverte de textes par ailleurs inédits, de procédés chirurgicaux ou de thérapies jusque-là inconnus, de nouveaux noms de médecins, de nouveaux mots, en résumé, de témoignages nouveaux sur la médecine grecque, telle qu'elle a été transmise, pratiquée — voire élaborée et perfectionnée — dans l'Égypte gréco-romaine et byzantine.

Que faut-il exactement entendre par « papyrologie » ? Il s'agit essentiellement de l'étude des dizaines de milliers de papyrus, grecs en majeure partie, découverts en Égypte, où le climat sec a assuré leur conservation. Ceux-ci datent, *grosso modo*, des IVe/IIIe siècles av. notre ère aux VIIe/VIIIe siècles de notre ère, c'est-à-dire de la période qui s'étend de l'installation en Égypte de nombreux Grecs, suite à l'annexion de ce pays par Alexandre le Grand, en 332 av. notre ère, jusqu'à la conquête arabe, en 641 de notre ère. Parmi ces pièces, on distingue deux grandes catégories : les papyrus documentaires (des dizaines de milliers de témoignages de la vie publique et privée : décrets officiels, actes de vente, contrats, lettres privées, inventaires, etc.) et les papyrus littéraires (restes de livres, y compris médicaux, de brouillons, d'exercices scolaires, etc.), dont plus de 6000 unités ont été répertoriées à ce jour dans leur *Catalogue* en ligne accessible sur le site du CEDOPAL de l'Université de Liège (http://www.ulg.ac.be/facphl/services/cedopal) [1].

---

1. Dans le texte et les notes, l'abréviation MP[3] ou Mertens-Pack[3] désigne la 3e édition, sous la direction du professeur P. Mertens, président d'honneur du CEDOPAL,

Pour étudier le contenu médical de ces textes, l'historien de la médecine papyrologue — ou le papyrologue historien de la médecine — doit combiner deux disciplines de pointe à l'évolution très rapide, surtout ces trente dernières années, la papyrologie et l'histoire de la médecine. Chacune de ces disciplines a son histoire, ses méthodes particulières, un vocabulaire qui lui est propre et ses ressources bibliographiques spécialisées. La difficulté est de maîtriser chacune d'entre elles, de suivre leur évolution et de se tenir informé des découvertes incessantes dans les deux domaines, car, maintenant encore, on découvre plus de papyrus et plus rapidement que ne peuvent en déchiffrer et en éditer les papyrologues de par le monde [2].

Bref historique de la « papyrologie médicale »

Si l'intérêt pour les papyrus littéraires grecs de médecine date de la fin du XIXe siècle, lorsque, parmi d'autres grands papyrus littéraires (par exemple, la *Constitution d'Athènes* d'Aristote et les *Mimiambes* d'Hérondas), le British Museum fit l'acquisition, en 1889, de l'Anonyme de Londres (*P. Lit. Lond.* 165, inv. 137 = MP[3] 2339), qui est le plus long (3,5 m) papyrus médical conservé à ce jour, c'est au cours des trente dernières années que la papyrologie « médicale » a progressé le plus rapidement, avec une augmentation de plus de 100 % du nombre des témoins. Ainsi,

> • en 1965, le catalogue de R. A. Pack, *The Greek and Latin Literary Texts from Greco-Roman Egypt*, 2e éd., Ann Arbor, 1965 (= Pack[2]) comptait 114 papyrus littéraires grecs de médecine ;
>
> • en 1981, notre *Inventaire analytique des papyrus grecs de médecine* (Genève, Droz, 1981) répertoriait 194 numéros, avec, déjà, un certain nombre d'*addenda* en fin de volume ;

---

du catalogue de R. A. Pack (*The Greek and Latin Literary Texts from Greco-Roman Egypt*, 2e éd., Ann Arbor, 1965), en cours d'élaboration au Centre de Documentation de Papyrologie Littéraire de l'Université de Liège. L'abréviation P[2] ou Pack[2] désigne, quant à elle, la 2e édition du catalogue de R.A. Pack.

2. Voir notamment A. E. Hanson, « Papyrology. Minding Other People's Business », *Transactions of the American Philological Association* 131, 2001, p. 297-313.

• par la suite, des mises à jour de la liste de ces papyrus ont été régulièrement publiées, notamment en 1986[3], en 1996[4], et en 2000[5] ;

• d'un autre côté, depuis le mois de juillet 2001, sous le nom de *Medici et Medica*, l'ensemble des notices des papyrus littéraires grecs de médecine connus, avec leur bibliographie, sont présentées, et régulièrement mises à jour, sur le site Internet du Centre de Documentation de Papyrologie Littéraire (CEDOPAL) de l'Université de Liège (http://www.ulg.ac.be/facphl/services/cedopal/MP3/fexp.shtml).

Le nombre total des notices s'élève actuellement à 268, dont 18 « *delenda* » (numéros supprimés parce que joints à d'autres ou classés ailleurs). Des 250 notices effectives, 39 sont attribuées à des auteurs médicaux connus, tandis que le reste regroupe les *adespota* ou textes anonymes.

La liste cependant est loin d'être close, puisque, par exemple, lors du *Seminario di studio « Testi medici su papiro »* organisé, les 3 et 4 juin 2002, à l'Istituto papirologico « G. Vitelli » de Florence, furent décrits plusieurs textes inédits, tels que le questionnaire d'ophtalmologie contenu dans *P. Strasb. gr.* inv. 849 (*editura est* C. Magdelaine), et le σίλλυβος ou étiquette de livre *P. CtYBR* inv. 4006 (*editura est* A. E. Hanson). Par ailleurs, I. Andorlini a annoncé dans des publications récentes[6] l'édition prochaine d'un manuel d'astrologie médicale comportant des prescriptions : *PSI* inv. 1702.

---

3. M.-H. Marganne, « Compléments à l'Inventaire analytique des papyrus grecs de médecine », *Zeitschrift für Papyrologie und Epigraphik* 65, 1986, p. 175-186 ; Ead., P. Mertens, *Medici et medica. Extraits du prochain Catalogue des papyrus littéraires grecs et latins (= Mertens-Pack³)*, Liège, 33 p., repris dans *Proceedings of the XVIIIth International Congress of Papyrology* I (Athènes, 1988), p. 105-146.

4. M.-H. Marganne, P. Mertens, *Medici et Medica. 2ᵉ édition. État au 15 mars 1996 du fichier MP³ pour les papyrus médicaux littéraires*, Liège, 1996, 50 p., reproduit [et mis à jour au 15 janvier 1997] dans « *Specimina* » per il Corpus dei Papiri Greci di Medicina, I. Andorlini éd. (Actes de la table ronde, Florence, 28-29 mars 1996), Istituto papirologico « G. Vitelli », Florence, 1997, p. 3-71.

5. M.-H. Marganne, « Compléments au fichier MP³ pour les papyrus médicaux littéraires (état au 1ᵉʳ décembre 1999) », *Analecta Papyrologica* 12, 2000 [2001], p. 151-161.

6. I. Andorlini, « L'orzo nell'Egitto greco-romano », dans *Demografia, sistemi agrari, regimi alimentari nel mondo antico*, D. Vera éd. (Actes du congrès international, Parme, 17-19 ottobre 1997), Bari, 1999, p. 337-340 (= Pragmateiai 3) ; Ead., « Un anonimo del genere degli *iatromathematika* », dans *Trasmissione e ecdotica dei testi medici greci*, A. Garzya et J. Jouanna éd. (Actes du congrès international, Paris, 17-19 mai 2001), Naples, 2003, p. 7-23.

Le tableau suivant montre la progression du nombre des papyrus littéraires grecs de médecine identifiés et publiés durant ces quarante dernières années, « et ce, en dépit de l'expulsion vers d'autres chapitres de plusieurs textes (par exemple, MP³ 2369, 2402, 2432, 2433) considérés maintenant comme étrangers à la littérature médicale et sans non plus tenir compte de la réunion sous un même numéro de témoins dont l'apparentement n'avait pas été perçu à l'origine (par exemple, MP³ 2367 + 2386 + 2387, 2379 + 2416 + 2417), ainsi que des multiples fragments nouveaux qui viennent aujourd'hui s'ajouter à des papyrus déjà édités auparavant. Pareil résultat dépasse largement celui de l'ensemble des papyrus littéraires, où l'on constate un gonflement qui se situe entre 70 et 80 % »[7], sauf pour les papyrus homériques, qui sont les plus nombreux.

	Pack²	Medici et Medica (= MP³)		
	1965	1986	1996	2003
Textes d'auteurs connus	17	30	34	39
Adespota	97	165	196	211
Total	114	195	230	250

La nécessité d'une étude d'ensemble

Pour étudier ces textes, il ne suffit pas de les inventorier. Il faut les éditer, et, s'ils l'ont déjà été dans le passé, il est souvent nécessaire de les rééditer à la lumière des recherches nouvelles et des découvertes tant en papyrologie, qu'en histoire de la médecine, codicologie, paléographie, sans oublier les avancées technologiques en photographie, informatique, etc. Il faut également les soumettre à une exégèse médico-historique, avant de les regrouper dans une vaste étude d'ensemble. Aussi avions-nous lancé, il y a 24 ans, à Bruxelles, lors des Journées des Orientalistes Belges de juin 1979, l'idée d'un *Corpus des papyrus grecs de médecine*, qui ne pouvait être qu'une entreprise internationale, eu égard à l'ampleur de la matière. En attendant que le projet prenne corps, nous avons préparé, en 1981, un inventaire préliminaire (*Inventaire analytique des papyrus grecs de médecine*, Genève, Droz, 1981, cité plus haut)

---

7. P. Mertens, dans « *Specimina* »…, *op. cit.* (n. 4), p. 3-4.

suivi, en 1994, d'une première monographie thématique sur *L'oph-talmologie dans l'Égypte gréco-romaine d'après les papyrus litté-raires grecs* (Leiden, Brill = Studies in Ancient Medicine, 8), qui donne l'édition de 6 papyrus, ainsi qu'un chapitre de synthèse sur la quinzaine de témoins contenant des prescriptions ophtalmolo-giques, puis, en 1998, d'une autre monographie sur *La chirurgie dans l'Égypte gréco-romaine d'après les papyrus littéraires grecs* (Leiden, Brill = Studies in Ancient Medicine, 17), qui rassemble l'édition de 7 papyrus, ainsi qu'un chapitre de synthèse sur d'autres témoignages relatifs à la pratique de la chirurgie dans l'Égypte gréco-romaine. Intéressé, dès 1983, par le projet de *Corpus*, l'Istituto papirologico « G. Vitelli » de Florence a finalement mis en chantier cette entre-prise sur le modèle du *Corpus dei Papiri Filosofici*, pour aboutir, en 2001, à la publication d'un premier volume intitulé *Greek Medical Papyri* (*a cura di* I. Andorlini, Firenze, Istituto papirologico « G. Vitelli », 2001, 82 p.), qui présente 15 textes, dont une partie d'inédits.

Notons qu'il s'agit là uniquement des papyrus littéraires. Pour les papyrus documentaires grecs de médecine (lettres de malades, de médecins, rapports légaux, documents officiels, contrats de nour-rices, inventaires de droguistes, étiquettes de momies, étiquettes de médicaments, etc.) et pour les papyrus magiques (du moins ceux, parmi les traités, charmes, invocations, amulettes, qui sont destinés à se prémunir de telle ou telle affection, ou à l'envoyer à son ennemi), on attend encore une étude d'ensemble. De fait, depuis la décou-verte de très nombreux témoins nouveaux, la vieille étude de Karl Sudhoff (« Ärztliches aus griechischen Papyrus-Urkunden », dans *Studien zur Geschichte der Medizin*, Heft 5/6, Leipzig, 1909) est complètement dépassée.

Perspectives

LES PAPYRUS LITTÉRAIRES GRECS DE MÉDECINE

On peut classer ces restes de livres de médecine de l'Égypte gréco-romaine que sont les papyrus de plusieurs manières. Pour ce faire, on peut suivre les différents critères d'analyse définis par la fiche Mertens-Pack[3] du CEDOPAL pour chaque témoin papyrolo-gique, à savoir, parmi les critères internes, l'auteur (lorsqu'il est connu) et la nature du contenu (titre de l'œuvre, sujet, discipline médicale, genre littéraire), et parmi les critères externes, la datation, la provenance, la forme (*volumen* ou *codex*, éventuellement tablette ou *ostracon*), le matériau (papyrus, parchemin, éventuellement bois, fragment de poterie ou éclat de calcaire), la mise en page et l'écriture.

a	n° MP³
b	AUTEUR (+ attribution/citation)
c	œuvre
d	référence
e	édition de base
f	lieu de conservation
g	institution
h	n° d'inventaire
i	date
j	provenance
k	forme
l	matériau
m	nombre de fragments, dimensions du plus grand ↔ x ↓
n	description (nombre de colonnes, marges)
o	main
p	reproduction
q	bibliographie

Le contenu

Non seulement le déchiffrement, l'édition et la traduction de ces textes peuvent sans cesse être améliorés, mais leur exégèse médico-historique peut également être continuellement approfondie, tandis que leur apport à l'histoire générale de la médecine peut aussi être précisé. En voici quelques exemples.

PSI inv. 3011 (MP³ 2388)

La révision de *PSI* inv. 3011 (MP³ 2388), dont nous préparons la réédition, a permis non seulement de repérer, dans la *Matière médicale* de Dioscoride, des passages parallèles, qui ont permis d'améliorer la lecture, la restitution et la compréhension du texte, mais aussi d'identifier un fragment appartenant très probablement à Antoninos de Cos. Ce papyrus daté du IIIe siècle de notre ère et de provenance inconnue conserve les restes de 31 lignes, dont les 6 premières correspondent à la fin d'une introduction, banale en médecine et commune à toutes les sectes (comparer not. Damocrate *ap.* Galien, *De compositione medicamentorum secundum genera* VI, 17 = XIII, 945, 6-7 et 13 Kühn ; Thessalos *ap.* Gal., *Méthode thérapeutique*, I, 2 = p. 16 dans l'éd. de D. Querleu-J. Boulogne-A. Gérard, *Stemma* 2, 1, Lille, 1992 ; Pseudo-Galien, *De optima secta ad Thrasybulum* VII = I, 118, 11-12 Kühn). La suite rassemble les opinions de quatre autorités médicales au sujet de produits différents, que l'on retrouve, sans nom d'auteur cependant, dans la *Matière médicale* I, 73-81 de Dioscoride : celle de Nicératos d'Athènes (activité au début de n. è.) à propos de l'asphalte liquide, celle d'Antoninos de Cos (dont on possède par ailleurs des fragments conservés par Galien, Aetius d'Amida et dans le *Corpus Hippiatricorum Graecorum*)[8] à propos de l'usage vétérinaire de la cédria, celle d'un Thessalien, dont le nom est perdu, au sujet du platane et celle d'un Milésien, dont le nom est également perdu, au sujet du peuplier blanc.

Les papyrus hippocratiques

Une étude d'ensemble des papyrus contenant des fragments de traités hippocratiques, des citations de ceux-ci, ainsi que des références à Hippocrate, a donné des indications utiles pour l'histoire du *Corpus hippocratique*, en Égypte, de la fin du IIIe siècle av. notre ère au VIe siècle de notre ère, notamment par le relevé des titres de traités cités (premier livre des *Maladies*, *Aphorismes*, *Épidémies*) et par celui des groupements de traités, qui apparaissent dans trois *codices*, tous retrouvés à Antinoopolis : *Nature de l'homme* et

---

8. Antoninos de Cos *ap.* Ascl. *ap.* Gal., *De antidotis* II, 11 (XIV, 168, 11-169, 1) et probablement aussi *De compositione medicamentorum secundum locos* V, 3 (XII, 843, 15-844, 7) ; Aetius, VII, 9, 4 ; 87 ; 103, 5 ; Hipp. Cant., VIII, 4 (éd. E. Oder et C. Hoppe, *Corpus Hippiatricorum Graecorum*, II [Leipzig, 1927], p. 136, 14-16) ; Hipp. Paris., 237 (II, p. 48, 5-6 Oder-Hoppe). Sur ce personnage, voir M. Wellmann, art. *Antoninus* (16), dans *RE*, I, 2, 1894, col. 2572. Sur *PSI* inv. 3011, voir notre article « Nouvelles perspectives dans l'étude des sources de Dioscoride », dans *Médecins et médecine dans l'Antiquité*, G. Sabbah éd. (Centre Jean-Palerne, Mémoires III), Saint-Étienne, 1982, p. 81-84.

Régime salutaire (qui, quoique édité séparément par Littré, représente en fait la fin de *Nature de l'homme*)[9] dans *P. Antin.* 3. 185
(MP³ 539.1), du VIᵉ siècle, *Pronostic* et *Aphorismes* dans *P. Antin.* 1.
28 (MP³ 543), du IIIᵉ siècle, et *Superfétation* et *Maladies des femmes*
I dans *P. Antin.* 3. 184 (MP³ 545.1), du VIᵉ siècle[10].

Les papyrus relatifs à la pharmacologie

La centaine de papyrus contenant plus de 400 recettes de
potions, poudres, collyres, cataplasmes, suppositoires, onguents,
emplâtres, pilules, pessaires, électuaires, collutoires, sternutatoires,
aphrodisiaques, dentifrices, à base de produits minéraux, végétaux
et animaux, destinées à soigner les affections les plus variées
(maladies des yeux ou de la peau, des reins, affections gynécologiques, blessures et plaies variées, strangurie, énurésie, constipation,
dysenterie, maux de tête, écoulements d'humeurs, douleurs, inflammations, ulcérations, chutes de cheveux, polypes, affections hépa-
tiques, insomnies, etc.), réclame un traitement particulier,
notamment pour l'identification des produits utilisés. C'est dans ce
but que Pierre Koemoth et nous-même avons préparé et mis en
ligne sur l'Internet la bibliographie *Pharmacopoea Aegyptia et
Graeco-Aegyptia*, qui réunit quelque 300 ouvrages et articles fondés
non seulement sur des sources tant littéraires que papyrologiques,

---

9. Sur cette question, voir J. Jouanna, *Hippocrate, De la nature de l'homme*, Berlin,
1975 (*CMG* I, 1, 3) ; Id., *Hippocrate*, Paris, 1992, p. 551-552.

10. Les restes d'un *volumen* daté de la fin du IIᵉ/début du IIIᵉ siècle (*P. Strasb.* inv.
G 26 = MP³ 539.2) contiennent, aux l. 16-17 de la colonne III, les mots « et dans le premier
livre des *Maladies*, lorsqu'il dit [...] ». Un fragment de *codex* en parchemin du IIIᵉ siècle
retrouvé à Antinoopolis (*P. Antin.* 1.28 = MP³ 543) porte, à la première ligne du verso, le
titre « *Aphorismes* d'Hippocrate ». Un fragment de *codex* en papyrus daté de la fin du
IIIᵉ/début du IVᵉ siècle (*P. Flor.* 2. 115 = MP³ 456.22) conserve un commentaire probable
de Galien au traité hippocratique *De l'aliment*, avec citation des chapitres 39 et 15 (IX,
112, 3 et 102, 16 Littré) et d'*Épidémies VI*, 5, 1 (V, 314 Littré). Cette dernière citation est
introduite par l'expression « selon Hippocrate qui dans les *Épidémies* dit que » (v°, 3-6).
Un fragment sur l'enseignement de la chirurgie daté de la fin du Iᵉʳ siècle de notre ère
(*BKT* 3. 22-26 [inv. 9764] = MP³ 2354) prend à témoin Hippocrate, dont est cité le début
du premier *Aphorisme* (I, 1 = IV, 458 Littré) : « La vie est brève, l'art est long. » Un traité
diététique retrouvé à Antinoopolis et daté du VIᵉ siècle (*P. Antin.* 3. 124 = MP³ 2380.1)
contient les mots « Hippocrate dans les *Aphorismes* dit que » (fr. 1, v°, 7). A ce propos,
voir notre article « Hippocrate et la médecine de l'Égypte gréco-romaine », dans *Hippocrate et sa postérité*, S. Byl éd., Bruxelles, 7-8 mai, 1999 (= *Revue de Philosophie ancienne*
19/2), Bruxelles, 2001 [2002], p. 39-62.

épigraphiques et archéologiques, mais aussi sur l'analyse scientifique des ressources naturelles de l'Égypte contemporaine [11].

La médecine alexandrine et les papyrus

Dans le cadre d'un projet de recherches du CEDOPAL sur la
civilisation alexandrine (voir la bibliographie *Alexandria docta*
réunie par Nathaël Istasse et accessible à l'adresse
http://www.ulg.ac.be/facphl/services/cedopal/ALEXDOCT.htm),
une première enquête sur les papyrus littéraires grecs de médecine
— spécialement ceux de provenance oxyrhynchite — a mis en évidence une influence très probable de la médecine et de l'érudition
alexandrines sur certains de ces textes [12].

La typologie

En fournissant des renseignements de première importance sur
le soin apporté à la copie, les circonstances de celle-ci et, en définitive, sur la destination du document et son commanditaire
éventuel, un examen externe permet de mieux comprendre la
portée de ces textes et leur rapport éventuel avec la pratique de la
médecine [13]. Un exemple évident est celui du fameux Anonyme de
Londres (*P. Lit. Lond.* 165, inv. 137 = MP³ 2339), daté de la
deuxième moitié du Iᵉʳ siècle de notre ère. Après avoir été longtemps considéré comme une copie, faite par un étudiant en
médecine, de notes de cours prises par un autre étudiant, ce texte
d'un abord difficile apparaît aujourd'hui, à la lumière des

---

11. La bibliographie *Pharmacopoea Aegyptia et Graeco-Aegyptia* est présentée
depuis juin 2003 sur le site http du CEDOPAL (www.ulg.ac.be/facphl/services/cedopal/
pharmeg.htm).

12. Voir notre article « L'"École médicale" d'Alexandrie et son influence sur la
médecine de l'Égypte gréco-romaine », dans *Atti del Convegno Internazionale In
memoriam Mirko D. Grmek. La trasmissione del sapere medico, Corpi, strumenti, testi,
immagini, Roma, 30 maggio-1 giugno 2002* (= Medicina nei secoli, 14/2), 2002 [2003],
p. 359-382.

13. Voir notre contribution « Bibliothèques et livres de médecine dans l'Égypte
gréco-romaine », à paraître dans *École pratique des Hautes Études. Section des sciences
historiques et philologiques. Livret-Annuaire 2001-2002* (Paris, 2003) ; voir aussi
G. Cavallo, « Galeno e la levatrice. Qualche riflessione su libri e sapere medico nel
mondo antico », dans *Atti del Convegno Internazionale In memoriam Mirko D. Grmek*
(cité n. 12), p. 407-416 ; J.-L. Fournet, « Un papyrus strasbourgeois inédit de Thucydide,
III 42, 1 ; 43, 3-4 », *Ktema* 27, 2002, p. 65-70, spéc. 69 : « Ainsi voit-on combien la forme
d'un livre peut refléter à elle seule la conception que les gens de l'époque se faisaient de
l'auteur qu'il contenait, autrement dit combien la bibliologie, loin d'être une donnée
contingente, peut être la traduction matérielle de faits culturels. »

recherches récentes de D. Manetti, qui en prépare une réédition depuis une quinzaine d'années[14], comme un ouvrage original et critique — très probablement même un autographe — qu'il faut étudier comme un tout, bien qu'il comprenne trois parties apparemment distinctes : à une série de définitions relevant de la nosologie (col. I-IV, 17 : définition de concepts fondamentaux en médecine comme *pathos* « affection », *diathesis* « condition », *nosos* « maladie », etc.), fait suite une section doxographique (nombreux *testimonia* uniques sur des médecins et philosophes des ve/ive s.) sur les causes des maladies, dérivée d'« Aristote », mais attribuée par H. Diels à Ménon, disciple d'Aristote (IV, 18-XXI, 9), à laquelle succède une section physiologique sur la digestion et l'assimilation de la nourriture (XXI-XXXIX, 32) faisant notamment référence à Aristote, mais aussi à Hérophile (330/20-260/50), Érasistrate (peut-être un peu plus jeune qu'Hérophile), Asclépiade de Bithynie (activité vers la fin du iie s. av. n. è.) et Alexandre Philalèthe (début de notre ère). L'auteur et scribe, qui a peut-être rédigé son ouvrage en Asie Mineure avant de l'apporter en Égypte, s'est servi de plusieurs sources, dont une péripatécitienne (Aristote ou un de ses disciples), pour son écrit, qui s'interrompt brusquement à la ligne 32 de la colonne 39.

---

14. L'Anonyme de Londres a été édité par H. Diels, « Anonymi Londinensis ex Aristotelis Iatricis Menoniis et Aliis Medicis Eclogae », dans *Supplementum Aristotelicum*, III, 1, Berlin, 1893 ; F. G. Kenyon, « Some Additional Fragments of the London Medical Papyrus », *Sitzungsberichte der Königlich Preussischen Akademie der Wissenschaften zu Berlin* 1, 1901, p. 1319-1321 ; W. H. S. Jones, *The Medical Writings of Anonymus Londinensis* (Cambridge, 1947, réimpr. Amsterdam, 1968). Pour les recherches les plus récentes, voir surtout D. Manetti, dans *Corpus dei papiri filosofici greci e latini*, I, 1*, Florence, 1989, p. 345-351 ; et aussi dans *Zeitschrift für Papyrologie und Epigraphik* 63, 1986, p. 57-74 ; 83, 1990, p. 219-233 ; 100, 1994, p. 47-58 ; Ead., « Saggio di edizione di P. Lit. Lond. 165 : la polemica contro Erasistrato sulla presenza di aria nelle arterie », dans *Storia e ecdotica dei testi medici greci*, A. Garzya éd., Naples, 1996, p. 307-317 ; Ead., « ΏΣ ΔΕ ΑΥΤΟΣ ΊΠΠΟΚΡΑΤΗΣ ΛΕΓΕΙ. Teoria causale e ippocratismo nell'Anonimo Londinese (VI 43 ss.) », dans *Hippokratische Medizin und antike Philosophie*, R. Wittern et P. Pellegrin éd. (Actes du VIIIe colloque international hippocratique), Hildesheim-Zürich-New York, 1996 (= Medizin der Antike, 1), p. 295-310 ; Ead., « Proposte di collocazione di due frammenti in PBritLibr inv. 137 (Anonimo Londinese) e nuove letture », dans « *Specimina* »..., *op. cit.* (n. 4), p. 141-152 ; Ead., « «Aristotle» and the Role of Doxography in the Anonymus Londinensis (PBrLibr inv. 137) », dans *Ancient Histories of Medicine. Essays in Medical Doxography and Historiography in Classical Antiquity*, Ph. Van der Eijk éd. (Studies in Ancient Medicine, 20), Leiden, 1999, p. 94-141 ; V. Nutton, s. v. *Anonymus Londiniensis*, dans *Der neue Pauly*, 1, 1996, col. 718-719.

LES PAPYRUS LITTÉRAIRES GRECS NON MÉDICAUX

A côté des papyrus médicaux, même les papyrus littéraires *stricto sensu* peuvent faire progresser notre connaissance de la médecine grecque. En voici deux exemples.

Le papyrus de Milan

Daté de la fin du IIIe siècle av. J.-C. et d'origine inconnue, le papyrus de Milan *P. Mil. Vogl.* 8.309 (MP³ 1435.01)[15] est une découverte papyrologique majeure de ces dernières années. Identifié par Guido Bastianini et Claudio Gallazzi en 1993, ce rouleau de 1,55 m de long sur 19,6 cm de haut conserve, sur 16 colonnes, environ 110 épigrammes (598 vers) attribuées à Posidippe de Pella, poète actif à Athènes, et surtout à la cour de Ptolémée II Philadelphe, à la fin du IVe/première moitié du IIIe siècle av. notre ère. Dans cette collection de poèmes — probablement une anthologie —, la section qui nous intéresse rassemble, sous le titre « *Iamatika* », 7 épigrammes de guérison, dont 1 est adressée à Apollon Pythien, 4 à Asclépios et 1 à Péan (épithète traditionnelle d'Asclépios)[16]. C'est le premier poème des *Iamatika* qui va retenir notre attention, car il apporte un témoignage nouveau sur les représentations d'individus émaciés ou atteints de consomption. Puisqu'il accompagne une offrande faite à la divinité, il fait partie des épigrammes votives.

1 οἷος ὁ χάλκεος οὗτος ἐπ᾽ ὀστέα λεπτὸν ἀνέλκων
2   πνεῦμα μόγι[ς] ζωὴν ὄμματι συλλέγεται,
3 ἐκ νούσων ἐσάου τοίους ὁ τὰ δεινὰ Λιβύσσης
4   δήγματα φαρμάσσειν ἀσπίδος εὑρόμενος
5 Μήδειος Λάμπωνος Ὀλύνθιος, ὧι πανάκειαν
6   τὴν Ἀσκληπιαδῶν πᾶσαν ἔδωκε πατήρ·
7 σοὶ δ᾽, ὦ Πύθι᾽ Ἄπολλον, ἑῆς γνωρίσματα τέχνης
8   λείψανον ἀνθρώπου τόνδ᾽ ἔθετο σκελετόν.

---

15. G. Bastianini, C. Gallazzi, *Posidippo di Pella, Epigrammi (P.Mil.Vogl. VIII 309)* (Papiri dell'Università degli Studi di Milano, VIII), Milan, Edizioni Universitarie de Lettere, Economia, Diritto, 2001. Voir aussi C. Austin, G. Bastianini, *Posidippi Pellaei quae supersunt omnia*, Milan, 2002, et B. Acosta-Hugues, E. Kosmetatou, *Posidippus, Epigrams, an Electronic edition of P. Mil. Vogl. VIII 309*, Washington, The Center of Hellenic Studies, 2002, sur le site http://www.chs.harvard.edu/classicsat/trans8.htm, ainsi que V. De Angelis (préf.), *Un poeta ritrovato : Posidippo di Pella. Giornata di studio, Milano 23 novembre 2001*, Milan, Edizioni Universitarie di Lettere, Economia, Diritto, 2002 (Università degli Studi di Milano. Dipartimento di Scienze dell'Antichità. Colloquium), et G. Bastianini, A. Casanova, *Il papiro di Posidippo un anno dopo. Atti del Convegno Internazionale di Studi Firenze 13-14 Giugno 2002*, Florence, 2002, spéc. p. 1-5 et 155-160 (*Studi e Testi di Papirologia*, NS 4).

16. G. Zanetto, « Posidippo e i miracoli di Asclepio », dans V. De Angelis (préf.), *op. cit.* (n. 15), p. 73-78.

1 « Comme ce bronze qui, attirant un faible souffle vers ses os,
2   rassemble avec peine de la vie dans ses yeux,
3 tels étaient ceux qu'il sauvait des maladies, lui qui sut administrer
4   médecine contre les terribles morsures de l'aspic de Libye,
5 Médeios, fils de Lampon, d'Olynthe, à qui son père
6   donna toute la panacée des Asclépiades.
7 A toi, ô Apollon Pythien, en reconnaissance de son art,
8   il dédicaça cette relique desséchée d'un homme. »

Comme l'indique le texte, l'offrande consistait en une représentation en bronze d'un patient qui, bien que n'ayant plus que la peau sur les os, un souffle imperceptible et à peine une étincelle de vie dans les yeux, a cependant été sauvé par le dédicant. Ce dernier est un médecin. Il se nomme Médeios, est originaire d'Olynthe en Chalcidique, et son père, dénommé Lampon, également médecin, lui a transmis son art, comme il était d'usage à l'époque. Notre Médeios était apparemment expert en toxicologie, puisqu'il a réussi à administrer un antidote contre les « terribles morsures » de l'aspic de Libye, identifié au cobra africain (*Naja haje*)[17]. Il est vrai que ce grand serpent, qui peut dépasser 2 m de long, inocule à sa victime, lorsqu'il mord, un neurotoxique pouvant entraîner la mort par asphyxie. Dans l'Antiquité, sa morsure était pratiquement toujours considérée comme fatale. Peut-être Médeios a-t-il trouvé lui-même le remède ? La divinité ainsi honorée étant Apollon Pythien, on a pu conjecturer que l'offrande était destinée au sanctuaire panhellénique de Delphes[18].

S'interrogeant, dans un article récent[19], sur ce médecin Médeios, Peter Bing a pu préciser son identification au moyen des sources documentaires grecques et démotiques. De fait, celles-ci évoquent un personnage de ce nom qui fut prêtre éponyme d'Alexandre et des *Theoi adelphoi* ou « Dieux frères » (c'est-à-dire Ptolémée II Philadelphe et sa sœur et épouse Arsinoé II), à Alexandrie, du 20 avril 259 au 8 mai 258, sous le règne de Ptolémée II Philadelphe (285-246), et qui, par ailleurs, aurait eu l'autorité pour percevoir la taxe royale dénommée *iatrikon*, cet impôt en nature levé, aux IIIe/IIe siècles av. notre ère pour l'entretien du

17. S. Spawls, B. Branch, *The Dangerous Snakes of Africa*, Halfway House (South Africa), Southern Book Publishers, 1995, p. 69-71. Pour l'identification de ce serpent, ainsi que la bibliographie y afférente, nous remercions vivement Mme le professeur Liliane Bodson, de l'Université de Liège.

18. Voir les commentaires de G. Bastianini, C. Gallazzi, *op. cit.* (n. 15), p. 221-223.

19. P. Bing, « Medeios of Olynthos, Son of Lampon, and the Iamatika of Posidippus », *Zeitschrift für Papyrologie und Epigraphik* 140, 2002, p. 297-300.

médecin officiel [20]. En tant que tel, Médeios, Grec émigré d'Olynthe, appartenait, sinon à la Cour, du moins au cercle des privilégiés qui entouraient les monarques alexandrins et, médecin par tradition familiale, il s'était illustré, et, peut-être, avait innové, dans un des domaines de prédilection de la médecine alexandrine : la toxicologie [21]. L'offrande de Médeios à Apollon consiste en une statue (ou statuette) de bronze, que l'on suppose accompagnée de sa dédicace en vers (notre épigramme), peut-être gravée sur un socle. Elle représente un homme qui, bien qu'à toute extrémité, sera cependant sauvé par le médecin, qui témoigne ainsi de la maîtrise éclatante de son art. Qu'elles fassent l'objet d'une offrande ou non, des représentations de ce genre sont évoquées par d'autres sources, littéraires et archéologiques, qui ont été rassemblées et décrites par le regretté M. D. Grmek et D. Gourevitch, dans leur ouvrage intitulé *Les maladies dans l'art antique* (Paris, 1998), au chapitre VI, consacré à la maigreur et à l'émaciation (p. 145-155). En raison de leurs traits communs avec l'offrande de Médeios, trois de ces témoignages retiendront particulièrement notre attention. Le premier, littéraire, est tiré de la *Description de la Grèce* X, 2, 6 de Pausanias (IIe s. de n. è.). A propos du sanctuaire de Delphes, le Périégète y écrit que, « parmi les offrandes faites à Apollon se trouvait une représentation (*mimèma*) en bronze d'[un homme souffrant d'une maladie] chronique dont les chairs avaient déjà fondu et auquel il ne restait plus que les os. Les Delphiens disaient que c'était une offrande d'Hippocrate le médecin » [22]. Dans leur commentaire, M. D. Grmek et D. Gourevitch font remarquer qu'« au temps de Pausanias, la statue de ce patient d'Hippocrate, déposée à Delphes au IVe siècle av. J.-C., n'existait plus ou, du moins, on ne pouvait pas la voir exposée dans le sanctuaire d'Apollon, car notre auteur n'aurait pas manqué de la mentionner. On a trouvé une inscription

20. O. Nanetti, « To iatrikon », *Aegyptus* 24, 1944, p. 119-125 ; voir aussi U. Wilcken, *Griechische Ostraka aus Ägypten und Nubien. Ein Beitrag zur antiken Wirtschaftsgeschichte*, I, Leipzig-Berlin, 1899, p. 375-377 ; A. Bouché-Leclercq, *Histoire des Lagides*, III, Paris, 1906, p. 30 ; Cl. Préaux, *L'économie royale des Lagides*, Bruxelles, Fondation égyptologique Reine Élisabeth, 1939, p. 45, 132, 401 et 421 ; D. Lippi, « Breve nota sullo iatrikon », *Bulletin of the American Society of Papyrologists* 20, 1983, p. 135-136 ; P. A. Stimolo, « Lo iatrikon », *Epigraphika* 64, 2002, p. 17-27.

21. A. Touwaide, « Galien et la toxicologie », dans W. Haase, H. Temporini, *Aufstieg und Niedergang der Römischen Welt*, II, 37, 2, Berlin-New York, De Gruyter, 1994, p. 1887-1986.

22. Pausanias, X, 2, 6, éd. M. H. Rocha Pereira, vol. III, Leipzig, Teubner, 1981, p. 90, l. 23-27.

dédicatoire sur une pierre qui pourrait bien avoir été le socle de la statue hippocratique. Le texte en est mutilé, mais il est certain qu'on y parle d'Hippocrate le Thessalien (ou de Thessalos fils d'Hippocrate), d'aide divine et de guérison des maladies »[23]. Le deuxième témoignage, archéologique, est une petite figurine en bronze (h. : 11,5 cm) qui pourrait dater de l'époque d'Auguste. Elle représente un homme squelettique assis et porte une inscription où l'on déchiffre les deux mots grecs Eudamidas et Perdik[ ]. Découverte en 1844 dans l'Aisne, près de Soissons, elle est aujourd'hui conservée dans les collections de Dumbarton Oaks, à Washington[24]. Immédiatement mise en rapport avec le texte de Pausanias, elle a fait l'objet de diverses interprétations, jusqu'à ce que F. Chamoux, en la rapprochant d'une mosaïque de Lambiridi, y reconnaisse une illustration du thème fameux du roi de Macédoine Perdiccas II qui, se croyant atteint de phtisie après la mort de son père Alexandre Ier, est guéri en réalité de son mal d'amour par Hippocrate[25]. Eudamidas pourrait être le nom du dédicant. Notre troisième témoignage, également archéologique, est précisément la mosaïque de Lambiridi, datée de la fin du IIIe siècle de notre ère. Trouvée, en 1918, près de Batna, en Algérie, dans la tombe de Cornelia Urbanilla, elle est exposée au Musée d'Alger et a fait, elle aussi, l'objet de plusieurs interprétations. Elle représente, au centre d'un médaillon de 76 cm de diamètre, une scène de consultation médicale entre un médecin — qui pourrait être Hippocrate — et un malade décharné — qui pourrait être Perdiccas — à qui il prend le pouls (remarquez l'anachronisme du procédé s'il s'agit d'Hippocrate de Cos). Sous le médaillon, on lit l'inscription grecque suivante, qui convient bien à un contexte funéraire : « Je n'étais pas, je suis devenu. Je ne suis plus, peu m'en chaut. »[26]

Si les trois témoignages évoqués plus haut attestent, dans des représentations figurées, le lien entre un médecin, qui peut être Hippocrate, le médecin par excellence, et un patient atteint de

---

23. M. D. Grmek, D. Gourevitch, *Les maladies dans l'art antique*, Paris, 1998, p. 147-148, et n. 13-16, p. 388. Pour l'inscription (Musée de Delphes, Inv. n° 2255), voir notamment J. Jouanna, *op. cit.* (n. 9), 1992, p. 54-55.

24. Dumbarton Oaks, Acc. no. 47.22. Sur cette statuette, voir G. M. A. Richter, *Catalogue of the Greek and Roman Antiquities in the Dumbarton Oaks Collection*, Cambridge (Mass.), 1956, p. 32 sqq., n° 17 et pl. 14 ; F. Chamoux, « Perdiccas », dans *Hommages à Albert Grenier*, M. Renard éd., Bruxelles, 1962, p. 384-396 ; M. D. Grmek, D. Gourevitch, *op. cit.* (n. 23), p. 148-152, avec reproduction.

25. Sur ce thème, voir notamment J. Jouanna, *op. cit.* (n. 9), p. 50-51.

26. M. D. Grmek, D. Gourevitch, *op. cit.* (n. 23), p. 152-155, avec reproduction.

consomption, la relation de Pausanias prouve, comme l'épigramme
de Posidippe, que, dès l'époque d'Hippocrate, des médecins
dédiaient des représentations de ce genre à la divinité. Dans ce cas,
il s'agissait, non d'ex-voto de malades, mais bien d'offrandes de
médecins en reconnaissance de l'excellence de leur art, qui leur
avait permis de sauver d'une mort quasi certaine des patients
atteints au point de n'avoir plus que la peau sur les os. Ainsi que le
suggère le texte de l'épigramme de Posidippe, où le médecin
Médeios se vante d'avoir sauvé ces derniers « de maladies »
(νούσων) sans autre précision, il vaut mieux éviter, semble-t-il, de
vouloir poser un diagnostic trop précis en face de telles représentations qui, à défaut du faciès hippocratique, peut-être trop difficile à
rendre ou considéré comme inesthétique, et sans doute conformément à des conventions artistiques, voire par euphémisme, traduisent ainsi l'imminence de la mort. Du reste, avec l'histoire (on
pourrait même parler de roman !) de Perdiccas, cet état, qui affecte
de préférence un jeune adulte, et son apparence frappante ne manquent pas non plus de références littéraires.

Les manuels de tachygraphies

Parmi les papyrus sublittéraires ou paralittéraires, une mine à
exploiter est celle des manuels de tachygraphie — syllabaires et
commentaires — datés surtout de la période byzantine (IIIᵉ-VIᵉ s.),
mais également d'époque romaine[27]. Les *Commentaires* (Κομεν-
τάρια), en particulier, fournissent, avec les signes (σημεῖα) qui leurs
correspondent, de longues listes de mots généralement groupés par
quatre (d'où le nom de « tétrades ») autour d'un thème : la géo-
graphie, la religion et la mythologie, etc., et aussi la médecine. Ainsi,
quinze tétrades au moins sont consacrées aux parties du corps,
classées dans l'ordre *a capite ad calcem* (environ 70 mots), au moins
une, au médecin (n° 95 : ασθενειν / θεραπευειν / βοηθων / ιατρος), et
vingt, aux plantes, herbes et substances médicamenteuses. Par
exemple, comme l'a récemment relevé G. Menci[28], la tétrade 170

27. N. Lewis, « Shorthand Writers », *Comunicazioni* 5, Florence, 2003, p. 14-27, et
aussi H. J. S. Milne, *Greek Shorthand Manuals. Syllabary and Commentary Edited from
Papyri and Waxed Tablets in the British Museum and from the Antinoë Papyri in the Possession of the Egypt Exploration Society*, Londres, Egypt Exploration Society, 1934 ;
J. Stroux, « Aus einem KOMENTAPION griechischer Kurzschrift », *Philologus* 90, 1935,
p. 78-89.
28. G. Menci, « Echi letterari nei papiri tachigrafici », dans I. Andorlini, G. Bastianini, M. Manfredi, G. Menci (*a cura di*), *Atti del XXII Congresso Internazionale di Papirologia. Firenze, 23-29 agosto 1998*, II, Florence, 2001, p. 927-936. Voir aussi Ead., « PSI

fait référence à l'effet narcotique de la mandragore (μανδραγοραν / εξαπινος / κοιμαται / πιων), la 252 aux propriétés sédatives de l'el-lébore (παρανοιαν / ελλεβορον / ησυχιαν εχ[ει] / ψυγομαι), la 658 associe à l'ellébore le terme ἀλεξιφάρμακον (αλεξιφαρμακον / ενλε-βορον / οδωδεν / πισσα), la 636 fait allusion à la préparation du μαλά-βαθρον (μαλαβαστρον / εψεται / πολαπλασιον / ϝειρογμη[τον). Bien plus, un commentaire tachygraphique provenant du Fayoum et daté du milieu du IIᵉ siècle de notre ère (*P. Fay. Coles* 9 = MP³ 2764.2)²⁹ atteste, dans une tétrade, le nom d'Hippocrate, accompagné d'un et peut-être deux vocables médicaux (l. 33-35 : υπωπια[/ ιπποκρατ[/ οδ[υνη ?). On le voit, ces papyrus, qui prouvent l'utilisation courante de tels mots par des scribes tachygraphes, donnent des indications précieuses sur la dictée et l'édition d'ouvrages médicaux dans l'Égypte romaine et byzantine.

LES PAPYRUS DOCUMENTAIRES

Bien plus nombreux que les papyrus littéraires, les papyrus documentaires (documents officiels, rapports légaux, contrats de nourrices, lettres privées, signalements, certificats de décès, éti-quettes de momies, inventaires de droguistes, étiquettes de médica-ments conservés sur papyrus donnent une foule d'informations sur le genre de vie, l'état sanitaire, l'alimentation, l'hygiène, les acci-dents, maladies et épidémies des autochtones, ainsi que sur la démo-graphie et l'organisation de la médecine, etc. Cependant, une synthèse actuelle sur le sujet reste encore à faire. Eu égard à l'am-pleur du corpus, qui ne cesse de croître, il faudra sans doute, là aussi, mettre sur pied une entreprise internationale. Parmi les découvertes récentes, citons, par exemple, un papyrus de Florence (*P. Laur.* inv. III/376) daté du IVᵉ siècle de notre ère et de provenance inconnue, qui, dans une liste de payements à diverses personnes, atteste, pour la première fois, le substantif ὀνοϊατρός (v°, l. 3)

Inv. 2020 : commentario tachigrafico », *Anagennesis* 1, 1981, p. 31-34 ; Ead., « Il Commen-tario tachigrafico », dans *Proceedings of the XIXth International Congress of Papyrology*, II, Le Caire, 1992, p. 451-465 ; Ead., « Per una schedatura computerizzata dei sillabari tachigrafici », dans *Proceedings of the 20th International Congress of Papyrologists*, Copenhague, 1994, p. 621-627 ; Ead., « Latinismi nei papiri tachigrafici », *Papyrologica Lupiensia* 9, 2000, p. 277-295.

29. Le papyrus a été édité par R. Coles, dans *Zeitschrift für Papyrologie und Epi-graphik* 6, 1970, p. 257-259, et commenté par G. Menci, dans *Atti XXII C.I.P.*, II, Florence, 2001, p. 932-933.

— c'est-à-dire « médecin des ânes » — alors que, jusqu'ici, on ne connaissait, pour désigner le vétérinaire, que le terme ἱππιατρός[30].

LES PAPYRUS MAGIQUES

Une centaine de papyrus magiques — traités, formulaires, charmes, invocations, amulettes — attestent des noms de maladies, d'instruments, et de drogues entrant dans la composition de recettes magico-médicales. Confiée à une de nos élèves, M. de Haro Sanchez, une étude est actuellement en cours au CEDOPAL afin de repérer tous ces textes, y étudier les références médicales et les soumettre à un examen codicologique, en vue de dégager une typologie susceptible d'éclairer, autant que faire se peut, la personnalité et les intentions des possesseurs de tels documents.

Conclusion

Choisis parmi beaucoup d'autres, ces quelques exemples montrent que, si l'étude des papyrus grecs de médecine a fait de nombreux progrès depuis la fin du XIXe siècle, spécialement ces trente dernières années, un travail très important d'édition, de réédition, d'exégèse et de synthèse reste à faire, tandis que s'ouvrent aux papyrologues et historiens de la médecine de nouvelles pistes de recherche (examen systématique des papyrus littéraires *stricto sensu*, des papyrus documentaires et magiques), qui promettent déjà de passionnantes découvertes. Dans un certain sens, la papyrologie, qui permet un contact nouveau, direct et concret avec des textes dont la découverte est souvent le fruit du hasard, peut contribuer à une nouvelle Renaissance des lettres classiques, y compris en histoire de la médecine.

Marie-Hélène MARGANNE

---

30. H. Harrauer, R. Pintaudi, « Zehn neue Papyri der Biblioteca Medicea Laurenziana mit neuen Kleinigkeiten », *Analecta Papyrologica* 10-11, 1998-1999 [2000], p. 104-108.

MÉDECINE GRECQUE ET MÉDECINE ARABE : LE MÉDECIN DOIT-IL ÊTRE PHILOSOPHE ?

Si l'expression « médecine grecque », consacrée par l'usage, n'appelle généralement pas de glose explicative, il n'en est pas de même de son homologue « médecine arabe », qui prête davantage à discussion. Pour éviter tout malentendu, précisons que nous y recourons ici pour désigner la médecine qui fut écrite en arabe pendant la période correspondant au Moyen Âge occidental. C'est, en effet, le sens le plus courant qui lui est donné, avec pour inconvénient d'orienter l'étude qui en est faite en direction d'utilisateurs privilégiés que sont les spécialistes d'une part de la médecine grecque, d'autre part de la médecine médiévale occidentale. Dans le premier cas, cette étude vient en aide aux philologues pour amender des éditions ou reconstruire des filiations, voire restituer le contenu de textes grecs perdus. Dans le second cas, limitée aux œuvres arabes qui furent traduites en latin entre le XIᵉ et le XIIIᵉ siècle, elle sert à écrire l'histoire du renouveau médical occidental. L'une et l'autre perspectives laissent échapper de larges pans de cette médecine, dont l'intérêt intrinsèque passe alors au second plan. L'étudier dans sa propre histoire ne va d'ailleurs pas de soi, car, comme l'a écrit Manfred Ullmann : « La médecine arabe s'apparente [...] à un tableau fourmillant de couleurs diverses. »[1] En laissant même de côté la médecine dite « du Prophète », qui prétend refuser les apports étrangers, la diversité des couleurs prises par les œuvres qui revendiquent un héritage venu de cultures non islamiques semble interdire toute interprétation synthétique. A la diversité des lieux et des époques où ces œuvres furent écrites s'ajoute l'éclectisme et l'abondance des sources d'inspiration, telles qu'elles furent alimentées par les traductions non seulement du grec et du syriaque, mais du pehlvi, parfois lui-même porteur de savoirs

---

1. M. Ullmann, *La médecine islamique*, Paris, 1995, p. 30 [trad. de M. Ullmann, *Islamic Medicine*, Édimbourg, 1978].

indiens[2]. Au sein de cette diversité qui ne fait que refléter l'expansion du monde musulman, existent toutefois des facteurs d'unité : outre la langue arabe elle-même et l'affirmation d'un rattachement à la tradition hippocratique, perçue comme fondatrice, la prévalence d'un modèle physiologique défini comme galénique. La médecine arabe était en cela tributaire des choix faits dans l'Antiquité tardive, notamment à Alexandrie, mais avec des infléchissements notables et l'expression d'originalités marquées d'un auteur à l'autre.

De la grande diffusion que connurent les *Questions sur la médecine* de Ḥunain ibn Isḥāq et de son neveu Ḥubaiš il ne convient pas de conclure que s'étendit, uniformément sur la médecine écrite en terre d'islam, un « galénisme arabe » continuateur direct, avec quelques modifications de détail, d'un galénisme alexandrin[3]. Outre le fait que les *Questions* de Ḥunain-Ḥubaiš constituaient elles-mêmes un ensemble assez hétérogène, nombre d'auteurs se démarquèrent du mode d'organisation du savoir médical qu'elles proposaient et entreprirent de lire les œuvres de Galien sans leur apposer ce filtre[4]. Parmi les lecteurs attentifs des traités originaux,

---

2. Outre l'ouvrage de Manfred Ullmann cité ci-dessus, on se reportera, pour une approche globale de la médecine arabe à : E. Savage-Smith, « Médecine », dans *Histoire des sciences arabes*. 3, *Technologie, alchimie et sciences de la vie*, R. Rashed éd., Paris, 1997, p. 155-212 ; *Storia della scienza*. III, *La civiltà islamica*, R. Rashed, R. Morelon et U. Weisser éd., Rome, 2002 ; M. Ullmann, *Die Medizin im Islam*, Leyde-Cologne, 1970 ; F. Sezgin, *Geschichte des arabischen Schrifttums*. III, *Medizin – Pharmazie – Zoologie – Tierheilkunde bis ca. 430 H.*, Leyde, 1970.

3. De l'abondante bibliographie sur ce sujet, nous retiendrons les travaux pionniers et les études les plus récentes : M. Meyerhof, « Von Alexandrien nach Baghdad : ein Beitrag zur Geschichte des philosophischen und medizinischen Unterrichts bei den Araben », *Sitzungsberichte der Preussischen Akademie der Wissenschaften, Phil.-hist.kl.*, 23, 1940, p. 389-429 ; O. Temkin, *Galenism : Rise and decline of a medical philosophy*, Ithaca-Londres, 1973 ; G. Strohmaier, « "Von Alexandrien nach Baghdad" – eine fiktive Schultradition », dans *Aristoteles, Werk und Wirkung*, J. Wiesner éd., Berlin-New York, 1987, vol. 2, p. 380-389 ; J. Lameer, « From Alexandria to Baghdad : reflections on the genesis of a problematical tradition », dans *The ancient tradition in Christian and Islamic Hellenism*, G. Endress et R. Kruk éd., Leyde, 1997, p. 181-191 ; *Galenismo e medicina tardoantica, Fonti greche, latine e arabe*, I. Garofalo et A. Roselli éd., Naples, 2003.

4. Sur l'hétérogénéité des *Questions* de Ḥunain-Ḥubaiš, voir : D. Jacquart, N. Palmieri, « La tradition alexandrine des *Masā' il fī ṭ-ṭibb* de Ḥunain ibn Isḥāq », dans *Storia e ecdotica dei testi medici greci*, A. Garzya et J. Jouanna éd., Naples, 1996, p. 217-236. Pour un aperçu (non à jour) des versions arabes des œuvres de Galien, voir : M. Ullmann, *op. cit.* (n. 2), p. 35-68, F. Sezgin, *op. cit.* (n. 2), III, p. 68-140, V (Leyde, 1974), p. 405-408, VII (Leyde, 1979), p. 376-377 ; G. Strohmaier, « Galen in Arabic : Prospects and Projects », dans *Galen : Problems and prospects*, V. Nutton éd., Londres, 1981, p. 187-196 ; E. Lieber, « Galen in Hebrew : the transmission of Galen's works in the medieval Islamic world », *ibid.*, p. 167-186.

tels qu'ils avaient été traduits en arabe, trois auteurs de renom, entre le IXe et le XIIe siècle, se distinguent particulièrement, Rāzī, Avicenne et Averroès qui, à des degrés divers, se firent aussi critiques sur des propositions précises. A y regarder de près, leurs prises de position envers les énoncés galéniques sont en étroite relation avec leurs conceptions respectives des rapports entre médecine et philosophie. Si tous trois admettent, en continuité sur ce point avec l'enseignement alexandrin tardif[5], la nécessaire existence de liens entre les deux disciplines, leurs perceptions respectives de la relation de dépendance de l'une envers l'autre diffèrent, ce qui n'est pas sans incidence sur le contenu attribué par chacun à la théorie et à la pratique médicales. Cette incidence fut d'autant plus forte que ces auteurs étaient tous trois philosophes et, en ce qui concerne Avicenne et Averroès, des philosophes dont l'œuvre eut une portée considérable.

Né à Rayy, faubourg de l'actuel Téhéran, en 865, et mort en cette même ville entre 925 et 935, Abū Bakr Muḥammad ibn Zakarīyā al-Rāzī, passa une partie de sa vie à Bagdad. L'historiographie moderne a volontiers emprunté ses accents à la littérature hagiographique pour évoquer la contribution de Rāzī à l'histoire de la médecine[6]. Il y apparaît d'abord sous le jour d'un remarquable clinicien, dont le *Kitāb al-Ḥāwī fī l-ṭibb* (« Encyclopédie de la médecine », *Continens*), mis en ordre à partir de notes par des disciples à titre posthume, donne toute la mesure. Aux nombreux cas décrits dans ce vaste ensemble, qui reproduit aussi une multitude de citations d'autorités grecques, indiennes ou arabes, il faut ajouter près de neuf cents autres consignés dans un *Kitāb al-Taǧārib* (« Livre des expériences »). D'autres encore, disséminés dans plusieurs œuvres, ont moins la fonction d'enregistrer des faits observés, comme les précédents cités, que d'illustrer un propos. Se trouvent ainsi reprises à la fois la tradition des *Épidémies* hippocratiques et la rhétorique galénique des récits de cas[7]. Parallèlement à ses

---

5. M. Roueché, « Did medical students study philosophy in Alexandria ? », *Bulletin of the Institute of Classical Studies* 43, 1999, p. 153-169.

6. Pour une mise au point sur la vie et l'œuvre de Razî, voir : L. Richter-Bernburg, « Abū Bakr Muḥammad ibn Zakarīyā al-Rāzī (Rhazes) medical works », *Medicina nei secoli* 6, 1994, p. 377-399.

7. C. Álvarez-Millán, « Graeco-Roman case histories and their influence on medieval Islamic clinical accounts » et « Practice versus theory : tenth-century case histories from the Islamic Middle East », *Social History of Medicine* 12, 1999, p. 19-43, et 13, 2000, p. 293-306.

mérites de clinicien, Rāzī est ensuite loué pour avoir « osé » critiquer Galien. Il doit cette gloire à l'un de ses traités, le *Kitāb al-
Šukūk ʻalā Ǧālīnūs* (« Livre des doutes sur Galien »)[8]. Le genre des
traités consacrés aux apories, aux contradictions relevées chez une
autorité fut, en réalité, bien représenté dans le monde arabe[9] ; en
outre, des critiques plus fondamentales que celles portées par Rāzī
furent émises à l'encontre de Galien par d'autres auteurs (dont Avicenne et Averroès) dans des ouvrages qui n'affichaient pas ce
propos principal. Plus que cette ouverture critique, c'est la connaissance profonde et étendue qu'eut Rāzī des œuvres galéniques qui
doit être remarquée[10].

Les critiques portées dans le *Kitāb al-Šukūk* sont de deux
ordres : la rectification des descriptions cliniques à la lumière d'observations personnelles et, surtout, le relevé de contradictions
logiques ou d'insuffisances dans le raisonnement. Nombre de critiques appartenant à la seconde catégorie portent sur des sujets à
l'intersection de la médecine et de la philosophie. C'est ainsi que
plusieurs pages sont consacrées au commentaire sur *Nature de
l'homme* et au traité *De elementis secundum Hippocratem*, envisagés conjointement. Rāzī vise à y montrer que dans ces deux
œuvres Galien n'a pas usé d'un raisonnement suffisamment
rigoureux pour apporter une preuve convaincante en faveur du
rejet de l'idée d'un élément primordial unique, et donc de l'ato-
misme[11]. Comme le suggèrent des développements contenus dans
le *Kitāb al-Šukūk* et comme l'attestent les attaques portées par ses
détracteurs, Rāzī adopta une théorie corpusculaire dans la ligne du
Timée de Platon[12].

En dépit de points de désaccord particuliers, Rāzī reprend pleinement à son compte l'idée que l'excellent médecin doit être philo-

---

8. Le texte ne nous en est parvenu que dans trois manuscrits tardifs (deuxième
moitié du XVIIᵉ s.) et défectueux. En attendant l'édition critique préparée par F. Zimmermann et M. Bar-Asher, le texte peut être consulté dans Muhammad ibn Zakariyyâ al-
Râzî, *Kitâb al-Shukûk ʻalâ Jâlînûs*, edited by Mehdi Mohaghegh, Téhéran, 1993.

9. Citons, parmi les plus célèbres, le « Livre des doutes sur Ptolémée » d'Ibn al-
Hayṯam (XIᵉ s.).

10. Pour les citations contenues dans le *Kitāb al-Šukūk*, voir G. Strohmaier,
« Bekannte und unbekannte Zitate in den *Zweifeln an Galen* des Rhazes », dans *Text and
Tradition, Studies in ancient medicine and its transmission presented to Jutta Kollesch*,
Kl.-D. Fischer, D. Nickel et P. Potter éd., Leyde-Bonn-Cologne, 1998, p. 263-287.

11. *Op. cit.* (n. 8), p. 36-43.

12. S. Pines, *Beiträge zur islamischen Atomenlehre*, Gräftenhainichen, 1936, p. 34-93 ;
Id., « Razi critique de Galien », dans S. Pines, *Collected Works*. II, *Studies in Arabic versions of Greek texts and in medieval science*, Jérusalem-Leyde, 1986, p. 256-263.

sophe, pour reprendre le titre bien connu d'un ouvrage de Galien [13], et que son art propose, tout comme la philosophie, une règle de vie [14]. D'après les bribes qui peuvent être reconstituées de l'œuvre philosophique de Rāzī en majeure partie perdue, sa cosmogonie reposait sur le postulat de cinq principes co-éternels : le Créateur, l'Âme, la Matière, le Temps et l'Espace [15]. Divisée en particules d'une extrême petitesse la Matière s'est combinée avec le vide pour former les quatre éléments et la sphère céleste. Le monde est né de la conjonction de l'Âme et de la Matière, mais dans cette opération l'Âme unie au monde sensible oublie sa vraie nature. Le Créateur, par compassion, lui envoie la raison qui participe de la substance divine. C'est par la réflexion philosophique que l'âme peut s'élever et se libérer du monde sensible. En conformité avec un passage du *Phédon* de Platon (67b-c), la philosophie opère la purification des âmes. Si l'essentiel de la cosmogonie de Rāzī n'est connu qu'indirectement par les attaques portées par ses détracteurs ou par les indications données par son illustre défenseur, le philosophe omniscient al-Bīrūnī (973-1048) [16], ses conséquences pour la vie morale sont exposées dans un *Kitāb al-ṭibb al-rūḥānī* (« Livre de la médecine spirituelle ») qui nous est par chance conservé [17]. Ce traité des passions et de leur maîtrise par la raison se place sous l'égide de

---

13. *Quod optimus medicus sit quoque philosophus*, traduit en arabe sous le titre *Kitāb fi anna l-ṭabīb al-fāḍil failasūf* (P. Bachmann éd., *Nachrichten der Akademie der Wissenschaften in Göttingen, phil. hist. kl.*, 1965).

14. Parmi les études consacrées à la morale chez Galien, citons, pour une première approche, outre les articles rassemblés dans *Médecine et morale dans l'Antiquité*, H. Flashar et J. Jouanna éd., Genève, 1997 (*Entretiens sur l'Antiquité classique* XLIII) : W. Riese, « La pensée morale de Galien », *Revue philosophique* 153, 1963, p. 331-346 ; P. Moraux, « Galien comme philosophe : la philosophie de la nature », dans *Galen : Problems and prospects, op. cit.* (n. 4), p. 87-116 ; M. Maróth, « Galen als Seelenheiler », dans *Galen und das hellenistische Erbe*, J. Kollesch et D. Nickel éd., Stuttgart, 1993, p. 145-155.

15. F. Brion, « Le temps, l'espace et la genèse du monde selon Abū Bakr al-Rāzī. Présentation et traduction des chapitres 1, 3-4 du *Kitāb aʿlām al-nubuwwa* d'Abū Ḥatim al-Rāzī », *Revue philosophique de Louvain* 87, 1989, p. 139-164.

16. Voir notamment G. Strohmaier, *Al-Bīrūnī, In den Gärten der Wissenschaft*, Leipzig, 1988, p. 145-148.

17. Édition du texte arabe par Paul Kraus : *Abi Bakr Mohammadi Filii Zachariae Raghensis (Razis) Opera Philosophica fragmentaque quae supersunt*, Le Caire, 1939 ; D. Gutas, « Notes and texts from Cairo Mss., I : Addenda to P. Kraus' edition of Abu Bakr al-Razi's *Al-Tibb al-Rûhânî* », *Arabica* 24, 1977, p. 91-94. Traduction en anglais par Arthur J. Arberry : *The Spiritual Physics of Rhazes*, Londres, 1950. Traduction en français par Rémi Brague : Muhammad ibn Zakarîyyâ al-Râzî (Rhazès), *La médecine spirituelle*, Paris, 2003. C'est à cette traduction française que nous nous référerons, car elle comporte une annotation incluant les acquis des travaux les plus récents sur Rāzī et Galien.

Platon, qualifié de *šaiḫ* des philosophes [18], mais il doit beaucoup à
Galien, même si celui-ci n'est cité nommément qu'à deux reprises.
A la première occurrence, c'est un chapitre entier « Sur la façon
dont l'homme prend connaissance des défauts de son âme » que
Rāzī présente comme un résumé du traité de Galien « Sur la façon
dont on peut connaître ses défauts ». En est notamment retenue
l'idée selon laquelle il est bon de se renseigner sur ses propres
défauts auprès d'un témoin extérieur, ami ou ennemi. A ce propos
est aussi cité le traité perdu en grec « Que les gens de bien peuvent
tirer profit de leurs ennemis » [19]. La seconde référence explicite fait
allusion aux colères de la mère de Galien, en confondant d'ailleurs
avec une autre anecdote [20]. L'utilisation de Galien est cependant
beaucoup plus fournie que ne le laisseraient supposer ces deux
seules références explicites. Outre le *Protreptique*, d'autres sources
d'inspiration ont pu être mises en évidence : *De placitis Hippocratis
et Platonis*, *Quod animi mores*, *Compendium Timaei Platonis*, *De
sophismatis*, ainsi que *De indolentia* aujourd'hui perdu [21].

Des choix au sein des propositions galéniques sont néanmoins
opérés et Rāzī laisse de côté le Galien réduisant l'âme à la complexion pour suivre celui qui, de manière plus ambiguë, fait parti-
ciper au divin la part rationnelle de l'âme [22]. Dans le *Kitāb al-ṭibb*

---

18. *La médecine spirituelle*, p. 72.

19. *Ibid.*, p. 82-85. Sources galéniques : *De propriorum animi cuiuslibet affectuum
dignotione et curatione*, *De animi cuiuslibet peccatorum dignotione et curatione*,
W. De Boer éd., Leipzig-Berlin, 1937, p. 3-9 ; trad. fr. par V. Barras, T. Birchler,
A. F. Morand : *L'Âme et ses passions : Les Passions et les erreurs de l'âme, les Facultés de
l'âme suivent les tempéraments du corps*, Paris, 1995, p. 5-10. Sur le traité perdu en grec,
Māqala fī anna l-aḫyār min an-nās qad yantafī 'ūna bi-a'dā'ihim, conservé en arabe seulement à travers des extraits, voir M. Ullmann, *op. cit.* (n. 2), p. 65. Sur le jugement porté
par un témoin extérieur, chez Galien, voir J. Pigeaud, *La maladie de l'âme, Étude sur la
relation de l'âme et du corps dans la tradition médico-philosophique antique*, Paris, 1981,
p. 67-70.

20. *La médecine spirituelle*, *op. cit.* (n. 17), p. 120, mêlant *De propriorum animi cuiuslibet affectuum dignotione et curatione* 8 et 4-5 (éd. De Boer p. 27 et 12).

21. Les références précises à ces sources d'inspiration non citées explicitement par
Rāzī sont indiquées dans les notes de Rémi Brague, qui fait un large usage de : M. Zonta,
*Un interprete ebreo della filosofia di Galeno. Gli scritti filosofici di Galeno nell'opera di
Shem Tob ibn Falaquera*, Turin, 1995. Étude approfondie sur l'influence de Galien sur la
morale de Rāzī : M. Bar-Asher, « Quelques aspects de l'éthique d'Abū Bakr al-Rāzī et ses
origines dans l'œuvre de Galien », *Studia Islamica* 69, 1989, p. 5-38, et 70, 1989, p. 119-147.

22. Voir V. Nutton, « God, Galen and the depaganization of ancient medicine »,
dans *Religion and medicine in the Middle Ages*, P. Biller et J. Ziegler éd., York, 2001, p. 15-
32 ; H. von Staden, « Galen's daimon : reflections on "irrational" and "rational" », dans
Rationnel et irrationnel dans la médecine ancienne et médiévale, N. Palmieri éd., Saint-
Étienne, 2003, p. 15-43.

al-rūḥānī, Rāzī expose la théorie platonicienne des trois âmes et insiste sur leurs liens de dépendance. Si l'âme végétative ou désirante se confond avec la complexion du foie, l'âme animale ou irascible avec la complexion du cœur, l'âme rationnelle se sert de la complexion du cerveau comme d'un instrument mais ne se confond pas avec elle. Envoyée par le Créateur, elle garde sa participation au divin et ses erreurs sont imputables à elle-même : « Le défaut dans l'activité de l'âme rationnelle consiste à ce qu'il ne lui vienne pas à l'esprit de s'étonner devant ce monde, de l'admirer, d'y réfléchir, de s'en émerveiller, d'aspirer à connaître tout ce qui est en lui, et en particulier <d'avoir> la science du corps dans lequel elle est, de sa propre condition et de son avenir après la mort du corps. » L'erreur peut venir aussi d'un excès dans l'activité de l'âme rationnelle, lorsqu'elle se laisse envahir par la seule méditation sur ces sujets et par le seul désir de connaissance, en oubliant de subvenir aux besoins de l'âme végétative, au risque de voir se corrompre la complexion du corps tout entier et s'installer la mélancolie[23]. La science du corps fait ainsi partie du projet philosophique et, davantage encore, son acquisition est au nombre des conditions pour qu'après la mort l'âme puisse être convenablement libérée du corps. Il reste à se demander si cette conception d'un lien si étroit entre l'âme et le corps eut une incidence sur la médecine écrite et pratiquée par Rāzī. La réponse à cette question nécessiterait une relecture attentive des œuvres médicales, qui ne peut être entreprise ici. Un premier indice est toutefois fourni par Rāzī lui-même, puisqu'au début du *Kitāb al-ṭibb al-rūḥānī*, il considère son traité comme « le pendant et l'équivalent » du *Kitāb al-Manṣūrī*[24], dédié au même gouverneur de Rayy entre 903 et 908, Abū Ṣāliḥ al-Manṣūr ibn Isḥāq. Le *Kitāb al-Manṣūrī* n'est en effet pas conçu comme un ouvrage destiné au praticien, même s'il entre dans des détails assez techniques ; il constitue sans aucun doute une aide à l'acquisition de cette science du corps, conçue comme l'une des conditions nécessaires au bon gouvernement de l'âme rationnelle. S'il n'est pas fait explicitement référence à l'âme en ce traité de médecine corporelle, l'un des liens évidents qu'il entretient avec le *Kitāb al-ṭibb al-rūḥānī* passe par son second livre, consacré aux complexions : après l'énu-

---

23. *La médecine spirituelle, op. cit.* (n. 17), p. 72-79 (citation p. 75). Voir M. T. Druart, « Al-Razi's conception of the soul : psychological background to his ethics », *Medieval Philosophy and Theology* 5, 1996, p. 245-263 ; Ead., « The ethics of al-Razi (865-925 ?) », *ibid.* 6, 1997, p. 47-71.

24. *La médecine spirituelle, op. cit.* (n. 17), p. 53-54.

mération des signes physiques qui permettent de reconnaître un tempérament, le second livre de l'*Almansor* se transforme peu à peu en traité de physiognomonie, passant en revue les caractéristiques corporelles attachées aux passions et aux dispositions intellectuelles [25].

Tout en se montrant grand utilisateur de ses écrits médicaux, Avicenne (980-1037) [26] fut parmi les plus violents détracteurs de l'œuvre philosophique de son prédécesseur. Dans une lettre à al-Bīrūnī, il renvoyait Rāzī aux actions les moins choisies de la pratique médicale : « Rāzī l'affecté, le curieux, a dans ses commentaires sur les choses divines outrepassé la capacité qu'il a de percer les abcès et d'examiner les urines et les excréments ; sans nul doute il s'est ridiculisé et a montré son ignorance dans ce qu'il a tenté et voulu <faire>. » [27] De multiples raisons expliquent ce mépris, au premier rang desquelles figurent sans aucun doute la cosmogonie adoptée par Rāzī, ses conceptions atomistes, sa relégation de la prophétie, en bref le scandale d'une métaphysique qui le range parmi les « libres penseurs » de l'islam [28]. Sur le sujet qui nous occupe – les liens entre médecine et philosophie – tout opposait Avicenne à Rāzī. Dans son *Qānūn fī l-ṭibb*, Avicenne prend soin à plusieurs reprises de distinguer la compétence du médecin de celle du philosophe. Dès le deuxième chapitre de cette imposante somme les limites sont posées. Après avoir énoncé que la science médicale, en tant que science véridique fondée sur la démonstration, a pour objet

---

25. C'est à ce titre que le deuxième livre du *Kitāb al-Manṣūrī* (qui en comporte dix) a été édité dans : R. Foerster, *Scriptores physiognomonici graeci et latini*, Leipzig, 1893, II, p. 161-179. Édition de la version latine et des versions françaises médiévales du chapitre sur la complexion et la forme du cerveau : D. Jacquart, « De l'arabe au moyen français, en passant par le latin : "Le livre de Albubeth" », dans *SIC ITUR AD ASTRA, Studien zur Geschichte der Mathematik und Naturwissenschaften, Festschrift für den Arabisten Paul Kunitzsch zum 70. Geburtstag*, Wiesbaden, 2000, p. 285-303 (aux p. 297-300).

26. On trouvera une bonne synthèse sur la vie et l'œuvre d'Avicenne, dans : G. Strohmaier, *Avicenna*, Munich, 1999. Sur les options métaphysiques d'Avicenne et les incidences sur sa conception de l'œuvre philosophique et son écriture, voir l'ouvrage fondamental de D. Gutas, *Avicenna and the Aristotelian tradition, Introduction to reading Avicenna's philosophical works*, Leyde, 1988.

27. Citation traduite par Rémi Brague dans *La médecine spirituelle, op. cit.* (n. 17), p. 17. Édition du texte arabe par S. H. Nasr et M. Mohaghegh : Al-Birūnī and Ibn Sīnā, *Al-as'ila wa l-aǧwiba (Questions and answers)*, Téhéran, 1972, p. 12-14.

28. S. Stroumsa, *Freethinkers of Medieval Islam. Ibn Rāwāndī, Abū Bakr al-Rāzī and their impact on Islamic thought*, Leyde, 1999 ; D. Urvoy, *Les penseurs libres dans l'islam classique. L'interrogation sur la religion chez les penseurs arabes indépendants*, Paris, 1996 (rééd. Paris, 2003).

principal l'étude des causes particulières de la santé et de la
maladie, à laquelle sont rattachés la reconnaissance des symptômes
et le choix des modes de traitement, Avicenne énumère les sujets de
la médecine hérités de la tradition des *Questions* de Ḥunain, qu'il a
tenté préalablement de répartir en fonction des quatre causes aristotéliciennes. Des restrictions interviennent alors pour délimiter les
compétences du médecin :

> « Parmi ces choses il en est au sujet desquelles il suffit au médecin
> en tant qu'il est médecin de se représenter scientifiquement ce qu'elles
> sont et de croire à leur existence, en se fiant à ce qu'ont établi les décla-
> rations des auteurs de la science naturelle. Et parmi ces choses il en est
> qu'il lui incombe de démontrer dans le cadre de son art. Ce qui forme ses
> principes, il lui incombe d'en accepter l'existence, car les principes des
> sciences particulières ne sont pas discutables <au sein de celles-ci> : ils
> sont démontrés et élucidés dans d'autres sciences qui leur sont supé-
> rieures, et il en va ainsi de sorte que les principes de toutes les sciences
> remontent jusqu'à la philosophie première appelée "métaphysique".
> Quand un praticien de la médecine commence et entreprend de disserter
> sur l'établissement des éléments, des complexions et ce qui en découle,
> cela fait partie des objets de la science naturelle ; il commet donc une
> erreur sous le rapport qu'il introduit dans l'art de la médecine ce qui ne
> lui appartient pas. Il commet encore une erreur en pensant qu'il a élucidé
> quelque chose, alors qu'il n'a rien élucidé du tout. Les objets, à propos
> desquels le médecin doit se représenter ce qu'ils sont et accepter qu'ils
> sont sans en élucider l'existence, sont les suivants : les éléments, leur exis-
> tence, leur nombre ; les complexions, leur existence, leur quiddité, leur
> nombre ; les humeurs, leur existence, leur quiddité, leur nombre ; les
> forces [les facultés ou « vertus »], leur existence et leur nombre ; les
> souffles [les « esprits » ou *pneumata*], leur existence, leur nombre et leur
> localisation. Il en est de même pour toute modification d'un état et sa sta-
> bilité [29], ainsi que pour le nombre des causes. En revanche, <le médecin>
> doit découvrir au moyen des sens et de l'anatomie les parties du corps et
> leur utilité. Il lui faut aussi se représenter et prouver par la démonstration
> les maladies, leurs causes particulières, leurs signes et comment cesse la
> maladie et se conserve la santé. <En ces domaines> il lui incombe d'ap-
> porter la démonstration sur des choses dont l'existence est invisible au
> moyen de la division, de l'évaluation et de l'accomplissement. Lorsque
> Galien tente d'établir la démonstration à propos de la division pre-

---

29. Cette mention fait clairement référence à l'existence de l'état neutre postulée
dans l'*Ars medica* et réfutée par Avicenne, car sans incidence sur la mise en œuvre d'une
prévention ou d'un traitement. Rappelons que postuler un état neutre venait en contradiction avec la définition aristotélicienne des contraires qui n'admettent pas de milieu.
Sur ce sujet voir : P. G. Ottosson, *Scholastic medicine and philosophy, A study of
commentaries on Galen's* Tegni *(ca. 1300-1450)*, Naples, 1984, p. 166-170.

mière [30], il ne désire pas tenter cela en tant qu'il est un médecin, mais en tant qu'il désire être un philosophe, dissertant sur la science de la nature, à l'instar du juriste [*de la loi musulmane*] qui lorsqu'il entreprend d'établir une validité et d'explorer la voie du consensus [*des docteurs de l'islam sur un point de doctrine*], il n'est pas autorisé à cela du fait qu'il est juriste mais du fait qu'il est théologien. Le médecin en tant qu'il est médecin et le juriste en tant qu'il est juriste ne peuvent aucunement apporter de démonstration sur ces choses, sans qu'il y ait détour. » [31]

Avicenne fut le premier à prévoir clairement un statut épistémologique à la médecine, au sein d'une classification générale du savoir. La médecine est subordonnée à la science de la nature (partie de la philosophie) en ce qu'elle n'a pas pour objet comme cette dernière le corps humain en tant que tel, mais le corps humain avec l'attribut particulier d'être sain ou malade et dans le but de le maintenir en santé ou de l'y ramener [32]. Les fondements de la physiologie qui dérivent eux-mêmes des principes énoncés par la physique au sujet des quatre éléments et des qualités premières lui échappent. En revanche, l'anatomie lui appartient en propre, car elle permet la connaissance des « lieux affectés », indispensable pour déterminer les causes particulières des maladies et prévoir un traitement [33]. Ce n'est donc qu'au prix d'un « détour », d'un changement de rôle que le médecin peut être philosophe, mais la confusion des rôles n'est pas admise. Grâce à cette prise de position d'ordre épistémologique, Avicenne se sent autorisé à suivre fidèlement – voire aveuglément – Galien lorsque celui-ci s'inscrit dans le champ strict du médical (dans sa définition avicennienne). La question des liens entre l'âme et le corps ne se pose pas, car en disserter appartient au champ philosophique, d'autant plus que, pour Avicenne, la puissance rationnelle de l'âme n'utilise aucun substrat corporel, même au titre de simple instrument. Le cerveau n'abrite

---

30. L'expression d'Avicenne n'est ici pas claire. S'agit-il de la première division des objets de la science médicale, qui incite à disserter sur les quatre éléments et les qualités premières ou est-il à nouveau fait référence à l'état neutre ?

31. Ibn Sīnā, *al-Qānūn fī l-ṭibb*, éd. Būlāq, Le Caire, 1877 (réimpr. Bagdad, 1975), p. 5 (I.1.1.2).

32. Voir J. Jolivet, « Classification des sciences », dans *Histoire des sciences arabes*, 3, *op. cit.* (n. 2), p. 254-270 (aux p. 264-269) ; H. Hugonnard-Roche, « La classification des sciences de Gundissalinus et l'influence d'Avicenne », dans *Études sur Avicenne*, J. Jolivet et R. Rashed éd., Paris, 1984, p. 41-75 (aux p. 54-57).

33. Avicenne, en pleine logique avec cette idée d'origine galénique, fait précéder, au livre III du *Qānūn*, la description des maladies et de leur traitement, envisagée *a capite ad calcem*, d'un exposé anatomique de la partie du corps concernée.

que des facultés sensitives, ainsi que le certifie le philosophe et le rappelle Avicenne au premier livre du *Qānūn*. Cette affirmation jugée véridique n'empêche pas le médecin de considérer le cerveau comme « lieu affecté », lorsqu'un patient ne se contente pas d'avoir des troubles de l'imagination ou de la mémoire (rangées dans la catégorie du sensitif), mais déraisonne [34]. Non sans ambiguïté et contradictions dans le détail, Avicenne s'en tient fermement à la distinction entre médecine et philosophie qu'il a lui-même posée.

Suivre Galien médecin et Aristote philosophe ne pouvait convenir à l'interprète majeur de la pensée aristotélicienne que fut Averroès (1126-1198) [35]. Au début de son *Kitāb al-Kullīyyāt fī l-ṭibb* (« Livre des généralités en médecine ») Averroès définit ainsi la médecine : « Nous disons que l'art de la médecine est un art opératoire fondé sur des principes vrais, par lequel on vise à la conservation de la santé du corps humain et à l'éloignement de la maladie, et cela autant qu'il est possible dans chaque corps particulier. » [36] Contrairement à Avicenne, Averroès ne considère pas que le médecin, guidé par la seule fin thérapeutique, puisse à certaines occasions s'abstraire des principes « vrais » de la science naturelle, en leur substituant un mode d'opérer, aussi justifié rationnellement soit-il. Toute la conception des *Kullīyyāt* vise à mettre en accord les énoncés aristotéliciens et les acquis incontestables de la médecine galénique, en matière d'anatomie et de connaissance des phénomènes de la santé et de la maladie. Averroès fut sans doute l'auteur de langue arabe qui poussa le plus loin la critique de Galien et se montra le plus novateur dans sa représentation des mécanismes de la physiologie, même si ses innovations parurent déconcertantes à ses lecteurs médiévaux et ne purent être suivies à la lettre [37].

---

34. Je me permets de renvoyer sur cette question à deux de mes articles : D. Jacquart, « Avicenne et la nosologie galénique : l'exemple des maladies du cerveau », dans *Perspectives arabes et médiévales sur la tradition scientifique et philosophique grecque*, Leuven-Paris, 1997, p. 217-226 ; Ead., « Avicenne et le galénisme », dans *Galenismo e medicina tardoantica…, op. cit.* (n. 3), p. 265-282. Sur la conception avicennienne des liens entre l'âme et le corps, voir : M. Sebti, *Avicenne. L'âme humaine*, Paris, 2000.

35. Sur l'ensemble de l'œuvre d'Averroès, voir notamment : M. Cruz Hernández, *Abū-l-Walīd ibn Rušd : vida, obra, pensamento, influencia*, Cordoue, 1986 ; D. Urvoy, *Averroès, Les ambitions d'un intellectuel musulman*, Paris, 1998 ; *Averroes and the Aristotelian tradition*, G. Endress et J. A. Aertsen éd., Leyde-Boston-Cologne, 1999.

36. Édition du texte arabe : Ibn Rušd, *Kitāb al-Kullīyyāt fī l-ṭibb*, I. *Edición crítica*, J. M. Forneas Besteiro et C. Alvarez de Morales éd., Madrid, 1987, p. 1.

37. D. Jacquart, F. Micheau, *La médecine arabe dans l'Occident médiéval*, Paris, 1990 (2e éd. Paris, 1996), p. 183-189.

Les épitomés composés par Averroès de quelques œuvres galéniques [38] auraient pu aussi bien s'intituler « Les livres des doutes », à ceci près que dans l'Espagne musulmane du XIIᵉ siècle il était difficile de se référer à une bibliothèque galénique aussi riche que celle de Rāzī. Averroès eut connaissance d'un nombre limité d'œuvres, et transcrites souvent de manière défectueuse [39]. Comme il l'indique dans un court prologue à l'épitomé des quatre traités rassemblés sous le titre Talḫīṣ al-'ilal wa-l-a'rāḍ (« Épitomé des causes et des accidents »), Averroès résume les propos de Galien, en relève parfois des citations exactes et introduit ses propres observations par « je dis ». Ces interventions personnelles visent soit à « expliciter un sujet » et à le « renforcer », aux occasions où « surgissent quelque ignorance ou manque », soit à « rectifier » lorsque se révèle « un défaut » [40]. Dans l'ensemble, on retrouve la même volonté que dans les Kullīyyāt de mettre intimement en accord les données de la science naturelle, d'inspiration strictement aristotélicienne, et les affirmations galéniques : l'un des thèmes récurrents porte sur la distinction entre qualités actives et passives au sein des complexions, que Galien, selon Averroès, a mal comprise. Du côté des « manques », c'est la définition de la fièvre, qui retient longuement l'attention d'Averroès, à propos de laquelle il présente des innovations importantes sur les rapports entre « chaleur étrangère » et « chaleur naturelle », là encore en s'appuyant sur des bases aristotéliciennes, en l'occurrence les Météorologiques [41]. Comme Rāzī, et à la différence d'Avicenne, Averroès ne limite pas l'investigation du médecin à la reconnaissance des causes proches et particulières : la

---

38. Édition des textes arabes : Commentaria Averrois in Galenum, M. C. Vázquez de Benito éd., Madrid, 1984 (Corpus Philosophorum Medii Aevi, Averrois Opera). Traduction en espagnol : Averroes, Obra Médica, trad. M. C. Vázquez de Benito, Cordoue-Malaga-Séville, 1998. Sur le type de médecine professé en ces épitomés, voir : M. C. Vázquez de Benito, La medicina de Averroes : Commentarios a Galeno, Salamanque, 1987.

39. On peut se demander si la manière tronquée dont Averroès reproduit la critique portée par Galien à l'encontre d'Archigène dans De locis affectis (III, 5) n'est pas due à la défectuosité du manuscrit qu'il a utilisé, cf. D. Jacquart, « Cœur ou cerveau ? Les hésitations médiévales sur l'origine de la sensation et le choix de Turisanus », Micrologus 11, 2003, p. 73-95 (aux p. 82-83, 95) ; Kitāb al-Kullīyyāt, II, éd. J. M. Forneas Besteiro et C. Alvarez de Morales, p. 67.

40. Averroes, op. cit. (n. 38), p. 213 (éd. texte arabe, p. 201).

41. Sur les discussions suscitées en Occident par la définition averroïste de la fièvre jusqu'au XVIIᵉ siècle, voir I. M. Lonie, « Fever pathology in the sixteenth century : tradition and innovation », dans Theories of fever from Antiquity to the Enlightenment, W. F. Bynum et V. Nutton éd., Londres, 1981, p. 19-44.

théorie médicale doit mettre ces causes proches en accord avec les causes lointaines, telles qu'elles sont définies par la philosophie. Par exemple, à propos de la définition de l'élément et la distinction entre « simple selon la nature » et « simple selon l'intellect », Averroès remarque que : « Par rapport aux choses proches, cela arrive comme il [Galien] dit, mais par rapport aux choses lointaines, la vérité de l'art de la médecine exige de s'en remettre à la science naturelle. »[42] De même à propos de la perception des couleurs et des odeurs, il est conseillé au médecin de se référer à l'expert en science naturelle[43]. Tout en situant la théorie médicale en continuité directe avec la science naturelle et avec les méthodes de raisonnement propres au philosophe, Averroès ne semble pas inclure la médecine, comme le faisait Rāzī, dans un projet métaphysique et moral.

Danielle JACQUART

---

42. Averroes, *op. cit.* (n. 38), p. 23 (éd. texte arabe, p. 237).
43. *Ibid.*, p. 236 (éd. texte arabe, p. 230).

LES MANUSCRITS GRECS DE MÉDECINE

Le thème que Jacques Jouanna, organisateur de ce colloque de la Villa Kérylos consacré à la médecine grecque, m'a invitée à traiter est bien vaste et il ne saurait s'agir, dans le cadre d'une relation brève consacrée aux manuscrits de médecine grecque ou, plutôt, aux manuscrits grecs de médecine, de traiter de toutes les facettes que recouvre cette notion : selon l'approche qui est effectuée, on peut être plus sensible aux problèmes relevant de l'histoire des livres, de leur description matérielle (comprenant aussi bien l'examen de la confection technique du volume que celle de l'illustration éventuelle d'un traité) à l'étude de leur utilisation au fil des siècles et aux traces qui en témoignent ; ou bien, l'on peut s'attacher plus spécifiquement à une analyse philologique destinée à mettre en valeur les relations qui unissent divers témoins d'un même texte. Mais c'est sans aucun doute par la confrontation de ces deux perspectives en fait complémentaires, en éclairant l'examen du contenu par un examen ciblé, pertinent, du contenant, qu'il est possible le cas échéant de « faire parler » le mieux certains manuscrits médicaux byzantins. C'est dans cette direction que je voudrais tenter de mettre ici en relief quelques aspects qui me paraissent en mesure d'illustrer des particularités significatives des livres offrant des textes médicaux.

Mais tout d'abord, peut-on parler d'une spécificité des manuscrits de médecine[1] ? Lorsqu'on prend un manuscrit médical en

---

1. Peu nombreuses sont les études d'ensemble consacrées aux manuscrits médicaux byzantins. J. Irigoin a écrit pour les *Dossiers d'Archéologie* 123, 1988, p. 35-41, une contribution « Les manuscrits byzantins de médecine » destinée à un public de lecteurs curieux et dans laquelle sont surtout mis en valeur les livres offrant des illustrations. Dans une approche plus technique, l'inventaire de H. Diels est un ouvrage centenaire, paru en trois parties et qui n'a pas été remplacé : *Die Handschriften der antiken Ärzte, I. Teil. Hippokrates und Galenos ; II. Teil. Die übrigen griechischen Ärzte ausser Hippokrates und Galenos ; Erster Nachtrag*, dans les *Abhandlungen der Königlichen Preussischen Akademie der Wissenschaften, philosophisch-historische Klasse*, Berlin, 1905-1908 (réimpression anastatique Leipzig, 1970). Le sous-titre du livre, qui mentionne le nom des auteurs envisagés, précise la perspective dans laquelle il est rédigé : la différence est

main, rien ne le distingue extérieurement d'un autre livre et ne permet de l'identifier *a priori*, avant de l'avoir ouvert et de l'avoir lu, comme livre de médecine. Il n'y a pas un format, une matière à écrire ou un type d'écriture propre aux manuscrits de contenu médical qui, ainsi que les livres que nous manipulons aujourd'hui, se présentent à partir du Vᵉ siècle comme des *codices* dont les pages tournent autour d'un axe, *codices* de parchemin ou, plus tard, également de papier. Du volume qui a la taille d'un livre de poche au grand *in-folio*, du livre très épais à la plaquette, toutes les variétés de manuscrits médicaux existent. Deux manuscrits du XIVᵉ siècle dus au même scribe et conservés à la Bibliothèque nationale de France constituent de bons exemples de recueils imposants : l'un, de papier, le *Parisinus gr.* 1883 qui réunit essentiellement quelques œuvres d'Hippocrate (*Pronostic* et *Aphorismes*) et de Galien à plu-

---

grande avec une entreprise contemporaine telle que le répertoire des manuscrits astrologiques (*Corpus codicum astrologorum graecorum*, CCAG, dont le premier volume, consacré aux manuscrits de Florence et dû à A. Olivieri, parut en 1898 et le dernier, regroupant des manuscrits britanniques, hollandais, danois et suédois a été publié en 1953), qui réunit divers collaborateurs chargés chacun d'étudier des fonds de bibliothèques précis. Le travail de Diels n'est pas un inventaire de manuscrits qui seraient pris comme point de départ pour l'agencement du volume, ainsi que pourrait le laisser croire le titre, mais il fournit une recension de la tradition manuscrite des divers traités, destinée à faciliter le travail des éditeurs de textes, et dont le classement est donc effectué auteur par auteur. A commencer par Hippocrate, dont les œuvres sont examinées suivant l'ordre de l'édition de Littré (plusieurs des manuscrits signalés n'avaient pas été consultés par Littré), avec indication des pages correspondantes dans l'édition de quelques traités alors tout juste publiés par Kuehlewein. Pour Galien, l'ordre suit l'édition de Kühn, et signale aussi l'édition plus récente quand elle existe. La succession des autres médecins est alphabétique, mentionnant le cas échéant l'édition la plus récente de chaque texte, ainsi que l'*incipit* et le *desinit* des œuvres. En ce qui concerne les manuscrits, seuls sont donnés la cote des témoins grecs de même que celle des témoins de la traduction latine, s'il y a lieu, la datation du livre par les catalogues et le folio sur lequel commence le traité. Avant H. Diels, C. Daremberg, « Notices et extraits des manuscrits médicaux grecs et latins des principales bibliothèques d'Angleterre », *Archives des Missions scientifiques et littéraires*, 1ʳᵉ série, t. II, 1851, p. 113-168, 470-471, 484-548 et t. III, 1854, p. 1-51, avait pour sa part offert une description détaillée de plusieurs manuscrits, qui ne sont pas exclusivement britanniques ; G.-A. Costomiris, « Études sur les écrits inédits des anciens médecins grecs », *Revue des Études grecques* 2, 1889, p. 343-383 ; 3, 1890, p. 144-179 ; 4, 1891, p. 97-110 ; 5, 1892, p. 61-72 ; 10, 1897, p. 405-445, s'était également attaché aux mss et à la tradition de plusieurs auteurs et ouvrages médicaux encore non édités. Depuis le début du XXᵉ siècle, on n'a pas d'étude systématique des manuscrits médicaux. Mais on peut signaler la contribution de M. Formentin, *I codici greci di medicina nelle tre Venezie* (Università di Padova. Studi bizantini e neogreci, 10), Padoue, 1978, qui apporte quelques compléments au répertoire de Diels en suivant le même principe de classement alphabétique des auteurs. Ou celle d'E. Gamillscheg, « Griechische Kopisten medizinischer Handschriften », dans *Medicina nei secoli* 11, 1999, p. 477-486, qui s'est attaché dans un tour d'horizon rapide à quelques scribes ayant privilégié la copie de textes médicaux.

sieurs livres d'Aetius d'Amida, a un format de 416 x 310 mm – ce qui correspond à la taille d'une page A3 – ; il comprend 793 folios, d'où des proportions gigantesques qui rendent sa manipulation malaisée. L'autre, de parchemin, le *Parisinus gr.* 2243 achevé en août 1339, n'est pas très grand puisque son format est 255 x 190 mm, mais il semble de ce fait d'autant plus épais avec ses 664 folios, qui le font paraître quelque peu disproportionné. Il présente d'ailleurs une particularité que l'on rencontre rarement dans les manuscrits, médicaux ou non : près de 15 % de ces folios sont demeurés blancs, exactement 93 folios ainsi que l'a noté après un décompte soigneux un possesseur du livre à la fin du XVe siècle. Et, étant donné le contenu constitué surtout d'ouvrages de pharmacopée, à commencer par le *Dynameron* de Myrepse dont il est un des peu nombreux témoins, l'on peut se demander si cet agencement du livre n'était pas prévu pour permettre aux lecteurs ultérieurs qui seraient des médecins d'ajouter de nouvelles recettes aux corpus présents dans le volume ; le scribe, Cosmas Camélos, précise de fait que le commanditaire de la copie est un médecin[2]. Inversement, quelques manuscrits se présentent quasiment comme des plaquettes. C'est ainsi que Georges Hermonyme de Sparte, à la fin du XVe siècle, a pu copier en France les *Aphorismes* et le *Pronostic* d'Hippocrate qui forment un joli petit livre de 158 x 106 mm comprenant 110 folios, le *Parisinus gr.* 2330 ; l'on a également des volumes encore moins épais puisque constitués des seuls *Aphorismes* tels, dans le même fonds de la Bibliothèque nationale de France, les *Parisini gr.* 2258 et 2259 du XVIe siècle qui comportent respectivement 31 et 56 folios. Ces témoins sont des manuscrits tardifs, copiés à la Renaissance pour des humanistes occidentaux, ce sont plus des ouvrages de bibliophiles que des livres d'usage[3]. Il est cependant vraisemblable que des volumes comparables ont aussi été confectionnés plus tôt, dans le monde byzantin. Leur petite taille peut être le motif de leur disparition fréquente mais ils ont pu aussi être reliés ultérieurement avec d'autres textes dans un plus gros volume. Quoi qu'il en soit, ces

---

2. Ces manuscrits ont été étudiés par B. Mondrain, « Nicolas Myrepse et une collection de manuscrits médicaux dans la première moitié du XIVe siècle. A propos d'une miniature célèbre du *Parisinus gr.* 2243 », dans *I testi medici greci : tradizione e ecdotica*, A. Garzya et J. Jouanna éd. (*Atti del III Convegno Internazionale, Napoli, 15-18 ottobre 1997*), Naples, 1999, p. 403-418.

3. L'on peut d'ailleurs songer à tous ces petits manuscrits de contenu non médical produits par des scribes qui se sont fait une spécialité de cette production au milieu du XVIe siècle, tel le calligraphe Jean Honorius d'Otrante ou le copiste rapide André Darmarios.

variations de structure apparentes qu'offrent les livres grecs de médecine méritent d'être notées mais il est bien clair qu'elles n'ont pas de spécificité médicale particulière.

La notion de livre de médecine a néanmoins un sens. Même si, à la lecture de différents catalogues de bibliothèques décrivant des manuscrits grecs, on est conduit à remarquer que des œuvres médicales sont susceptibles de se trouver dans des manuscrits qui ne sont pas exclusivement médicaux, c'est-à-dire que, dans un même livre, un ou des traités de médecine peuvent côtoyer d'autres œuvres qui relèvent de domaines variés, aussi bien des ouvrages théologiques que des ouvrages littéraires par exemple. Le fait peut ne pas être immédiatement évident, l'auteur du catalogue ayant naturellement tendance à souligner les éléments prépondérants dans le manuscrit qu'il décrit.

Prenons l'exemple de l'Österreichische Nationalbibliothek, d'autant plus intéressant que le classement des manuscrits grecs y a été organisé de manière explicitement thématique, avec une répartition des livres selon la catégorie littéraire à laquelle ils appartiennent. Les *Vindobonenses theologici graeci* sont les plus nombreux, ce qui ne saurait surprendre, mais l'on a tout de même, à côté des *Historici graeci* (130 manuscrits), des *Philosophici et Philologici* (347 manuscrits), des *Juridici* (18 manuscrits) et du *Supplementum graecum* (plus de 160 témoins), 53 manuscrits classés comme *Medici graeci*. Le *Vindobonensis medicus gr.* 16, qui est constitué de 2 volumes, est qualifié par H. Hunger comme « medizinische Sammelhandschrift » : il réunit de fait des traités médicaux de plusieurs auteurs, Hippocrate, Galien, Dioscoride, Théophile Protospathaire et, à côté d'extraits d'Oribase, le traité *De pulsibus* de Marcellinos et il est un témoin important pour certains d'entre eux. Mais le début du livre donne aussi sur plus d'une trentaine de folios, à partir du f. 29r° et après un opuscule court mis sous le nom d'Hippocrate, *De venae sectione*, et divers extraits médicaux anonymes, le texte mutilé des *Travaux et Jours* d'Hésiode avec les scholies de Manuel Moschopoulos, ainsi que quelques *Lettres* de Libanios. Le contenu du livre n'est donc pas uniquement médical, même si ces pages de poésie et de rhétorique sont minoritaires. L'examen du manuscrit permet de donner une explication partielle de ce phénomène : il est constitué de parties d'époques différentes, copiées de la fin du XIIIᵉ au milieu du XVᵉ siècle, et réunies à un moment donné pour former ce recueil. Néanmoins, si les folios contenant Hésiode sont dus à un copiste du XIVᵉ siècle responsable de cette seule partie et dont l'écriture permet de l'identifier comme le moine Gabriel, ceux de Libanius sont copiés par un scribe lié aussi, comme le montre la qualité du papier, à la reproduction du *De materia medica* de Dioscoride qui suit. Le manuscrit a sans doute été composé dans son état actuel au moment où sont intervenus les scribes les plus récents. Il était en tout cas ainsi lorsque Augier Ghislain de Busbecq (1522-1591), ambassadeur de l'empereur Ferdinand Iᵉʳ de Habsbourg, l'acquit à Constantinople, comme en témoignent ses annotations au premier et au dernier folio.

Dans les faits, la plupart des manuscrits composites, recueils de *miscellanea* dans lesquels la répartition entre parties médicales et parties de contenu tout autre est plus équilibrée, se révèlent ne pas avoir été originellement conçus sous cette forme. Qu'il s'agisse de manuscrits tels que le *Parisinus gr.* 1868, le *Parisinus gr.* 36 ou le *Monacensis gr.* 384, si l'on examine directement les volumes, force est de constater, ce que bien souvent les catalogues ne précisent pas, que la formation du livre tel que nous l'avons aujourd'hui n'est pas due à une copie contemporaine des divers textes. Le contenu des manuscrits byzantins est en règle générale homogène, privilégiant une thématique donnée, qu'il s'agisse du domaine médical ou des autres disciplines du savoir.

On a donc avant tout des manuscrits médicaux byzantins qu'une typologie sommaire permet de répartir en deux catégories essentiellement : soit le livre réunit les œuvres d'un même auteur, soit il rassemble des traités qui relèvent d'une même problématique ou dont l'agencement semble moins pensé. Pour la première catégorie, la soixantaine de traités de contenus très divers regroupés dans les livres sous le nom d'Hippocrate est le plus souvent transmise en bloc dans un seul manuscrit dans lequel aucun autre traité médical n'est présent, que ce soit un ouvrage d'un auteur différent ou même un commentaire à un des traités hippocratiques. Le fait qu'il s'agisse d'un « corpus » justifie ce caractère assez homogène de la transmission, de même que l'on a dans une multitude de manuscrits l'*Organon* d'Aristote, traditionnellement précédé de l'*Isagogè* de Porphyre. On pourrait évoquer également un auteur médical plus tardif dont l'encyclopédie a connu un grand succès, d'après le nombre élevé des manuscrits qui nous sont conservés, Paul d'Égine ; mais il y a néanmoins une différence fondamentale entre la *Collection hippocratique* et l'œuvre de Paul d'Égine, étant donné qu'il s'agit là d'un ouvrage qui forme un tout, même si chacun des livres est plus précisément consacré à une question : il est logique qu'il ait avant tout été reproduit intégralement dans un seul *codex*. En réalité, une raison pratique explique

aussi la réunion fréquente des traités hippocratiques dans un livre :
l'extension en volume de la *Collection* permet d'en disposer dans
son ensemble dans un unique manuscrit, ce qui en même temps a pu
contribuer à une plus grande intégrité de la tradition. Il n'y a rien de
tel pour Galien. Indépendamment de l'aspect multiforme de son
œuvre, son ampleur interdit le rassemblement commode dans
quelques volumes. Cette multiplicité peut expliquer pour une part
la transmission plus aléatoire de ses traités. Si l'on met en regard, à
titre de comparaison sur une petite échelle, une œuvre homogène
telle que celle d'Aetius d'Amida composée de 16 livres, les aléas de
la transmission des volumes, appartenant pourtant à un même
groupe, témoignent des risques qu'encourt une œuvre éclatée, tous
les livres n'étant pas toujours parvenus jusqu'à nous dans une même
série. Le codex offre des possibilités autrement plus importantes
que le *volumen*, mais il n'équivaut pas au cédérom !

On ne trouve pour autant, dans le cas de Galien, pas beaucoup
de séquences constantes et systématiques d'un grand nombre de ses
œuvres dans les manuscrits. D'ailleurs, on n'a pas non plus
beaucoup de manuscrits réunissant Hippocrate et Galien, sinon en
fonction de considérations plus thématiques. Un livre de médecine
peut de fait rassembler des œuvres de plusieurs auteurs qui relèvent
d'une problématique voisine. L'exemple ancien le plus remarquable
est sans doute fourni par le *Laurentianus* 74, 7, recueil de traités chirurgicaux copié au début du Xe siècle et souvent dénommé « collection de Nicétas ». Tels sont aussi les recueils consacrés à l'étude
des urines, qui reflètent la variété et la richesse de la production en
ce domaine de l'Antiquité à la fin de l'époque byzantine, ou des
recueils de lexiques botanico-médicaux et de diverses listes, souvent
alphabétiques, de simples, avec mention des succédanés, ou bien
encore des ouvrages traitant de la méthode médicale, de Galien au
De methodo medendi de Jean Zacharias Actouarios, composé au
XIVe siècle. Pour ne prendre qu'un exemple parmi une multitude
possible, je citerai le cas du manuscrit de Paris, *Parisinus gr.* 2510 que
l'on peut dater du début du XIVe siècle. C'est un livre de petit
format, 182 x 140 mm, c'est-à-dire une demi feuille A4, qui comprend 142 folios soit 284 pages. Il offre un contenu avant tout et
même, en fait, à peu près exclusivement médical, car c'est à ce
domaine qu'il convient de rattacher les quelques folios qui fournissent des informations astrologiques et des formules magiques
simples, destinées à être utilisées pour leur pouvoir thérapeutique.
Les textes, brefs en général, sont essentiellement divers lexiques
médicaux, recueils botaniques regroupant des simples et listes com-

mentées de remèdes et de préceptes liés à la diététique, formés en bonne part à partir d'extraits empruntés à plusieurs auteurs, tels que Dioscoride, Hippocrate et Galien[4]. Un tel manuscrit qui regroupe commodément de multiples éléments susceptibles de rendre service à un médecin dans l'exercice de son métier est manifestement un livre à usage « technique », un livre d'usage. D'ailleurs l'index du contenu, très détaillé, que le copiste a placé en tête du manuscrit est destiné à faciliter la recherche d'un chapitre donné – la présence d'une table des matières n'est pas chose si fréquente dans les manuscrits.

Il se pose donc, dans toute étude que l'on peut entreprendre des manuscrits de médecine, une question qui ne surgit pas de la même manière lorsque l'on s'attache à des manuscrits d'autres domaines : la question de la fonction du livre ; quand on examine un manuscrit médical, s'agit-il d'un livre d'apparat ou d'un livre de référence, ou bien s'agit-il d'un manuscrit d'usage ? Un manuscrit maniable que le médecin, à défaut de le glisser dans une poche, pourrait saisir pour chercher ou contrôler une information témoigne de l'utilisation pratique qui peut être faite du livre par un homme de l'art. On pourrait certes qualifier aussi de manuscrit d'usage le livre qui, par exemple, contient la triade byzantine de tel tragique et qui est utilisé par un professeur dans le cadre de son enseignement. Mais la différence est que la lecture ne donne pas alors lieu à une information pratique objective.

Pourtant la frontière entre manuscrits d'usage et manuscrits d'apparat peut apparaître quelquefois un peu poreuse. Le cas du très célèbre manuscrit de Dioscoride dont nous a parlé Jean-Marie Jacques, le *Vindobonensis med. gr. 1*, confectionné au tout début du VIᵉ siècle pour la princesse Juliana Anicia, et rapporté de Constantinople par l'ambassadeur Augier Ghislain de Busbecq dans la seconde moitié du XVIᵉ siècle l'illustre bien. Il présente en regard sur chaque double page l'illustration peinte à pleine page d'une plante et sa description sur la page voisine. Copié au VIᵉ siècle, le manuscrit est donc écrit à l'aide d'une écriture majuscule en usage à cette époque. Mais la page offrant le dessin comporte aussi la version en écriture minuscule de ce texte, notée autour de la représentation des plantes : ainsi que l'explicite celui qui a effectué cette trans-

---

4. Une description en est donnée dans B. Mondrain, « Un lexique botanico-médical "bilingue" dans le *Parisinus gr. 2510* », dans *Lexiques bilingues dans les domaines philosophique et scientifique*, J. Hamesse et D. Jacquart éd. (Actes du colloque international, Paris, 1997), Turnhout, 2001, p. 123-160.

cription, ou translittération, le notaire Jean Chortasménos, il a
réalisé ce travail en 1405-1406, tout en donnant une nouvelle reliure
au livre, à la demande de Nathanaël, médecin de l'hôpital
dépendant du monastère Saint-Jean Prodrome dans le quartier de
Pétra à Constantinople. L'écriture majuscule ancienne était
devenue fort difficile à lire pour un lecteur du XVe siècle et justifiait
ce toilettage du volume. L'intervention de Jean Chortasménos, bien
connu par ailleurs pour ses intérêts philosophiques et scientifiques
— il a copié et annoté un grand nombre de manuscrits — et comme
professeur du futur cardinal Besssarion et du patriarche de
Constantinople après la chute de la ville en 1453, Georges Scho-
larios, est d'autant plus intéressante que non seulement elle fournit
un jalon précieux pour reconstituer l'histoire du livre et donc
contribuer à l'histoire du texte de Dioscoride, mais dans le même
temps montre qu'un livre d'apparat était susceptible d'être aussi
utilisé pour la pratique médicale bien après avoir été copié.

La question de l'utilisation qui est faite des livres conduit à
poser le problème des traces de lecture repérables dans les manuscrits médicaux. Si l'on examine les manuscrits les plus anciens
d'Hippocrate, ils ne sont en fait guère pourvus de scholies, de notes
marginales, et l'on pourrait peut-être songer à une explication : les
manuscrits qui sont parvenus jusqu'à nous ont plus de chance
d'avoir été des livres conservés soigneusement, des volumes de référence plutôt que des livres constamment manipulés par des
médecins, qui auraient plus aisément disparu parce qu'ils auraient
été abîmés. On a bien sûr plusieurs fragments de manuscrits
médicaux sous forme de palimpsestes, en particulier pour Galien, et
l'on pourrait imaginer que l'on a affaire dans ce cas à des manuscrits
qui ont été dépecés et remployés après grattage du parchemin parce
qu'ils étaient mutilés à la suite d'une utilisation trop intense. Tel ce
codex conservé au Vatican dans le fonds des Archives de Saint-
Pierre, dans lequel le texte supérieur, copié au XIIIe siècle en Italie
méridionale, offre le *De methodo medendi* de Galien qui recouvre
des fragments tirés de plusieurs livres réutilisés ; le déchiffrement de
l'écriture sous-jacente permet de lire en particulier une partie du *De
crisibus* du même Galien[5]. Mais ces fragments médicaux palimpsestes proviennent aussi pour une part de Bobbio, près de Milan, et

---

5. Le manuscrit a en particulier été analysé par J. Irigoin, « L'Italie méridionale et
la transmission des textes grecs du VIIe au XIIe siècle », dans *La tradition des textes grecs.
Pour une critique historique*, Paris, 2003, p. 521-536 (= réimpression de l'article paru dans
L'ellenismo italiota dal VII al XII secolo, Athènes, 2001, p. 83-98).

ont servi à la copie ultérieure de textes latins — c'est donc peut-être le fait qu'ils n'étaient pas lus plutôt que leur état déplorable qui a conduit à la mise au rebut de ces manuscrits médicaux, dans lesquels d'ailleurs on ne voit pas non plus de traces de scholies.

Dans les manuscrits anciens — et l'on peut penser également au cas particulier de Joannikios au XIIᵉ siècle, dont les copies ont été utilisées par Burgundio de Pise —, les livres de médecine n'ont guère suscité de commentaires marginaux de la part de leurs lecteurs. Il est vrai que les marges de ces manuscrits de Joannikios sont très réduites, ce qui n'est pas seulement le résultat des rognages effectués pour des reliures successives, car on peut noter le même phénomène dans les manuscrits contemporains d'Eustathe de Thessalonique. Mais curieusement, dans cette période qui, à partir de 1261, voit la libération de l'occupation occidentale des Croisés dans l'empire byzantin et l'avènement d'une période d'effervescence intellectuelle sous la dynastie des Paléologue, les livres de médecine produits alors en abondance et bien souvent copiés par des érudits pour leur propre compte, ne sont pas non plus beaucoup annotés ; la différence est en ce sens frappante avec les manuscrits d'Aristote aux XIIIᵉ-XIVᵉ siècles. Il en est ainsi dans des livres copiés par un scribe qui travaille pour un commanditaire médecin, tel le manuscrit de Nicolas Myrepse cité plus haut, le *Parisinus gr.* 2243 daté de 1339 par ce Cosmas Camélos qui a été chargé de la tâche par le médecin Démétrios Chlomos, en Grèce continentale ou dans le Péloponnèse ; le *Parisinus gr.* 1883 dû au même copiste n'a pas non plus d'annotations en dépit de son format et de l'extension de ses marges.

Il en est ainsi également lorsque le copiste est lui-même le médecin qui reproduit alors divers textes pour son propre usage, comme ce Jean Staphidakis que j'ai identifié dans cinq manuscrits de la fin du XIVᵉ siècle ; il réalise la copie de livres entiers de médecins, tels que Paul d'Égine, mais il nous offre aussi des développements de son cru sur la composition des médicaments [6]. On n'a pourtant guère de notes de lecture ou de commentaires écrits par lui dans les marges. Inversement, on pourrait citer un scribe anonyme qui est manifestement un érudit : il s'agit du maître d'œuvre d'un des manuscrits *recentiores* d'Hippocrate, le manuscrit J, *Parisinus gr.* 2143 ; c'est lui qui est le réviseur du texte copié par trois collaborateurs, il corrige des fautes éventuelles, il ajoute les

---

6. Dans *École pratique des Hautes Études, Sciences historiques et philologiques. Livret 10 (1994-1995)*, Paris, 1996, p. 50-51.

titres des œuvres et des chapitres à l'encre rouge. Son écriture particulière m'a permis de repérer sa main dans un manuscrit du commentaire aux *Aphorismes* conservé à Munich, le *Monacensis gr.* 384, de même que dans deux manuscrits galéniques de Paris, les *Parisini gr.* 2267 et 2270 ; cela à côté de ses interventions également dans un manuscrit de Jean Damascène de Stuttgart. Il s'agit à coup sûr d'un médecin, et il écrit quelques notes de commentaire en marge de ces livres, mais elles se réduisent le plus souvent à de simples manchettes, plus ou moins longues, destinées à faciliter le repérage ultérieur d'un passage dans le texte. Cette activité n'a rien de comparable avec celle de lecteurs d'Aristote !

Donc, avant la fin du XVe siècle et les notes brèves mais nombreuses, qu'un Georges Éparque, le père médecin d'Antoine Éparque, porte dans les marges de plusieurs de ses livres de médecine (tel le *Parisinus gr.* 2143 d'Hippocrate que l'on vient d'évoquer), dans lesquelles il souligne certains passages sous forme de manchettes ou en mettant en relation tel phénomène développé dans le texte avec le cas présenté par un de ses patients, qu'il n'hésite alors pas à nommer par son prénom, on n'a pas souvent les traces d'utilisation que l'on aurait bien aimé trouver dans leurs livres de la part des professionnels de la médecine.

Il y a en revanche un caractère spécifique du livre médical, semble-t-il : rares sont les manuscrits de littérature profane qui sont illustrés à Byzance mais ce peut être le cas des manuscrits médicaux. Mais là encore, c'est dans des proportions réduites. On a cité le fameux Dioscoride de Vienne. Et justement, on le cite toujours non seulement en raison de sa beauté et de son ancienneté, mais somme toute parce que les manuscrits de médecine illustrés sont relativement peu nombreux, surtout si l'on songe à ce qui existe dans le domaine occidental. A part quelques témoins de médecine vétérinaire hippiatrique, à part le célèbre *Laurentianus* 74, 7 qui illustre les réductions de luxation, à part le Nicandre de Paris et la Paraphrase d'Eutecnios qu'on retrouve aussi dans le manuscrit viennois *Vindobonensis med. gr.* 1, on a surtout quelques herbiers fondés sur le texte de Dioscoride. Je voudrais revenir sur ce point en m'attachant un peu plus attentivement à un manuscrit particulier mais sans oublier auparavant de mentionner quelques portraits de médecins : le fameux portrait d'Hippocrate dans le *recentior* du père de la médecine, le *Parisinus gr.* 2144, qui a été lu par un humaniste byzantin, Jean Argyropoulos, surtout connu pour son œuvre de traduction d'Aristote et d'enseignement de la philosophie aristotélicienne à Florence après 1453, mais qui a aussi enseigné la médecine au xenon du Kral, rattaché au monastère Saint-Jean-Prodrome de Pétra où était conservé le manuscrit viennois de Dioscoride ; quelques notes permettent en effet de reconnaître son écriture dans le livre. On a d'ailleurs un portrait de ce même Jean Argyropoulos, occupé à enseigner, dans un manuscrit aristotélicien d'Oxford : il est dû à un de ses auditeurs à Constantinople, que j'ai eu la chance de pouvoir identifier. Il s'agit d'un certain Démétrios Angelos, condisciple d'Andronic Éparque (le père de Georges et grand-père d'Antoine) quand Argyropoulos étudiait l'*Ars medica* de Galien, ainsi qu'il nous le dit lui-même, et qui a rassemblé une riche collection de manuscrits – j'en ai retrouvé maintenant une quarantaine dont une vingtaine de manuscrits médicaux [7]. Je le mentionne ici car il va me permettre de préciser une étape de l'histoire du manuscrit de Bologne, *Bononiensis Bibliotheca Universitaria* 3632.

Il me semble pertinent de s'attacher un moment à l'analyse de ce livre qui représente un témoin à la fois atypique et important de plusieurs traités médicaux et qui apporte quelques données nouvelles pour la connaissance de l'histoire de la culture byzantine dans sa période ultime, celle qui précède la chute de Constantinople en 1453. La bibliographie consacrée à ce manuscrit de Bologne est riche et très variée, car le *Bononiensis* 3632 rassemble diverses particularités, textuelles et décoratives, qui contribuent à sa grande originalité en dépit de sa copie tardive, effectuée peu avant le milieu du XVe siècle. C'est un livre dont le format de 293 x 220 mm correspond à celui d'une feuille A4 ; il comporte 476 folios [8], soit 952 pages. Le manuscrit est constitué avant tout de cahiers de 10 folios, des quinions, auxquels ont à plusieurs reprises été ajoutés un folio (ainsi, le f. 91 dans le 8e cahier, ff. 83-93, ou le f. 237 au cahier 22, ff. 236-246), un bifolium (tels les ff. 69-70 dans le 6e cahier, ff. 61-72, qui offrent un index pour le contenu de la vingtaine de folios suivants) ou même un binion (dans le 4e cahier, ff. 37-50, les folios cen-

---

7. B. Mondrain, « Jean Argyropoulos professeur à Constantinople et ses auditeurs médecins, d'Andronic Éparque à Démétrios Angelos », dans *Polypleuros Nous. Miscellanea für Peter Schreiner zu seinem 60. Geburtstag*, C. Scholz et G. Makris éd., Munich-Leipzig, 2000, p. 223-250, et « Comment était lu Galien à Byzance dans la première moitié du XVe siècle ? Contribution à quelques aspects de l'histoire du texte », dans *I testi medici greci. Tradizione e ecdotica*, A. Garzya et J. Jouanna éd. (*Atti del IV Convegno internazionale, Parigi, 2001*), Naples, 2003, p. 361-384.

8. La numérotation des folios à prendre en compte est celle qui figure dans l'angle inférieur externe de chaque recto, qui est apposée à l'aide d'un tampon imprimé et donne un décalage d'une unité en plus à partir du f. 181 (initialement noté deux fois par erreur) avec celle du Catalogue des manuscrits grecs de Bologne établi par A. Olivieri et N. Festa.

traux 42-45 sont un ajout avec un nouveau texte, dû au même copiste). Cette structure complexe reflète la composition du livre dans lequel plusieurs textes souvent brefs, souvent rares, de contenu essentiellement médical mais aussi astronomique ou ésotérique pour quelques-uns d'entre eux, ont été réunis afin de former un recueil qui était assurément un ouvrage de référence à l'usage d'un érudit. L'examen du *Bononiensis* 3632 mérite donc d'être effectué de manière attentive dans trois directions : le contenu, l'illustration et l'écriture.

A côté de traités présents dans un grand nombre de témoins, tels que le *Pronostic* d'Hippocrate pour lequel le texte, retravaillé, présente quelques bonnes leçons d'après son dernier éditeur, B. Alexanderson (qui le date erronément du XIVe s.), le *Viatique du voyageur* d'Ibn al-Ǧazzar dans la traduction de Constantin de Reggio, ou de nombreux passages de l'encyclopédie d'Aetius d'Amida, le livre contient également des œuvres dont la tradition manuscrite est réduite : il offre ainsi le court texte *Sur le disciple* mis sous le nom d'Hippocrate et remarquablement étudié par Jacques Jouanna [9] ; il a une partie importante du traité *De pulsibus* de Marcellinos que l'on peut dater du IIe siècle de notre ère (ff. 65-67v°) pour lequel, comme l'a montré Heinrich von Staden [10], il donne des portions de 29 des 36 chapitres et est en fait le seul témoin à fournir certains passages au début de l'ouvrage, car le témoin le plus ancien et le plus complet, le *Vindobonensis med. gr.* 16, a souffert de l'humidité ; il présente encore le début d'un commentaire au *De sectis* de Galien dû à un certain Archelaos, qu'il faut sans doute situer dans les derniers temps de l'école d'Alexandrie (ff. 43r°-45v° où divers extraits d'Aetius d'Amida suivent aussitôt ce fragment), et qui a été analysé, avant Daniela Manetti, par Baffioni [11]. Mais cela n'est pas tout car il renferme également une liste d'instruments chi-

9. J. Jouanna, « Hippocrate et la Collection hippocratique dans l'*Ars Medicinae* », *Revue d'Histoire des Textes* 23, 1993, p. 95-110, et « Un témoin méconnu de la tradition hippocratique : l'*Ambrosianus gr.* 134 (B 113 sup.), f. 1-2 (avec une nouvelle édition du *Serment* et de la *Loi*) », dans *Storia e ecdotica dei testi medici greci*, A. Garzya et J. Jouanna éd. (*Atti del II Convegno Internazionale, Parigi, 24-26 maggio 1994*), Naples, 1996, p. 253-272.

10. H. von Staden, « Les manuscrits du *De pulsibus* de Marcellinus », *ibid.*, p. 407-425.

11. G. Biaffioni, « Inediti di Archelao da un codice bolognese », *Bollettino del Comitato per la Preparazione dell'Edizione nazionale dei Classici greci e latini*, N. S. fasc. III, 1954, p. 57-76. D. Manetti, « P. Berol. 11739A e i commenti tardoantichi a Galeno », dans *Tradizione e ecdotica dei testi medici tardoantichi e bizantini* (*Atti del Convegno Internazionale, Anacapri, 29-31 ottobre 1990*), Naples, 1992, p. 211-235.

rurgicaux (ff. 27v°-28r°), dont le seul parallèle est constitué par des listes latines fondées sur un texte grec qui ne nous est pas parvenu, ainsi que l'a mis en valeur Klaus-Dietrich Fischer[12]. Et c'est aussi par rapport à une version latine, la *translatio antiqua*, qu'il faut apprécier certaines leçons du texte des *Aphorismes* dans le manuscrit : l'étude de Caroline Magdelaine a montré qu'on a en fait dans le *Bononiensis* 3632 une compilation des lemmes du commentaire de Théophile, mais dont quelques variantes ont pour seul correspondant le texte latin[13]. Ces quelques exemples attestent le contenu assez inattendu et tout à fait remarquable qu'offre ce manuscrit.

Il n'en reste pas moins qu'il est souvent difficile d'apprécier les qualités textuelles du *Bononiensis*. L'écriture du scribe responsable de la copie presque intégrale du livre (trois autres interviennent sur quelques folios seulement) est particulièrement délicate à lire : non seulement il recourt systématiquement à des abréviations non conventionnelles mais, plus encore, parce qu'il écrit de manière phonétique, il multiplie les fautes d'orthographe qui déforment les mots en sorte de les rendre à peu près méconnaissables — c'est comme si ce copiste ne comprenait pas ce qu'il écrit, ou du moins ne maîtrisait la langue grecque qu'oralement. On retrouve plusieurs des caractéristiques de cette écriture fine, heurtée, assez peu harmonieuse, avec une orthographe pourtant moins déplorable, dans deux manuscrits que l'on peut attribuer à un autre scribe dont seul le nom est connu, Georges Meidiates, les *Parisini gr.* 2180 et 2419. Dans ces deux livres, on a surtout des ouvrages astrologiques et astronomiques mais aussi de la médecine, en particulier de larges extraits du *De materia medica* de Dioscoride dans le *Parisinus gr.* 2180. Il est intéressant de noter que les quelques traités qui sont aussi présents dans le *Bononiensis* appartiennent à la même famille textuelle que lui : c'est le cas du traité ésotérique du *Testament de Salomon*[14]. La copie de ces deux manuscrits parisiens est à situer dans les années qui vont entre 1460-1461 et 1481, d'après des tables pascales et des notes de comput.

---

12. K.-D. Fischer, « "Universorum ferramentorum nomina". Frühmittelalterliche Listen chirurgischer Instrumente und ihr griechisches Vorbild », *Mittellateinisches Jahrbuch* 22, 1987, p. 28-44.

13. C. Magdelaine, « La *translatio antiqua* des *Aphorismes* d'Hippocrate », dans *op. cit.* (n. 2), p. 349-361.

14. C. C. Mc Cown, *The Testament of Solomon edited from manuscripts at Mount Athos, Bologna, Holkham Hall, Jerusalem, London, Milan, Paris and Vienna*, Leipzig, 1922.

Mais l'originalité du *Bononiensis* 3232 n'est pas liée uniquement à la présence de textes rares et à leur présentation : le manuscrit fourmille d'illustrations dont certaines ont suscité bien des commentaires. Vers la fin du manuscrit, à partir du f. 420r°, on trouve en effet, pour la plupart d'entre elles (27 sur les 30), les représentations des scènes de réductions de luxation qui ont assuré la célébrité du *Laurentianus* 74, 7 du début du Xe siècle, où elles illustrent à l'usage du médecin la *Pragmateia sur les articulations* d'Apollonios de Kition [15]. Dans le manuscrit de Bologne, les dessins se succèdent bien à pleine page et comportent une légende comme dans le témoin florentin mais le texte d'Apollonios n'est pas reproduit et, ainsi que le précise l'index en tête du volume, ils doivent ici éclairer le livre VI de l'encyclopédie de Paul d'Égine. C'est d'ailleurs également Paul d'Égine sans texte correspondant qui est mentionné pour les illustrations de bandages regroupées ensemble sur quelques pages précédentes ; dans le *Laurentianus* 74, 7, elles sont figurées dans le cours du traité de Soranos *Sur les bandages*. D'autre part, si l'on remonte dans les folios antérieurs, dans cette portion du *Bononiensis* qui ne fournit plus que des images, on trouve à partir du f. 386r° des planches réunissant un peu pêle-mêle, semble-t-il, diverses représentations de plantes correspondant à Dioscoride, *De la matière médicale*. Elles sont précédées de scènes sur la découverte de la mandragore, ses propriétés et son traitement qui reproduisent des motifs présents ou disparus dans le fameux *Vindobonensis medicus gr.* 1, le manuscrit de Juliana Anicia déjà mentionné au cours de l'exposé ; on a de plus au f. 318v° le médaillon donnant le portrait de Juliana désignée comme la Sagesse et entourée des personnifications de *Phronèsis* et *Mégalopsychia*, qui figure en tête du Dioscoride viennois [16].

Ces diverses illustrations qui renvoient à des manuscrits célèbres, beaucoup plus anciens et bien plus luxueux, ont été com-

---

15. Apollonius Citiensis, *In Hippocratis De articulis commentarius*, J. Kollesch et F. Kudlien éd., trad. J. Kollesch et D. Nickel (*CMG* XI, 1, 1), Berlin, 1965. Sur ce texte, voir A. Roselli, « Tra pratica medica e filologia ippocratica : il caso della περὶ ἄρθρων πραγματεία di Apollonio di Cizio », dans *Sciences exactes et sciences appliquées à Alexandrie (IIIe s. av. J.-C.-Ier s. ap. J.-C.)*, G. Argoud et J.-Y. Guillaumin éd., Saint-Étienne, 1998, p. 217-231. Une description du manuscrit et de son histoire, richement illustrée, a été donnée par M. Grmek, « Vestigia della chirurgia greca : il Codice di Niceta e i suoi discendenti », *Kos* 1, 1984, p. 52-59.

16. P. Capparoni, « Intorno ad una copia delle scene raffiguranti l'estrazione della mandragora, che ornavano il Codice cosi detto "Dioscoride di Juliana Anicia" da lungo tempo scomparse », dans *Atti del V Congresso internazionale di Studi Bizantini II*, Rome, 1940, p. 63-69.

mentées. Curieusement, il n'a en revanche pas été fait de cas des multiples dessins qui se trouvent dans le livre dès le début du deuxième cahier (ff. 17-26) qu'ils occupent entièrement et qui, à mon sens, méritent tout autant l'intérêt de l'historien de la médecine et de l'historien de l'art. On a là, du f. 17r° au f. 23r°, des séries de portraits de médecins, bien différenciés et présentés dans des médaillons, à raison de six portraits par page[17] — deux rangées verticales de trois —, puis du f. 23v° au f. 26r°, un seul médaillon est peint au centre de la page, entouré aux quatre angles de petites rosaces à motifs géométriques, de style occidental. Ils sont représentés dans le cadre de leur activité de médecin, mirant les urines comme Théophile ou tenant quelquefois un autre instrument de leur métier, tel qu'un scalpel. De fait, le nom de chacun, noté par le copiste du manuscrit et donc souvent fort estropié (Actouarios devient ainsi Octarios), figure au-dessus du cercle : plusieurs ne correspondent pas à des médecins bien connus et constituent donc un témoignage intéressant. L'on a par la suite dans le volume différentes scènes d'enseignement ou de pratique médicale, dont la figuration, les costumes, les traits des personnages sont variés. Mais l'on a également à partir du f. 102r°, pour illustrer des développements sur les animaux, de nombreux dessins de quadrupèdes, puis d'oiseaux et de poissons... Et comme une section consacrée à l'astronomie commence au f. 267, plusieurs folios offrent alors des zodiaques, le dessin de planètes, des représentations d'homme zodiacal... Ces portraits, ces scènes, de même que les motifs décoratifs, et cela tout au long du volume puisque c'est aussi le cas par exemple dans les *pylai* qui surmontent les scènes où le médecin traite les luxations des patients sur la table d'opération, sont peints de couleurs vives.

L'allure hétéroclite, de pot-pourri, que donne globalement le manuscrit pourrait laisser penser qu'il s'est constitué sans qu'une attention particulière soit accordée aux détails de la réalisation graphique. Ce serait une erreur car, de même que l'on a pu constater l'intérêt porté à la sélection de textes singuliers, on peut noter que le choix des couleurs n'a pas été indifférent. Sur quatre pages offrant une scène de réduction de luxation (ff. 423v°, 426v°, 433v°, 434r°), il est possible à l'examen direct du manuscrit de repérer sous

---

17. Une telle mise en espace rappelle le mode de représentation des empereurs byzantins figurés par série de neuf médaillons superposés, dans le *Mutinensis Estensis* α.S.5.5 (gr. 122) qu'il convient de rapprocher également du *Bononiensis* et des productions de Georges Meidiatès en raison de son écriture.

le motif coloré la mention de la couleur à choisir (vert, rouge, jaune, bleu, rose, beige, marron) écrite en toutes lettres ; cela vaut aussi bien pour la robe que porte le médecin que pour les décors du portique, différents de ceux du *Laurentianus* 74, 7. Ces indications rappellent le phénomène comparable que l'on peut repérer à l'aide de lumière rasante ou d'ultraviolets dans certaines réalisations d'enlumineurs occidentaux mais qui n'a à ma connaissance pas été signalé dans les manuscrits byzantins. Il témoigne en tout cas du soin apporté à la confection.

Parmi les scènes chirurgicales de réduction de luxation, celle du f. 428r° correspond à la 19e illustration du *Laurentianus* (fig. 1), la réduction de la cuisse, mais elle donne une représentation différente du bandage effectué et du geste que fait le médecin. Cela tend à prouver que les dessins pouvaient avoir encore une valeur pratique mais étaient susceptibles d'être réinterprétés et réadaptés. Cette scène mérite aussi d'être regardée de plus près car au-dessus du médecin opérant est écrit en petits caractères un nom : « Arôn », qui n'a pas été remarqué jusqu'à présent. Or on a au f. 7v° une marque de possession, précisant qu'il s'agit du « livre d'Aron ». Et McCown a résolu, dans son édition du *Testament de Salomon*, diverses notations cryptographiques aux ff. 327r°, 362r° et dans une souscription du f. 441v° qui sont le fait du médecin Jean Aron, datées entre décembre 1440 et 1443-1444. Le texte cryptographié ne permet pas d'affirmer que son copiste est celui du manuscrit mais il est clair que l'on a affaire au moins au commanditaire du livre, qui s'est plu à se représenter dans l'exercice de son métier en actualisant les modalités d'une réduction. Il a réalisé pour lui-même une somme médicale, sans doute en vue de l'enseignement, pour un usage didactique ; son nom incite à se demander s'il ne s'agit pas d'un médecin juif, mais je ne dispose pas d'autres éléments à l'heure actuelle pour répondre à cette question.

Où et comment a donc travaillé le copiste du manuscrit ? La mauvaise qualité de l'orthographe comme son écriture étrange ont pu suggérer d'attribuer le volume à l'Italie méridionale. Mais il faut rappeler ici que le livre dépend non seulement du *Laurentianus* 74, 7 mais aussi du *Vindobonensis med. gr.* 1 de Dioscoride. On ne sait pas précisément où se trouvait le *Laurentianus* au milieu du XVe siècle mais on sait que le *Vindobonensis med. gr.* 1 est en 1406 à Constantinople, au monastère Saint-Jean Prodrome de Pétra où Jean Chortasménos le restaure. Or Chortasménos note au-dessus du portrait de Juliana Anicia le nom des trois personnages féminins représentés et ces noms sont reproduits dans le *Bononiensis* 3632

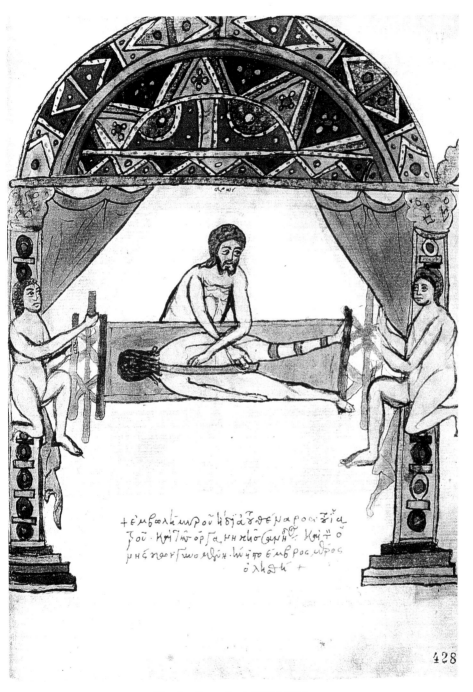

FIG. 1. – *Bononiensis* 3632 f. 428r°.

(f. 318v°). Ce dernier manuscrit, réalisé au plus tard en 1440 d'après les datations mentionnées, a donc vraisemblablement eu recours au fameux Dioscoride de Vienne.

D'ailleurs, un autre argument invite à retenir l'origine constantinopolitaine. Parmi les médaillons de portraits de médecins, quelques-uns offrent, écrit d'un petit module à l'intérieur du cercle, un commentaire supplémentaire dû à une main différente de celle du copiste : c'est le cas d'Actouarios au f. 20v°, de Dioscoride au f. 21v°, Hippocrate au f. 25v° et Galien au f. 26r°, puis on a de cette même main également un commentaire bref accompagnant une représentation d'Isaac au f. 134v° et d'Aetius d'Amida au f. 172v°. Il est aisé de reconnaître dans ces notes le début d'un traité de chacun de ces médecins, *Des urines*, *Matière médicale*, *Pronostic*, *Art médical*, *Viatique du voyageur* et *Encyclopédie médicale*. Pourtant, seul le *Pronostic* à partir du f. 36r° et le *Viatique du voyageur* (le nom d'Isaac désignant Ibn al-Ġazzar) à partir du f. 139r° sont présents dans le manuscrit. Donc celui qui a écrit la première phrase ou une partie de la première phrase de ces ouvrages disposait d'autres livres ou a noté de mémoire, ce qui est bien possible en tout cas pour l'*Art médical* de Galien, dont le texte présente ici une variante absente de la tradition. Cet annotateur cultivé est en fait Démétrios Angelos, ce médecin auditeur de Jean Argyropoulos qui est resté à Constantinople après 1453 et qui était un proche de Critobule d'Imbros, historien officiel de Mehmet II. On sait qu'il a eu entre les mains le traité *Des urines* de Jean Zacharias Actouarios, j'ai récemment identifié son écriture dans un témoin de ce traité, le *Vindobonensis med. gr.* 44, manuscrit qu'il a restauré. Pour Galien, l'*Ars medica*, qu'Argyropoulos étudiait au xenon du Kral devant un auditoire dont il faisait partie, est présente dans plusieurs de ses livres, à commencer par le *Parisinus gr.* 2271 qu'il a copié et qui a appartenu à Andronic Éparque, le *Marcianus gr.* V, 9 ou le *Parisinus gr.* 2270, partiellement copié par le maître d'œuvre du manuscrit J d'Hippocrate évoqué plus haut.

Le *Bononiensis* 3632 porte sur sa première page le tampon de la Bibliothèque du Sérail. Il fut donc conservé à Constantinople après la chute de la ville et il est très vraisemblable que c'est là qu'il a été confectionné. Il est tout à fait probable que c'est au xenon du Kral, attaché au monastère Saint-Jean-Prodrome de Pétra, que le médecin Aron avait pu trouver ces textes dont notre manuscrit est aujourd'hui le seul témoin ou à tout le moins un témoin essentiel, de même qu'il y avait reproduit ou fait reproduire des illustrations du Dioscoride de Juliana Anicia, et les scènes médicales du *Laurentianus* 74, 7.

L'étude attentive de ce manuscrit médical fort singulier permet donc, en dépit de sa copie tardive, de mettre en lumière divers aspects de l'histoire des livres qui contribuent à faire mieux comprendre l'histoire des textes et de leur lecture au fil des siècles. L'utilisation de ces ouvrages pour un enseignement pratique est en même temps un des aspects importants et qui caractérise de façon pertinente les manuscrits grecs de médecine.

Brigitte MONDRAIN

LES PARTICIPANTS

Véronique BOUDON-MILLOT	Chargée de recherches au C.N.R.S.
Simon BYL	Professeur ordinaire à l'Université libre de Bruxelles
Armelle DEBRU	Professeur à l'Université René Descartes-Paris V
Paul DEMONT	Professeur à l'Université de Paris IV-Sorbonne
Danielle GOUREVITCH	Directeur d'études à l'École pratique des Hautes Études, IVe section
Alessia GUARDASOLE	Chargée de recherches au C.N.R.S.
Danielle JACQUART	Directeur d'études à l'École pratique des Hautes Études, IVe section
Jean-Marie JACQUES	Professeur honoraire à l'Université de Bordeaux III
Jacques JOUANNA	Membre de l'Académie des Inscriptions et Belles-Lettres, Professeur à l'Université de Paris IV-Sorbonne
Jean LECLANT	Secrétaire perpétuel de l'Académie des Inscriptions et Belles-Lettres, Conservateur de la Villa Kérylos, Professeur honoraire au Collège de France
Caroline MADGELAINE	Maître de conférences à l'Université Marc Bloch de Strasbourg
Marie-Hélène MARGANNE	Directrice du Centre de Documentation de Papyrologie littéraire (CEDOPAL) de l'Université de Liège
Brigitte MONDRAIN	Directeur d'études à l'École pratique des Hautes Études, IVe section
Jackie PIGEAUD	Professeur émérite à l'Université de Nantes, Membre de l'Institut universitaire de France
Amneris ROSELLI	Professeur à l'Université orientale de Naples
Françoise SKODA	Professeur à l'Université de Paris IV-Sorbonne
Antoine THIVEL	Professeur à l'Université de Nice

TABLE DES MATIÈRES

LES CAHIERS DE KÉRYLOS

N° 1. — Colloque du 27-30 septembre 1990, « Platonisme et Néo-platonisme — Antiquité et Temps modernes » — Athènes 1991 — épuisé

N° 2. — Colloque de l'automne 1991, « Les Grecs et l'Occident » — Rome 1995 — épuisé

J. LECLANT, *In memoriam*

G. VALLET, Avant-propos

P. LÉVÊQUE, Les Grecs en Occident

V. TUSA, Greci e Punici

J. DE LA GENIÈRE, Les Grecs et les autres. Quelques aspects de leurs relations en Italie du Sud à l'époque archaïque

J.-P. MOREL, Les Grecs et la Gaule

E. SANMARTI-GRECO, La présence grecque en péninsule Ibérique à l'époque archaïque

E. GRECO, Sulle città coloniali dell'Occidente greco antico

P. ROUILLARD, Les *emporia* dans la Méditerranée occidentale aux époques archaïque et classique

M. GRAS, La Méditerranée occidentale, milieu d'échanges. Un regard historiographique

P. ORLANDINI, L'arte in Magna Grecia e in Sicilia. Aspetti e problemi

A. STAZIO, Monetazione dei Greci d'Occidente

G. VALLET, Quelques réflexions en guise de conclusion

N° 3. — Colloque du 29-30 octobre 1992, « Architecture du Rêve » — Paris 1994 — épuisé

M. QUERRIEN, Introduction : Pourquoi ce colloque ?

P. PINON, Vu de Kérylos : réappropriation des monuments et changement de signification

F. REINACH, Le Rêve de Théodore Reinach : la vie à Kérylos de la construction de la Villa à l'ouverture du Musée

A. GALL, Le Château enchanté de la Napoule

M. GALL, Un labyrinthe du Présent : la Fondation Maeght

M. SALTET, La villa Ephrussi de Rothschild : témoin d'une vision, d'un rêve et d'une imagination passionnée

A. ROUVERET, Le manifeste dans l'architecture antique et néo-classique de Délos à Kérylos

J.-Cl. DELORME, Maisons de rêves ou machines à habiter

B. LASSUS, Organisation du paysage et réutilisation d'éléments anciens

V. HARTMANN, La civilisation du Leurre

M. QUERRIEN, Synthèse et clôture du colloque

N° 4. — Colloque du 30 septembre-3 octobre 1993, « Le Romantisme et la Grèce » — Athènes 1994 — épuisé

E. Moutsopoulos, Fuite et nostalgie romantique de la Grèce

A. Thivel, Prométhée, personnage romantique

J.-M. Galy, Le romantisme des premiers lyriques grecs

A. Pigler-Rogers, La *Penthésilée* de Kleist

A. Villani, Hölderlin et la question du centre

J.-L. Vieillard-Baron, Hegel et la Grèce

A. Lang, Le pessimisme romantique et le pessimisme dionysiaque des Hellènes selon Nietzsche

R. Tschumi, Résurgences grecques au fil du romantisme anglais

Ph. Antoine, De l'*Itinéraire* à la *Note sur la Grèce*. Évolution et constantes de l'attitude de Chateaubriand face à la Grèce

R. Garguilo, D'Atala à Athéna. L'itinéraire poétique et politique de Chateaubriand

A. Santa, Stendhal et la Grèce

A. Court, Lamartine et la Grèce

J. Guichardet, Edgard Quinet, chantre de « La Grèce moderne »

J.-M. Gabaude, Le romantisme de M. de Guérin et la Grèce

X. Goula-Mitacou, Flaubert en Grèce

R. Richer, Le romantisme grec

E. Moutsopolos, Considérations rétrospectives

N° 5. — Colloque du 6-9 octobre 1994, « Entre Égypte et Grèce » — Paris 1995 — 14 €

J. Leclant, Préambule

F. Reinach, Avant-propos

N. Grimal, L'Égypte et le monde égéen préhellénique : entre commerce et histoire

A. Laronde, Mercenaires grecs en Égypte à l'époque saïte et à l'époque perse

F. Chamoux, L'Égypte d'après Diodore de Sicile

S. Amigues, Les plantes d'Égypte vues par les naturalistes grecs

J. Ducat, Grecs et Égyptiens dans l'Égypte lagide : hellénisation et résistance à l'hellénisme

J. Sirinelli, Un regard sur la Bibliothèque d'Alexandrie

P. Arnaud, Naviguer entre Égypte et Grèce : les principales lignes de navigation d'après les données numériques des géographes anciens

V. KARAGEORGHIS, Chypre entre l'Égypte et l'Égée

M. DEWACHTER, Un grec de Louqsor collaborateur de Champollion et Lepsius : Ouardi-Triantaphyllos

R. RICHER, La communauté grecque d'Alexandrie aux XIXe et XXe siècles

N° 6. — Colloque du 6-7 octobre 1995, « L'Académie des Inscriptions et Belles-Lettres et l'Académie des Beaux-Arts face au message de la Grèce ancienne » — Paris 1996 — 14 €

J. LECLANT, Préambule

R. VIAN DES RIVES, Avant-propos

S. Exc. D. MACRIS, ambassadeur de Grèce, La Grèce éternelle et la Grèce d'aujourd'hui : un survol de la diachronie grecque

J. DE ROMILLY, Des philologues au grand public : le renouveau des textes sur la Grèce antique

B. ZEHRFUSS, De Pergame à Kérylos, l'esprit grec

J. MARCADÉ, De Délos à Beaulieu

F. CHAMOUX, L'homme Socrate

J. IRIGOIN, Dom Bernard de Montfaucon

R. TURCAN, Le symbolisme funéraire à l'Académie des Inscriptions et Belles-Lettres

J. DE LA GENIÈRE, L'immortalité d'Héraclès : voyage d'un mythe grec

H. METZGER, Perspectives nouvelles offertes à l'étude des vases grecs et de leurs images

J.-L. FLORENTZ, A l'écoute de la Grèce antique

P. CARRON, L'Omphalos, centre du monde

A. PONCET, L'influence de la Grèce antique sur la sculpture contemporaine

C. ABEILLE, La Grèce toujours recommencée

N° 7. — Colloque du 4-5 octobre 1996, « Regards sur la Méditerranée » — Paris 1997 — 14 €

J. LECLANT, R. VIAN DES RIVES, Préambule

J. LECLANT, Allocution d'accueil

J.-R. PITTE, Un regard géographique sur la Méditerranée

F. CHAMOUX, Le monde égéen et l'Afrique

J. DESANGES, Regards de géographes anciens sur l'Afrique mineure

M. REDDÉ, Rome et l'Empire de la mer

N° 8 — Colloque du 3-4 octobre 1997, « Le théâtre grec antique : la tragédie » — Paris 1998 — 18 €

N° 9. — Colloque du 2-3 octobre 1998, « Alexandrie : une mégapole cosmopolite » — Paris 1999 — 18 €.

J. LECLANT, R. VIAN DES RIVES, Préambule

S. Exc. Pierre HUNT, Adresse : L'année France-Égypte 1998

J. LECLANT, Allocution d'accueil

M. CHAUVEAU, Alexandrie et Rhakôtis : le point de vue des Égyptiens

G. LE RIDER, Le monnayage d'or et d'argent frappé en Égypte sous Alexandre : le rôle monétaire d'Alexandrie

J.-Y. EMPEREUR, Travaux récents dans la capitale des Ptolémées

F. BURKHALTER-ARCE, Les fermiers de l'arabarchie : notables et hommes d'affaires à Alexandrie

N. GRIMAL, L'Un et les autres

B. MEYER, Les *Magiciennes* de Théocrite et les papyrus magiques

F. CHAMOUX, Le poète Callimaque et le rayonnement culturel d'Alexandrie

A. LARONDE, Alexandrie et Cyrène

Cl. NICOLET, Alexandrie et Rome : peut-on comparer ?

J. MÉLÈZE MODRZEJEWSKI, Espérances et illusions du judaïsme alexandrin

M. PHILONENKO, La Bible des Septante

G. DORIVAL, Les débuts du christianisme à Alexandrie

A. LE BOULLUEC, La rencontre de l'hellénisme et de la « philosophie barbare » selon Clément d'Alexandrie

J. SIRINELLI, Cosmopolitisme et œcuménisme à Alexandrie

D. ROQUES, Alexandrie tardive et protobyzantine (IVe-VIIe s.) : témoignages d'auteurs

R. SOLE, La « Place des Consuls » à Alexandrie

N° 10. — Colloque du 1er-2 octobre 1999, « Le théâtre grec antique : la comédie » — Paris 2000 — 18 €

J. LECLANT, R. VIAN DES RIVES, Préambule

J. LECLANT, Allocution d'accueil

J. JOUANNA, Présentation du colloque

J.-M. GALY, Les moyens de la caricature dans les comédies d'Aristophane

I. RODRÍGUEZ ALFAGEME, La structure scénique dans les *Nuées* d'Aristophane

P. THIERCY, L'utilisation dramaturgique du chœur dans les comédies d'Aristophane

E. MOUTSOPOULOS, La musique dans l'œuvre d'Aristophane

F. JOUAN, Les tribunaux comiques d'Athènes

C. HUNZINGER, Aristophane, lecteur d'Euripide

M.-P. NOËL, Aristophane et les intellectuels : le portrait de Socrate et des « sophistes » dans les *Nuées*

M. TRÉDE, Aristophane, critique littéraire

A. ROSELLI, Les cuisiniers-médecins dans la comédie nouvelle

J. JOUANNA, Maladies et médecine chez Aristophane

S. BYL, Aristophane et Éleusis

J.-Cl. CARRIÈRE, L'Aristophane perdu. Une introduction aux trente-trois comédies disparues avec un choix de fragments traduits et commentés

J.-M. JACQUES, Le Sicyonien de Ménandre

A. BLANCHARD, Le mouvement des acteurs dans les *Sicyoniens* de Ménandre

J.-J. MAFFRE, Comédie et iconographie : les grands problèmes

F. JOUAN, ΕΞΟΔΟΣ…

N° 11. — Colloque du 13-14 octobre 2000, « Histoire et historiographie dans l'Antiquité » — Paris 2001 — 18 €

J. LECLANT, Allocution d'accueil

N. GRIMAL, L'histoire dans la tradition pharaonique

F. CHAMOUX, Du mythe à l'histoire

D. KNOEPFLER, Trois historiens hellénistiques : Douris de Samos, Hiéronymos de Cardia, Philochore d'Athènes

É. FOULON, Polybe et l'histoire universelle

M.-R. GUELFUCCI, De Polybe à Diodore : les leçons de l'histoire

R. ÉTIENNE, César, historien ?

P. JAL, Lire Tite-Live aujourd'hui

V. FROMENTIN, Denys d'Halicarnasse, historien grec de Rome

A. MICHEL, Tacite : le pessimiste humaniste et le salut de l'Empire

J. GASCOU, Histoire et historiographie : Suétone

P. GOUKOWSKY, Un « compilateur » témoin de son temps : Appien d'Alexandrie et la révolte juive de 117 ap. J.-C.

J.-P. CALLU, Écrire l'histoire à la fin de l'Empire

F. CHAMOUX, Bilan et conclusions

N° 12 — Table ronde du *LIMC* du 8-9 juin 2001, « Rites et cultes dans le monde antique » — Paris 2002 — 12 €

J. LECLANT, Allocution d'accueil

J.-Ch. BALTY, Avant-Propos

V. Lambrinoudakis, Rites de consécration des temples à Naxos

G. Camporeale, Sui culti dell'abitato etrusco dell'Accesa (Massa Marittima)

R. Olmos, Rites d'initiation et espace sacrificiel en Ibérie préromaine

P. Linant de Bellefonds, Sanctuaires et asylie : à propos d'un relief figuré d'époque antonine à Aphrodisias de Carie

E. Simon, Lychnouchos Platonikos

N° 13. — Colloque du 19-20 octobre 2001, « Tradition classique et modernité » — Paris 2002 — 20 €

J. Leclant, Allocution d'ouverture

A. Michel, Avant-propos

J. Irigoin, La transmission des textes et son histoire

P. Demont, Hannah Arendt et la philosophie politique grecque

M.-P. Noël, De la sophistique à la néosophistique ; sur quelques « lectures » modernes des sophistes

V. Gély, La fille de Mercure et de Philologie : comparatisme et mythologie, des Anciens aux Modernes

J. Dangel, Grammaire et esthétique littéraire à Rome : tradition et modernité

J.-L. Ferrary, La culture antique et l'Europe

G. Sauron, Le sens et le temps : le legs romain des formes architecturales et de leurs significations

C. Nativel, Tradition classique et modernité : lumière et mouvement

F. Hallyn, De la science antique à la science moderne : Galilée et le Livre du monde

P. Magnard, Les Sources antiques de l'humanisme moderne

P. Laurens, Le parallèle. Réflexions sur la place et l'utilité de la controverse savante dans la réception des auteurs de l'Antiquité

G. Declercq, Pascal Quignard, *Declamator inquietatorque* : un antiquaire fabulateur en modernité

M. Autrand, Le théâtre du XXe siècle et l'Antiquité

D. Millet-Gérald, Tradition antique et poésie chrétienne : le Paradis du langage

A. Michel, Les lettres antiques dans l'éducation et la culture modernes

N° 14. — Colloque du 18-19 octobre 2002, « La poésie grecque antique » — Paris 2003 — 20 €

J. Leclant, Allocution d'ouverture

J. Jouanna, Introduction

Achevé d'imprimer
sur les presses de :

LAVAUZELLE
graphic

87350 PANAZOL
(France)

N° Imprimeur : 4057067-04

Dépôt légal : Septembre 2004

———